GRAMÁTICA ÁRABE

F. CORRIENTE
Catedrático de estudios árabes e islámicos
Universidad Complutense de Madrid

GRAMÁTICA ÁRABE

Quinta edición

EDITORIAL HERDER
BARCELONA

ISBN 84-254-1649-3

ES PROPIEDAD | DEPÓSITO LEGAL: B. 11.531-1996 | PRINTED IN SPAIN

LIBERGRAF S.L. - BARCELONA

اهداء اليك اذ

أسوت كلوما وسلّيت عنّي هموما

سالبة لكلّ حلم معكّرة لكلّ صفو

وأضفيت عليّ في سخاء وتفان عجيبين

نولة أعادت لحياتي معاني حببتها اليّ ثانيا

Indice de materias

PREFACIO

Es un hecho conocido, y por cierto nada excepcional, que en los países de habla árabe existe una situación de diglosia en la que, mientras en actuaciones formales se utiliza una lengua panárabe, tradicionalmente transmitida, pero no nativa de nadie y aprendida en la escuela, en la vida cotidiana se usan diversos dialectos, más o menos divergentes de aquélla y entre sí, que son y han sido siempre, dentro de una evolución, la lengua nativa de todos los arabófonos y la única de los que no llegan a aprender la primera. No vamos a entrar aquí en digresiones sobre las consecuencias de esta situación en los planos de la educación y la cultura, pero es inevitable, en todo caso, comentar su impacto sobre el problema del aprendizaje del árabe por los no nativos. Consideremos algunas de las situaciones imaginables:

a) Personas meramente interesadas en la comunicación verbal con la población de un determinado país o comunidad árabe. Es obvio que deben utilizar un método del dialecto en cuestión.

b) Personas meramente interesadas en tener acceso a materiales escritos en lengua árabe o incluso reproducidos oralmente en actuaciones formales. Deberán utilizar un método de la lengua panárabe tradicional, que suele llamarse clásica.

Las dos situaciones, en sus soluciones mutuamente independientes, conllevarán naturalmente un imperfecto conocimiento de la realidad lingüística árabe. En el primer caso, porque la persona meramente capaz de hablar un dialecto no tiene acceso a casi ningún material escrito, ni puede entender actuaciones formales, ni incluso los préstamos constantes que todo árabe toma de la lengua clásica con mayor o menor frecuencia, aun hablando dialecto. En el segundo caso, en cambio, la persona conocedora solamente de la lengua clásica no puede comprender una conversación ni practicar sus conocimientos y se autocondena a relacionarse con el árabe como si se tratase de una lengua muerta, lo cual no es precisamente el caso.

Por consiguiente, un conocimiento equilibrado de la realidad lingüística árabe abarca tanto la habilidad de leer, al menos, la lengua clásica, como la de hablar un dialecto, a ser posible bien difundido, o el haz de fórmulas híbridas de dialecto y clásico, conocidas como la lengua media o de los cultos. En consecuencia también, para todo el que no aspire a la mera condición de analfabeto en una segunda lengua, es aconsejable comenzar por el aprendizaje de la lengua clásica, como base de partida más amplia, para adquirir el núcleo básico de la lengua y, posteriormente, como es natural, desarrollar la capacidad de hablar la variedad de árabe que las circunstancias particulares hagan aconsejable en cada caso. Punto éste en que hay que salir al paso de una concepción errónea consistente en pretender segregar una «lengua árabe moderna», que podría estudiarse con independencia de la antigua y de los dialectos y que sería la lengua que realmente hablarían y escribirían los árabes de hoy.

La verdad es que incluso la lengua media que hemos mencionado más arriba no es un sistema lingüísticamente bien definido, sino una mezcla en proporciones distintas de ingredientes heterogéneos, clásicos y de un dialecto variable según los hablantes, aunque con una cierta tendencia a suprimir particularismos y a adoptar formas del núcleo común. De ahí que no se pueda, por ahora, describir su gramática ni preparar un método de conversación o textos en esta forma de hablar, que tal vez algún día adquiera la homogeneidad y sistematicidad que le faltan para ser una lengua y llegue a ser el «árabe moderno hablado», el cual, hoy por hoy, sin referirse a los dialectos, no existe. Hasta es posible que se llegue a escribir dicha lengua, pero el lingüista tiene la misión de describir lo existente o lo que ha existido y, si es docente, de enseñarlo, no la de profetizar ni programar el futuro. Por ahora, la lengua media es sólo una haz variable de fenómenos de interferencia, en buena parte consciente y controlada por cada hablante según las circunstancias, entre clásico y dialectos.

Queda, pues, claro que no hay **una** lengua árabe moderna hablada. ¿Y escrita? Es innegable que existe un vocabulario árabe moderno, de unos cien años a esta parte, resultado de una labor de selección y creación, así como que ciertos rasgos sintácticos, e incluso alguno morfológico, de las formas clásicas de la lengua son raros actualmente. Desde un ángulo pedagógico, ésa es la vertiente de la lengua que conviene comenzar por conocer a la persona meramente interesada en facetas tan significativas de la vida moderna como la política, la economía, la sociología, etc. Pero dicha base no es ya suficiente para acercarse a los terrenos, fundamentales en toda cultura pero aún más en la islámica, de la literatura, la historia y la religión, por ejemplo, en los que no sólo el pasado no está cancelado, sino que a menudo se funde con el presente. Aunque un arabista «moderno» renunciase a interesarse por toda la poesía contemporánea «arcaizante», acontece que textos medievales o preclásicos, coránicos por ejemplo, aparecen por doquier citados, incrustados, parafraseados e imitados en las obras más recientes. En resumen: aun siendo posible hablar de ciertas tendencias del árabe actualmente escrito, es absolutamente desaconsejable querer ver en ellas el sistema bien definido que los lingüistas llaman lengua, e ineficaz y falaz pretender enseñar árabe ignorando toda característica de esta lengua que sea hoy menos frecuente estadísticamente. El resultado de tal docencia es también un analfabeto, funcional en este caso, o sea, conocedor del alfabeto y los rudimentos de la representación gráfica, pero incapaz de leer literatura en la lengua en cuestión.

Así pues, para iniciarse en árabe, parece más indicado un método de la lengua clásica, no meramente teórico, sino también práctico, aunque sin llegar al extremo irreal de presentar diálogos en dicha lengua, puesto que tal situación lingüística es excepcional. La descripción gramatical, hecha con conocimiento y utilización de la teoría lingüística mínima necesaria, deberá procurar la máxima claridad, obtenida mediante ejemplos y ejercicios; el vocabulario, adecuadamente seleccionado mediante un criterio estadístico, debe constituir una introducción al núcleo común del uso del idioma en todas sus fases, a partir de la cual pueda luego el estudiante ampliar sus conocimientos en la dirección que le dicten sus inclinaciones.

Al parecer, tal método no existía en nuestra lengua hasta la aparición de esta *Gramática árabe* en 1980, promovida por el entonces director del Instituto Hispano-Arabe de Cultura, Excmo. Sr. D. Francisco Utray Sardá, en un momento brillante de nuestro arabismo, y no podemos dejar de pensar, sin duda inmodestamente, que este libro colmó al menos en parte tal laguna, a la vista de la rapidez con que se fueron agotando ediciones sucesivas, sin darnos físicamente tiempo a introducirle mejoras de alcance. Así ha vuelto a ocurrir ahora, al renunciar dicha institución a continuar editando nuestras obras y hacerse cargo de ésta la Editorial Herder. Pero, básicamente, pensamos que nuestro libro sigue siendo útil en su presente forma, precisamente porque está concebida como compensación a los defectos extremos de los dos sistemas más difundidos en España para la docencia del árabe: el tradicional, que lo trata como lengua muerta, mero instrumento de desciframiento de unos textos que hay que traducir, y el moderno, que lo amputa gratuitamente de todo su pasado y cuanto no es elemental en su presente.

Considerando que, como todo lingüista sabe hoy, es imposible aprender una segunda lengua como la primera, precisamente porque no se puede intuir e interiorizar correctamente la estructura de una segunda forma de pensar, a causa de la interferencia del modelo de la primera, no podemos prescindir de teoría gramatical. Para paliar una situación que requiere considerable esfuerzo, hemos optado por dividir la teoría dentro de cada lección en dos cuerpos de imprenta diferentes, de los que el menor no es tan necesario para un primer curso, mientras el mayor es suficiente para adquirir los mecanismos básicos de la lengua y hacer los ejercicios que, con el vocabulario, acompañan y complementan la parte práctica de cada lección. El lector perito advertirá enseguida que hemos sido muy eclécticos en las fuentes de la teoría y ejemplos que la ilustran: junto a materiales de Caspari-Wright-De Goeje, e incluso de la obra de W. Fischer, se advierte aún la clara impronta de algún clásico gramatical árabe, mientras en otros casos nos ha parecido mejor describir ciertos hechos con total independencia de la teoría anterior, según criterios que parecen lingüísticamente más económicos o poderosos. En la parte práctica, hemos utilizado un vocabulario básico, seleccionado por su frecuencia estadística, que el estudiante deberá necesariamente memorizar. Sin embargo, ante lo impráctico de exigir más de 30 vocablos por lección, o de aumentar el número de éstas con el único fin de absorber una cifra determinada de palabras, el libro queda algo por debajo del millar de términos básicos, lo que supone que el estudiante, debidamente asistido por el profesor, deberá completar su vocabulario y multiplicar los ejercicios hasta alcanzar el nivel deseable.

Esperamos que esta obra, razonablemente utilizada, pueda seguir siendo útil y eficaz como introducción al conocimiento de la lengua árabe para personas de habla española.

Madrid, 14 de abril de 1988 EL AUTOR

SIGNOS Y ABREVIATURAS

En esta obra se han utilizado los siguientes signos:

/ : separa formas indistintas.

// : separa formas semejantes, pero no indistintas.

K : simboliza una consonante cualquiera.

v : simboliza una vocal cualquiera.

123... : simbolizan las sucesivas consonantes de un morfema radical.

~ : separa formas que alternan dentro de un paradigma morfológico.

= : equivalente a.

* : indica que la forma siguiente es una reconstrucción gramatical, que no se da en la lengua.

( ) : encierran elementos opcionales, que pueden faltar.

[ ] : encierran transcrip-

ción fonética, o sea, de detalles que no llegan a tener importancia fonémica.

/ / : encierran transcripción fonémica; sin embargo, dentro de ésta hemos utilizado mayúsculas para más fácil reconocimiento de nombres propios, ›à‹ para permitir la identificación de ى, y ›ý‹ para evitar falsa acentuación, hasta llegar a la explicación de ésta.

› ‹ : encierran transcripción grafémica.

Se ha procurado utilizar un mínimo de abreviaturas conocidas, que son:

adj.	:	adjetivo.	p.e.	:	por ejemplo.
col.	:	colectivo.	pl.	:	plural.
e.d.	:	es decir.	pron.	:	pronunciado.
ej(s).	:	ejemplo(s).	sglr.	:	singular.
fem.	:	femenino.	sust.	:	sustantivo.
gén.	:	género.	v.	:	véase.
masc.	:	masculino.	vgr.	:	verbigracia.
N.º	:	número.	ج	:	plural (en los vocabularios).
n.pr.	:	nombre propio.			
P.ª	:	persona.	ح	:	nombre de unidad

(en los vocabularios).

مث : dual (en los vocabularios).

م : femenino (en los vocabularios).

Las referencias se hacen al número de los párrafos y a las letras o números de los apartados en que luego se dividan; en el caso de notas, están representadas por n y el número correspondiente, si hay más de una en el párrafo en cuestión.

Lección 1.ª

FONOLOGIA

I. Fonemas

A) Fonemas segmentales

1. La lengua árabe utiliza 31 fonemas segmentales (v. §10), de los que 28 son consonánticos, y 3, vocálicos.

2. Los fonemas son segmentos mínimos en la articulación acústica de la lengua, conscientemente identificados por un nativo de ésta, pero desprovistos de significado. Los fonemas consonánticos del árabe se oponen o diferencian entre sí según las correlaciones (o diferencias en grupo) de grado de abertura, punto de articulación y modo de articulación.

3. Por el grado de abertura, las consonantes árabes pueden ser:

a) Oclusivas (/b/, /t/, /d/, /ṭ/, /ḍ/, /k/, /q/, /ʼ/), que son producidas por un órgano activo en contacto total con otro pasivo, cuando la presión del aire espirado fuerza la resistencia ofrecida a su paso por dicha obstrucción u oclusión.

b) Fricativas (/f/, /ṯ/, /ḏ/, /ẓ/, /s/, /z/, /ṣ/, /š/, /ḫ/, /ġ/, /ḥ/, /ʻ/, /h/), producidas por la circulación del aire espirado a presión entre órganos constreñidos hasta formar un paso estrecho, pero sin llegar a una obstrucción total. Por la configuración de dicho paso se distinguen las silbantes, en cuya articulación éste adopta una forma cilíndrica, y la chicheante, en que la sección del paso es oblonga.

c) Africada (/ğ/), cuya articulación es una sucesión inmediata de una fase oclusiva y otra fricativa, como ocurre también en el caso de la ›ch‹ (/č/) española.

d) Nasales (/m/,/n/), producidas con oclusión bucal, pero con escape del aire espirado a través de la cavidad nasal, a la que da acceso el relajamiento del velo del paladar.

e) Constrictivas (/w/, /y/), similares a las fricativas, pero con aun menor aproximación de los órganos articulatorios, apenas suficiente para crear al paso del aire espirado una turbulencia semiconsonántica, pero no para que los ecos resultantes eliminen los formantes armónicos (o tonos secundarios) bien delimitados de las vocales, por las que éstas se distinguen de las consonantes propiamente dichas, en que predomina el ruido sobre la armonía.

f) Lateral (/l/), que es una articulación con oclusión frontal, pero con escape del aire espirado y fricación por uno o ambos lados de la lengua.

g) Vibrante (/r/), que es una articulación intermitentemente oclusiva.

4. Por el punto de articulación (v. diagrama de órganos articulatorios al final de esta lección), las consonantes árabes pueden ser:

a) Bilabiales (/b/,/m/,/w/), producidas por la actuación activa y pasiva de ambos labios.

b) Labiodental (/f/), articulada con los dientes superiores y el labio inferior.

c) Dentales (/t/, /d/, /ṭ/, /ḍ/, /n/, /l/, /r/), articuladas con el ápice y borde de la lengua como órganos activos, apoyados contra los dientes superiores (órgano pasivo) desde su reborde hasta los alveolos.

d) Alveolares o gingivales (/ṯ/, /ḏ/, /ẓ/), articuladas con el borde de la lengua como órgano activo, aproximándola a los alveolos o a las encías. En algunas realizaciones, el ápice de la lengua puede asomar bajo los dientes superiores, por lo que a veces se llama a estos fonemas interdentales.

e) Alveolo-predorsales (/s/, /z/, /ṣ/), que en árabe son siempre silbantes, articuladas con el predorso de la lengua como órgano activo, formando un paso de sección circular al apoyarse contra los alveolos, órgano pasivo.

f) Prepalatales (/š/, /ğ/, /y/), articuladas con el dorso de la lengua como órgano activo, aplicado a la parte anterior del paladar.

g) Palato-velar (/k/), articulada por el postdorso de la lengua (órgano activo) aplicado a una zona variable, según el entorno vocálico, desde la región palatal a la velar.

h) Uvulo-velar (/q/), articulada con el postdorso o la raíz de la lengua aplicados a la parte más posterior del velo o incluso a la úvula.

i) Postvelares (/h̯/,/ġ/), articuladas por el postdorso de la lengua, aplicado al velo.

j) Faringales (/ḥ/,/ʻ/), articuladas por constricción de los músculos de la faringe que reducen su diámetro normal hasta conseguir que el aire espirado a su través produzca fricación.

k) Glotales, articuladas en la laringe o glotis, bien por abertura repentina de su oclusión ante la presión del aire espirado (/ʼ/), bien por fricación de éste a través de la glotis semiabierta (/h/).

5. Por el modo de articulación, las consonantes árabes pueden ser:

a) Sordas (/f/,/t/,/t̲/,/ṭ/,/s/,/ṣ/,/š/,/k/,/q/,/h̯/,/ḥ/,/h/,/ʼ/), si su articulación no va acompañada de tono glotal (o vibración a alta frecuencia de las cuerdas vocales) o sonoras (todas las restantes consonantes, además de toda vocal), en el caso contrario. Este es el mismo tipo de correlación u oposición existente en español entre /p/,/k/,/t/ y /b/,/g/,/d/.

b) Normales o velarizadas. Estas últimas (/ṭ/,/ḍ/,/ẓ/,/ṣ/), se caracterizan por su doble articulación, una frontal, común con sus correlativas normales /t/,/d/,/d̲/ y /s/, y otra posterior, que las distingue de éstas, consistente en la retracción y elevación hacia el velo de la parte posterior de la lengua, como si se fuera a articular /k/, pero sin hacerlo, sino produciendo entonces simultáneamente la articulación frontal correspondiente. La velarización suele ir asimismo acompañada de un cierto abocinamiento de labios que contribuye a reforzar el formante grave y dar un sonido ahuecado a los fonemas velarizados, ya de por sí engolados. En algunas realizaciones, en lugar de velarización, se da faringalización, o sea, constricción de la faringe, simultánea con la articulación frontal correspondiente.

6. La descripción individual de los fonemas consonánticos del árabe es la siguiente:

/b/ : oclusiva bilabial sonora. Como /b/ española en *barco,* nunca espirantizada como en *haba*. Ejs.: /bayt/ «casa», /lában/ «leche».

/m/ : nasal bilabial. Como el fonema español correspondiente, mas evítese la tendencia fonémica del español a realizarla como /n/ en posición final. Ejs.: /máktab/ «oficina», /kam/ «cuánto».

/w/ : constrictiva labiovelar. Como el fonema español correspondiente, representado por ›u‹ en, vgr., *huacal, aula, huida,* evitando cuidadosamente la realización /gw/ (de *güevo, güeso)* y observando que este fonema árabe se da también ante /u/. Ejs.: /wálad/ «muchacho», /widd/ «cariño», /lawn/ «color», /wúlida/ «nació».

/f/: fricativa labiodental sorda. Como el fonema español correspondiente. Ejs.: /fam/ «boca», /sayf/ «espada».

/t/ : oclusiva dental sorda. Como el fonema español correspondiente. Ejs.: /tark/ «acción de dejar», /tílka/ «aquélla», /turs/ «escudo».

/d/: oclusiva dental sonora. Como /d/ española en *día, don,* nunca espirantizada como en *hado, miedo*. Ejs.: /dars/ «lección», /búddila/ «fue cambiado», /durr/ «perlas», /badr/ «luna llena», /bard/ «frío», /bádan/ «cuerpo».

/ṭ/ : oclusiva dental sorda velarizada (v. §5b). Ejs.: /ṭálab/ «petición», /ṭifl/ «niño», /ṭuf/ «da una vuelta», /baṭn/ «vientre», /wasṭ/ «mitad, centro».

/ḍ/: oclusiva dental sonora velarizada (v. §5b). Ejs.: /ḍarb/ «acción de golpear», /ḍídda/ «contra», /ḍúriba/ «fue golpeado», /máraḍ/ «enfermedad», /bayḍ/ «huevos».

/n/ : nasal dental. Como el fonema español correspondiente. Ejs.: /nafs/ «alma», /min/ «de», /súfun/ «naves».

/l/ : lateral. Como el fonema español correspondiente. Ejs.: /lawn/ «color», /lin/ «sé dulce», /lum/ «reprocha». En la palabra /('a)l-lá:h/

«Dios», este fonema se pronuncia velarizado ([ḷ], v. §5b), salvo si le precede otra palabra acabada en /i/.

/r/ : vibrante. Como el fonema español correspondiente, pero sin redoblarla por ir a principio de palabra o tras /n/ y /s/. Ejs.: /rabb/ «señor», /ríḍan/ «satisfacción», /rúdda/ «fue devuelto», /kásra/ «fractura».

/ṯ/ : fricativa alveolar sorda. Como el fonema español representado por ›z‹ y ›c‹ en la pronunciación castellana de *zanja, cima, zurra*. Ejs.: /ṯawb/ «vestido», /míṯla/ «como», /ṯulṯ/ «tercio».

/ḏ/ : fricativa alveolar sonora. Como la variedad (alófono) intervocálica de /d/ española en, vgr., *hado, miedo, lid,* exagerando algo la fricación, o bien como ›th‹ inglesa en *this, weather*. Ejs.: /ḏanb/ «culpa», /kiḏb/ «mentira», /múnḏu/ «desde».

/ẓ/ : fricativa alveolar sonora velarizada. Correlativa velarizada de /ḏ/ (v. §5b). Ejs.: /ẓann/ «opinión», /ẓill/ «sombra», /ẓulm/ «injusticia».

/s/ : silbante alveolo-predorsal sorda. Como el fonema español correspondiente en su realización meridional e hispanoamericana, o como en las demás de las lenguas europeas, no como en la realización apical castellana. Ejs.: /sábab/ «causa», /sinn/ «diente», /súfun/ «naves», /nafs/ «alma».

/z/ : silbante alveolo-predorsal sonora. Como el fonema correspondiente en catalán, portugués y muchas lenguas europeas, representado por ›z‹ o ›s‹ intervocálica, semejante al alófono de /s/ en *mismo, fisgar*. Ejs.: /zayt/ «aceite», /zid/ «aumenta», /zur/ «visita», /lawz/ «almendras».

/ṣ/ : silbante alveolo-predorsal velarizada (v. §5b). Ejs.: /ṣabr/ «paciencia», /ṣir/ «hazte», /ṣufr/ «amarillos», /liṣṣ/ «bandolero».

/š/ : chicheante prepalatal sorda. Como el fonema representado por ›x‹ en catalán, vasco y portugués, ›sh‹ en inglés, etc., o como la realización andaluza de ›ch‹. Ejs.: /šams/ «sol», /šukr/ «agradecimiento», /fáttiš/ «registra», /kabš/ «carnero».

/ǧ/ : africada prepalatal sonora. Como el fonema representado por ›j‹ en inglés, o la realización de ›y‹ prevocálica en Argentina y partes de Andalucía, no como en la realización castellana, de *yo, ya, yunta.* Ejs.: /ǧábal/ «monte», /ǧism/ «cuerpo», /ǧúzur/ «islas», /zawǧ/ «esposo».

/y/ : constrictiva prepalatal. Como el fonema español correspondiente, representado por ›y‹ postvocálica final e ›i‹ postvocálica o prevocálica en, vgr., *hay, vaina, fiato, ciudad.* Ejs.: /yawm/ «día», /láyyin/ «suave», /yúmkinu/ «es posible», /layl/ «noche».

/k/ : oclusiva palato-velar sorda. Como el fonema español correspondiente. Ejs.: /kalb/ «perro», /kiḏb/ «mentira», /kull/ «todos».

/q/ : oclusiva uvulo-velar sorda. Como una /k/ articulada lo más cerca posible de la campanilla. Ejs.: /qalb/ «corazón», /qism/ «parte», /qum/ «levántate», /barq/ «relámpago».

/ḫ/ : fricativa postvelar sorda. Como el fonema español representado por ›j‹ en su realización castellana. Ejs.: /ḫabar/ «noticia», /ḫiftu/ «temí», /buḫl/ «avaricia», /ḫuḏ/ «toma».

/ḡ/ : fricativa postvelar sonora. Como el alófono intervocálico de /g/ española, vgr., en *haga, miga,* exagerando la fricación hasta acercarse a la realización parisina de /r/. Ejs.: /ḡánam/ «ganado menor», /rāḡiba/ «deseó», /ḡúliba/ «fue vencido», /buḡḍ/ «odio».

/ḥ/ : fricativa faringal sorda. Como una /h/ producida no en la glotis sino por constricción de la faringe, en un movimiento similar al carraspeo. Ejs.: /ḥarb/ «guerra», /ḥiml/ «carga», /ḥurr/ «libre», /baḥr/ «mar», /ğurḥ/ «herida».

/ʻ/ : fricativa faringal sonora. Se articula como /ḥ/, pero con tono glotal. Ejs.: /ʻayn/ «ojo», /ʻilm/ «ciencia», /ʻunq/ «cuello», /ši ʻr/ «poesía», /nawʻ/ «clase, género».

/h/ : fricativa glotal sorda. Como la /h/ inglesa o alemana, o la realización andaluza de ›j‹ y algunas haches. Ejs.: /hal/ «acaso», /bíhi/ «con él», /hum/ «ellos», /nahr/ «río», /wağh/ «rostro».

/'/ : oclusiva glotal sorda. Es una pausa articulatoria, como la pronunciación en dialecto Cockney de la /t/ inglesa de *bottle,* o como el *Vokalanstoss* alemán que evita el hiato en *Beamte*. Ejs.: /'anf/ «nariz», /ra's/ «cabeza», /bi'r/ «pozo», /bu's/ «desgracia», /qára'a/ «leyó», /yás'alu/ «pregunta».

Nota: La estructuración correlativa del consonantismo árabe es, pues, ésta, en representación sinóptica:

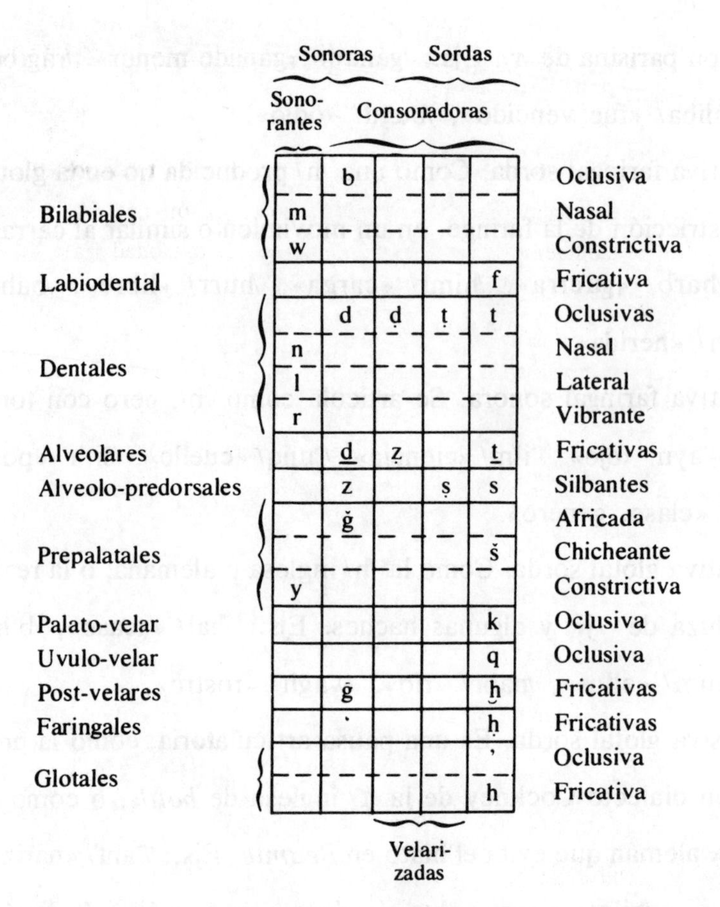

	Sonorantes (Sonoras)	Consonadoras (Sonoras)	Consonadoras (Sonora velarizada)	Consonadoras (Sorda velarizada)	Consonadoras (Sordas)	
Bilabiales		b				Oclusiva
	m					Nasal
	w					Constrictiva
Labiodental					f	Fricativa
Dentales		d	ḍ	ṭ	t	Oclusivas
	n					Nasal
	l					Lateral
	r					Vibrante
Alveolares		ḏ	ẓ		ṯ	Fricativas
Alveolo-predorsales		z		ṣ	s	Silbantes
Prepalatales		ğ				Africada
					š	Chicheante
	y					Constrictiva
Palato-velar					k	Oclusiva
Uvulo-velar					q	Oclusiva
Post-velares		ġ			ḫ	Fricativas
Faringales		ʻ			ḥ	Fricativas
Glotales					ʼ	Oclusiva
					h	Fricativa

Las sonorantes se caracterizan, frente a las consonadoras, por un predominio del tono armónico sobre el ruido.

7. Los fonemas vocálicos del árabe se oponen o diferencian entre sí según correlaciones de grado de abertura (siendo las vocales abiertas o cerradas según la separación vertical de los órganos articulatorios de garganta a labios) y de posición de lengua (que puede ser anterior o posterior).

8. La descripción individual de los fonemas vocálicos del árabe es la siguiente:

/a/ : vocal central abierta. Ejs.: /nam/ «duérmete», /qaṭ/ «solamente», /mawḍiʻ/ «lugar».

/i/ : vocal anterior cerrada. Ejs.: /riğl/ «pie», /ṭifl/ «niño».

/u/ : vocal posterior cerrada. Ejs.: /turs/ «escudo», /ṭuf/ «da una vuelta».

9. Estos fonemas vocálicos no se realizan exactamente igual en todos los casos, por supuesto, sino que presentan alófonos distribuidos según posición, entorno, dialectos, etc. El oído advierte fácilmente la presencia de alófonos de tonalidad grave ([ʌ]), [ẹ], [ọ]) en los entornos de consonantes de articulación posterior (velares, velarizadas y faringales, o sea, /q/, /ḫ/, /ğ/, /ḥ/, /ʿ/, /ṭ/, /ḍ/, /ẓ/, /ṣ/), frente a alófonos de tono agudo ([æ], [i], [u]) en entornos dentales o palatales. Las bilabiales y labiodental pueden determinar alófonos labializados (sobre todo [ɔ] para /a/), mientras toda sílaba trabada suele utilizar alófonos vocálicos más abiertos (sobre todo [ɪ] y [ʊ]). Pero tales variantes nunca son fonémicas, o sea, distintivas en un par mínimo de palabras, ni, por tanto, conscientes en el nativo: se producen automáticamente cuando la articulación consonántica y silábica es correcta.

DIAGRAMA DE LOS ORGANOS ARTICULATORIOS

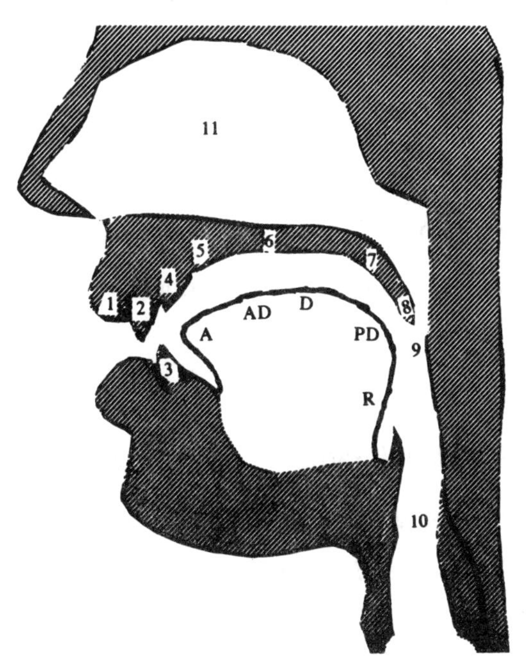

1. Labios.
2. Dientes superiores.
3. Dientes inferiores.
4. Alveolos.
5. Zona prepalatal.
6. Zona palato-velar.
7. Velo.
8. Uvula.
9. Faringe.
10. Laringe o glotis.
11. Cavidad nasal.

A Apice de la lengua.
AD Predorso.
D Dorso.
PD Postdorso.
R Raíz de la lengua.

EJERCICIOS

1. Pronunciar las palabras siguientes, cuidando la correcta realización de los fonemas:

a) /ḥásiba/ «pensó», /rábiḥa/ «ganó», /rákiba/ «cabalgó», /rábaṭa/ «ató».

b) /wádda/ «quiso», /ward/ «rosas», /wayl/ «desgracia», /wáhaba/ «dio».

c) /'ábadan/ «nunca», /'ádab/ «educación», /ǧíddan/ «muy».

d) /rágul/ «hombre», /riǧl/ «pie», /ra's/ «cabeza», /rumḥ/ «lanza».

e) /ḡarb/ «occidente», /šuḡl/ «trabajo», /ḡadr/ «traición», /bálaḡa/ «llegó».

2. Escuchar la pronunciación correcta, hasta advertir las diferencias, de los siguientes pares mínimos o parejas de palabras, diferenciados meramente por una oposición fonémica inexistente en español. Intentar luego reproducir dichas diferencias hasta satisfacer al oído nativo:

/m/~ /n/: /lam/~ /lan/ «no (pero el primero indica perfecto, y el segundo, en cambio, futuro)», /'am/ «o»~ /'an/ «que», /ṣum/ «ayuna» ~ /ṣun/ «guarda», /hum/ «ellos» ~ /hun/ «estáte tranquilo», /fam/ «boca» ~ /fann/ «arte».

/d/~ /d̲/: /bádala/ «cambió» ~ /bád̲ala/ «dio generosamente», /ǧádaba/ «»padeció sequía» ~ /ǧád̲aba/ «atrajo», /dálla/ «guió» ~ /d̲álla/ «fue vil», /qádira/ «pudo» ~ /qád̲ira/ «fue sucio».

/t̲/ ~ /d̲/: /t̲úmma/ «luego» ~ /d̲úmma/ «reprocha», /'át̲ara/ «tropezó» ~ /'ád̲ara/ «disculpó», /nát̲ara/ «esparció» ~ /nád̲ara/ «hizo un voto».

/s/ ~ /z/: /sirr/ «secreto» ~ /zirr/ «botón», /sírtu/ «marché» ~ /zírtu/ «fui visitado», /suhd/ «insomnio» ~ /zuhd/ «ascetismo».

/s/ ~ /š/: /si'r/ «precio» ~ /ši'r/ «poesía», /sukr/ «embriaguez» ~ /šukr/ «agradecimiento», /sáraqa/ «robó» ~ /šáraqa/ «salió (el sol)».

/š/~ /ğ/: /šarr/ «maldad» ~ /ğarr/ «arrastre», /šáriba/ «bebió» ~ /ğáriba/ «cogió la sarna», /ší'tu/ «quise» ~ /ğí'tu/ «vine».

/ğ/~ /y/: /ḥáğğa/ «fue en peregrinación» ~ /ḥáyya/ «vivió», /ğadd/ «abuelo» ~ /yad/ «mano».

/t/ ~ /ṭ/: /satr/ «acción de cubrir» ~ /saṭr/ «renglón», /táraf/ «lujo» ~ /ṭáraf/ «punta», /fítna/ «sedición» ~ /fíṭna/ «sagacidad».

/d/~ /ḍ/: /'ádda/ «enumeró» ~ /'áḍḍa/ «mordió», /dálla/ «guió» ~ /ḍálla/ «se perdió», /ḫáda'a/ «engañó» ~ /ḫáḍa'a/ «se sometió».

/ḏ/~ /ẓ/: /ḏill/ «vileza» ~ /ẓill/ «sombra», /náḏara/ «hizo voto» ~ /náẓara/ «miró», /'áḏ'ana/ «acató» ~ /'áẓ'ana/ «hizo partir».

/s/~ /ṣ/: /sayf/ «espada» ~ /ṣayf/ «verano», /sifr/ «volumen, libro» ~ /ṣifr/ «cero», /saḥb/ «arrastre» ~ /ṣaḥb/ «compañeros», /nasr/ «águila» ~ /naṣr/ «victoria».

/k/~ /q/: /kalb/ «perro» ~ /qalb/ «corazón», /šawk/ «espinas» ~ /šawq/ «deseo», /kídtu/ «estuve a punto de» ~ /qídtu/ «fui guiado».

/h/~ḫ/~ /ḥ/: /hárasa/ «desmenuzó» ~ /ḥárasa/ «protegió», /ḥaras/ «guardia» ~ /ḫáras/ «mudez», /hádama/ «destruyó» ~ /ḫádama/ «sirvió», /háraba/ «huyó» ~ /ḥáraba/ «saqueó» ~ /ḫáraba/ «destruyó», /ğahd/ «esfuerzo» ~ /ğaḥd/ «apostasía», /ḥálaqa/ «afeitó» ~ /ḫálaqa/ «creó».

/'/~ /'/: /'arḍ/ «tierra» ~ /'arḍ/ «exhibición», /sá'ala/ «preguntó» ~ /sá'ala/ «tosió», /'an/ «que» ~ /'an/ «de», /'ayn/ «fatiga» ~ /'ayn/ «ojo».

Lección 2.ª

B) Fonemas suprasegmentales

10. A diferencia de los fonemas descritos en §§6 y 8, caracterizados e identificables por rasgos inherentes de sonido, existen otros, llamados suprasegmentales, porque sólo pueden apreciarse por contraste dentro de una cadena de fonemas segmentales. Tal es el caso, por ejemplo, del acento tónico del español en, vgr., *canto* y *cantó*, que permite distinguir pares mínimos por el contraste entre sílabas tónicas y átonas, sin que los fonemas segmentales de /k-a-n-t-o/ sean apreciablemente diferentes en ambas realizaciones. En árabe, hay que estudiar bajo este epígrafe la cantidad y las junturas.

11. El fonema suprasegmental de cantidad (/:/) permite distinguir entre vocales breves y largas (éstas de doble duración aproximadamente que la breve correspondiente), así como consonantes sencillas y geminadas (o sea, prolongadas, no articuladas dos veces, aunque cuenten siempre como dos consonantes). En este libro, representaremos las vocales largas como /a:/,/i:/ y /u:/ (en lugar del sistema convencional ā/,/ī/,/ū/, que llama menos la atención del estudiante español); en cambio, indicaremos la cantidad consonántica larga transcribiendo la consonante afectada dos veces, pues tal es su comportamiento fonológico. La cantidad vocálica, y prácticamente también la consonántica, son nociones fonémicas de que carece el hispanófono, que se ha de acostumbrar para aprender árabe a adquirir la capacidad de percibirlas y de realizarlas. Obsérvese los siguientes pares mínimos, diferenciados tan sólo por la cantidad: /ǧámal/ «camello» ~ /ǧamá:l/ «belleza», /ʿálam/ «bandera» ~ /ʿá:lam/ «mundo», /ʿíẓam/ «grosor» ~ /ʿiẓá:m/ «grandes», /ḥamá:m/ «palomas» ~ /hammá:m/ «baño», /qádara/ «pudo» ~ /qáddara/ «estimó», /ʿída/ «promesa» ~ /ʿídda/ «varios».

12. El árabe posee los tipos comunes de junturas, o sea, transiciones a compás más lento entre segmentos de la cadena fónica, o entre ésta y silencio, o viceversa, que son:

/+/ : juntura abierta interna, que indica la conexión entre constituyentes de sintagmas. Ej.: /kitá:bu+Muḥámmad^{in}/ «el libro de Muhammad».

/|/ : juntura abierta externa, que indica sintagma incompleto. Ej.: /kitá:bun wa|/ «un libro y...».

/||/ : juntura abierta externa interrogativa, que indica pregunta. Ej.: /man||/ «¿quién?».

/#/ : juntura terminal, que indica enunciación completa y paso a silencio, o paso de silencio a enunciación.

Las junturas van generalmente acompañadas de niveles de entonación característicos para los distintos segmentos que las preceden, pero tales suprasegmentales de contorno y tonalidad son mal conocidos en árabe clásico, por la ausencia de descripciones antiguas y la interferencia dialectal actual. Pero el valor fonémico de las junturas, al menos, ha de tenerse muy en cuenta, pues tiene función discriminadora, p.e., en /báytu-ka+fi:+Dimášq^{a}/ «tu casa de Damasco» y /báytu-ka|fi:+Dimášq^{a}/ «tu casa está en Damasco».

Nota: En esta obra, nos limitamos a transcribir las junturas únicamente en tales casos en que su función discriminadora es primordial. Por otra parte, conviene recordar que el guión con que separamos morfemas dentro de una palabra no es sino un recurso pedagógico, que no supone la presencia de un suprasegmental de juntura.

13. Las junturas terminal e interrogativa dan lugar en las palabras con que se termina cada frase a formas pausales, donde se aprecian las siguientes modificaciones:

a) Supresión de toda vocal breve final. Ejs.: /kátaba/ > /kátab#/, /yármi/ > /yarm#/, /yağzu/ > /yağz#/.

b) En palabras terminadas con el morfema de indeterminación {-n} (v. §35), si le precede /i/ o /u/, desaparecen juntamente morfema y vocal, mientras que si precede /a/, aquel morfema es sustituido por /:/. Ejs.: /kitá:bun/ o /kitá:bin/ > /kitá:b#/, /kitá:ban/ > /kitá:ba:#/.

c) El morfema femenino singular {-at}, juntamente con la vocal y morfema de indeterminación que puedan seguirle, queda reducido a {-ah}, siendo dicha /h/ escasamente perceptible, por lo que no suele transcribirse cuando se citan palabras fuera de contexto, lo que naturalmente se hace en forma pausal. En esta obra, sin embargo, para mayor claridad morfológica, generalmente ha convenido limitarse a poner en tipo volado los segmentos que la pausa requiere eliminar.

Nota: Cuando en una forma pausal una consonante geminada queda ante /#/, la geminación no se realiza fonéticamente, pero hay conciencia de su presencia fonémica, como lo refleja la acentuación de, vgr., /'áğal/ «sí» frente a /'ağáll/ «más excelso». En el mismo caso, las vocales largas son realizadas con duración media, e incluso breve, pero hay asimismo conciencia fonémica de su cantidad larga.

14. En poesía, las palabras con que termina cada verso pueden sujetarse a las reglas pausales de §13, o bien añadir /:/ a las vocales breves finales, añadir /i:/ a toda consonante final, y suprimir /i:/ o /a-{n}/ finales (lo que es raro); las consonantes geminadas finales en todo caso se reducen a simples. Ejs.: /kátaba/ > /kátaba:#/, /yaktub/ > /yaktubi:#/, /qa:ḍi:/ > /qa:ḍ#/, /murra/ > /mur#/.

15. A principio de palabra y no precedido de silencio (/#/), el fonema /'/ tiene la peculiaridad de desaparecer, juntamente con la vocal que le siga, en el artículo /('a)l-/, en los prefijos eufónicos de perfectivo e imperativo /('i)-/ y /('u)-/ y en los nombres /('i)bn/ o /('í)bnum/ «hijo», /(í)bna^t/ «hija», /('i)sm/ «nombre», /('í)mru' / «hombre», /('í)mra'a^t/ «mujer», /('i)st/ «trasero», /('i)ṯná:ni/ y su fem. /('i)ṯnatá:ni/ «dos», y /('á)ymun/ «juramentos». En tales casos, la palabra precedente efectúa su juntura a la siguiente según estas reglas:

a) Si termina en consonante, se añade a ésta /i/ eufónica, salvo en los casos de la preposición /min/ «de», que ante el artículo toma /a/, y de los pronombres y sufijos pronominales acabados en /m/, plurales acabados en /aw/, la preposición /muḏ/ «desde», y en el caso de haberse suprimido tras /'/ una /u/, en todos los cuales casos la vocal eufónica de juntura es /u/. Ejs.: /máni| bnu-k^a||/ por */man 'ibnu-ka||/ «¿quién es tu hijo?», /mina+l-báyt^i/ «de la casa» por */min 'al-bayti/, /'ántumu| l-muslimú:n^a/ «vosotros sois los musulmanes» por */'antum 'almuslimu:na/, /muḏu+ntiṣá:ri-hi:/ «desde su victoria» por */muḏ 'intiṣa:ri-hi:/, /rá'awu| l-muslimí:n^a/ «vieron a los musulmanes» por */ra'aw 'al-muslimi:na/, /halu+ftútiḥ^a/ «¿acaso fue conquistado?» por */hal 'uftutiha/.

b) Si termina en vocal, ésta se mantiene. Pero si era vocal larga y de la juntura resulta sílaba ultralarga (v. §16c), la vocal pierde su cantidad, aunque se respete en la ortografía. Ej.: /fi+l-bayt^i/ «en la casa» por */fi: 'al-bayti/.

Notas:

1) La pérdida de cantidad vocálica para evitar sílaba ultralarga es una regla general en la fonología árabe (ej. /fata-n/ «un mozo» < */fata:-{n}/. Pero a veces no se

observa para evitar la confusión de ciertas palabras, como /'a:mm/ «general» y /'amm/ «tío».

2) Cuando se cita el artículo en estudios gramaticales, no sufre caída de /'a/. Ej.: /('a)l-ismu l-muḥallà bi-'al/ «el nombre dotado de artículo».

II. Fonotaxis

A) La sílaba

16. Los fonemas del árabe pueden combinarse entre sí dando lugar a los siguientes tres tipos de sílabas:

a) /Kv/ : sílaba breve, formada por una consonante seguida de una vocal. Ejs.: /wa/, /bi/, /tu/. Obsérvese que una sílaba nunca comienza por vocal.

b) /KvK/ o /Kv:/ : sílaba larga, trabada además por una segunda consonante o por el suprasegmental de cantidad. Ejs.: /man/, /qul/, /ma:/, /fi:/, /ḏu:/.

c) Excepcionalmente se tolera la sílaba ultralarga /KvKK/ o /Kv:K/ cuando resulta en una forma pausal, de la caída de breves finales (vgr., /kitá:b/, /kalb/), así como se tolera una sílaba /KKv/ en el interior de ciertas palabras de morfema radical {122}, vgr., /qa:-rrat/ «continente», /duway-bbat/ «bestezuela». Fuera de estos casos, entre dos consonantes cualesquiera, o entre consonante y /:/, pasa siempre una frontera de sílaba.

B) Preeminencia

17. En el uso oral actual del árabe, al parecer por interferencia de ciertos dialectos prestigiosos, puede oírse un acento tónico bastante intenso, aunque nunca fonémico, o sea, distintivo por sí solo de un par mínimo de palabras. Su posición es determinada por la cantidad de las sílabas que integran cada palabra, según estas normas:

a) La última sílaba de una palabra sólo puede llevar acento cuando se trata de monosílabos tónicos (generalmente imperativos, vgr., /qúl/ «di»), de ultralargas finales pausales (v. §16c, vgr., /yaqú:l/ «dice», /katábt/ «escribiste») y, en la realización de algunos arabófonos, en el morfema dual {-a:} (vgr., /katabatá:/ «ellas dos escribieron», /ra'i:sá: l-ǧumhu:riyyatáyni/ «los dos presidentes de ambas repúblicas»: obsérvese en este caso el mantenimiento de la cantidad larga). Los monosílabos átonos se unen enclíticamente a la palabra siguiente, a efectos de acentuación; sin embargo, cuando varios de ellos se siguen, se acentúa uno, en el siguiente orden de preferencia de menor a mayor: adverbio, marca interrogativa /'a/, conjunción, pronombre, preposición, monosílabo tónico (Ejs.: /fá-qaṭ/ «y sólo», /'á-la:/ «¿acaso no?», /bí-la:/ «sin», /'a-fá-la:/ «¿acaso, pues, no...?», /'á-d̲a:/ «¿acaso esto?», /fa-d̲á:/ «y esto», /bí-hi:/ «con él», /fa-bí-hi:/ «y con él:, /bí-ma:/ «con lo que», /lí-man/ «a quien», /lá-na:/ «a nosotros», /ká-d̲a:/ «así», /wa-qúl/ «y di».

b) La penúltima sílaba lleva siempre acento si es larga. Ejs.: /qúlta/ «dijiste», /qá:la/ «dijo».

c) En palabras de más de dos sílabas no sujetas a a) y b) el uso no es uniforme: algunos arabófonos acentúan la antepenúltima invariablemente (vgr., /kátaba/ «escribió», /'áqbala/ «llegó», /yádu-hu:/ «su mano», /yadú-huma:/ «la mano de ambos», /lam yára-hu:/ «no lo vio», /lam yará-huma:/ «no los vio», /katába-hu:/ «lo escribió»,

/qatalá-huma: /«mató a ambos», /mamlákatun/ «reino», /mamlakátu-hu/ «su reino», /mamlakatú-huma:/ «el reino de ambos»; otros remontan el acento hasta encontrar una sílaba larga o la primera de la palabra (vgr., /mámlakatun/, /yádu-huma: /), y, finalmente, existe el uso egipcio, difundido a causa del prestigio de dicho dialecto, en que el acento no remonta nunca por encima de la antepenúltima sílaba, pero cuando ésta es larga, el acento es atraído a la penúltima (vgr., /karrára/ «repitió», /madrása'/ «escuela»), mientras en los sintagmas de reçción, la última sílaba del primer nombre cuenta como primera del segundo a efectos de computar las sílabas (vgr., /ṭalábatun/ «estudiantes», pero /ṭálaba tul-'ílmi/ «estudiantes de ciencia»).

EJERCICIOS

1. Escuchar la pronunciación correcta, hasta tomar conciencia de las diferencias en los siguientes pares mínimos. Intentar luego reproducirlas hasta satisfacer al oído nativo:

/'aẖaḏa/ «tomó» ~ /'a:ẖaḏa/ «tomó a mal», /baraka/ «se arrodilló (el camello)» ~ /ba:raka/ «bendijo», /qatala/ «mató» ~ /qa:tala/ «combatió», /sa'a/ «holgura» ~ /sa:'a/ «hora», /dur/ «gira» ~ /du:r/ «casas», /ruḥ/ «ve» ~ /ru:ḥ/ «espíritu», /ṣadara/ «procedió» ~ /ṣa:dara/ «embargó», /ṣalaḥa/ «fue bueno» ~ /ṣa:laḥa/ «se reconcilió», /'araḍa/ «mostró» ~ /'a:raḍa/ «se opuso», /'ud/ «vuelve» ~ /'u:d/ «palo», /'id/ «promete» ~ /'i:d/ «fiesta», /mil/ «inclínate» ~ /mi:l/ «milla», /malik/ «rey» ~ /ma:lik/ «propietario», /ǧa:mi'/ «mezquita» ~ /ǧami:'/ «todos, /dafa'a/ «pagó» ~ /da:fa'a/ «defendió», /sa:'id/

«antebrazo» ~ /sa'i:d/ «feliz», /ša:'ir/ «poeta» ~ /ša'i:r/ «cebada», /qa:dim/«próximo» ~ /qadi:m/ «antiguo», /ma:ta/ «murió» ~ /mata:/ «cuándo», /ḥa:diṯ/ «suceso» ~ /ḥadi:ṯ/ «conversación», /ḥa:kim/ «gobernante» ~ /ḥaki:m/ «sabio», /dara:/ «supo» ~ /da:ra:/ «aduló», /'a:min/«seguro» ~ /'ami:n/ «secretario» ~ /'a:mi:n/ «amén».

2. Escuchar la pronunciación correcta y tratar de reproducirla en los siguientes pares mínimos:

/'akala/«comió» ~ /'akkala/ «hizo comer», /'ila:/«hacia» ~ /'illa:/ «sino», /'ama:/ «acaso no» ~ /'amma:/ «en cuanto a», /'amara/ «mandó» ~ /'ammara/«puso al frente», /'ana:/«yo» ~ /'anna:/«que nosotros», /baka:/ «lloró» ~ /bakka:/ «hizo llorar», /baya:ḍa/ «blancura» ~ /bayya:ḍa/ «(gallina) ponedora», /ǧaba:n/ «cobarde» ~ /ǧabba:n/ «quesero», /ḥadaṯa/ «sucedió» ~ /ḥaddaṯa/ «relató», /'ala:/ «encima de» ~ /'alla:/«elevó», /'aḥad/«uno» ~ /'aḥadd/«más agudo», /taraka/ «dejó» ~ /tarraka/ «hizo turco», /ǧama:l/ «belleza» ~ /ǧamma:l/ «camellero», /ḥa:ǧa/«cosa» ~ /ḥa:ǧǧa/ «peregrina», /darasa/ «estudió» ~ /darrasa/ «dio clase», /fala:ḥ/ «éxito» ~ /falla:ḥ/ «labriego».

3. Dar la forma pausal de las palabras: /baytun/ «casa», /bi-sayfin/ «con una espada», /ḍuriba/ «fue golpeado», /ḫiftu/ «temí», /bi-hi/ «con él», /yas'alu/ «pregunta», /yawman/ «un día», /'abadan/ «nunca», /ǧiddan/ «mucho», /fitnatun/ «sedición», /ra:min/«tirador».

4. Efectuar la juntura, con la vocal eufónica que pueda corresponder, en las siguientes frases, cuya segunda palabra comienza por /('v)/. Dar la forma pausal donde se precise:

*/bi ('a)l-kita:bi/ «con el libro», */min ('i)mra'atin/ «de una mujer», */min ('a)l-bayti/ «de la casa», */hum ('a)l-mu'allimu:na/ «ellos son los maestros», */katabtum

('a)l-kita:ba/ «escribisteis el libro», */ḡazaw ('a)l-madi:nata/ «invadieron la ciudad», */bal ('u)ftutiḥa/ «pero fue conquistado», */mud̲ ('i)nṣarafa/ «desde que se marchó», */('a)l-('i)smu/ «el nombre», */la-('a)ymunu l̤l̤a:hi/ «lo juro por Dios», */man ('i)ftataḥa ('a)l-'Andalusa||/ «¿quién conquistó al-Andalus?, */bal ('u)ktub/ «escribe, más bien», */hal ('i)ntaṣara ('a)l-'ima:mu||/ «¿triunfó el imán?, */wa-('i)nsa-hu:/ «y olvídalo».

Lección 3.ª

GRAFONOMIA

I. Letras

18. La lengua árabe se codifica por escrito mediante un alfabeto de 28 grafemas básicos o letras, que representan 27 fonemas consonánticos y la cantidad de las vocales largas, los cuales constituyen los elementos usualmente necesarios de la ortografía de las palabras.

19. La escritura árabe se dirige de derecha a izquierda y, dentro de cada palabra, casi todas las letras se ligan entre sí en un estilo cursivo que hace que las no finales tengan una forma más escueta. Estas formas pueden estudiarse en grupos, dentro de los cuales el trazado básico de las distintas letras comprendidas es el mismo, haciéndose la distinción mediante la adición de uno, dos o tres puntos encima o debajo. También debe observarse la posición correcta con respecto al renglón y el lugar apropiado para conectar las letras, que señalamos con una línea de puntos, como sigue:

Fonema correspondiente	Grafema		Fonema correspondiente	Grafema	
	Aislada-Final	Inicial-Media		Aislada-Final	Inicial-Media
/b/	ب...	...بـ...	/ṣ/	ص...	...صـ...
/t/	ت...	...تـ...	/ḍ/	ض...	...ضـ...
/ṯ/	ث...	...ثـ...	/ṭ/	...ط...	...ط...
/n/	ن...	...نـ...	/ẓ/	...ظ...	...ظ...
/y/	ي...	...يـ...	/f/	...ف...	...فـ...
/ḥ/	ح...	...حـ...	/q/	ق...	...قـ...
/ğ/	ج...	...جـ...	/k/	ك...	...كـ...
/ḫ/	خ...	...خـ...	/l/	...ل...	...لـ...
/s/	س...	...سـ...	/m/	م...	...مـ...
/š/	ش...	...شـ...			

1) Las letras del grupo ›ḥ‹ - ›ğ‹ - ›ḫ‹ pueden conectarse también así: ﺨ . ﺤ . Con los grafemas ›b‹ - ›t‹ - ›ṯ‹ - ›n‹ - ›y‹ forman las ligaduras ﺒﺤ ﺒﺢ ﺘﺤ ﺘﺢ ﺜﺤ ﺜﺢ etc.

2) La letra ›k‹ tiene la forma opcional ک

3) La letra ›m‹ da lugar a ligaduras opcionales como ...ﺒﻤ ﺒﻢ ﺤﻤ ﺤﻢ ...ﺴﻤ ﺴﻢ ...ﺼﻤ ﺼﻢ ...ﻄﻤ ﻄﻢ ...ﻔﻤ ﻔﻢ ...ﻜﻤ ﻜﻢ ...ﻠﻤ ﻠﻢ etc.

Los siguientes grupos distinguen cuatro formas:

Fonema correspondiente	Grafema			
	Aislada	Inicial	Media	Final
/ʻ/	ع	عـ...	...ـعـ...	...ـع
/ġ/	غ	غـ...	...ـغـ...	...ـغ
/h/	ه	هـ...	...ـهـ...	...ـه

Nota: La letra ›h‹ tiene las formas opcionales ...ـه ـهـ .

Los siguientes grupos no se conectan a la letra siguiente dentro de la misma palabra, la cual por tanto habrá de adoptar forma inicial, o incluso final (si era la última ya):

Fonema correspondiente	Grafema	Fonema correspondiente	Grafema
/d/	د...	/w/	و...
/d̲/	ذ...	(letra *'alif:* v. sus	ا...
/r/	ر...	usos en §§20,22acf y	
/z/	ز...	23b).	

Nota: Los grafemas ›r‹ y ›z‹ tienen una forma opcional ر... ز... . Precedidos de ›b‹ - ›t‹ - ›t̲‹ - ›n‹ - ›y‹ forman las ligaduras, تز ; نر، نز ، بر، بز، تر , etc.

20. La cantidad vocálica larga se representa con los grafemas *'alif* para /a:/, ›w‹ para /u:/, y ›y‹ para /i:/. Ejs.: ما /ma:/ «lo que», في /fi:/ «en», سود /su:d/ «negros».

21. Los nombres de las letras, en su orden alfabético usual, que hay que conocer para el manejo de diccionarios, son: *'alif, ba:', ta:', ṯa:', ği:m, ḥa:', ḫa:', da:l. ḏa:l, ra:', za:y, si:n, ši:n, ṣa:d, ḍa:d, ṭa:', ẓa:', 'ayn, ğayn, fa:', qa:f, ka:f, la:m, mi:m, nu:n, ha:', wa:w* y *ya:'*.

Nota: En el Norte de Africa y España musulmana, el orden era: *'alif,* ›b‹ , ›t‹ , ›ṯ‹ , ›ğ‹ , ›ḥ‹ , ›ḫ‹ , ›d‹ , ›ḏ‹ , ›r‹ , ›z‹ ,›ṭ‹ , ›ẓ‹ , ›k‹ , ›l‹ ,› m ‹ , › n ‹ , ›ṣ‹ , ›ḍ‹ , › '‹ , ›ğ‹ , ›f‹ , ›q‹ , ›s‹ , ›š‹ , ›h‹ ,›w‹ , ›y‹ .

II. Grafemas auxiliares

22. La escritura árabe dispone además de unos grafemas auxiliares que se añaden encima o debajo de las letras, cuando la dificultad del texto, el deseo de garantizar su exacta reproducción, o su naturaleza didáctica hacen aconsejable, a discreción en cada caso del que escribe, facilitar información adicional, fonémica o fonética que, en situaciones normales, es casi o totalmente innecesario facilitar al lector impuesto en la gramática y el léxico. Estos grafemas auxiliares son:

a) El grafema ›ء‹ , llamado *hamza,* que representa el fonema /'/ y que se escribe o bien solo, o bien sobre un «soporte», o sea, una *'alif,* ›w‹ o ›y‹ (sin puntos en este caso), desprovistos en este uso de toda función fonémica.

Nota: La *hamza* se escribe sin soporte cuando es último grafema de palabra y va precedida de consonante o vocal larga, o dentro de palabra en la secuencia /a:'a/ y en la secuencia /u:'at/, ejs.: بَدْء «principio», شَاءَا «ambos quisieron», مَقْرُوءَة «leída». El soporte es siempre *'alif* cuando la *hamza,* que a menudo se omite, es el primer grafema de la palabra, ejs.: أَب «padre», إِنْ «si», أُمّ «madre». En los restantes casos: 1) el soporte es ›y‹ si *hamza* va precedida o seguida de /i/ o precedida de /y/, ejs.: بِئْر «pozo» أَفْئِدَة «corazones», سُئِلَ «fue preguntado», مِئُون

y مِئَات «centenares», رَئِيس «presidente», شَيْئًا »algo»; 2) el soporte es ›w‹ cuando en el entorno vocálico sólo hay /u/ y /a/, ejs.: رَؤُوف «compasivo», رُؤَسَاء «presidentes»); 3) el soporte es *'alif,* cuando en el entorno vocálico hay sólo /a/, ejs.: رَأْس «cabeza», مَسْأَلَة «cuestión».

b) Los grafemas que representan los fonemas vocálicos: › َ ‹ /a/ *(fatḥa),* › ِ ‹ /i/ *(kasra),* › ُ ‹ /u/ *(ḍamma).* Ejs.: كُتِبَ /kutiba/ «fue escrito», كِتَاب / kita:b / «libro», كَاتِب / ka:tib / «escritor», مَكْتُوب /maktu:b/ «escrito».

c) Los grafemas, llamados *tanwi:n,* que representan el morfema de indeterminación {-n} (v. §35) juntamente con la vocal que siempre le precede: › ً ‹ /an/, › ٍ ‹ /in/, › ٌ ‹ o › ُ ‹ /un/. Ejs.: كِتَابٌ /kita:bun/ «un libro», بِكِتَابٍ /bi-kita:bin/ «con un libro», يَوْمًا /yawman/ «un día».

Notas:

1) En ›an‹ , se observará la presencia de una *'alif,* sin ninguna función fonémica, que se añade a toda palabra no acabada en /a:/, /a:'/ o ة .

2) Si una palabra acabada en *tanwi:n,* es seguida por otra que comienza en /('v)/ (v. §15), en la juntura aparece una vocal eufónica, que la escritura árabe no puede representar, ejs.: مَلِكٌ انْتَصَرَ /malikuni ntaṣara/ «un rey que triunfó», مَدِينَةٌ افْتُتِحَتْ /madi:natunu ftutiḥat/ «una ciudad que fue conquistada».

d) El grafema › ّ ‹ *(tašdi:d),* que representa la geminación o cantidad larga de las consonantes. Ejs.: رَدَّ /radda/ «devolvió» كُتَّاب /kutta:b/ «escritores».

Nota: El grafema de la vocal /i/ puede escribirse debajo del grafema de cantidad consonántica, en lugar de hacerlo bajo la consonante afectada, ej.: فَتِّشْ «busca».

e) El grafema › ْ ‹ *(suku:n),* que indica la implosividad de las consonantes, o sea, el hecho de que cierren sílaba. Ejs.: زُرْ /zur/ «visita» لَمْ يَكْتُبْ /lam yaktub/ «no escribió».

f) El grafema › ٱ ‹ *(waṣla),* que indica sobre la *'alif* que ésta y su vocal han desaparecido de la realización fonética por ser uno de los casos señalados en §15; así, la grafía de los ejemplos dados en §15a es:
هَلِ ٱفْتُتِحَ ، رَأَوُا ٱلْمُسْلِمِينَ، مُذُ ٱنْتِصَارِهِ ، أَنْتُمُ ٱلْـمُسْلِمُونَ ، مِنَ ٱلْبَيْتِ ، مَنِ ٱبْنُـكَ

Notas:

1) ٱ se omite en la escritura en los casos del artículo ٱلْـ tras la preposición لِـ /li-/ y la conjunción لَـ /la-/ (ejs.: لِلْبَيْتِ /lil-bayti/ «para la casa», لَلْبَيْتُ /lal-baytu/ «ciertamente la casa»), de la palabra إِبْن /(’i)bn/ «hijo» entre los nombres propios de hijo y padre, siempre que no coincida con principio de renglón (ej.: إِبْرَاهِيمُ بْنُ مُحَمَّدٍ /’Ibra:hi:mu bnu Muḥammad^{in}/), y en las dos frases بِسْمِ ٱللّٰهِ /bismi lla:h^{i}/ «en el nombre de Dios» (por بِٱسْمِ) y لَيْمُ ٱللّٰهِ /laymu lla:h^{i}/ «lo juro por Dios» (por لَ + أَيْمُن).

2) Este tipo de palabras, aun precedidas de silencio y, por consiguiente, con realización de /(’v)/, no suelen escribirse con *hamza,* sino tan sólo con el grafema de la vocal correspondiente, para recordar el carácter inestable de aquel segmento, indicado en esta obra con los paréntesis.

III. Grafías especiales

23. En los casos siguientes, el árabe utiliza una determinada grafía especial para representar ciertos fonemas o secuencias de fonemas o letras:

a) La secuencia de las letras *la:m* y *'alif* (en cualquier función de ésta) da lugar a una ligadura, con las formas لا y ـلا.... Ejs.: لا /la:/ «no», لِٱبْنِهِ /li-bni-hi:/ «a su hijo», مَلَأَ /mala'a/ «llenó».

b) La secuencia /'a:/ se representa superponiendo a la *'alif* el grafema auxiliar ›ˉ‹ *(madda)*. Ejs.: آبَاء /'a:ba:'/ «padres», مَلْآن /mal'a:n/ «lleno».

Nota: A veces se indica con este signo alguna de las raras abreviaturas usuales en árabe, como الخ «etc.» por إِلَى آخِرِهِ , عـم por عَلَيْهِ ٱلسَّلَامُ «sobre él sea la paz», صلعم por صَلَّى ٱللّٰهُ عَلَيْهِ وَسَلَّمَ «Dios lo bendiga y salve».

c) El morfema plurifuncional {-a'}, cuando es la última letra de una palabra, se representa mediante ›h‹ con dos puntos encima *(ṭa:' marbu:ṭa)*. Ej.: مَدِينَة /madi:na^{tun}/ «ciudad», pero مَدِينَتُهُ /madi:natu-hu:/ «su ciudad».

d) En algunas palabras acabadas en /a:/, la cantidad vocálica se indica con una *ya:'* sin puntos (llamada *'alif maqṣu:ra)*, en lugar de con *'alif*, si bien la grafía usual se recupera en caso de añadirse alguna letra a la palabra. En esta obra, en dichos casos se utiliza la transcripción ›à‹ para permitir reproducir esta peculiaridad ortográfica. Ejs.: رَمَى /ramà/ «tiró», شَكْوَى /šakwà/ «queja», pero رَمَاهُ /rama:-hu/ «lo tiró», شَكْوَاكَ /šakwa:-ka/ «tu queja».

Nota: La falta de puntos de ›y‹ es a veces mera omisión, y no indica ›à‹ .

e) La antigua ortografía coránica difiere en algunos puntos de la normal, aquí descrita, vgr., en el uso de los soportes de *hamza* y de los grafemas ›ˉ‹ y »ى« . En algunos casos, dicha ortografía domina el uso normal, de donde resultan grafías en que falta el grafema de cantidad vocálica larga (ejs.: إِلٰه /'ila:h/ «dios», اَللّٰه /('a)l-la:h/ «Dios», رَحْمٰن /rahma:n/ «misericordioso», لٰكِنْ /la:kin/ «pero», ذٰلِكَ /da:lika/ «aquél», هٰذَا /ha:da:/ «éste»: obsérvese el grafema ›ٰ‹ con que se suple la *'alif;* هُ /-hu:/ y هِ /-hi:/ «le; su», ذِهِ /dihi:/ y تِهِ /tihi:/ «ésta», رَبِّ /rabbi:/ «mi señor», ـهُمُ /-humu:/ «su; les», ـكُمُ /-kumu:/ «os; vuestro», ـتُمُ /-tumu:/ «vosotros» [sufijo verbal], دَاوُدُ /Da:'u:d/ «David», شَاوُل /Ša:wu:l/ «Saúl»), frente a casos en que se escribe una *'alif* o ›w‹ totalmente ociosas (ejs.: مِائَة /mi'a'/ «cien», أَنَا /'ana/ «yo», أُولٰئِكَ /'ula:'ika/ o أُولاَكَ /'ula:ka/ «ésos», أُولاَءِ /'ula:'i/ «éstos», أُولُو /'ulu:/ ~ أُولِي /'uli:/ «dotados de», عَمْرُوٌ /'Amrun/ ~ عَمْرٍو /'Amrin/«n.pr.», y las *'alif* que se añaden al final de todo plural verbal acabado en /-u:/ o /-aw/, e incluso opcionalmente a los nominales de la misma terminación, como كَتَبُوا /katabu:/ «escribieron», رَمَوْا /ramaw/ «tiraron».

Nota: Pero en general se ha normalizado la ortografía con *'alif* de algunas palabras que en el Corán tienen ـوٰ en lugar de ـَا, como حَيَاة «vida», صَلاَة «oración», نَجَاة «salvación», زَكَاة «azaque», رِبى «usura» y مِشْكَاة «hornacina».

IV. Normas adicionales

24. En la escritura árabe se observará además:

a) Las palabras átonas de una sola consonante (o sea, las preposiciones بِـ /bi-/ «con; en», لِ /li-/ «a; para», كَ /ka-/ «a manera de», تَ /ta-/ «por [en juramento]», las conjunciones فَ /fa-/

«pues», لَ /la-/ «ciertamente», وَ /wa-/ «y», y el prefijo de futuro سَ /sa-/), así como el artículo اَلْ , se sueldan en la escritura a la palabra siguiente.

b) No puede dividirse una palabra a fin de renglón, pero se permite alargar el trazo que conecta las letras, a fin de evitar huecos.

c) No se tolera una secuencia de tres consonantes iguales: de ahí لِلّٰهِ / li-lla:h[i] / « a Dios » por اَللّٰه + لِ , لِلَّيْل / li-l-layl[i] / « a la noche » por اَللَّيْل + لِ . Las asimilaciones de consonantes a menudo se reflejan gráficamente (ejs.: مِمَّن / mimman / « de quién » por مَنْ مِنْ, مِمَّا /mimma:/ «de qué» por مَا مِنْ , عَمَّن /ʻamman/ «de parte de quién» por مَنْ عَنْ , عَمَّا /ʻamma:/ «de parte de qué» por مَا عَنْ , إِلاَّ /'illa:/ «sino» por لاَ إِنْ , أَلاَّ /'alla:/ «que no» por لاَ أَنْ , إِذَّاكَ /'idda:ka/ «entonces» por ذَاكَ إِذْ .

V. Cifras

25. El árabe utiliza, con el mismo orden y en la manera que nos es familiar, las cifras: ١ = 1, ٢ = 2, ٣ = 3, ٤= 4, ٥ = 5, ٦= 6, ٧ = 7, ٨ = 8, ٩ = 9, ٠ = 0.

26. Para casos similares a los que requieren la numeración romana en Occidente, pueden utilizarse las letras del alfabeto con los valores numéricos que se indican:

ا = 1, ب = 2, ج = 3, د = 4, ه = 5, و = 6, ز = 7, ح = 8, ط = 9, ي = 10, ك = 20, ل = 30, م = 40, ن = 50, س = 60, ع = 70, ف = 80,

ص =90, ق = 100, ر = 200, ش =300, ت = 400, ث = 500, خ = 600, ذ = 700, ض = 800, ظ = 900, غ = 1000.

Nota: En el Occidente musulmán se observarán las discrepancias: ص =60, ض = 90, س =300, ظ = 800, غ = 900 y ش =1000.

EJERCICIOS

1. Copiar repetidamente, hasta escribirlos con soltura, los siguientes grupos de grafemas, manteniendo al mismo tiempo en mente, los fonemas que representan:

ببب ب - تتت ت - ثثث ث - ننن ن - ييي ي - ححح ح - ججج ج - خخخ خ -
سسس س - ششش ش - صصص ص - ضضض ض - ط - ظ - ففف ف - ق
ققق - ككك ك - للل ل - ممم م - ععع ع - غغغ غ - ههه ه - د - ذ - ر - ز - و.

2. Transcribir primero en caracteres latinos y leer luego, hasta poderlo hacer sin mirar las equivalencias, las siguientes palabras:

a) كَتَبَ - جَبَل - بَحَثَ - خَلَقَ - نَظَمَ - ثَمَن - سَفَكَ - تَلِفَ - حَسَن - شَخَصَ -
صَلَحَ - ضَبَطَ - طَلَبَ - ظَلَمَ - فَشَلَ - قَبَضَ - جَهِلَ - مَثَلَ - يَقِظَ - عَطَلَ - هِيَ
حَجِجَ - ثَبَتَ - جَنَحَ - شَيَخَ - لَبِسَ - نَعَشَ - غَصَبَ - خَضَعَ - حَكَمَ
- بَلَغَ - شَبَهَ - ضَغِنَ.

b) رِزْق - وَرْد - ذَكَّرَ - زَرَعَ - سَرْوَ - بَدَن - بَذَلَ - خُبْز - دُوَل - حَرْب - حَدَثَ -
خَرَجَ - طَرَحَ - هَرَس - حَرَص - عَرَض - طَرَف - حَرَق - بَرَك - دَم - رُوِيَ - يَدُهُ.

c) جَمَال - عَالَم - حَمَام - كِتَاب - قَدِيم - سَعِيد - جَمِيع - عِيد - مِيل - دُور -
عُود - رُوح - كَتَبَا - كِتَابِي - ذُو.

d) أَنْف - إِذَا - أُسْتَاذ - سَأَلَ - يَسْأَلُ - رَأْس - جِئْتُ - سُئِلَ - رِئُون - مِئَات -
لَئِيم - لُؤْم - مَرْؤُوس - مُؤَن - يَؤُوبُ - قَرَأَ - قُرِئَ - بَطُؤَ - شَيْء - لِقَاء.

e) - يَوْماً - جِدّاً - أَبَداً - رَامٍ - قَاضٍ - بِسَيْفٍ - مُحَمَّدٌ - جَمَلٌ - سَيْفٌ - يَوْمٌ
. رِضًى - فَتًى

f) حَيٌّ - رُدَّ - رَبٌّ - عَامٌّ - قَارَّةٌ - جَمَّالٌ - حَمَّامٌ - لَيِّنٌ - فَتِّشْ - ثُمَّ - بُدِّلَ - ضِدٌّ
. أَنَّا - حَجَّ -

g) -بَلُ ٱفْتَتِحَ - كَتَبْتُمُ ٱلْكِتَابَ - هُمُ ٱلْمُسْلِمُونَ - مِنَ ٱلْبَيْتِ - مِنِ ٱمْرَأَةٍ - بِٱلْكِتَابِ
. مَدِينَةٌ ٱفْتُتِحَتْ - هَلِ ٱنْتَصَرَ ٱلْإِمَامُ

h) . فَلَاحٌ - إِلاَّ - أَفَلاَ - بِلاَ - أَلاَ - لاَ

i) . قَرَأَ - مَلْآنُ - قُرْآنٌ - آمِينَ - آمِنٌ

j) .مَمْلُوءَةٌ - رِئَاسَةٌ - دُوَيْبَةٌ - حَاجَةٌ - سَاعَةٌ - طَلَبَةٌ -مَمْلَكَةٌ- مَدِينَةٌ

k) . إِلَى ٱلْآنَ - عَلَّى - عَلَى - إِلَى - بَكَى

l) . بِسْمِ ٱللهِ -يَا رَبِّ -يَا رَحْمٰنُ - هٰذِهِ ٱلْمَدِينَةُ- هٰذَا ٱلْبَيْتُ - ذٰلِكَ ٱلْكِتَابُ

3. Devolver la grafía árabe a los siguientes nombres geográficos transcritos: /Bağda:d^{u}/, /Bayru:t^{u}/,. /Falasṭi:n^{u}/ (Palestina), /Ṣan'a:'^{u}/, /Yaṯrib^{u}/ (Medina), /Tu:nus^{u}/, /Ṭahra:n^{u}/ (Teherán), /Marra:kuš^{u}/, /Wahra:n^{u}/ (Orán), /Ẓafa:r^{u}/, /('a)l-Mawṣil^{u}/ (Mosul), /'Amma:n^{u}/, /Ḥalab^{u}/ (Alepo), /'Ana:ḍu:l^{u}/ (Anatolia), /Dimašq^{u}/ (Damasco), /Mağri:ṭ^{u}/ (Madrid), /Ḫura:sa:n^{u}/ (Jorasán), /'A:ḏarbayğa:n^{u}/, /Zanğiba:r^{u}/ (Zanzíbar).

e) [illegible]

f) [illegible]

g) [illegible]

h) [illegible]

i) [illegible]

j) [illegible]

k) [illegible]

l) [illegible]

3. Devolver la grafía árabe a los siguientes nombres geográficos transcritos: Bayrūt (Beirut), Filasṭīn (Palestina), Ṣan'ā', Yaṯrib (Medina), Ŷurŷān, Ṭahrān (Teherán), Marrākuš, Wahrān (Orán), Baḥr al-Mayyit (Mar Muerto), 'Ammān, Ḥalab (Alepo), al-Andalus (Andalucía), Dimašq (Damasco), Maŷrīṭ (Madrid), Ūrušalīm (Jerusalén), Samarqand, Zanŷibār (Zanzíbar).

Lección 4.ª

MORFOSINTAXIS

Introducción

27. Los fonemas se agrupan en morfemas, que son las unidades mínimas dotadas de significado (ej.: أَب «padre»), referencia (ej.: هُوَ «él») o función (ej.: اَلْ 'artículo determinado'). La primera clase es naturalmente muy extensa y es la lexicografía la que intenta dar su repertorio completo, mientras que la morfología se propone dar el repertorio mucho más limitado de las otras dos clases, así como describir las normas que rigen la combinación de los morfemas llamados ligados, o sea, aquellos que no pueden aparecer como palabras autónomas, sino tan sólo como parte de éstas. Las palabras, a su vez, guardando cierto orden y relaciones que estudia la sintaxis, se integran en sintagmas o constituyentes de la oración (o juicio completo). Mas, como quiera que las normas de combinación de morfemas ligados en palabras (objeto de la morfología) dependen estrechamente de la función de éstas en el sintagma y la oración, es conveniente tratar conjuntamente **formas** y **funciones** en lo que llamamos morfosintaxis.

28. Por el modo de combinarse en ellas los morfemas ligados, las palabras árabes tienen ciertas características de flexión, que permiten clasificarlas en:

a) Nombres, capaces de flexión nominal. Ejs.: كَلْب «perro», كَبِير «grande», خَمْسَة «cinco», هٰذَا «éste».

b) Verbos, capaces de flexión verbal. Ejs.: كَتَبْتُمْ «escribisteis», فَرِحْتَ «te alegraste», حَسُنَ «fue bueno».

c) Funcionales, incapaces de toda flexión. Ejs.: فِي «en», لِكَيْ «para que». Estos últimos, a diferencia de nombres y verbos, tienen la característica semántica de carecer de significado e incluso referencia, predominando en ellos la función.

29. Al margen de su flexión morfológica, tanto nombres como verbos pueden ser simples o derivados, incrementados en este caso por prefijos, infijos y sufijos de derivación léxica, cuya función semántica no es general y exactamente previsible, por lo que, más que tratar de averiguarlo mediante análisis gramatical, conviene dejar a los diccionarios el precisar en cada caso los significados de tales nombres y verbos derivados.

30. Sin embargo, los lexicógrafos árabes han descrito todas las palabras de su lengua como el resultado de la intersección de un morfema radical o **raíz,** portador del lexema o idea básica, integrado por generalmente sólo tres consonantes **radicales,** y de un morfema derivacional ligado y discontinuo, consistente en vocales, /:/, /w/, /y/ o /t/ infijadas, repetición de consonantes radicales infijadas o sufijadas, además de los sufijos {-a^{t}}, {-a:}, {-a:'}, {-a:n}, {-iyy}, {-u:t}, y los prefijos {'v-}, {tv-}, {mv-}, {yv-}, {('v)n-} y {('v)stv-}, en ciertas secuencias fijas y limitadas, llamadas **formas,** diciéndose, vgr., que /kalb/ es una forma {1a23} de la raíz {klb}; o que /('i)staktaba/ es una forma {('i)sta12a3a} de la raíz {ktb}. En estas fórmulas, 123 simbolizan naturalmente la primera, segunda y tercera consonantes radicales (y 4 la cuarta, cuando la hay, etc.), siendo también común para poder «leerlas» utilizar los fonemas de la raíz modelo o paradigma {f'l}, como hacen los gramáticos árabes, hablando de la forma {fa'l} o {('i)staf'ala}. En casos en que sólo interesa la estructura silábica, y no la calidad y posición de las consonantes radicales, simbolizamos cualquier consonante con K, y cualquier vocal con v. Ej.: مَكْتَب es una forma {ma12a3} o {maf'al}, pero silábicamente es {KaKKaK} e incluso, si las vocales son indiferentes, {KvKKvK}.

31. Consecuentemente, los diccionarios en su mayoría están ordenados por raíces dentro de las cuales las palabras, primero verbos y luego nombres y funcionales, se suceden por orden de complejidad morfológica creciente, debiendo el estudiante aprender a desnudar toda palabra de cuanto en ella no sean las consonantes radicales por identificación y despojo de los elementos adventicios derivacionales que hemos mencionado en §30. Así, مَكْتَب habrá de buscarse en la raíz {ktb} (quitándole el prefijo {mv-}), مَلَكُوت en {mlk} (quitándole el sufijo {-u:t}, إِنْكِسَار en {ksr} (quitándole el prefijo {('i)n-}, infijos vocálicos y /:/). Sólo los funcionales y verbos de raíz {122} (v. §119) aparecen donde les corresponde según la sucesión alfabética de sus consonantes, mientras que nombres y verbos que, diacrónicamente hablando, tienen raíces de menos de 3 consonantes, como se transparenta en algunas inflexiones, son colocados un tanto arbitrariamente en una raíz triconsonántica «normalizada», que resulta de añadirles como 3 (o a veces 2) una consonante /w/, /y/, /t/, /'/ o /h/ que aparece en plural, dual, diminutivo, etc. Ej.: a أب se le atribuye la raíz {'bw} a causa de su dual أبوان, a شاة «oveja» se le atribuye {šyh} por su plural شياه, etc. Son raros los casos en que consonantes radicales se transforman o desaparecen, como se verá en los capítulos de morfología anómala (§§50-53 y 117-123).

I. Nombre

32. El nombre es, semánticamente, una clase de palabras que significan seres o sus propiedades, pudiendo subdividírsele en sustantivo, adjetivo, numeral, pronombre personal, demostrativo y relativo. Sintácticamente, sólo el nombre puede ser sujeto de una oración, o sea, tema de un comentario. Morfológicamente, la flexión nominal que le es característica, permite al nombre expresar las categorías lógico-gramaticales (o accidentes) de determinación, caso, género y número.

Notas:

1) Por lo que a las estructuras derivacionales o formas se refiere, las posibles en el nombre son éstas:

a) Por flexión interna (o sea mediante infijación de vocales, /:/, /w/, /y/ y /n/): en raíz triconsonántica: {1v23}, {1v2v3} (salvo secuencias vocálicas /i/-/u/, que el árabe evita), {1a:2a3}, {1a:2i3}, {1a:2u:3}, {1ay2a(:)3}, {1ay2u:3}, {1aw2a3}, {1v2a:3}, {1a2i:3}, {1a2u:3}, {1u2ay3}, {1u2u:3}, {1a22i3}, {1a22a:3}, {1a22u:3}, {1i22a(:)3}, {1i22i(:)3}, {1i22aw3}, {1u22a(:)3}, {1u22u:3}, {1u22ay3}, {1i2a33}, {1i2i33}, {1a2u33}, {1u2u33}, {1a2a:33}, {1i23a:3}, {1i23i(:)3}, {1u23a(:)3}, {1u23u(:)3}, {1a23u:3}, {1a2a32a3}, {1u2u32u3}, {1a2an3à}; en raíz cuadriconsonántica: {1a23a(:)4}, {1u23a(:)4}, {1i23a(:)4}, {1i23i44}, {1u23u(:)4}, {1u23u44}, {1i2(2)a34},

{1u2(2)a34}, {1a23a4i:4}, {1u2a34i4}, {1a2a33a4}, {1a2an3a4}, {12ay3a4}, {1u2a(:)3i4}, {1u2ay3i4}.

b) Por prefijación: {ma12v3}, {mi12a(:)3}, {mi12i:3}, {mu12u3}; {ti12a(:)3}, {ta12a:3}, {ta12i:3}, {ta12i3a'}, {ta12u3a'}, {ti1i22a:3}; {'a12a3}, {'i12i:3}, {'i12i33}, {'u12u:3}, {'u12u33}, {'u1a:2i3}; {ya12a3}, {ya12u(:)3}, {ya12i:3}.

c) Por sufijación: en teoría, al menos, cualquiera de las formas de a) y b) pueden recibir un sufijo {-a'}, {-a:} (o ›-à‹), {-a:'}, {-iy(y)}, {-u:t} o {-a:n}.

2) De estas formas merecen especial atención {1u2ay3} y {1u2ay3i4} ({KuKay-KiK}) con las que se forman los diminutivos de bases con 3 y 4 consonantes respectivamente, radicales o no, en derivación morfológica prácticamente libre. Ejs.: كُلَيْب «perrito», مُرَيْكِب «barquito» de مَرْكَب , شُوَيْعِر «poetastro» de شَاعِر , غُلَيِّم «mozuelo» de غُلام : se observará que /:/ cuenta como una consonante. Sin embargo, en palabras de estructura peculiar, la decisión de la forma de diminutivo puede ser de carácter léxico, observándose que, en general, los sufijos de femenino, dual, plural, *nisba* y {-a:n} adjetival suelen conservarse (ejs.: مُسَيْلِمَات , مُسَيْلِمَانِ y مُسَيْلِمُونَ de مُسْلِمَات «musulmanas», مُسْلِمَانِ «dos musulmanes» y مُسْلِمُونَ «musulmanes», سُكَيْرَان de سَكْرَان «ebrio», حُمَيْرَاء de حَمْرَاء «roja», سُلَيْمَى de سَلْمَى «n.pr.», شُجَيْرَة de شَجَرَة «árbol»), que a los femeninos no marcados suele añadirse {-a'} (ejs.: هُنَيْدَة , شُمَيْسَة y دُوَيْرَة de هِنْد «n.pr.», شَمْس «sol» y دَار «casa»), que las palabras donde no es obvia una raíz triconsonántica suelen recuperar una raíz real o supuesta (según §31, ejs.: مُوَيْه , شُفَيْهَة , فُوَيْم , نُيَيْب y بُوَيْب de مَاء « agua » , شَفَة « labio » , فَم « boca » , نَاب «colmillo» y بَاب «puerta»), y que en bases de más de cuatro consonantes, se eliminan las que al oído arabófono suenan como menos «radicales», sobre todo las sonorantes (ej.: سُفَيْرِج de سَفَرْجَل « membrillo »). En nombres compuestos , sólo el primer elemento forma diminutivo (ej.: عُبَيْدُ ٱللهِ de عَبْدُ ٱللهِ «n.pr.»), en raíces {122} se permiten formaciones como دُوَيْبَّة «bestezuela» y شُوَيْبَّة «mozuela» y, finalmente, existen, aunque se usan poco, diminutivos para los plurales de «pequeño número», con las formas {'u1ay2i3}, {'u1ay2a:3} y {1u2ay3a'}.

EJERCICIOS

1. Indicar la raíz de las siguientes palabras:

كَامِل - كَبِير - اِنْتِظَار - جَنُوب - صُغْرَى - حَمْرَاء - إِسْلَامِيّ - تَأْرِيخ - مُسْلِم -

يَهُود - اِنْتَهَى - اِنْصِرَاف - مُسْتَعْمَل - أَخ - تَرْجَمَة -سُلَيْمَان اِتِّخَاذ - سَائِل - أَرَى - اِسْم - اِبْنَة - شَاة - مَاء - سُنُونَ - لِ - أَنْهِ - بِتٌ - كُنَّا - نَجِدُ - يَرَى .

2. Formar el diminutivo de los siguientes nombres:

قَلَمٌ - مَكْتَبٌ - كَاتِبٌ - سَوْدَاءُ - صَغِيرٌ - مَدْرَسَةٌ - كِتَابٌ .

Lección 5.ª

FLEXION DE SUSTANTIVO Y ADJETIVO

A) Determinación

33. Determinación es la oposición que se establece entre nombres determinados, conocidos por su propia notoriedad o por referencia anterior en el discurso (ejs.: أَحْمَدُ /'Aḥmad^{u}/ «nombre propio», اَلْكِتَابُ /('a)l-kita:b^{u}/ «el libro») e indeterminados, no sacados del anonimato genérico (ejs.: رَجُلٌ /rağul^{un}/ «un hombre», كِتَابٌ kita:b^{un} «un libro»).

Nota: La determinación puede además ser genérica (ej.: اَلْحَيَوَانُ «el animal [en general]», demostrativa (en casos muy lexicalizados y ya no productivos, como اَللَّيْلَةَ «esta noche»), posesiva (ej.: عَلَى ٱلرَّأْسِ وَٱلْعَيْنِ «con mucho gusto [lit.: sobre la cabeza y el ojo]», caso raro en árabe, donde es frecuente el uso del posesivo donde el español lo suple con artículo, vgr., مَشَى لَيْلَتَهُ «caminó toda la noche») y distributiva (ej.: اَلْكَيْلُ بِدِرْهَمٍ «a dirhem la medida»).

34. La determinación puede ser semánticamente inherente (en el caso de nombres propios, pronombre personal y demostrativo) o resultado de una marca morfológica externa, que será una (y, en general, sólo una simultáneamente) de las siguientes:

a) La prefijación del artículo determinado اَلْـ /('a)l-/ «el, la, lo, los, las». Esta /l/ tiene la peculiaridad de asimilarse a la consonante siguiente, que se alarga mientras aquélla se pierde, cuando es /t/, /d/, /ṭ/, /ḍ/, /n/, /l/, /r/, /t̲/, /d̲/, /ẓ/, /s/, /z/, /ṣ/, o /š/ (dentales, alveolares, alveolo-predorsales y prepalatal sorda). Ejs.: اَلتِّلْمِيذُ /('a)t-tilmi:d̲ᵘ/ «el alumno», اَلدَّرْسُ /('a)d-darsᵘ/ «la lección», اَلطَّالِبُ /('a)ṭ-ṭa:libᵘ/ «el estudiante», اَلضَّرْبُ /('a)ḍ-ḍarbᵘ/ «el golpear», اَلنِّيلُ /('a)n-Ni:lᵘ/ «el Nilo», اَللَّيْلُ /('a)l-laylᵘ/ «la noche», اَلرَّبُّ /('a)r-rabbᵘ/ «el Señor», اَلثَّوْبُ /('a)t̲-t̲awbᵘ/ «la ropa», اَلذِّرَاعُ /('a)d̲-d̲ira:'u/ «el antebrazo», اَلسَّيْفُ /('a)s-sayfᵘ/ « la espada », اَلزَّيْتُ /('a)z-zaytᵘ/ «el aceite», اَلشُّكْرُ /('a)š-šukrᵘ/ «el agradecimiento».

Nota: Las palabras اِمْرُؤٌ «hombre» y اِمْرَأَةٌ «mujer» con el artículo se convierten en اَلْمَرْءُ y اَلْمَرْأَةُ . También أُنَاسٌ «gente» ha sufrido síncope al tomar el artículo (اَلنَّاسُ), pero la forma sincopada predomina, incluso sin artículo.

b) La rección nominal a un nombre, que le sigue inmediatamente, en el sintagma que en español requiere la preposición «de», ejemplo: كِتَابُ ٱلْأُسْتَاذِ /kita:bu l-'usta:d̲ⁱ/ «el libro del profesor». Entre regente y regido no puede mediar ninguna otra palabra, pero nada impide al regente tener varios regidos (vgr., كِتَابُ ٱلْأُسْتَاذِ وَٱلتِّلْمِيذِ /kita:bu l-'usta:d̲i wa-t-tilmi:d̲ⁱ/ «el libro del profesor y del alumno») ni al regido ser a su vez regente de un segundo regido, y así sucesivamente, ej.:

بَابُ بَيْتِ ٱلْأُسْتَاذِ /ba:bu bayti l-'usta:$\underline{d}^{i}$/ «la puerta de la casa del profesor» (la vocal /-i/ de todo regido es la del caso genitivo que requieren según §36).

Se observará también que, aunque toda rección produce determinación morfológica del regente, que ya no puede tener morfema de indeterminación ni, en general, ser determinado de otro modo, para que el sintagma resultante funcione sintácticamente como determinado es preciso que el regido (o el último de ellos, si hay cadena) sea determinado inherentemente o por artículo.

Tampoco produce sintagma determinado la rección «impropia» por un adjetivo de un sustantivo determinado, vgr., كَبِيرُ ٱلرَّأْسِ /kabi:ru r-ra's^{i}/ «grande de [la] cabeza, cabezón»: estos cuasi-compuestos se comportan en bloque como un adjetivo indeterminado y, por tanto, toman en su primer elemento el artículo cuando han de determinarse sintácticamente (v. §37).

Notas:

1) Los gramáticos árabes no toleran ninguna interrupción de la rección, no pudiéndose decir* حِمَارُ وَكَلْبُ مُحَمَّدٍ «el asno y el perro de M.», sino حِمَارُ مُحَمَّدٍ وَكَلْبُهُ «el asno de M. y su perro». Sin embargo, se dan violaciones esporádicas de esta regla en todas las épocas, alguna muy arcaica, como قَتْلُ أَوْلَادَهُمْ ٱلْمُشْرِكِينَ «el matar a sus hijos los paganos», o مَانِعُ فَضْلَهُ ٱلْمُحْتَاجِ «negador de su favor al necesitado», ambas con inserción de objeto.

2) Otros valores semánticos de la rección son la sustitución de calificativos (ej.: يَمِينُ صِدْقٍ « juramento de sinceridad , e.d. , sincero » , عَلْقَمَةُ ٱلنَّدَى «'A. de la liberalidad, e.d., el liberal», بَيْتُ ٱلْمُقَدَّسِ «Casa de lo sagrado, e.d., sagrada: Jerusalén», رَبِيعُ ٱلْأَوَّلِ «[el mes del] *rabi:'* I», عَامَ ٱلْأَوَّلِ 3 «[en] el

año pasado », عَامَ ٱلْقَابِلِ «[en] el año próximo]) o la sustitución de ciertos sintagmas marginales (ejs.: طَلِيقُ النَّعَامَةِ «liberado por avestruz», صَرِيعُ ٱلْغَوَانِي «muerto por las beldades», مَلِكُ شَهْرٍ «rey por un mes»).

3) En lengua arcaica se da algún caso excepcional de nombre con artículo que rige a un posesivo (o sea, dos marcas simultáneas de determinación), como اَلتَّابِعِي « el que me sigue », اَلضَّارِبُــوــنَــهُ «los que lo golpean» , exigiendo la gramática en tales casos que, si el regente lleva artículo, también lo lleve el último regido (ej.: اَلضَّارِبُ رَأْسِ ٱلْعَبْـــدِ «el decapitador del esclavo», اَلضَّـــارِبُ ٱلْعَبْدِ «el que pega al esclavo». En realidad tales artículos son más bien relativos que marca de determinación (v. §68n2).

4) En algunos casos, la rección ha sido una relación tan estrecha que ha desembocado en composición léxica (ej.: بَلْحَـــارِثِ por بَنُو ٱلْحَارِثِ «la tribu de los Banu: l-Ḥa:riṯ»), que llega a ser total cuando incluso se forman plurales fractos y adjetivos de *nisba* sobre la nueva base (ejs.: عَبَادِلَةٌ y عَبْدَلِيٌّ pl. y sglr. respectivamente con que se designa a los miembros de la tribu de los Banu: ʻAbdi-lla:h).

35. La indeterminación se marca expresamente con el morfema {-n}, añadido al nombre como último componente (tras cualquier otro morfema de género, número, caso, etc.), salvo en el caso de los nombres llamados díptotos (v. §50c) que nunca lo toman. Se observará, sin embargo, que muchos nombres propios masculinos, originariamente adjetivos, especializados o no en dicha función, conservan dicho morfema sin que, semántica ni sintácticamente, puedan ser indeterminados, ejs.: مُحَمَّـــدٌ /Muḥammad^{un}/ (lit. «alabadísimo»), عَلِيٌّ /ʻAliyy^{un}/ (lit. «alto»).

Nota: Existen ciertos giros para expresar una indeterminación peculiar, vgr., رَجُلٌ / مُعَلِّمٌ مِنَ ٱلْـمُعَلِّمِيـــنَ «un cierto maestro», أَحَدُ / بَعْضُ كِلَابِهِـمْ «uno de sus perros».

VOCABULARIO

اَللّٰهُ Dios.

أُمٌّ madre.

أَمِيرٌ príncipe; emir.

إِنْسَانٌ persona, hombre.

أَهْلٌ gente; familia.

بَلَدٌ país, tierra.

بَيْتٌ casa.

بَابٌ puerta.

حَاكِمٌ gobernador; gobernante.

خَبَرٌ noticia.

دِينٌ religión.

رَأْسٌ cabeza.

رَجُلٌ hombre.

رَسُولٌ enviado, mensajero.

مَسْجِدٌ mezquita.

سُلْطَانٌ sultán.

سَيْفٌ espada.

طَرِيقٌ camino; carretera.

عَبْدٌ esclavo.

قَرْيَةٌ aldea.

قَصْرٌ palacio.

كِتَابٌ libro.

مَدِينَةٌ ciudad.

مَلِكٌ rey.

مَال riqueza, propiedad.

وَ y [repetida en cada caso].

وَزِيرٌ ministro; visir.

وَلَدٌ hijo; muchacho.

يَدٌ mano.

يَوْمٌ día.

EJERCICIOS

1. Copiar, leer y traducir:

رَأْسٌ وَيَدٌ - ٱلْمَلِكُ وَٱلْأَمِيرُ - اَلسُّلْطَانُ وَٱلْوَزِيرُ وَٱلرَّجُلُ - رَسُولُ ٱللّٰهِ - بَابُ

بَيْتِ ٱلْحَاكِمِ - مَسْجِدُ ٱلْبَلَدِ - أُمُّ وَلَدِ ٱلسُّلْطَانِ - يَدُ إِنْسَانٍ - خَبَرُ أَهْلِ

ٱلْمَدِينَةِ - خَبَرُ ٱلْيَوْمِ - طَرِيقُ ٱلْقَرْيَةِ -- كِتَابٌ وَسَيْفٌ - مَالُ ٱلْوَزِيرِ - قَصْرُ

أَمِيرٍ - يَوْمُ ٱلدِّينِ (= el día del Juicio) - سَيْفُ ٱلسُّلْطَانِ وَكِتَابُ ٱلْوَزِيرِ -

يَدُ وَلَدِ عَبْدِ ٱللهِ - ٱلْعَبْدُ وَٱلْوَزِيرُ وَٱلْحَاكِمُ - خَبَرُ مَلِكِ ٱلْمَدِينَةِ - أَهْلُ ٱلْقَرْيَةِ وَٱلْمَدِينَةِ -

أُمُّ ٱلْمَلِكِ وَٱلْأَمِيرِ - بَابُ بَيْتِ رَجُلٍ .

2. Traducir al árabe:

La mano de una persona.- La mano de la persona.- Un príncipe y un ministro.- El príncipe y el ministro.- Dios, la religión y el Libro.- La madre del sultán del país.- La gente del Libro (e.d., los monoteístas).- El rey de un país.- El camino de una aldea.- El palacio de un gobernador.- La noticia de ‘Abd-Alla:h (e.d., «el siervo de Dios»).- La cabeza de un hombre.- La casa de la riqueza (e.d., «el Tesoro Público»).- La espada del Enviado de Dios (e.d., el profeta Muḥammad).- El día de la noticia.- La noticia del gobernador y el ministro.- El país, la ciudad y la aldea.- La puerta de la casa del esclavo del rey (o de ‘Abd-al-Malik).- La noticia del día.- La gente del país.

3. Copiar el ejercicio 1, y la versión árabe del 2 (de la clave), ambos sin vocales ni otros grafemas auxiliares, y leerlos en voz alta, hasta hacerlo correctamente y entendiéndolos.

Lección 6.ª

B) Caso

36. Caso es la oposición que se establece entre tres posibles funciones del nombre dentro del sintagma o de la oración:

a) Nominativo o independiente, marcado con {-u} final (seguido tan sólo de {-n} de indeterminación, si la hubiera): es el caso en que se encuentra todo nombre que no depende sintácticamente de ninguna otra palabra. Ejs.: كَتَبَ مُحَمَّدٌ /kataba Muhammad^{un}/ «Muḥammad escribió», كُتِبَ ٱلْكِتَابُ /kutiba l-kita:b^{u}/ «el libro fue escrito».

b) Genitivo o adnominal, marcado con {-i} en la misma posición: es el caso en que se encuentra todo nombre regido nominalmente (según § 34b) por otro nombre o por cualquier preposición que le precedan. Ejs.: كِتَابُ مُحَمَّدٍ /kita:bu Muhammad^{in}/ «el libro de Muḥammad», بِكِتَابٍ /bi-kita:b^{in}/ «con un libro».

c) Acusativo o adverbial, marcado con {-a} en la posición indicada: es el caso en que se encuentra todo nombre en rección verbal, que es producida por los verbos a sus objetos directos, por ciertos funcionales (v. §139 y §145d) e incluso por nombres bajo ciertas condiciones (v. §127dn1). Ej.: كَتَبَ كِتَابًا /kataba kita:ba^{n}/ «escribió un libro». Sus posibilidades de uso, bastante variadas, serán objeto de estudio más adelante, pero puede decirse por exclusión que es acusativo todo nombre que no puede ser nominativo ni genitivo.

Nota: El sistema de casos nominales que acabamos de describir, aunque necesario para la corrección gramatical de la lengua árabe, tiene un rendimiento funcional escasísimo. Esta lengua utiliza, para expresar las funciones atribuidas al caso, sobre todo mecanismos analíticos, como el orden de las palabras. En un texto correctamente escrito, sin grafemas auxiliares como es normal, sólo la ـًا de acusativo indeterminado, las distintas formas de dual y plural regular masculino, la grafía de los seis nombres de §50b, y el soporte de *hamza* en palabras acabadas en dicho fonema y con sufijo pronominal reflejan la presencia del sistema de casos. Viceversa, al escribir esta lengua, sólo en esos elementos se echa de ver el dominio de dicho sistema por el que escribe, cosa poco común en nuestros días.

37. Un sustantivo y uno o más adjetivos pueden formar un sintagma calificativo en que el sustantivo precede a éstos, en estricta concordancia de determinación, caso y (como se verá en su lugar) género y número. Ejs.:

مَلِكٌ كَرِيمٌ /malikun kari:m^{un}/ «un rey generoso».

اَلْمَلِكُ اَلْكَرِيمُ /('a)l-maliku l-kari:m^{u}/ «el rey generoso».

أَحْمَدُ اَلْكَرِيمُ /'Aḥmadu l-kari:m^{u}/ «Aḥmad, el generoso», «el generoso A.».

مَلِكُ بَلَدٍ كَرِيمٌ /maliku baladin kari:m^{un}/ «el rey generoso de un país».

مَلِكُ اَلْبَلَدِ اَلْكَرِيمُ /maliku l-baladi l-kari:m^{u}/ «el generoso rey del país».

وَلَدُ مُحَمَّدٍ اَلْكَرِيمُ /waladu Muḥammadini l-kari:m^{u}/ «el generoso hijo de M.».

رَجُلٌ كَرِيمٌ حَسَنٌ /rağulun kari:mun ḥasan^{un}/ «un hombre generoso [y] bueno».

اَلرَّجُلُ ٱلْكَرِيمُ ٱلْحَسَنُ /(ʻa)r-rağulu l-kari:mu l-ḥasan^{u}/ «el hombre generoso [y] bueno».

رَجُلٌ كَبِيرُ ٱلرَّأْسِ /rağulun kabi:ru r-ra's^{i}/ «un hombre de cabeza grande».

اَلرَّجُلُ ٱلْكَبِيرُ ٱلرَّأْسِ /('a)r-rağulu l-kabi:ru r-ra's^{i}/ «el hombre de cabeza grande».

وَلَدُ رَجُلٍ كَبِيرِ ٱلرَّأْسِ /waladu rağulin kabi:ri r-ra's^{i}/ «hijo de un hombre cabezón».

وَلَدُ مُحَمَّدٍ ٱلْكَبِيرُ ٱلرَّأْسِ /waladu Muḥammadini l-kabi:ru r-ra's^{i}/ «el hijo cabezón de M.».

مُحَمَّدٌ ٱلْكَبِيرُ ٱلرَّأْسِ /Muḥammaduni l-kabi:ru r-ra'si/ «M., el cabezón».

Se observará que, al no poder intercalarse el adjetivo entre regente y regido (según §34b), todo calificativo del regente se coloca tras el regido (y cualquier calificativo de éste, vgr.: وَلَدُ مُحَمَّدٍ ٱلْحَسَنِ ٱلْكَرِيمُ /waladu Muḥammadini l-ḥasani l-kari:m^{u}/ «el generoso hijo del buen M.»). Tales construcciones son enojosas, e incluso ambiguas en la adscripción del adjetivo al regente o al regido, cuando ambos coinciden en caso, género y número, ej.: بِبَابِ ٱلْبَيْتِ ٱلْكَبِيرِ /bi-ba:bi l-bayti l-kabi:r^{i}/ «en la puerta de la casa grande» o «en la puerta grande de la casa»: estas situaciones pueden obviarse utilizando , en lugar de rección , la preposición لِ /li-/ , ejs.: اَلْوَلَدُ ٱلْكَرِيمُ لِمُحَمَّدٍ ٱلْحَسَنِ /(’a)l-waladu l-kari:mu li-Muḥammadini l-ḥasan^{i}/ «el generoso hijo del buen M.», بِٱلْبَابِ ٱلْكَبِيرِ لِلْبَيْتِ /bi-l-ba:bi l-kabi:ri li-l-bayt^{i}/ «en la puerta grande de la casa». Esta misma construcción permite también expresar el contenido semántico de la rección, sin la determinación que todo regente recibe en cierto grado, vgr., بَيْتٌ لِرَجُلٍ /baytun li-rağul^{in}/ «una casa de un hombre», frente a بَيْتُ رَجُلٍ /baytu rağul^{in}/ «la casa de un hombre».

Notas:

1) Es posible, aunque infrecuente, interrumpir el sintagma calificativo con un sintagma relativo (v. §68) o marginal (v. §61), vgr.: خَبَرٌ ذَكَرَهُ طَوِيلٌ «una larga noticia que mencionó», بَلاَءٌ مِنْ رَبِّكُمْ عَظِيمٌ «un terrible castigo de vuestro Señor». En indeterminación, incluso la interrupción de sintagma calificativo por rección no es frecuente.

2) Se observará que los adjetivos que califican a un mismo sustantivo, al igual que sustantivos en aposición, no suelen unirse con وَ, a menos que se quiera poner de relieve la simultaneidad de cualidades que no suelen coincidir en el mismo calificado.

38. Una oración nominal se integra por un nombre, generalmente determinado, que puede ser extendido en forma de sintagma de rección, calificativo, etc., el cual sirve de sujeto, mientras una estructura similar, generalmente calificativa e indeterminada, hace de predicado, sin mediar entre ambos constituyentes más que la juntura /|/. Ejs.:

اَلْمَلِكُ كَرِيمٌ /(')l-maliku| kari:m^{un}/ «el rey es generoso».

أَحْمَدُ كَرِيمٌ /'Aḥmadu| kari:m^{un}/ «Aḥmad es generoso».

مَلِكُ ٱلْبَلَدِ كَرِيمٌ /maliku l-baladi| kari:m^{un}/ «el rey del país es generoso».

اَلرَّجُلُ ٱلْكَرِيمُ حَسَنٌ /(')r-rağulu l-kari:mu| ḥasan^{un}/ «el hombre generoso es bueno».

اَلرَّجُلُ كَبِيرُ ٱلرَّأْسِ /(')r-rağulu| kabi:ru r-ra's^{i}/ «el hombre es cabezón».

وَلَدُ مُحَمَّدٍ كَبِيرُ ٱلرَّأْسِ /waladu Muhammadin| kabi:ru r-ra's^{i}/ «el hijo de M. es cabezón».

مُحَمَّدٌ كَبِيرُ ٱلرَّأْسِ /Muhammadun| kabi:ru r-ra's^{i}/ «M. es cabezón».

Notas:

1) La predicación obtenida en las oraciones nominales no refleja tiempo ni aspecto, por lo que no se restringe a presente, pasado o fu-

turo, ni a perfectivo o imperfectivo. Al traducir al español, donde tal tipo de predicación es imposible, tales oraciones equivalen generalmente a un presente, salvo que haya subordinación y situación en otro tiempo (v. §91n).

2) Un sujeto no determinado que preceda a su predicado, tendrá al menos que estar calificado por un adjetivo (o procedimiento semántico equivalente, como el diminutivo, ejs.: رَجُلٌ كَرِيمٌ عِنْدَنَا «hay un hombre generoso entre nosotros», رُجَيْلٌ عِنْدَنَا «hay un hombrecillo entre nosotros»), ser introducido por لَـ (لَرَجُلٌ عِنْدَنَا «ciertamente hay un hombre entre nosotros»), ser una expresión genérica totalizadora (كُلٌّ عِنْدَنَا «todos están con nosotros»), ser una expresión optativa (سَلَامٌ عَلَيْكَ «paz sea sobre ti»), seguir a un /wa-/ temporal (v. §133b) o a لَوْلَا (سَرَيْنَا وَنَجْمٌ قَدْ أَضَاءَ «partimos cuando un astro había ya despuntado», لَوْلَا ٱصْطِبَارٌ لَهَلَكَ كُلُّ مُحِبٍّ «si no fuera por la paciencia, todo amante moriría»), pertenecer a estructura condicional del tipo descrito en §135n1 (مَنْ يُكْرِمْنِي أُكْرِمْهُ «a quien me honre, honraré yo»), ser respuesta a una pregunta (ej.: «¿quién está contigo?» – رَجُلٌ عِنْدِي «un hombre está conmigo»), ser adjetivo sustantivado (مُؤْمِنٌ خَيْرٌ مِنْ كَافِرٍ «un creyente es mejor que un infiel»), estar copulado a un nombre que reúna las condiciones (رَجُلٌ وَٱمْرَأَةٌ طَوِيلَةٌ فِي ٱلْبَيْتِ «hay un hombre y una mujer alta en la casa»), formar par sintético o antitético (vgr.. قَوْمٌ قَالَ وَقَوْمٌ قَالَ «unos dijeron... y otros dijeron»; قَوْمٌ لَنَا وَقَوْمٌ عَلَيْنَا »unos están a nuestro favor, y otros, en contra») o ir precedido por un presentativo de rección verbal (v. §145d, ej.: إِنَّ رَجُلًا عِنْدَنَا «hay un hombre con nosotros»).

3) El predicado precede al sujeto: en interrogación (مَنِ ٱلرَّجُلُ «¿quién es el hombre?» = «¿quién eres?»), cuando, siendo su marginal, su sujeto es una oración nominalizada por أَنْ o مَا (v. §133a, ej.: عَلَيْكَ أَنْ تُكْرِمَهُ «tienes que honrarlo») o está indeterminado (vgr. فِي ٱلْبَيْتِ رَجُلٌ «hay un hombre en la casa»), cuando el predicado es enfatizado (فِي ٱلْبَيْتِ زَيْدٌ «en la casa [es donde] está Z.»), cuando el sujeto va restringido por إِنَّمَا o إِلَّا (ejs.: إِنَّمَا فِي ٱلْبَيْتِ زَيْدٌ «sólo Z. está en la

casa», مَا فِي ٱلْبَيْتِ إِلاَّ زَيْدٌ «no está en la casa sino Z.»), o cuando el sujeto contiene un pronombre que hace referencia al predicado o parte de éste (ej.: فِي ٱلْبَيْتِ صَاحِبُهُ «en la casa está su dueño»).

4) En algunos raros casos, un nombre puede autopredicarse y constituir una oración nominal: tal sucede tras (بِ) إِذَا y فَ (ejs.: نَظَرْتُ فَإِذَا ٱلْوَزِيرُ «miré, y he aquí que era el ministro», إِنْ حَسُنَ لَدَيْكَ فَحَسَنٌ «si te parece bien, bien [está]», en las expresiones حَسْبُكَ »[eso] te basta», قَدْنِي o قَدِي «me basta», etc., y en algunos comentarios a un tema, a manera de respuesta, como ثَائِرٌ وَرَبِّ ٱلْكَعْبَةِ «[creo que] se ha de vengar, ¡por el Señor de la Caaba!».

5) De las restricciones enumeradas en las notas 2 y 3 se deduce que estructuras como رَجُلٌ فِي ٱلْبَيْتِ o كِتَابٌ لَهُ nunca pueden ser oraciones nominales («hay un hombre en la casa», «él tiene un libro»), sino sintagmas marginales que califican al nombre a manera de relativos (v. §70): «un hombre (que está) en la casa», «un libro (que es) suyo».

VOCABULARIO

أَكَلْتُ	comí.	خُبْزٌ	pan.
إِلَى	a, hacia.	ذَهَبْتُ	fui, marché.
بِ	con. en.	رَأَيْتُ	vi.
ثَوْبٌ	vestido.	زَمَنٌ / زَمَانٌ	tiempo, época.
جَبَلٌ	monte.	سَلَامٌ	paz.
جِدًّا	muy [tras el adjetivo].	اِسْمٌ	nombre.
جَدِيدٌ	nuevo.	صَدِيقٌ	amigo.
جَمِيلٌ	hermoso; bonito; guapo.	صَغِيرٌ	pequeño.
جَيِّدٌ	excelente, bueno.	طَعَامٌ	comida, alimento.
حَسَنٌ	bueno; hermoso.	طَوِيلٌ	largo. alto [de talla].

عَرَبِيٌّ árabe.

عِلْمٌ ciencia.

فَتَحْتُ abrí. conquisté.

فِي en, dentro de.

قَدِيمٌ antiguo, viejo.

كَبِيرٌ grande. de edad.

كَرِيمٌ generoso. distinguido.

مَكَانٌ sitio, lugar.

مِنْ de. desde.

نُورٌ luz.

EJERCICIOS

1. Copiar, leer y traducir:

ثَوْبُ رَجُلٍ جَمِيلٌ - ثَوْبُ ٱلرَّجُلِ جَمِيلٌ - ثَوْبُ رَجُلٍ جَمِيلٍ - خَبَرُ ٱلْإِنْسَانِ
ٱلْكَرِيمِ ٱلْاِسْمِ ٱلْحَسَنِ ٱلدِّينِ - مَسْجِدُ ٱلسُّلْطَانِ ٱلْكَبِيرُ ٱلْاِسْمِ (= famoso)
سَيْفُ مُحَمَّدٍ قَدِيمٌ - اَلسَّلَامُ حَسَنٌ - اَلثَّوْبُ ٱلْجَدِيدُ جَمِيلٌ جِدًّا - سُلْطَانُ ٱلْمَدِينَةِ
عَرَبِيٌّ - مَسْجِدُ ٱلْمَدِينَةِ جَدِيدٌ - أَلْأَمِيرُ ٱلْجَدِيدُ ٱلْعَرَبِيُّ حَسَنُ ٱلدِّينِ (= religioso)
- فَتَحْتُ بَابَ بَيْتٍ صَغِيرٍ - اِسْمُ وَلَدِ ٱلْوَزِيرِ مُحَمَّدٌ - أَكَلْتُ طَعَامًا جَيِّدًا - أَحْمَدُ
ٱلْكَرِيمُ طَوِيلٌ - رَأَيْتُ قَصْرَ ٱلسُّلْطَانِ ٱلْكَبِيرَ - وَلَدٌ صَغِيرٌ جِدًّا - ٱلْوَلَدُ ٱلصَّغِيرُ -
زَمَانُ مُحَمَّدٍ ٱلْقَدِيمُ - ذَهَبْتُ إِلَى قَصْرِ ٱلْأَمِيرِ ٱلْعَرَبِيِّ - اَلْعِلْمُ نُورٌ - أَكَلْتُ خُبْزًا
عَرَبِيًّا فِي بَيْتِ ٱلْوَزِيرِ ٱلْكَرِيمِ ٱلْاِسْمِ - صَدِيقٌ حَسَنٌ لِرَجُلٍ كَرِيمٍ - ذَهَبْتُ بِكِتَابِ
مُحَمَّدٍ ٱلْجَدِيدِ مِنْ مَدِينَةِ ٱلسَّلَامِ (= Bagdad) إِلَى مَكَانٍ فِي ٱلْجَبَلِ - فَتَحْتُ ٱلْمَدِينَةَ
بِٱلسَّيْفِ ٱلطَّوِيلِ لِرَسُولِ ٱللهِ ٱلْكَرِيمِ .

2. Traducir al árabe:

Un libro viejo y un vestido nuevo.- Fui a la casa nueva.- Del monte a la ciudad.- El largo día del esclavo.- La madre del distinguido Muḥammad.- Vi un vestido viejo de esclavo.- El nuevo nombre de la ciudad.- Un lugar grande y hermoso.- Abrí la puerta de la casa y vi una luz muy hermosa.- Comí un alimento excelente con pan árabe en casa del gobernador.- La ciencia es la luz de la persona.- El hijo, de distinguido nombre, de Muḥammad.- Un hombre de excelente ciencia (: excelente de ciencia) [y] de generosa mano (: generoso de mano).- Aḥmad, el de la cabeza pequeña (: el pequeño de cabeza) [y] la mano larga (: largo de mano).- El tiempo de la paz es hermoso.- El amigo de Muḥammad es ministro.- Un muchacho de manos pequeñas (: pequeño de mano).

3. Copiar el ejercicio 1, y la versión árabe del 2 (de la clave), ambos sin vocales ni otros grafemas auxiliares, y leerlos en voz alta, hasta hacerlo correctamente y entendiéndolos.

Lección 7.ª

C) Género

39. Género es la oposición existente en los nombres árabes entre masculino y femenino, cuando semántica e inherentemente designan seres del sexo respectivo (salvo en los animales de pequeño tamaño donde no se distingue género) o calificativos de los mismos. Ejs.: أَب /'ab/ «padre» (masculino) frente a أُمّ /'umm/ «madre» (femenino), مِطْلَاق /miṭla:q/ «(hombre) dado a divorciarse», طَالِق /ṭa:liq/ «divorciada». Morfológicamente, son además masculinos los nombres que carecen de los tres morfemas o marcas externas de género femenino, {-a'}, {-a:'}, {-a:}, lo que hace masculino a جَبَل /ǧabal/ «montaña», pero femenino a جَرِيدَة /ǧari:da'/ «periódico», كِبْرِيَاء /kibriya:'/ «altivez» y دُنْيَا /dunya:/ «mundo».

Notas:

1) El morfema femenino {-a:} se escribe ى siempre que no siga a /y/ (ejs.: دَعْوَى /da'wà/ «pleito», كُبْرَى /kubrà/ «mayor»,

pero عُلْيَا /'ulya:/ «superior»), mientras sea la última letra de la palabra (v. §23d).

2) Una terminación /a:/ o /a:'/ no indica femenino naturalmente cuando no se trata de los sufijos correspondientes, sino de parte de la palabra (vgr., en حِرْبَاءُ /ḥirba:'/ «camaleón», فَتًى /fatàn/ «mozo»). También hay casos en que {-a[t]} no es morfema de femenino, sino parte de un n.pr. masculino o sufijo intensivo (ejs.: مُعَاوِيَة /Mu'a:wiya[t]/ «n.pr.», خَلِيفَة /ḫali:fa[t]/ «califa; sucesor», عَلَّامَة /'alla:ma[t]/ «erudito»); en cambio, en abstractos, colectivos, nombres de parte y vez, este mismo morfema produce al mismo tiempo género femenino (ejs.: نَصْرَانِيَّة /naṣra:niyya[t]/ «cristiandad», سَابِلَة /sa:bila[t]/ «caminantes», لَحْمَة /laḥma[t]/ «pedazo de carne», اِبْتِسَامَة /('i)btisa:ma[t]/ «una sonrisa»).

3) Hay algunos casos de morfema femenino {-t}, como بِنْت «hija; muchacha», أُخْت «hermana», el alomorfo o variedad morfológica ثِنْتَانِ «dos [fem.]» y sobre todo, los casos en que la base sobre la que se ha formado el femenino terminaba en /-a:/, como فَتَاة «muchacha» y ذَات «dotada de».

40. Son además femeninos por el solo uso, los nombres que significan clases de viento (vgr., رِيح /ri:ḥ/ «viento», جَنُوب / ǧanu:b / «ábrego») o fuego (vgr., نَار / na:r / «fuego», جَهَنَّمُ / ǧahannam[u] / «fuego infernal»), topónimos díptotos (vgr., مِصْرُ /Miṣr[u]/ «Egipto»), partes del cuerpo que se dan en número par (vgr., يَد /yad/ «mano», رِجْل /riǧl/ «pierna», عَيْن /'ayn/ «ojo», سِنّ /sinn/ «diente»), colectivos irracionales sin singulativo (v. §44; vgr., إِبِل /'ibil/ «camellos») y otros nombres no agrupables semánticamente como أَرْض /'arḍ/ «tierra, país», بِئْر /bi'r/ «pozo», حَرْب /ḥarb/ «guerra», خَمْر /ḫamr/ «vino», دِرْع /dir'/ «coraza», دَلْو /dalw/ «cubo», دَار /da:r/ «casa», رَحىً /raḥà^n/ «molino», شَمْس /šams/ «sol», ضَبُع /ḍabu'/ «hiena», عَرُوض /'aru:ḍ/ «métrica árabe», عَصاً /'aṣa^n/ «palo», عُقَاب /'uqa:b/ «águila», عَقْرَب /'aqrab/ «escorpión», فَأْس /fa's/ «hacha; azada», اَلْفِرْدَوْس /('a)l-Firdaws/ «el Paraíso», أَفْعىً /'af'à^n/ «víbora», قَدُوم /qadu:m/ «azada», كَأْس /ka's/ «copa», كَرِش /kariš/ «tripa», مَنْجَنُون /manǧanu:n/ «noria», مَنْجَنِيق /manǧani:q/ «catapulta», مُوسَى / mu:sà / «navaja» , نَعْل /na'l/ «calzado», نَفْس /nafs/ «alma» , نَوىً /nawà^n/ «meta» , y يَمِين /yami:n / «juramento» . Así pues , la determinación de género no inherente ni externamente marcado puede considerarse como rasgo léxico, a determinar por el diccionario.

Nota: Algunas de estas palabras (vgr., نَار ، مَنْجَنِيق ، دَلْو ، دَار ، دِرْع ، خَمْر ، حَرْب ، رِيح) pueden usarse ocasionalmente como masculinos, o serlo en otra acepción (vgr. شَمْس «aderezo», فِرْدَوْس «jardín», دِرْع «camisola»). Son también preferentemente femeninos los nombres de letras, de formas gramaticales con el paradigma {f'l}, y las palabras usadas en gramática como nombres de sí propias (ejs.: أَلِفٌ مَقْصُورَةٌ «el grafema ى [llamado *'alif* cortada]», كَانَ ٱلنَّاقِصَةُ «el verbo /ka:na/ en función predicativa», مَا ٱلْحِجَازِيَّةُ «la negativa /ma:/ usada como en Ḥiǧa:z»). Otras palabras son de género ambiguo, según épocas, áreas y autores, vgr.: إِبْط «sobaco», إِزَار «trusa», آل «espejismo», بَشَر «género humano», بَطْن «vientre», بَعِير «camello» , إِبْهَام «pulgar» , ثَدْي «mama» , ثَعْلَب «zorra», جَنَاح «ala», حَال «estado, condición», حَانُوت «tienda, venta» , خَيَال «fantasma», أَرْنَب «liebre», دُكَّان «tienda», ذِرَاع «codo [medida]», رَحِم «matriz», رُوح «espíritu» , زُقَاق «callejón» , سَبِيل «sendero» , سُرًى « viaje nocturno » ,

سِكِّين «cuchillo», سِلاح «arma», سُلْطَان «autoridad», سِلْم «paz», سُلَّم «escala», سَمَاء «cielo», سُور «muralla», سُوق «mercado», إِصْبَع «dedo», صِرَاط «calzada», صُلْح «paz, tratado», صَاع «[medida de áridos]», ضُحىً «mañana avanzada», ضِرْس «muela», طِبَاع «carácter», طَرِيق «camino», عَجُوز «nalgas; grupa», عُرْس «boda», عَسَل «miel», عَنْبَر «ámbar», عُنُق «cuello», عَنْكَبُوت «araña», فَرَس «caballo; yegua», فُلْك «embarcación», قِدْر «caldero», قَدَم «pie», قَفًا «nuca», قَوْس «arco», كَبِد «hígado», كُرَاع «espinilla», كَفّ «palma de la mano», لِسَان «lengua», لَيْل «noche», مِسْك «almizcle», مِعىً «intestino», مِلْح «sal», مُلْك «dominio» y هُدىً «camino recto», a los que se pueden añadir los colectivos con singulativo en {-a^{t}} (v. §44, ej.: حَمَام «palomas») o sin singulativo, pero racionales (ej.: رَهْط «grupo de 3 a 10 hombres») y los *maṣdares* (v. §114), aunque en todos estos casos, el masculino tiende a imponerse.

41. Los sustantivos capaces de conversión de género pueden tener en masculino y femenino formas totalmente distintas (vgr., حِمَار /ḥima:r/ «asno» ~ أَتَان /'ata:n/ «asna», أَسَد /'asad/ «león» ~ لَبُؤَة /labu'a^{t}/ «leona»), o bien formar del masculino el femenino con el morfema {-a^{t}} (vgr., كَلْب /kalb/ «perro» ~ كَلْبَة /kalba^{t}/ «perra», عَمّ /'amm/ «tío paterno» ~ عَمَّة /'amma^{t}/ «tía materna».

Nota: En este proceso, los terminados en /-in/ (v. § 50d) y /-à/ pasan a /-iy/ y /-a:-/ respectivamente, ejs.: عَالٍ «alto» > عَالِيَة «alta»>, فَتًى «joven» > فَتَاة «muchacha». Obsérvese حَم «suegro» > حَمَاة «suegra».

42. Los adjetivos forman generalmente su femenino del masculino, con el morfema {-a^{t}}, ej.: صَغِير /ṣaḡi:r/ «pequeño» > صَغِيرَة /ṣaḡi:ra^{t}/ «pequeña». Sin embargo:

a) Los adjetivos de forma {'a12a3^{u}} que significan propiedad anatómica o color, tienen para el femenino la forma {1a23a:'^{u}}. Ejs.: أَحْمَرُ /'aḥmar^{u}/ «rojo» ~ حَمْرَاءُ /ḥamra:'^{u}/ «roja» , أَخْرَسُ /'aẖras^{u}/ «mudo» ~ خَرْسَاءُ /ẖarsa:'^{u}/ «muda».

b) Los adjetivos de forma {'a12a3^{u}} de significado elativo (v. §144) tienen para el femenino la forma {1u23à}. Ejs.: أَكْبَرُ /'akbar^{u}/ ~ كُبْرَى /kubrà/ «mayor», أَعْلَى / 'a'là / ~ عُلْيَا / 'ulya: / «superior».

c) Los adjetivos de forma {1a23a:n^{u}} tienen para el femenino la forma {1a23à}. Ejs.: سَكْرَانُ /sakra:n^{u}/ «ebrio» ~ سَكْرَى /sakrà/ «ebria», كَسْلَانُ /kasla:n^{u}/ «holgazán» ~ كَسْلَى /kaslà/ «holgazana». En cambio, los adjetivos acabados en {-a:n^{un}} (capaces, por tanto de tomar {-n} de indeterminación, a diferencia de los aquí recogidos en a,b y c) tienen un femenino en {-a^{t}}, ejs.: سَخْنَانٌ /saẖna:n^{un}/ «caliente» y عُرْيَانٌ /'urya:n^{un}/ «desnudo».

d) Ciertos adjetivos son invariables totalmente (vgr., مِكْسَال /miksa:l/ «holgazanísimo/a(s)», سِكِّير /sikki:r/ «borracho/a(s)») o al menos en cuanto a género, como ocurre con los de forma {1a2i:3} y significado pasivo, y los de forma {1a2u:3} y significado activo, ambos mientras no estén sustantivados. Ejs.: قَتِيل /qati:l/ «asesinado/a», كَذُوب /kaḏu:b/ «mentiroso/a», pero قَتِيلَة /qati:la^{t}/ «una muerta», كَذُوبَة /kaḏu:ba^{t}/ «una mentirosa».

43. Tanto en el sintagma calificativo, entre el sustantivo y su(s) adjetivo(s), como en la oración nominal, entre sustantivo sujeto y adjetivo predicado, debe haber concordancia de género. Ejs.:

مُسْلِمٌ عَرَبِيٌّ	/muslimun ‘arabiyy^{un}/ «un musulmán árabe».
مُسْلِمَةٌ عَرَبِيَّةٌ	/muslimatun ‘arabiyya^{tun}/ «una musulmana árabe».
اَلْمُسْلِمُ ٱلْعَرَبِيُّ	/(’a)l-muslimu l-‘arabiyy^{u}/ «el musulmán árabe».
اَلْمُسْلِمَةُ ٱلْعَرَبِيَّةُ	/(’a)l-muslimatu l-‘arabiyya^{tu}/ «la musulmana árabe».
اَلْمُسْلِمُ عَرَبِيٌّ	/(’a)l-muslimu ‘arabiyy^{un}/ «el musulmán es árabe».
اَلْمُسْلِمَةُ عَرَبِيَّةٌ	/(’a)l-muslimatu ‘arabiyya^{tun}/ «la musulmana es árabe».

VOCABULARIO

أَبٌ	padre.	خَلِيفَةٌ	califa; sucesor.
أُخْتٌ	hermana.	دَمٌ	sangre.
مُؤْمِنٌ	creyente.	دُنْيَا	mundo.
بَحْرٌ	mar.	دَارٌ	casa, mansión. [fem.]
بَارِدٌ	frío. apático.	رِجْلٌ	pie; pierna; pata. [fem.]
بَعِيدٌ	lejano, largo.	مُسْلِمٌ	musulmán.
بِنْتٌ	hija. muchacha.	شَدِيدٌ	violento; duro.
أَبْيَضُ م بَيْضَاءُ	blanco.	شَمْسٌ	sol. [fem.]
أَحْمَرُ م حَمْرَاءُ	rojo.	مُعَلِّمٌ	maestro.
حَيَاةٌ .	vida.	قَتِيلٌ	muerto, asesinado.
خَادِمٌ	criado, servidor.	قَرِيبٌ	cercano.
أَخْضَرُ م خَضْرَاءُ	verde.	قَلَمٌ	pluma, cálamo.

كَسْلَانُ م كَسْلَى	holgazán.	إِمْرَأَةٌ	mujer [v. §34an].
كَلْبٌ	perro.	مَاءٌ	agua.
لَوْنٌ	color.	وَاسِعٌ	vasto, amplio.

Nota: En adelante, los femeninos no formados con {-a^t} serán indicados tras el masculino con la abreviatura م .

EJERCICIOS

1. Copiar, leer y traducir:

بِنْتُ ٱلْوَزِيرِ ٱلْجَدِيدِ جَمِيلَةٌ جِدًّا - قَصْرُ خَلِيفَةِ رَسُولِ ٱللهِ أَحْمَرُ - رِجْلُ كَلْبِ ٱلْخَادِمِ بَيْضَاءُ - بَيْتُ ٱلْمُعَلِّمَةِ ٱلْمُسْلِمَةِ قَرِيبٌ مِنَ ٱلْجَبَلِ - أُخْتُ ٱلْأَمِيرِ كَسْلَى جِدًّا - لَوْنُ ٱلْمَاءِ فِي ٱلْبَحْرِ أَخْضَرُ - دَارُ ٱلسُّلْطَانِ بَعِيدَةٌ مِنَ ٱلْمَدِينَةِ - رَأَيْتُ ٱمْرَأَةً قَتِيلاً - حَيَاةُ ٱلْعَبْدِ شَدِيدَةٌ - ٱلْمَرْأَةُ ٱلْعَرَبِيَّةُ مُؤْمِنَةٌ - ٱلْأَبُ شَدِيدٌ وَٱلْوَلَدُ بَارِدٌ - صَدِيقُ مُحَمَّدٍ وَاسِعُ ٱلْعِلْمِ حَسَنُ ٱلدِّينِ - ٱلشَّمْسُ بَعِيدَةٌ جِدًّا - رَأَيْتُ قَتِيلَةً - لَوْنُ ٱلدَّمِ أَحْمَرُ - قَلَمُ ٱلْمُعَلِّمِ ٱلْجَدِيدِ أَخْضَرُ - ٱلدُّنْيَا وَاسِعَةٌ - رَأَيْتُ مَكَاناً وَاسِعًا فِي دَارِ ٱلْأَمِيرِ ٱلْقَدِيمَةِ - رِجْلُ ٱلْكَلْبِ طَوِيلَةٌ وَيَدُ ٱلْخَادِمِ صَغِيرَةٌ - ذَهَبْتُ إِلَى قَرْيَةٍ صَغِيرَةٍ فِي ٱلْجَبَلِ ٱلْبَعِيدِ - ٱلطَّرِيقُ إِلَى قَصْرِ ٱلْحَاكِمِ بِٱلْمَدِينَةِ بَعِيدٌ - أَكَلْتُ خُبْزًا جَيِّدًا مِنْ يَدِ إِنْسَانٍ كَرِيمٍ - ٱلْأَمِيرُ ٱلْقَتِيلُ عَرَبِيٌّ .

2. Traducir al árabe:

La puerta de la casa del criado nuevo es roja.- La hermana mayor (: grande) del príncipe es musulmana.- La hija pequeña de Muḥammad es maestra.- Un califa de vasta ciencia.- La mujer holgazana del padre.-

El perro blanco del hijo del ministro.- Una mujer creyente en una aldea de monte.- El agua fría del mar.- El Mar Mediterráneo (: Blanco) es pequeño.- La lejana mansión del gobernador de la ciudad.- La dura vida del esclavo.- La sangre roja de la muerta.- La ropa del criado es verde.- El nuevo maestro es un hombre alto, de grandes manos (: grande de manos).- El mundo es un lugar frío.

3. Copiar el ejercicio 1, y la versión árabe del 2 (de la clave), ambos sin vocales ni otros grafemas auxiliares, y leerlos en voz alta, hasta hacerlo correctamente y entendiéndolos.

Lección 8.ª

D) Número

44. Número es la oposición existente en los nombres árabes entre el singular o el singulativo (un individuo de una clase), el dual (dos individuos de una clase) y el plural (más de dos individuos de una clase). El singular (así como los colectivos, que designan todo un género como concepto global, vgr. شَجَر /šağar/ «los árboles en general, el árbol», رُوم /ru:m/ «los bizantinos») carece generalmente de morfema especial, mientras el singulativo se forma de los colectivos que lo toleran (según determina el léxico) con el sufijo {-a'} en los que significan seres irracionales (ej.: شَجَرَة /šağara'/ «un árbol»), y con el sufijo {-iyy} en los racionales (ej.: رُومِيّ /ru:miyy/ «un bizantino».

45. El dual se forma por sufijación a la base (o sea, el nombre sin los morfemas de determinación y caso) de los morfemas {-a:(ni)} en nominativo y {-ay(ni)} en genitivo o acusativo, con caída de /(ni)/ siempre que el dual sea regente nominal. Ejs.:

a) Sin rección: de مُسْلِمٌ /muslim^{un}/ «musulmán» y su femenino مُسْلِمَةٌ /muslima^{tun}/: مُسْلِمَانِ /muslima:n^{i}/ «dos musulmanes» ~ بِمُسْلِمَيْنِ /bi-muslimayn^{i} / «con 2 musulmanes», مُسْلِمَتَانِ/muslimata:ni/«dos musulmanas»~ بِمُسْلِمَتَيْنِ /bi-muslimatayn^{i}/ «con 2 musulmanas».

b) Con rección:

مُسْلِمَا مَدِينَةٍ /muslima: madi:na^{tin}/ «los dos musulmanes de una ciudad»

بِمُسْلِمَيْ مَدِينَةٍ /bi-muslimay madi:na^{tin}/ «con los dos musulmanes de una ciudad».

مُسْلِمَتَا مَدِينَةٍ /muslimata: madi:na^{tin}/ «las dos musulmanas de una ciudad»

بِمُسْلِمَتَيْ مَدِينَةٍ /bi-muslimatay madi:na^{tin}/ «con las dos musulmanas de una ciudad».

Notas:

1) أَلْيَةٌ «nalga» y خُصْيَةٌ «testículo» (éste sólo opcionalmente) pierden en sus duales, أَلْيَانِ y خُصْيَانِ, el morfema {-a^{t}}.

2) Existen duales *a potiori* (con dominio semántico de un término sobre otro con el que forma pareja, vgr. وَالِدَانِ y أَبَوَانِ «los padres»), duales por antonomasia (ej.: اَلْأَحْمَرَانِ «las dos cosas [más característicamente] rojas: el vino y la carne»), y algunos duales de colectivos o plurales fractos (ejs.: إِبِلَانِ «dos grupos de camellos», رِمَاحَانِ «dos grupos de lanzas»). En los colectivos capaces de singulativo, el dual se forma siempre a partir de éste (vgr., شَجَرَتَانِ «dos árboles»), mientras el plural, en cambio puede partir de cualquiera de ambas formas (vgr. أَشْجَار de شَجَر y شَجَرَات de شَجَرَة).

46. La formación del plural en árabe es un rasgo léxico, o sea, determinado por los diccionarios, puesto que no bastan reglas morfológicas para prever cuál de las distintas formas posibles de plural tendrá un nombre. Muchos adjetivos y participios (v. §108), aplicables a racionales, tienen el llamado plural regular que se obtiene, para el masculino, por sufijación a la base de los morfemas {-u:(na)} en nominativo y

{-i: (na)} en genitivo o acusativo, con caída de /(na)/ siempre que el plural sea regente nominal, mientras que, para el femenino, tras eliminar el morfema {-a^{t}}, si lo hubiera, se sufija {-a:t^{un}} en nominativo y {-a:t^{in}} en genitivo o acusativo, siendo su {-n} final morfema de indeterminación, que desaparece por consiguiente en cualquier caso de determinación. Ejs.:

a) Sin rección, para el masculino مُسْلِمٌ /muslim^{un}/:

مُسْلِمُونَ /muslimu:n^{a}/ «musulmanes»

بِمُسْلِمِينَ / bi-muslimi:n^{a}/ «con musulmanes».

b) Con rección:

مُسْلِمُو مَدِينَةٍ /muslimu: madi:na^{tin}/ «los musulmanes de una ciudad» ~

بِمُسْلِمِي مَدِينَةٍ /bi-muslimi: madi:na^{tin}/ «con los musulmanes de una ciudad».

c) Sin determinación, para el femenino مُسْلِمَةٌ /muslima^{tun}/:

مُسْلِمَاتٌ / muslima:t^{un}/ «musulmanas» ~

بِمُسْلِمَاتٍ / bi-muslima:t^{in}/ «con musulmanas».

d) Con determinación:

اَلْمُسْلِمَاتُ /('a)l-muslima:t^{u}/ «las musulmanas» ~

بِالْمُسْلِمَاتِ /bi-l-muslima:t^{i}/ «con las musulmanas».

مُسْلِمَاتُ مَدِينَةٍ /muslima:tu madi:na^{tin}/ «las musulmanas de una ciudad».

بِمُسْلِمَاتِ مَدِينَةٍ /bi-muslima:ti madi:na^{tin}/ «con las musulmanas de una ciudad».

Notas:

1) Los sustantivos (pero no los adjetivos) de base {1v23a^{t}}, cuya segunda radical no sea /w/ ni /y/, ni igual a la tercera (en raíces {122}), al formar el plural regular femenino toman en la segunda radical una vocal /a/ o semejante a la primera. Ejs.:

لَحْظَةٌ «instante» pl. لَحَظَاتٌ , نِعْمَةٌ «gracia» pl. نِعِمَاتٌ , o نِعَمَاتٌ,
حُرْمَةٌ «cosa o persona inviolable; esposa» pl. حُرُمَاتٌ o حُرَمَاتٌ .

2) El plural en {-a:t}se usa frecuentemente para palabras de origen extranjero (ej.: إِصْطَبْلٌ«establo» pl. إِصْطَبْلَاتٌ), e incluso con nombres árabes (vgr., حَيَوَانٌ«animal», حَمَّامٌ «baño»), sin que ello signifique género femenino.

3) En períodos antiguos, en casos de artículo-relativo (v. §34bn3), podía caer el elemento /(na)/ del pl. regular masculino, y /(ni)/ del dual, aun sin haber rección nominal, ejs.: الضَّارِبُو(نَ) أَوْلَادَهُمْ «los que pegan a sus hijos», الأَمِيرُ ٱلْقَاتِلَا أَخَوَاهُ مُحَمَّداً «el emir cuyos hermanos son los matadores de M.».

47. Pero la mayoría de los nombres árabes tienen el llamado plural fracto o irregular, consistente en la adopción, con mera conservación de las consonantes de la base, de una de las formas siguientes:

a) Para singulares de base triconsonántica:

{'a12u3}. Ej.: عَيْن /'ayn/ «ojo» pl. أَعْيُن /'a'yun/.

{'a12a:3}. Ej.: قَلَم /qalam/ «pluma» pl. أَقْلَام /'aqla:m/.

{'a12i3a[t]}. Ej.: لِسَان /lisa:n/ «lengua» pl. أَلْسِنَة /'alsina[t]/.

{1i23a[t]}. Ej.: فَتًى /fatà[n]/ «mozo» pl. فِتْيَة /fitya[t]/.

Nota: Las cuatro formas precedentes son llamadas «plurales de pequeño número», por entender los gramáticos que, juntamente con el pl. regular masculino, y en palabras que tienen varios plurales posibles, debían usarse para conjuntos de 3 a 10. Tal regla no parece haberse observado nunca estrictamente, aunque siempre es más correcto decir ثَلَاثَةُ أَشْهُرٍ «tres meses» que * ثَلَاثَةُ شُهُورٍ .

{1u23}: sirve de plural, entre otras palabras, a todos los adjetivos de forma {'a12a3[u]} mencionados en §42a, y a sus femeninos {1a23a:'[u]}. Ej.: حُمْر /ḥumr/ «rojo/as».

{1u2(u)3}. Ej.: كِتَاب /kita:b/ «libro» pl. كُتُب /kut(u)b/.

{1a2a3}. Ej.: خَادِم /ẖa:dim/ «criado» pl. خَدَم /ẖadam/.

{1a2a3a'}. Ej.: طَالِب /ṭa:lib/ «estudiante» pl. طَلَبَة /ṭalaba'/.

{1i2a3} y {1u2a3}. Ejs.: قِطْعَة /qiṭ'a'/ «pieza» pl. قِطَع /qiṭa'/, y رُكْبَة /rukba'/ «rodilla» pl. رُكَب /rukab/.

{1i2a3a'} (raro). Ej.: تُرْس /turs/ «escudo» pl. تِرَسَة /tirasa'/.

{1i2a:3}. Ej.: رَجُل /rağul/ «hombre» pl. رِجَال /riğa:l/.

{1i2a:3a'}. Ej.: حَجَرَة /ḥağara'/ «piedra» pl. حِجَارَة /ḥiğa:ra'/.

{1u2u:3}. Ej.: نَفْس /nafs/ «alma» pl. نُفُوس /nufu:s/.

{1u2u:3a'} (raro). Ej.: عَمّ /'amm «tío paterno» pl. عُمُومَة /'umu:ma'/.

{1a2i:3}. Ej.: عَبْد /'abd/ «esclavo» pl. عَبِيد /'abi:d/.

{1i23a:n} y {1u23a:n}. Ejs.: غُلَام /ġula:m/ «mozo» pl. غِلْمَان /ġilma:n/, y بَلَد /balad/ «país» pl. بُلْدَان /bulda:n/.

{1u22a(:)3} (prácticamente restringido a participios agentivos). Ejs.: حَاكِم /ḥa:kim/ «gobernador» pl. حُكَّام /ḥukka:m/, سَاجِد /sa:ğid/ «prosternado» pl. سُجَّد /suğğad/. En raíces {12w/y} le sustituye el tipo {1u2a:'}, ej.: رَامٍ /ra:min/ «tirador» pl. رُمَاة /ruma:'/.

{1a23à}. Ej.: قَتِيل /qati:l/ «asesinado» pl. قَتْلَى /qatlà/.

{1a2a:3à}. Ej.: كَسْلَانُ /kasla:n^{u}/ «holgazán» pl. كَسَالَى /kasa:là/.

{1u2a3a:'^{u}}. Ej.: وَزِير /wazi:r/ «ministro» pl. وُزَرَاءُ /wuzara:'^{u}/.

{'a12i3a:'^{u}}. Ej.: صَدِيق /ṣadi:q/ «amigo» pl. أَصْدِقَاءُ /'aṣdiqa:'^{u}/.

b) Para singulares de base cuadriconsonántica:

{KaKa:KiK^{u}}. Ej.: مَكْتَب /maktab/ «oficina» pl. مَكَاتِبُ /maka:tib^{u}/.

{KaKa:Ki:k^u} (sobre todo en singulares con vocal larga en segunda sílaba). Ej.: مِفْتَاح /mifta:ḥ/ «llave» pl. مَفَاتِيحُ /mafa:ti:ḥ^u/.

{KaKa:KiKa^t} (alternativa del anterior en racionales). Ej.: تِلْمِيذ /tilmi:d̲/ «alumno» pl. تَلَامِذَة /tala:mid̲a^t/ y تَلَامِيذُ /tala:mi:d̲^{u}/.

Notas:

1) En la formación del plural es frecuente que /:/ cuente en los singulares como consonante para poder considerarlos base cuadriconsonántica. En tal caso, cuando /:/ seguía a /a/ en primera sílaba, el resultado en plural es /w/ (ej.: مَائِدَة «mesa» pl. مَوَائِدُ), y cuando estaba en segunda sílaba, es frecuente su conversión en /'/ (ej.: جَزِيرَة «isla» pl. جَزَائِرُ).

2) Muchos nombres tienen más de un plural, distribuidos a veces según acepciones (vgr., de بَيْتٌ , بُيُوتٌ es «casas» y أَبْيَاتٌ «versos»). No faltan casos de acumulación de morfemas de plural en una misma forma (vgr., جِمَالَاتٌ «grupos de camellos», حَدَائِدَاتٌ «herrajes»), y alguno hay de total irregularidad como إِمْرَأَةٌ «mujer» pl. نِسَاءٌ

48. Tanto en el sintagma calificativo, entre el sustantivo y su(s) adjetivo(s), como en la oración nominal, entre sustantivo sujeto y adjetivo predicado, debe haber concordancia de número también. Ejs.:

a) مُعَلِّمٌ مُسْلِمٌ /mu'allimun muslim^{un}/ «un maestro musulmán».
مُعَلِّمَانِ مُسْلِمَانِ /mu'allima:ni muslima:n^i/ «dos maestros musulmanes».
مُعَلِّمُونَ مُسْلِمُونَ /mu'allimu:na muslimu:n^a/ «maestros musulmanes».

b) مُعَلِّمَةٌ مُسْلِمَةٌ /mu'allimatun muslima^{tun}/ «una maestra musulmana».
مُعَلِّمَتَانِ مُسْلِمَتَانِ /mu'allimata:ni muslimata:n^i/ «dos maestras musulmanas».

مُعَلِّمَاتٌ مُسْلِمَاتٌ /mu'allima:tun muslima:t^un/ «maestras musulmanas».

c) اَلْمُعَلِّمَانِ مُسْلِمَانِ /('a)l-mu'allima:ni muslima:n^i/ «los 2 maestros son musulmanes».

اَلْمُعَلِّمَتَانِ مُسْلِمَتَانِ /('a)l-mu'allimata:ni muslimata:n^i/ «las 2 maestras son musulmanas».

اَلْمُعَلِّمَاتُ مُسْلِمَاتٌ /('a)l-mu'allima:tu muslima:t^un/ «las maestras son musulmanas».

49. Sin embargo, es característico de la sintaxis árabe que los plurales de irracionales sean tratados como femenino singular a efectos de concordancia , vgr.: مَكَاتِبُ كَبِيرَةٌ /maka:tibu kabi:ra^tun/ «grandes oficinas» , اَلْكُتُبُ جَمِيلَةٌ /('a)l-kutubu ğami:la^tun/ « los libros son hermosos». Los colectivos pueden concordar como singular, masculino o femenino, o en plural, que es lo más frecuente cuando son racionales, vgr.: شَجَرٌ أَخْضَرُ /šağarun 'aḫḍar^u/ «arbolado verde», خَيْلٌ كَرِيمَةٌ /ḫaylun kari:ma^tun/ «caballos de raza (: generosos)».

Notas:

1) En lengua arcaica o poética se da también la concordancia del plural de irracionales como femenino plural, sobre todo en el pequeño número (v. §47), ej.: دُمُوعٌ ذَارِفَةٌ / ذَارِفَاتٌ «lágrimas derramadas».

2) Cuando un adjetivo califica a nombres unidos por conjunción copulativa, dos calificados requieren dual, y tres o más, plural (o femenino, singular o plural, si se trata de irracionales). Si son heterogéneos domina el masculino, y dentro de éste el racional, enumerándose último al término dominante, junto al calificativo, para evitar incongruencias. Ejs.: كِتَابٌ وَقَلَمٌ جَيِّدَانِ «un libro y una pluma buenos», اِمْرَأَتَانِ وَرَجُلٌ مُسْلِمُونَ «dos mujeres y un hombre musulmanes». También es frecuente repetir el adjetivo.

3) En la concordancia de colectivos, nombres de tribu, nación y país es frecuente que género y número morfológico cedan al contenido semántico, ejs.: سَمِعَتْ قُرَيْشٌ «oyeron los de Qurayš», قَالَتِ ٱلْيَهُودُ «dijeron los judíos», قَالَتْ بَنُو عَبْدِ ٱللّٰهِ

« dijeron los Banū ‘Abdi-lla:h», أَتَى ٱلْيَمَنَ فَحَارَبُوهُ « vino al Yemen y le combatieron (los yemenitas)», كُلُّ حِزْبٍ بِمَا لَدَيْهِمْ فَرِحُونَ « cada partido estaba contento con lo que tiene[n]».

VOCABULARIO

Plurales de los nombres de vocabularios anteriores:

آبَاءٌ	padres.	خُضْرٌ	verdes.
أَخَوَاتٌ	hermanas.	خُلَفَاءُ	califas.
أُمَرَاءُ	príncipes.	دُورٌ	mansiones.
بُحُورٌ	mares.	رُؤُوسٌ	cabezas.
بِلَادٌ / بُلْدَانٌ	países.	أَرْجُلٌ	pie(rna)s; patas.
بَنَاتٌ	hijas; muchachas.	رِجَالٌ	hombres.
بُيُوتٌ	casas.	رُسُلٌ	enviados.
بِيضٌ	blanco/as.	مَسَاجِدُ	mezquitas.
أَبْوَابٌ	puertas.	سَلَاطِينُ	sultanes.
جِبَالٌ	montes.	أَسْمَاءٌ	nombres.
جُدُدٌ	nuevos.	سُيُوفٌ	espadas.
جِيَادٌ	excelentes.	أَصْدِقَاءُ	amigos.
حُكَّامٌ	gobernantes.	صِغَارٌ	pequeños.
حُمْرٌ	rojo/as.	طُرُقٌ	caminos.
أَخْبَارٌ	noticias.	أَطْعِمَةٌ	alimentos.
خَدَمٌ	criados.	طِوَالٌ	largos; altos.

عَبِيدٌ esclavos.

عَرَبٌ árabes.

عُلُومٌ ciencias.

قُدَمَاءُ antiguos, viejos.

قُرىً aldeas.

قَتْلَى muertos; asesinados.

قُصُورٌ palacios.

أَقْلاَمٌ plumas.

كِبَارٌ grandes.

كُتُبٌ libros.

كِرَامٌ generosos.

كَسَالَى holgazanes.

كِلاَبٌ perros.

أَلْوَانٌ colores.

مُدُنٌ ciudades.

أَمَاكِنُ lugares.

مُلُوكٌ reyes.

أَمْوَالٌ riquezas.

مِيَاهٌ aguas.

نِسَاءٌ mujeres.

وُزَرَاءُ ministros.

أَوْلاَدٌ hijos, muchachos.

أَيَّامٌ días.

Nota: Los vocabularios de las siguientes lecciones indicarán el plural de cada nombre tras la abreviatura ج, y el singulativo de los colectivos tras ح , según esta muestra:

تِلْمِيذٌ ج تَلاَمِيذُ م ة ج ات . alumno

حَجَرٌ ح ة ج حِجَارَةٌ piedra.

شَجَرٌ ج أَشْجَارٌ ح ة ج ات árbol.

ضَعِيفٌ ج ضُعَفَاءُ débil.

طَالِبٌ ج طَلَبَةٌ / طُلاَّبٌ estudiante.

مِفْتَاحٌ ج مَفَاتِيحُ llave.

قَلِيلٌ ج ونَ poco, escaso.

قَوِيٌّ ج أَقْوِيَاءُ . fuerte.

كَثِيرٌ ج ونَ mucho.

لِسَانٌ ج أَلْسِنَةٌ lengua.

مَرِيضٌ ج مَرْضَى enfermo.

نَاسٌ gente [pl. de إِنْسَانٌ].

EJERCICIOS

1. Copiar, leer y traducir:

ٱلْمُؤْمِنُونَ فِي ٱلْمُدُنِ قَلِيلُونَ - أَكَلْتُ أَطْعِمَةً جَيِّدَةً فِي قُصُورِ ٱلسَّلَاطِينِ - سُيُوفُ أَصْدِقَاءِ مُحَمَّدٍ جَدِيدَةٌ - نِسَاءُ رِجَالِ ٱلدِّينِ مُؤْمِنَاتٌ - أَمْوَالُ أَوْلَادِ ٱلْأَمِيرِ قَلِيلَةٌ - مَسْجِدَا ٱلْمَدِينَةِ كَبِيرَانِ - رَأَيْتُ شَجَرًا كَثِيرًا فِي جِبَالِ ٱلْقَرْيَتَيْنِ - مُعَلِّمَتَا بِنْتِ ٱلْوَزِيرِ حَسَنَتَانِ - ذَهَبْتُ إِلَى بَيْتِ أُخْتَيِ ٱلْخَدَمِ - رَأَيْتُ شَجَرَةً قَدِيمَةً فِي قَصْرِ ٱلْأَمِيرَيْنِ - مُسْلِمُو مَدِينَةِ ٱلسَّلَامِ كَثِيرُونَ - أَسْمَاءُ ٱلْأُمَرَاءِ ٱلْعَرَبِ كَرِيمَةٌ - أَكَلْتُ خُبْزَ مُسْلِمِي ٱلْقُرَى - أُمُّ ٱلْأَخَوَاتِ ٱلْجَمِيلَاتِ بَيْضَاءُ - رَأَيْتُ مُعَلِّمَتَيْنِ وَاسِعَتَيِ ٱلْعِلْمِ - أَلْسِنَةُ ٱلنَّاسِ فِي ٱلْقُرَى ٱلصَّغِيرَةِ شَدِيدَةٌ - أَخْبَارُ ٱلْخُلَفَاءِ وَٱلْمُلُوكِ وَٱلْحُكَّامِ ٱلْقُدَمَاءِ كَثِيرَةٌ - كُتُبُ ٱلطَّلَبَةِ ٱلْجُدُدِ حَمْرَاءُ - أَرْجُلُ كِلَابِ ٱلْعَبِيدِ بَيْضَاءُ - أَبْوَابُ دُورِ ٱلْوُزَرَاءِ خَضْرَاءُ - رَأَيْتُ بُيُوتًا صَغِيرَةً مِنَ ٱلْحَجَرِ.

2. Traducir al árabe:

Los criados de los califas son holgazanes.- Vi en las mezquitas gente generosa (pl.) y hermosas cabezas.- Los amigos de Muḥammad son altos [y] fuertes.- Los hijos de los maestros árabes son excelentes estudiantes.- Los días de los profetas (: enviados de Dios) están lejos.- Vi a unos niños pequeños en los caminos con las llaves de las casas de los enfermos.- Las plumas de los nuevos estudiantes son de muchos colores (: muchas de colores).- Vi hombres muertos en lugares cercanos a (مِنْ) las mezquitas.- Las frías aguas de los mares.- Los hijos mayores (: grandes) de las dos maestras de la aldea son débiles.

3. Copiar el ejercicio 1, y la versión árabe del 2 (de la clave), ambos sin vocales ni otros grafemas auxiliares, y leerlos en voz alta, hasta hacerlo correctamente y entendiéndolos.

Lección 9.ª

Anomalías morfológicas en la flexión nominal

50. El uso de los morfemas de indeterminación y caso (§§35-36) está sujeto a las siguientes restricciones:

a) Los morfemas de caso no se usan con bases acabadas en /a:/ (o »à«), que son invariables a tal respecto. Ejs.: اَلْفَتَى /'a)l-fatà/ «el mozo», رَأَيْتُ ٱلْفَتَى /ra'aytu l-fatà/ «vi al mozo», بِٱلْفَتَى /bi-l-fatà/ «con el mozo», اَلدُّنْيَا /('a)d-dunya:/ «el mundo», رَأَيْتُ ٱلدُّنْيَا /ra'aytu d-dunya:/ «vi el mundo», فِى ٱلدُّنْيَا /fi d-dunya:/ «en el mundo».

b) Los sustantivos أَب /'ab/ «padre», أَخ /'aḫ/ «hermano», حَم /ḥam/ «suegro» y هَن /han/ «vulva; cosa», cuando son regente nominal, además de la vocal de caso ostentan alargamiento de ésta, y lo mismo sucede a فُو /fu:/ «boca» y ذُو /ḏu:/ «dotado de», que sólo se usan en dicha posición. Ejs.: أَبُو وَلَدٍ /'abu: walad^{in}/ «el padre de un niño», رَأَيْتُ أَبَا وَلَدٍ /ra'aytu 'aba: walad^{in}/ «vi al padre de un niño», بَيْتُ أَبِي وَلَدٍ /baytu 'abi: walad^{in}/ «la casa del padre de un niño».

Nota: También إِمْرُؤٌ «varón, hombre» y إِبْنُمٌ «hijo» tienen una flexión doblemente marcada, al armonizar su última vocal con la de caso en إِمْرَأً , إِمْرِئٍ y اِبْنَمًا , اِبْنِمٍ .

c) Algunos nombres, llamados díptotos, cuando no están determinados por artículo o rección nominal tienen sólo dos inflexiones de caso, una marcada con {-u} para el nominativo, y otra, con {-a} para acusativo y genitivo, al tiempo que no toman {-n} de indeterminación. Entre ellos se cuentan casi todos los nombres propios femeninos o masculinos con aparente morfema femenino o acabados en {-a:n} (que no sean éstos adjetivos especializados), la mayoría de los extranjeros y otros nombres propios que los gramáticos agrupan bajo diversos epígrafes (ejemplos.: فَاطِمَةُ / Fa:ṭima^{tu} /, زَيْنَبُ / Zaynab^{u} / ; مُعَاوِيَةُ /Mu'a:wiya^{tu} /, يَحْيَى / Yaḥyà / ; سُلَيْمَانُ / Sulayma:n^{u} / ; إِبْرَاهِيمُ / 'Ibra:hi:m^{u} / ; أَحْمَدُ / 'Aḥmad^{u} / , يَزِيدُ / Yazi:d^{u} / , عُمَرُ /'Umar^{u}/, شَمَّرُ /Šammar^{u}/); son también díptotos todos los adjetivos de §42abc, todo nombre con sufijos /-a:'/ o /a:/ (estos últimos, debido a §50a, sólo reflejan la falta de {-n}), incluso cuando se trata de plurales fractos, entre los cuales son además díptotos {KaKa:KiK} y {KaKa:Ki:K}. En esta obra, la diptosia se señala con la forma completa de nominativo (con ›^{u}‹ sin {-n}), aun en pasajes donde otras palabras son dadas en forma pausal o de citación.

Sin embargo, cuando los díptotos son determinados por artículo o reacción nominal, su flexión es en todo normal. Ejs.: بِنْتُ فَاطِمَةَ

/bintu Fa:ṭima^{ta}/ «la hija de F.». أَوْلَادُ وُزَرَاءَ /'awla:du wuzara:'^{a}/ «hijos de ministros», فِي دَارٍ بَيْضَاءَ /fi: da:rin bayḍa:'^{a}/ «en una casa blanca», frente a أَوْلَادُ ٱلْوُزَرَاءِ /'awla:du l-wuzara:'^{i}/ «los hijos de los ministros», فِي ٱلدَّارِ ٱلْبَيْضَاءِ /fi d-da:ri l-bayḍa:'^{i}/ «en la Casa Blanca».

Nota: Son también díptotos los numerales abstractos (vgr., ثَلَاثَةُ «el tres») o distributivos, (vgr., مَثْلَثَ «de tres en tres»), فُلَانَةُ «Fulana», el pl. أَشْيَاءُ «cosas» y los plurales أُوَلُ «primeras» y أُخَرُ «últimas». Los nombres de forma {'a12a3} tienen flexión normal, salvo que sean meros adjetivos sustantivados, aun los cuales son opcionalmente normales en los casos de palabras más corrientes como أَجْدَلُ «azor».

d) Los nombres con morfema radical {12w/y}, en cualquier forma que vocalice la segunda radical con /i/ o /u/ tienen una flexión especial con la terminación /-in/ en nominativo y genitivo indeterminados (aun en el caso de díptotos) e /-i:/ en los determinados, mientras su acusativo, determinado o indeterminado, usa los morfemas normales. Ejs.: قَاضٍ /qa:ḍ^{in}/ «juez» (nom. y gen.), اَلْقَاضِي /('a)l-qa:ḍi:/ «el juez» (nom. y gen.), قَاضِيًا /qa:ḍiya^{n}/ «juez» (acus.), اَلْقَاضِيَ /('a)l-qa:ḍiy^{a}/ «al juez´ (acus.); مَعَانٍ /ma'a:n^{in}/ «significados» (un plural {KaKa:KiK^{u}} de مَعْنًى /ma'nà^{n}/) en nom.-gen., اَلْمَعَانِي /('a)l-ma'a:ni/ «los significados», nom.-gen. determinado, pero acusativo determinado o indeterminado مَعَانِيَ /ma'a:niy^{a}/, por ser díptoto.

Nota: En pausa, esta terminación /-in/ puede ser eliminada o reducida a /-i:/, ej.: /qa:ḍ#/ o /qa:ḍi:#/.

51. El uso de los morfemas de dual y plural regular (§§45-46) está sujeto a las siguientes anomalías:

a) Los nombres acabados en /-a:/ (o ›à‹) toman los morfemas de dual y plural regular femenino convirtiéndola en /-ay-/ (ejs.: فَتًى «mozo», dual فَتَيَانِ, مَلْهًى «lugar de esparcimiento», dual مَلْهَيَانِ, حُبْلَى «preñada» pl. حُبْلَيَاتٌ), salvo los de estructura {KvKà^n} de raíz {12w}, que la convierten en /-aw-/ (ejemplos: عَصًا «palo» dual عَصَوَانِ , رِضًى «beneplácito» pl. رِضَوَاتٌ . En cambio, ante el morfema de plural regular masculino, el resultado es /-aw(na)/ en nominativo y /-ay(na)/ en gen.-acus. (ej.: مُصْطَفًى «elegido» pl. مُصْطَفَوْنَ ~ مُصْطَفَيْنَ).

b) Los nombres acabados en /-a:'/ toman normalmente los morfemas de dual y plural regular si /'/ es parte de su raíz, convierten aquella terminación en /-a:w-/ si era sufijo, y siguen opcionalmente cualquiera de ambas reglas, si /'/ suple a /w/ o /y/ (ejs.: وُضَّاءٌ «claro» pl. وُضَّاؤُونَ, صَحْرَاءُ «desierto» pl. صَحْرَاوَاتٌ , كِسَاءٌ «vestido» dual كِسَاءَانِ o كِسَاوَانِ).

c) Los nombres acabados en ـَـاةٌ toman el morfema de plural regular femenino convirtiendo /:/ en /y/ (ejs.: فَتَاةٌ «muchacha» pl. فَتَيَاتٌ , مَرْمَاةٌ «tirada» pl. مَرْمَيَاتٌ), salvo los de estructura {KvKa:'} de raíz {12w}, que convierten /:/ en /w/ (ej.: صَلَاةٌ «oración» pl. صَلَوَاتٌ).

d) Los nombres mencionados en §50d forman su dual regularmente, pero toman los morfemas de plural regular masculino en juntura directa con su segunda consonante radical (ej. قَاضِيَانِ ~ قَاضِيَيْنِ «dos jueces», قَاضُونَ ~ قَاضِينَ «jueces»).

e) Los nombres biconsonánticos pueden recibir los morfemas de dual y plural regular directamente sobre la base, o bien alargando ésta con /-aw-/, más rara vez /-ah-/, según selección léxica. Ejs. مِائَةٌ «cien» pl. مِئُونَ y مِئَاتٌ , أَبٌ «padre» dual أَبَوَانِ , سَنَةٌ «año» pl. سُنُونَ ~ سِنِينَ y سَنَوَاتٌ , شَفَةٌ «labio» pl. شَفَهَاتٌ , أُخْتٌ «hermana» pl. أَخَوَاتٌ , بِنْتٌ «hija» pl. بَنَاتٌ .

52. En la adopción de formas de plural fracto (§47), los nombres de raíz de estructura peculiar (o sea, una de cuyas radicales es /'/, /w/ o /y/, o cuya segunda y tercera radicales son iguales), se observan las siguientes anomalías:

a) Las raíces {'23} disimilan */'v'/ en /'v:/ en las formas {'a12u3}, {a12i3a'} y {'a12a:3}. Ejs.: أَنْفٌ «nariz» pl. آنُفٌ , أَمَلٌ «esperanza» pl. آمَالٌ , إِلٰهٌ «dios» pl. آلِهَةٌ. En {'a12a:3}, algunas raíces {1'3} se comportan por metátesis como {'23} (ej.: بِئْرٌ «pozo» pl. آبَارٌ).

b) En las formas {'a12u3}, {'a12i3a'} y {'a12i3a:'u}, las raíces {122} retrasan la vocal de la segunda consonante a la primera. Ejs.: ضَبٌّ «lagarto» pl. أَضُبٌّ , زُقَاقٌ «callejuela» pl. أَزِقَّةٌ , حَبِيبٌ «amado» pl. أَحِبَّاءُ , إِمَامٌ «imán [del rezo]» pl. أَئِمَّةٌ o أَيِمَّةٌ.

c) Las raíces {1w/y3} exhiben soluciones, a menudo sólo opcionales, de asimilación de /w/ o /y/ al entorno vocálico (ejs.: ثَوْبٌ «vestido» pl. ثِيَابٌ , جَارٌ «vecino» pl. جِيرَانٌ , ثَوْرٌ «buey» pl. ثِيَرَةٌ o ثِوَرَةٌ , حُوتٌ «pescado» pl. حِيتَانٌ), de recuperación de la radical transformada en el singular (ejs.: أَبْيَضُ «blanco» pl. بِيضٌ de forma {1u23}, نَائِمٌ «durmiente» pl. نُوَّمٌ o نُيَّمٌ), de disimilación en /'/ (ej.: دَارٌ «casa» pl. أَدْؤُرٌ y آدُرٌ con metátesis y segunda disimilación, esta vez según §52a), y de contracción de /awa/ o /aya/ en /a:/ (ej.: بَائِعٌ «vendedor» pl. بَاعَةٌ de forma {1a2a3a'}).

d) En las raíces {12w/y}, el timbre /i/-/y/ predomina sobre /u/-/w/ y se lo asimila (ejs.: يَدٌ «mano» pl. أَيْدٍ de forma {'a12u3}, دَلْوٌ «cubo» pl. دُلِيٌّ de forma {1u2u:3}); incluso en entorno vocálico de /a/ se observa el predominio de la grafía › ى ‹ sobre » ا « (ejs.: بِنْيَةٌ «construcción» pl. بِنًى , كُلْيَةٌ «riñón» pl. كُلًى , y غَازٍ «conquistador» pl. غُزًّى , de las formas {1i2a3} y {1u2a3} y {1u22a3} respectivamente). Tras /a:/, /w/ y /y/ se disimilan en /'/ (ej.: ظَبْيٌ «antílope» pl. ظِبَاءٌ de forma {1i2a:3}); finalmente, /awa/ o /aya/ pueden contraer también aquí en /a:/ (ej.: سَرِيٌّ «noble» pl. سَرَاةٌ de forma {1a2a3a'}).

53. Las bases con más de cuatro consonantes, para formar plural fracto suelen perder las que suenan al oído arabófono como menos «radicales», sobre todo las sonorantes (ej.: سَفَرْجَلٌ «membrillo» pl. سَفَارِجُ). Cuando tales bases terminan en /-a:'/ o ›à‹ , suelen perder estos elementos al formar el dual o plural regular femenino (ejs.: حُبَارَى «avutarda» pl. حُبَارَاتٌ , خُنْفَسَاءُ «escarabajo» dual خُنْفَسَانِ .

El nombre propio

54. El nombre propio de un árabe se componía de las siguientes partes:

a) كُنْيَةٌ /kunya'/, formada por أَبُو /'abu:/ (para hombres) o

أُمُّ /'ummu/ (para mujeres) que rige nominalmente al n.pr. del primer hijo varón o, a veces, otro nombre de diversa motivación. Ejs.: أَبُو مُحَمَّدٍ /'Abu: Muḥammad^{in}/, أُمُّ كُلْثُومٍ /'Ummu Kulṯu:m^{in}/.

Nota: También algunos animales eran designados por *kunya* (ejs.: أُمُّ عَامِرٍ «la hiena», أَبُو ٱلْحُصَيْنِ «maese raposo») o por denominaciones con اِبْن y بِنْت que han llegado a predominar en casos como اِبْنُ عِرْسٍ «comadreja» y اِبْنُ آوَى «chacal» (pls. en بَنَاتُ).

b) اِسْم /('i)sm/ o nombre. Ejs.: عَلِيٌّ /'Aliyy^{un}/, هِنْدُ /Hind^{u}/.

c) نَسَب /nasab/ o genealogía que, de no abreviarse, puede llegar al antepasado más remoto conocido o pretendido, uniendo el nombre de cada hijo al de su padre con بْن (v. §22fn1), ante el cual se suprime el morfema {-n} que tienen muchos nombres propios masculinos (v. §35). Para las hijas se utiliza naturalmente بِنْت /bint/.

d) A veces se añade además un apodo (لَقَب /laqab/) de diversa motivación, un nombre de profesión (اِسْمُ مَنْصِبٍ /('i)smu manṣab^{in}/) y, casi siempre, uno o más adjetivos de *nisba* (v. §55) para indicar tribu, nación u origen. Ej. de nombre completo: أَبُو مُحَمَّدٍ عَبْدُ ٱللّٰهِ بْنُ مُحَمَّدِ بْنِ عَلِيٍّ ٱلْكَلْبِيُّ ٱلْكَاتِبُ /'Abu: Muḥammadin 'Abdu-lla:hi bnu Muḥammadi bni 'Aliyyini l-Kalbiyyu l-ka:tibu/ («de la tribu de Kalb, escriba»).

55. El adjetivo de *nisba* es una derivación denominal, para indicar relación u origen, que se obtiene de los nombres con el sufijo {-iyy} añadido a la base, la cual sufre a veces modificaciones no previsibles por regla morfológica, que hacen de la *nisba* un rasgo léxico.

Nota: Entre tales anomalías, son las más frecuentes la eliminación de las terminaciones /-a'/, /-iya'/, /-iyya'/ ›à‹ (ejs.: مَكِّيٌّ «mecano» de مَكَّةُ «La Meca», مَرِيٌّ «almeriense» de اَلْمَرِيَّةُ «Almería», جُمَادِيٌّ « relativo al mes de جُمَادَى »), la conversión de /-a:'/ en /-a:w/ y de /-a:/ en /-aw/ (ejemplos: صَحْرَاوِيٌّ de صَحْرَاءُ «desierto», دُنْيَوِيٌّ «mundano» de دُنْيَا «mundo»), la recuperación de radicales supuestamente perdidas (ejs.: دَمَوِيٌّ «sanguíneo» de دَمٌ «sangre», أَبَوِيٌّ «paternal» de أَبٌ) y la eventual vocalización con /a/ de la segunda consonante de bases {1v2i3}, {1u2ay3a'} y {1a2i:3a'} (ejs.: مَلَكِيٌّ «real» de مَلِكٌ «rey», قُرَشِيٌّ de قُرَيْشٌ «la tribu de Qurayš», مَدَنِيٌّ «civil» de مَدِينَةٌ «ciudad»). En general, se evita formar *nisba* de duales, plurales y nombres compuestos; en éstos, sólo el primer componente se utiliza. Pero abundan las violaciones de todas estas reglas restrictivas, vgr., طَبِيعِيٌّ «natural» de طَبِيعَةٌ «naturaleza», أَنْصَارِيٌّ «relativo a los auxiliares de Muḥammad», كُتُبِيٌّ «librero», عَبْدَلِيٌّ «relativo a ʿAbdalla:h», حَضْرَمِيٌّ «de حَضْرَمَوْتُ ».

Son curiosos los alomorfos en {-in}, يَمَانٍ «yemení» de اَلْيَمَنُ , شَآمٍ «sirio» y تِهَامٍ «de Tiha:ma'», los en {-a:niyy} (vgr. إِسْكَنْدَرَانِيٌّ «alejandrino» de إِسْكَنْدَرِيَّةُ «Alejandría», صَنْعَانِيٌّ «de صَنْعَاءُ », y algunos modernos en {-a(:)wiyy} (vgr., ثَوْرَوِيٌّ «revolucionario» de ثَوْرَةٌ «revolución», مَكَّاوِيٌّ «de La Meca».

VOCABULARIO

آخَرُ ج ونَ م أُخْرَى otro.
أَخٌ ج إِخْوَةٌ / إِخْوَانٌ hermano.
أَرْضٌ ج أَرَاضٍ tierra.
أَصْلٌ ج أُصُولٌ origen, alcurnia.
أَمْرٌ ج أُمُورٌ asunto, cosa.
— ج أَوَامِرُ orden, mandato.
أَوَّلُ ج ونَ م أُولَى primero.

اِبْنٌ ج بَنُونَ hijo.
ثَانٍ م ثَانِيَةٌ segundo.
حَرْبٌ ج حُرُوبٌ . guerra.
ذُو م ذَاتُ dotado de.
رِسَالَةٌ ج رَسَائِلُ carta.
زَوْجٌ ج أَزْوَاجٌ م ة marido, esposo.
شَارِعٌ ج شَوَارِعُ calle.

شَيْخٌ ج شُيُوخٌ	anciano.	فَتَاةٌ ج فَتَيَاتٌ	muchacha.
شَيْءٌ ج أَشْيَاءُ	cosa.	فَضْلٌ	virtud, mérito.
طِفْلٌ ج أَطْفَالٌ م ة	niño.	فَهِمْتُ	comprendí.
طَيِّبٌ ج ونَ	bueno.	قَاضٍ ج قُضَاةٌ	juez.
عَالٍ م عَالِيَةٌ	alto, elevado.	لُغَةٌ ج اتٌ	lengua, idioma.
مَعْنًى ج مَعَانٍ	significado.	لَيْلٌ ح ة ج لَيَالٍ	noche.
غَرِيبٌ ج غُرَبَاءُ	raro, extraño.	نَارٌ ج نِيرَانٌ	fuego, hoguera.
فَتًى ج فِتْيَانٌ	mozo, joven.	وَجْهٌ ج وُجُوهٌ	rostro, cara.

EJERCICIOS

1. Copiar, leer y traducir:

أَبُو ٱلْأَطْفَالِ شَيْخٌ ذُو فَضْلٍ - مَعَانِي ٱلْعِلْمِ كَثِيرَةٌ - رَأَيْتُ شَوَارِعَ وَاسِعَةً وَطُرُقًا
حَسَنَةً - قَاضٍ كَرِيمُ ٱلْأَصْلِ - لُغَةُ ٱلْفَتَى غَرِيبَةٌ - بَابٌ (capítulo)
أَوَّلُ فِي (acerca de) ٱلْعِلْمِ وَبَابٌ ثَانٍ فِي ٱلدِّينِ - أَكَلْتُ طَعَامًا
آخَرَ فِي بَيْتِ أَخِي أَحْمَدَ - اَلزَّوْجُ ٱلثَّانِي لِفَاطِمَةَ - اَلسَّلَامُ شَيْءٌ وَٱلْحَرْبُ شَيْءٌ
آخَرُ - رَسَائِلُ ٱلْفَتَاةِ إِلَى ٱبْنَيِ ٱلْقَاضِي طَوِيلَةٌ - فَاطِمَةُ ٱمْرَأَةٌ كَرِيمَةُ ٱلْأَصْلِ جَمِيلَةُ
ٱلْوَجْهِ - اَلْجَبَلُ عَالٍ - رَأَيْتُ جَبَلًا عَالِيًا وَنِيرَانًا كَثِيرَةً - أَمْرُ أَبِي عُمَرَ غَرِيبٌ - أَوَامِرُ
سُلْطَانِ ٱلْمُسْلِمِينَ شَدِيدَةٌ - رَأَيْتُ أَبَا فَاطِمَةَ فِي أَرَاضِي ٱلْأَمِيرِ - اِسْمُ أَوَّلِ بَنِي عُمَرَ
عَلِيٌّ - بَنُو ٱلْعَرَبِ فِي ٱلْقَرْيَةِ كَثِيرُونَ - أَسْمَاءُ إِخْوَةِ ٱلْقَاضِي مُحَمَّدٌ وَعَلِيٌّ وَعَبْدُ
ٱللهِ - فَهِمْتُ مَعَانِيَ جَدِيدَةً لِلْأَمْرِ - وَجْهَا وَلَدَيِ ٱبْنِ ٱلْأَمِيرِ ٱلثَّانِي جَمِيلَانِ .

1. Traducir al árabe:

Vi grandes cosas en el nuevo palacio del sultán.- Las tierras de los padres y de los hijos son vastas.- El hermano mayor (: grande) de Aḥmad es juez.- Una noche fría en el alto monte.- Comprendí pocos significados en las cartas del joven.- El marido de Fátima es un hombre dotado de vasta ciencia.- El segundo asunto es antiguo.- Comí en la casa de un juez rico y virtuoso (: dotado de riqueza y virtud).- La muchacha es de distinguida alcurnia (: generosa de origen).- Los dos niños de ʻUmar son buenos.- Vi altas hogueras en las calles de las dos extrañas aldeas.- El rostro del padre de la niña es blanco.- El primer libro de (la) lengua es blanco, y el otro (libro) es verde.

3. Copiar el ejercicio 1, y la versión árabe del 2 (de la clave), ambos sin vocales ni otros grafemas auxiliares, y leerlos en voz alta, hasta hacerlo correctamente y entendiendolos.

Lección 10.ª

Nombres de flexión especial

A) Pronombre personal

56. Los pronombres personales son sustitutos, en sintagmas y oraciones, de otros nombres cuya mención expresa se evita, limitándose a hacer una mera **referencia** a ellos, que semánticamente es la característica de todo pronombre. En árabe tienen dos formas, una autónoma, y otra, sufijada.

57. Los pronombres personales autónomos son:

<table>
<tr><td rowspan="2">Pa y Gén. / N.º</td><td colspan="2">3.ª</td><td colspan="2">2.ª</td><td rowspan="2">1.ª</td></tr>
<tr><td>Masc.</td><td>Fem.</td><td>Masc.</td><td>Fem.</td></tr>
<tr><td>Sing.</td><td>هُوَ /huwa/</td><td>هِيَ /hiya/</td><td>أَنْتَ /'anta/</td><td>أَنْتِ /'anti/</td><td>أَنَا /'ana(:)/</td></tr>
<tr><td>Dual</td><td colspan="2">هُمَا /huma:/</td><td colspan="2">أَنْتُمَا /'antuma:/</td><td rowspan="2">نَحْنُ /naḥnu/</td></tr>
<tr><td>Plural</td><td>هُمْ /hum/</td><td>هُنَّ /hunna/</td><td>أَنْتُمْ /'antum/</td><td>أَنْتُنَّ /'antunna/</td></tr>
</table>

Notas:

1) /'ana:/ con vocal larga se da sólo en pausa o por licencia poética, a pesar de la grafía.

2) Tras las conjunciones /fa-/ y /wa-/, suele caer la primera vocal de هُوَ y هِيَ dando /fahwa/, /wahya/, etc.

3) أَنْتُمْ y هُمْ pueden alargarse por licencia poética en /'antumu:/ y /humu:/, sin que se escriba la *wa:w*.

58. Los pronombres personales sufijados o sufijos pronominales son:

N.º \ Pa y Gén.	3.ª Masc.	3.ª Fem.	2.ª Masc.	2.ª Fem.	1.ª
Sing.	هُ /-hu(:)/	هَا /-ha:/	كَ /-ka/	كِ /-ki/	ـِي /-i:/; نِي /-ni:/
Dual	هُمَا /-huma:/		كُمَا /-kuma:/		نَا /-na:/
Plural	هُمْ /-hum/	هُنَّ /-hunna/	كُمْ /-kum/	كُنَّ /-kunna/	

Notas:

1) En la 1.ª persona sglr., /-ni:/ se sufija a verbos y funcionales de rección verbal (v. §145d), y en los restantes casos se usa /-i:/, ante el cual se elide toda vocal breve final y morfemas de caso (ejs.: ضَرَبَنِي /ḍaraba-ni:/ «me golpeó», بَيْتِي /bayt-i:/ «mi casa» en cualquier caso, رَأَيْتُ أَبِي /ra'aytu 'ab-i:/ «vi a mi padre»); sin embargo, por eufonía se dice مِنِّي /min-ni:/ «de mí», عَنِّي /'an-ni:/ «de mi parte» y لَدُنِّي /ladun-ni:/ «ante ~ para mí». Tras vocal larga, /ay/ y /aw/, en lugar de /-i:/ se usa /-ya/ con asimilación de /-w/ y /-u:/ (ejs.:

فَتَايَ /fata:-ya / « mi mozo », مُعَلِّمِيَّ / mu'allimiy-ya / « mis maestros» resultado tanto de * /mu'allimi:-ya / como de * /mu'allimu:-ya/ , مُصْطَفَيَّ /muṣṭafay-ya/ « mis elegidos » resultado tanto de * /muṣṭafay-ya/ como de * /muṣṭafaw-ya/). Opcionalmente ante el artículo, y en cualquier caso en poesía, los sufijos de 1.ª persona sglr. aparecen como /-ya/ y /-niya/ , ejs.: ضَرَبَنِيَ ٱلرَّجُلُ / ḍaraba-ni (ya) r-rağul[u]/ «el hombre me pegó», صَدِيقِيَ ٱلْحَسَنُ /ṣadi:qi(ya) l-Hasan[u]/ «mi amigo al-Ḥasan».

2) Sufijados a palabras acabadas en timbre /i(:)/ o /y/, los sufijos de 3.ª persona con vocal /u/ toman en lugar de ésta una /i/ armónica (ejs.: فِيهِ /fi:-h[i]/ «en él», فِيهِمَا /fi:-hima:/ «en ambos», فِيهِمْ /fi:-him/ «en ellos», بِهِنَّ /bi-hinn[a]/ «con ellas», نُورُ عَيْنَيْهِ /nu:ru 'aynay-h[i]/ «la luz de sus ojos»). La cantidad opcional de /-hu(:)/ o /-hi(:)/ suele realizarse como larga al sufijarse a sílaba breve y viceversa.

3) /-hum/ y /-kum/ pueden alargarse opcionalmente en poesía en /-humu:/ /-kumu:/ sin que se escriba la *wa:w*, y lo hacen forzosamente, escribiéndola, ante otro sufijo pronominal (ejs.: وَهَبَكُمُوهُ /wahaba-kumu:-hu/ «os lo dio», وَهَبَهُمُوهَا /wahaba-humu:-ha:/ «se la dio a ellos».

4) Las preposiciones إِلَى /'ilà/ « hacia » , عَلَى /'alà/ « sobre » , لَدَى /ladà/ «ante; para» y حَوَالَى /ḥawa:là/ «alrededor de», cambian ›à‹ por /-ay-/ (en lugar de /-a:/ que es lo normal), al tomar los sufijos pronominales (ejs.: إِلَيْكَ /'ilay-k[a]/ « hacia ti », عَلَيَّ /'alay-y[a]/ «sobre mí»). Por otra parte, la preposición لِ /li-/ «a, para» se con-

vierte en /la-/ ante todos los sufijos salvo /-i:/, ej.: لَهُ /la-hu:/ «para él».

59. Los pronombres personales autónomos funcionan como sujeto de oración nominal (ej.: أَنْتَ مُسْلِمٌ /'anta muslim^{un}/ «tú eres musulmán»), como sujeto enfático de oración verbal (ej.: هُوَ ضَرَبَنِي /huwa ḍaraba-ni:/ «él [fue el que] me golpeó»), como refuerzo enfático de cualquier otro pronombre personal (ej.: كِتَابُكَ أَنْتَ /kita:bu-ka 'ant^{a}/ «tu libro precisamente») y, los de 3.ª persona, como marca de predicación en oraciones nominales con sujeto y predicado determinados ambos, lo que permite delimitar exactamente dónde comienza el predicado (ejs.: مُحَمَّدٌ هُوَ ٱلْوَزِيرُ /Muḥammadun huwa l-wazi:r^{u}/ «M. es el ministro», أَنَا هُوَ ٱلْقَاضِي /'ana huwa l-qa:ḍi:/ «yo soy el juez»).

60. Los pronombres personales sufijados funcionan como objeto cuando los rige un verbo (ej.: ضَرَبَهُ /ḍaraba-hu:/ «lo golpeó»), y como posesivo cuando un nombre (ej.: كِتَابِي /kita:b-i:/ «mi libro»), observándose que, a diferencia de los posesivos españoles, las inflexiones de estos sufijos indican el género y número del poseedor, no de lo poseído. La rección de estos pronombres por un nombre es en todo igual a la que produce un nombre inherentemente determinado, o sea, que el regente queda sintáctica y semánticamente determinado, no pudiendo estarlo simultáneamente de otro modo (ej.: كِتَابُكَ ٱلْجَدِيدُ /kita:bu-ka l-ğadi:d^{u}/ «tu libro nuevo»).

61. Cuando los sufijos pronominales, o un nombre cualquiera, son regidos por una preposición se forman frases preposicionales, que son un tipo de sintagmas marginales que pueden servir tanto de extensión de cualquier sintagma nominal (ej.: رَجُلٌ فِي ٱلْبَيْتِ /rağulun fi l-bayt^{i}/ «un hombre en la casa», رِسَالَةٌ إِلَيْكَ /risa:latun 'ilay-k^{a}/ «una carta para ti»), como de predicado de una oración asimilada a la nominal (v. §38), en cuyo caso el sujeto deberá cumplir las condiciones de §38 y n2, ejs.: اَلرَّجُلُ فِي ٱلْبَيْتِ /('a)r-rağulu fi l-bayt^{i}/ «el hombre está en la casa», اَلرِّسَالَةُ إِلَيْكَ /('a)r-risa:latu 'ilay-k^{a}/ «la carta es para ti», siempre con inversión en caso de sujeto indeterminado, vgr., فِي ٱلْبَيْتِ رَجُلٌ /fi l-bayti rağul^{un}/ «en la casa hay un hombre». Como muchas de estas oraciones sólo se diferencian de los sintagmas marginales correspondientes por la juntura /|/ frente a /+/, puestas por escrito son segmentos ambiguos, que ha de aclarar el contexto, pues también pueden significar «el hombre en la casa», «la carta para ti», etc.

Notas:

1) Las preposiciones لِ /li-/ «para», عِنْدَ /ʻinda/ «en propiedad de», لَدَى /ladà/ «para; ante», مَعَ /maʻ(a)/ «con», بِ /bi-/ «en», عَلَى /ʻalà/ «sobre; contra» forman con los sufijos pronominales sintagmas marginales o predicados de oración asimilada a la nominal, con los que el árabe suple los verbos «tener» (en diversas acepciones) y «deber», ejs.: لَكَ / لَدَيْكَ كِتَابٌ /la-ka/ laday-ka kita:b^{un}/ «tienes un libro», مَعَكَ سَاعَةٌ /maʻa-ka sa:ʻa^{tun}/ «¿tienes reloj/hora [encima]?», عِنْدِي بَيْتٌ /ʻind-i: bayt^{un}/ «tengo una casa», بِهِ مَرَضٌ /bi-hi: maraḍ^{un}/ «tiene una enfermedad», عَلَيْهِ دِينَارَانِ /ʻalay-hi di:na:ra:n^{i}/ «debe dos dinares», لَكَ عَلَيْنَا دِينَارٌ /la-ka ʻalay-na di:na:r^{un}/ «te debemos un dinar». Estas construcciones permiten también expre-

sar posesión indeterminada, a diferencia de la sufijación directa que siempre determina lo poseído, como rección nominal que es del pronombre por dicho nombre, vgr., كِتَابِي /kita:b-i:/ «mi libro, el libro mío» ~ كِتَابٌ لِي /kita:bun li:/ «un libro mío».

2) En algunas expresiones, tenemos oraciones asimiladas a la nominal en las que no sólo el predicado, sino también el sujeto es un sintagma marginal de este tipo, ejs.: كَيْفَ لِي بِهِ «¿cómo puedo hacerme con él? هَلْ لَكَ فِي ذٰلِكَ «¿te interesaría eso?». Tal caso es frecuente con كَ «a manera de» (ej.: فِي كَبِدِي كَٱلنَّفْطِ «en mis entrañas hay como pez»), كَأَنَّ «como si» (ej.: كَأَنِّي بِهِ «me parece estar viéndolo/con él»), y con مِنْ como refuerzo enfático de negativas e interrogativas (ejs.: هَلْ مِنْ رَجُلٍ «¿hay algún hombre?», مَا لَكُمْ مِنْ وَلِيٍّ «no tenéis ningún aliado». Otros giros curiosos de este tipo, con sintagma marginal y sufijo pronominal, son هُوَ بِهِ «él es», لِي مَعَكَ كَلَامٌ «tengo algo que decirte».

62. La concordancia de los pronombres personales se ajusta a las reglas de §§43, 48 y 49. Ejs.: أُمَرَاءُ ٱلْبُلْدَانِ وَمُلُوكُهَا /'umara:'u l-bulda:ni wa-mulu:ku-ha: / «los príncipes y reyes de los países», اَلْمَفَاتِيحُ رَأَيْتُهَا /('a)l-mafa:ti:ḥu ra'aytu-ha:/ «las llaves, las he visto».

Notas:

1) Sin embargo, los plurales de irracionales personalizados, por ejemplo, en fábulas, concuerdan como racionales o lo hacen, al menos, en femenino de plural, ejs.: لَمَّا سَمِعَ ٱلْكَرَاكِيُّ «cuando oyeron las grullas» y luego en la misma fábula, refiriéndose a las grullas, أَضْرَبْنَ «desistieron» y قَالُوا «dijeron».

2) Un objeto neutro indefinido suele representarse con el pronombre sufijado de femenino singular, vgr.: قَالَهَا «eso dijo», فَعَلَهَا «lo hizo», تِلْكَ لَا أَرْضَاهَا «eso no lo tolero».

63. En períodos antiguos, era posible sufijar dos pronombres a un mismo verbo o deverbal, como en los ejs. de §58n3 y en ذِكْرُكَهَا «tu mención de ella». Tal acumulación se podía evitar, como posteriormente es norma hacer, utilizando la marca إِيَّا para introducir el segundo objeto pronominal, vgr., أَعْطَانِي إِيَّاهُ «me lo dio», o لِ (v. §115).

Nota: En algún caso, el uso de esta marca permite el hipérbaton o inversión de objeto y verbo, vgr., إِيَّاكَ نَعْبُدُ «a Ti adoramos», o bien introduce un pronombre acusativo que por algún motivo no puede ser sufijado (v. §139gn1).

64. Cuando se acumulan pronombres personales de distinta persona, la prelación en árabe es exactamente la contraria del español. Ej.: أَنَا وَأَنْتَ /'ana: wa-'ant[a]/ «tú y yo», أَبُوكَ وَأَبُوهُ /'abu:-ka wa-'abu:-h[u]/ «su padre y el tuyo».

VOCABULARIO

أُذْنٌ ج آذَانٌ	oreja; oído.
أَلَمٌ ج آلاَمٌ	dolor.
جَمَالٌ	belleza.
حُبٌّ	amor.
حَدِيثٌ	[sust.] conversación.
	[adj.] moderno.
حَرَامٌ	inviolable, tabú, prohibido.
حَقٌّ ج حُقُوقٌ	razón; derecho.
حَمْدٌ	loor, alabanza.
حَاجَةٌ ج اتٌ	cosa. necesidad.
دَمْعَةٌ ج دُمُوعٌ	lágrima.
ذِرَاعٌ ج أَذْرُعٌ	(ante)brazo.
رَبٌّ ج أَرْبَابٌ	Señor.

رُوحٌ ج أَرْوَاحٌ	espíritu.
سَائِرٌ	los demás, el resto.
سَبَبٌ ج أَسْبَابٌ	causa.
إِسْلَامٌ	Islam.
سَمَاءٌ ج سَمَوَاتٌ	cielo.
سَيِّدٌ ج سَادَةٌ	señor.
صَبْرٌ	paciencia.
صَحِيحٌ ج صِحَاحٌ	cierto, correcto, verdadero.
صَاحِبٌ ج أَصْحَابٌ	dueño/señor de. amigo.
عَلَى	sobre. contra.
عِنْدَ	en posesión/casa de; con.
عَيْنٌ ج أَعْيُنٌ / عُيُونٌ	ojo.
فِكْرَةٌ	idea.
قَلْبٌ ج قُلُوبٌ	corazón.
كَلَامٌ ح كَلِمَةٌ ج اتٌ	palabra(s).
لِ	a; para; de. por.
لَدَى	ante; para. con.
مَعَ	con [compañía, no instrumento, como بِ].

1. Copiar, leer y traducir, poniendo especial atención a los casos de ambigüedad, sobre los que se advierte en §61:

أَنْتَ سَيِّدُ ٱلْعَرَبِ وَأَمِيرُهُمْ - بَيْتُ ٱللهِ ٱلْحَرَامُ بِمَكَّةَ (La Meca)
- اَللهُ هُوَ رَبُّنَا - اَلْحَقُّ مَعَكَ - بِهِنَّ أَلَمٌ شَدِيدٌ - أُذْنَاهَا صَغِيرَتَانِ - حُبُّ
ٱلْجَمَالِ فِي قَلْبِ ٱلْإِنْسَانِ - زَوْجُكِ طَوِيلُ ٱلصَّبْرِ - هُمْ أَصْحَابُ ٱلْحَقِّ - اَلْحَمْدُ
لِلّٰهِ رَبِّ ٱلسَّمَوَاتِ وَٱلْأَرْضِ - كَلَامُنَا نَحْنُ صَحِيحٌ - دُمُوعُكُمْ لَدَيَّ شَدِيدَةٌ - عِنْدَكَ
حَاجَةٌ ؟ - فِكْرَتُكُمْ غَرِيبَةٌ - أَنْتُمْ سُيُوفُ ٱلْإِسْلَامِ فِي حُرُوبِهِ - رِسَالَتِي إِلَيْهِ
طَوِيلَةٌ - مُعَلِّمِيَّ هُمْ أَصْدِقَائِي - لِي مَعَكَ كَلَامٌ طَوِيلٌ - يَدَايَ بَارِدَتَانِ - رَأَيْتُ سَائِرَ
مُعَلِّمِيَّ - اَلْحَقُّ عَلَيَّ - أَلَمُ يَدَيَّ شَدِيدٌ - آذَانُ ٱلْكِلَابِ حَمْرَاءُ وَأَرْجُلُهَا
بَيْضَاءُ - أَنَا وَمُحَمَّدٌ أَخَوَانِ - أَسْبَابُ ٱلْحُرُوبِ فِي قُلُوبِ ٱلنَّاسِ وَأَرْوَاحِهِمْ - حَدِيثِي
مَعَ أُسْتَاذَيْكَ فِي مَكْتَبَيْهِمَا - يَدَاكِ عَلَى أُذْنَيْكِ - لَوْنُ ٱلسَّمَاءِ فِي ٱللَّيْلِ ٱلْبَارِدِ
جَمِيلٌ .

2. Traducir al árabe:

El amor del país está en los corazones de su gente.- Vi una cosa rara en sus oídos [de él].- Tiene un violento dolor en los brazos [de él].- La belleza del cielo está en su color.- Hay una carretera moderna a la ciudad.- Lo que quieres (: tu necesidad) está prohibido.- Tiene razón contra vosotros.- En los ojos de mi madre hay muchas lágrimas cuya (: y su) causa es la guerra.- Mis dos maestras están en su aldea.- Tengo que hablar (: para mí palabras) con ellos dos, contigo y con el resto de los alumnos.- Ella posee (لَدَى o عِنْدَ) un fuerte espíritu.- [Les] debo un dinar (دِينَار) a los dueños de mi casa.- Aḥmad es el nuevo gobernador de la ciudad y el señor del país.- La paciencia y la religión son el alimento de los débiles.

3. Copiar el ejercicio 1, y la versión árabe del 2 (de la clave), ambos sin vocales ni otros grafemas auxiliares, y leerlos en voz alta, hasta hacerlo correctamente y entendiéndolos.

Lección 11.ª

B) Demostrativos

65. Los demostrativos son nombres especiales que sirven para hacer **referencia** a la distancia a que se encuentran otros. En árabe, dicha referencia o deixis admite dos grados: próximo («éste») y alejado («ése» o «aquél»), de donde resultan las formas siguientes:

	N.º / Gén.	Singular	Dual	Plural
Deixis próxima	Masc.	هٰذَا /ha:d̲a:/	هٰذَانِ /ha:d̲a:ni/ ~ هٰذَيْنِ /ha:d̲ayni/	هٰؤُلَاءِ /ha:'ula:'i/
	Fem.	هٰذِهِ /ha:d̲ihi:/	هٰتَانِ /ha:ta:ni/ ~ هٰتَيْنِ /ha:tayni/	
Deixis alejada	Masc.	ذٰلِكَ /d̲a:(li)ka/	ذَانِكَ /d̲a:nika/ ~ ذَيْنِكَ /d̲aynika/	أُولٰئِكَ /'ula:'ika/
	Fem.	تِلْكَ /tilka/	تَانِكَ /ta:nika/ ~ تَيْنِكَ /taynika/	

Nota: Existen otras formas menos frecuentes, como las de deixis próxima sin /ha:-/, de deixis alejada con /ha:-/, o con inflexión de /-ka/ como un sufijo pronominal de 2.ª persona (según el género y número del interlocutor, vgr., ذٰلِكُمْ ذٰلِكُنَّ y تِلْكُمَا), تِي , تِهِ y تَا en lugar de هٰذِهِ , أُولَى o أُولاَ en lugar de هٰؤُلاَءِ, e incluso diminutivos con base ذَيَّا para el masc. y تَيَّا para el femenino. En las formas acabadas en /-ka/ y /-lika/, algunos quieren distinguir dos grados de deixis como los del español «ése» y «aquél».

66. Los demostrativos pueden utilizarse sin mención expresa del nombre a que hacen referencia en casi todas las situaciones en que puede encontrarse a los nombres ordinarios: como sujeto (ej.: هٰذَا كِتَابٌ /ha:da: | kita:b^{un}/ «esto es un libro»), en frase preposicional (ej.: لِذٰلِكَ /li-da:lik^{a}/ «por eso»), como objeto verbal (ejemplo: رَأَيْتُ هٰذِهِ /ra'aytu ha:dihi:/ «vi a ésta»), etc. Pueden también utilizarse a modo de calificativos, en unión del nombre al que añaden la referencia deíctica, pero precediéndole generalmente junto con el artículo, ejemplos: هٰذَا ٱلرَّجُلُ /ha:da r-rağul^{u}- «este hombre», هٰذِهِ ٱلْمَرْأَةُ /ha:dihi l-mar'a^{tu}/ «esta mujer», هٰذِهِ ٱلْكُتُبُ /ha:dihi l-kutub^{u}/ «estos libros», هٰؤُلاَءِ ٱلرِّجَالُ /ha:'ula:'i r-riğa:l^{u}/ «estos hombres,», هٰؤُلاَءِ ٱلنِّسَاءُ /ha:'ula:'i n-nisa:'^{u}/ «estas mujeres». Obsérvese que, en dichos casos, si se omite el artículo y se deja al nombre indeterminado, se obtienen oraciones nominales: «éste es un hombre», «ésta es una mujer», etc. Si un nombre no pudiera tomar el artículo por estar determinado ya de otro modo, el demostrativo le seguirá, formando un sintagma apositivo, ejs.: كِتَابُكَ هٰذَا /kita:bu-ka ha:da:/ «este libro tuyo, مُحَمَّدٌ ذٰلِكَ /Muḥammadun da:lik^{a}/ «aquel M.», بِنْتُ مُحَمَّدٍ هٰذِهِ /bintu Muḥammadin ha:dihi: / «esta hija de M.».

Notas:

1) En nombres propios que contienen el artículo, se admiten ambas soluciones,

vgr., هٰذَا ٱلْحَكَمُ y ٱلْحَكَمُ هٰذَا «este al-Ḥakam», aunque la primera es ambigua por escrito, pues también puede interpretarse como «éste es al-Ḥakam».

2) El sintagma apositivo es similar al calificativo, pero lo integran dos sustantivos, cada uno de los cuales proporciona información suplementaria de la del otro, concordando en caso y determinación, pero no siempre en género y número. Ejs.: ٱلْخَاتَمُ ٱلْحَدِيدُ «el anillo [de] hierro», اَلدِّينُ ٱلْحَقُّ «la religión verdad [era]», رِجَالٌ أَهْلٌ «hombres idóneos», عَرَبٌ ثِقَاتٌ árabes [de] confianza (lingüísticamente)», جُبَّةٌ لِي صُوفٌ «un jubón mío de lana», اَلثِّيَابُ ٱلْعَتَّابِيٌّ «vestidos de tejido *'attabi:*». La aposición se utiliza a veces enfáticamente, en lugar de rección, vgr., قَوْمُكَ أَكْثَرُهُمْ «los más de tu gente», أَكَلْتُ ٱلرَّغِيفَ ثُلُثَهُ «me comí un tercio del bollo», mientras otras veces sirve para hacer aclaraciones o correcciones. El material de que está hecha una cosa, o su contenido, se expresan más frecuentemente que por aposición mediante مِنْ y el artículo, o por simple rección, como قَلَمُ ذَهَبٍ «una pluma de oro», كَأْسٌ مِنَ ٱلْمَاءِ «un vaso de agua».

3) Otros usos del demostrativo son el conectivo (ej.: ... وَ هٰذَا «por otra parte», «además», ذٰلِكَ أَنَّ «el caso es que», هٰذَا رَسُولُ ٱللّٰهِ قَدْ دَخَلَ «hete que el Profeta ya había entrado»), el vocativo pronominal (ej. يَا هٰذَا «¡eh, tú!»), la expresión del neutro (ejs.: هٰذَا «esto», ذٰلِكَ «eso») y la deixis pronominal exclamativa (ejs.: أَنَذَا (هَا) «héteme», هَا إِنْ ذَا «¡aquí está!», هَا إِنْ عُذْرُهُ «¡he aquí su excusa!», هَا أَنْتُمْ تَعْلَمُونَ «he aquí que sabéis», هُوَ ذَا وَاقِفٌ/وَاقِفًا فِي دَارِكَ «¡ahí lo tienes, plantado en tu casa!».

67. El adverbio en árabe es una función, equivalente a la de las frases preposicionales de §61, que pueden tener los nombres semánticamente aptos para ello por significar tiempo, lugar, modo, etc. En muchos casos, es indiferente usar el nombre en frase preposicional o adverbialmente (ej.: صَبَاحًا /ṣaba:ḥan/ y فِي ٱلصَّبَاحِ /fi ṣ-ṣaba:ḥi/ «por la mañana»). Por el grado de lexicalización y especialización en dicha función, se distinguen los siguientes tipos de adverbios:

a) Nombres simplemente proclives al uso adverbial, para el que adoptan el caso acusativo, utilizando las marcas de determinación o indeterminación según significado, ejs.: يَوْماً /yawma^{n}/ «un día», نَهاراً /naha:ra^{n}/ «de día», لَيْلاً /layla^{n}/ «de noche», frente a اَلْيَوْمَ /(')al-yawm^{a}/ «hoy», اَللَّيْلَةَ /(')al-layla^{ta}/ «esta noche», اَلْبَارِحَةَ /(')al-ba:riḥa^{ta}/«ayer». Sin embargo, algunos adverbios reflejan una situación arcaica y sincrónicamente anómala en que la presencia de {-n} no indica indeterminación, o se dan otras incongruencias en el uso de marcas de determinación e indeterminación (ejs.: غَداً /ḡadan/ «mañana», صَبَاحَ مَسَاءَ /ṣaba:ḥa masa:'^{a}/ «mañana y tarde, بُكْرَةً /bukra^{ta}/ y سَحَرَ /saḥar^{a}/ «de mañana», اَلْبَتَّةَ /(')al·batta^{ta}/ «absolutamente», اَلْهُوَيْنَا /(')al-huwayna:/«despacio», frente a مَهْلاً /mahla^{n}/ en el mismo sentido). Los adverbios de este tipo suelen admitir rección por preposición, tomando entonces naturalmente el caso genitivo (ejs.: إِلَى ٱلْيَوْمِ /'ilà l-yawm^{i}/ «hasta hoy exclusive», حَتَّى ٱلْيَوْمِ /ḥattà l-yawm^{i}/ «hasta hoy inclusive» بَعْدَ غَدٍ / ba'da ḡad^{in} «pasado mañana»), pero hay alguna excepción como إِلَى ٱلْآنَ /'ilà l-'a:n^{a} «hasta ahora», y لَدُنْ غُدْوَةً /ladun ḡudwa^{tan}/«de mañana», que permanecen en acusativo.

b) Nombres bastante funcionalizados y poco usados de otro modo, con una terminación adverbial especial {-u} (invariable, aunque los rija preposición como مِنْ o إِلَى, con tal de que ellos no rijan a un nombre, convirtiéndose a su vez en preposiciones), ejs.: قُدَّامُ /qudda:m^{u}/ y أَمَامُ / 'ama:m^{u}/ «delante», خَلْفُ / ḫalf^{u}/ y وَرَاءُ /wara:'^{u}/ «detrás», إِزَاءُ /'iza:'^{u}/ «enfrente», فَوْقُ /fawq^{u}/ y عَلُ /'al^{u}/ «encima», تَحْتُ /taḥt^{u}/ «debajo», قَبْلُ /qabl^{u}/ «antes», بَعْدُ /ba'd^{u}/ «después» y فَحَسْبُ /fa-ḥasb^{u}/ «solamente». Casi todos pueden funcionar también como preposiciones, con terminación de acusativo determinado (v. §129b).

c) Adverbios propios, carentes de toda otra función, como أَمْسِ /'amsi/ «ayer», قَطُّ /qattu/ «nunca», los de negación / لَا /la:/ «no», y كَلَّا /kalla:/ «de ninguna manera») y afirmación (أَجَلْ /'ağal/, بَلَى /balà/ y إِي /'i:/ «sí», نَعَمْ /na'am/ «tú lo has dicho»). A este tipo pertenecen precisamente los adverbios deícticos, semánticamente paralelos del demostrativo, como (هَا) هُنَا /(ha:)huna:/ «aquí», هُنَاكَ o هُنَالِكَ /huna:(li)ka/ y ثَمَّ /tamma/ «ahí; allí», إِذَنْ /'idan/ «en ese caso», إِذَّاكَ o إِذَّالِكَ /'idda:(li)ka/, حِينَئِذٍ /hi:na'idin/, يَوْمَذَلِكَ /yawmada:lika/, سَاعَتَئِذٍ /sa: 'ata'idin/, etcétera «entonces», هٰكَذَا o كَذَا /(ha:)kada:/ y كَذَاكَ o كَذَلِكَ /kada:(li)ka/ «así», كَذَا وَكَذَا /kada: wa-kada:/ y كَيْتَ وَكَيْتَ /kayta wa-kayta/ «tal(es) y tal(es) cosa(s)», «tanto(s) y tanto(s)». El empleo sintáctico de estos y otros adverbios es como el de las frases preposicionales (§61), con la misma posibilidad de segmentos ambiguos, ej.: كَلَامِي كَذَا /kala:m-i: kada:/ «mis palabras son así» o «el que yo hable así».

VOCABULARIO

أَمَامَ	delante de.	أَيْضاً	también.
أَمْسِ ، بِالأَمْسِ.	ayer.	بَعْدَ	después de. dentro de.
الآنَ	ahora.	بَيْنَ	entre [a menudo repetido].

تَحْتَ	debajo de.	فَوْقَ	encima de, sobre.
جَنْبٌ ج جُنُوبٌ	lado; costado.	قَبْلَ	antes de. hace.
حَدٌّ ج حُدُودٌ	límite: [pl.] frontera.	قُرْبَ	cerca de.
حَدِيدٌ	hierro.	فَقَطْ	solamente, sólo.
حَرٌّ	calor.	كَذٰلِكَ	asimismo, del mismo mo
حَوْلَ	alrededor de; acerca de.	مِثْلَ	como, a manera de.
حِينَ	cuando.	مَسَاءٌ	tarde [sust.].
شَأْنٌ ج شُؤُونٌ	asunto, caso.	(هٰـ)كَذَا	así.
صَبَاحٌ	mañana [sust.].	هُنَا	aquí.
صَعْبٌ	difícil.	هُنَاكَ ، هُنَالِكَ	ahí; allí.
غَداً	mañana [adverbio].	وَرَاءَ	detrás de.
فُلَانٌ	fulano.	وَسْطَ	en medio de.

EJERCICIOS

1. Copiar, leer y traducir:

هٰؤُلَاءِ ٱلْـمُسْلِمُونَ مِنْ مَكَّةَ - حِينَ ذَهَبْتُ صَبَاحاً إِلَى بَيْتِ مُحَمَّدٍ ، رَأَيْتُ هٰذَيْنِ ٱلتِّلْمِيذَيْنِ أَيْضاً - تِلْكَ ٱلْـمَرْأَةُ ٱلْآنَ هُنَـاكَ تَحْتَ تَيْنِـكَ ٱلشَّجَرَتَيْنِ - أُولٰئِـكَ هُمُ ٱلْـمُسْلِمُونَ ٱلصِّحَاحُ - ذٰلِكَ ٱلْكِتَابُ لِفُلَانٍ ٱلْأُسْتَاذِ - هٰكَذَا كَلَامِي قَبْلَ ٱلْـحَدِيثِ مَعَكُـمَـا وَبَعْدَهُ - أَكَلْتُ هُنَا بِٱلْأَمْسِ بَيْنَ بَابِ ٱلْـمَسْجِدِ وَبَيْنَ شَجَرِ ٱلْقَصْرِ - رَأَيْتُ تِلْكَ ٱلنِّـيرَانَ ٱلْعَـالِيَةَ فَوْقَ رَأْسِ ٱلْـجَبَـلِ قُرْبَ ٱلسَّمَـاءِ - هٰـذَا حَرٌّ شَدِيدٌ فِي ٱلْـمَسَاءِ - فَتَحْتُ ٱلْبَـابَ قَلِيلاً فَقَطْ - ذَانِـكَ ٱلْفَتَيَانِ أَمَـامَ ٱلْـمَسْجِـدِ طَالِبَـانِ

لِلْعُلُومِ - مَعْنَى ٱلْكَلَامِ ٱلشَّدِيدِ فِي يَوْمِنَا هٰذَا هُوَ ٱلْحَرْبُ غَداً - رَأَيْتُ تِلْكَ ٱلْبِنْتَ جَنْبَ أُمِّهَا وَسْطَ نِسَاءِ ٱلْقَرْيَةِ - اَلطَّلَبَةُ حَوْلَ أُسْتَاذِهِمْ أَمَامُ وَٱلْخَدَمُ وَرَاءُ - أَكَلْتُ كَثِيرًا - شَأْنُ هٰتَيْنِ ٱلْفَتَاتَيْنِ صَعْبٌ جِدًّا - سُيُوفُ ٱلْمُلُوكِ مِنَ ٱلْحَدِيدِ وَأَقْلَامُ ٱلْوُزَرَاءِ مِنَ ٱلْحَدِيدِ كَذٰلِكَ مِثْلَهَا - لِلصَّبْرِ حُدُودٌ - هٰذَا هُوَ ٱلْحَدُّ فِي مِثْلِ هٰذَا ٱلْأَمْرِ -

2. Traducir al árabe:

Este violento dolor.- El color de estos perros es blanco sólo.- He visto a Fulano hoy por la mañana en casa de la madre de esta muchacha y ayer vi a su padre asimismo allí.- Estos niños están ahora delante de la casa de tu hermano bajo aquellos árboles verdes.- El calor del sol sobre nuestras cabezas es violento.- El saludo (: la paz) es antes de hablar (: las palabras).- Comprendí el significado de estas palabras suyas cuando vi la roja sangre sobre la tierra, como las aguas del mar.- Estas dos casas están cerca de la [casa] del juez, al lado de la carretera de la aldea, en medio del arbolado.- Estos son los límites de mi paciencia.- Estos dos hermanos de Aḥmad son también ancianos.- Después de este asunto, hablar de (las palabras en) la guerra es algo (: cosa) muy extraño.- El agua del mar está un poco fría por la tarde.

3. Copiar el ejercicio 1, y la versión árabe del 2 (de la clave), ambos sin vocales ni otros grafemas auxiliares, y leerlos en voz alta, hasta hacerlo correctamente y entendiéndolos.

Lección 12.ª

C) Relativo

68. El sintagma relativo (semánticamente equivalente al calificativo), es aquél en que un nombre es descrito mediante toda una oración (nominal, vgr., «el libro que está en la casa», o verbal, vgr., «el libro que escribiste»), la cual queda así adjetivada. Cuando la determinación de dicho nombre, al que llamaremos antecedente, requeriría en el sintagma calificativo árabe que su adjetivo llevase artículo, la oración equivalente al adjetivo, que llamaremos de relativo, es introducida por la marca de relativo, con las siguientes inflexiones:

N.º / Gén.	Singular	Dual	Plural
Masc.	اَلَّذِي /(’a)l-laḏi:/	اَللَّذَانِ /(’a)l-laḏa:ni/ ~ اَللَّذَيْنِ /(’a)l-laḏayni/	اَلَّذِينَ /(’a)l-laḏi:na/
Fem.	اَلَّتِي /(’a)l-lati:/	اَللَّتَانِ /(’a)l-lata:ni/ ~ اَللَّتَيْنِ /(’a)l-latayni/	اَللَّوَاتِي /(’a)l-lawa:ti:/ = اَللاَّئِي /(’a)l-la:’i:/ = اَللاَّتِي /(’a)l-la:ti:/

Ejs.: اَلْكِتَابُ ٱلَّذِي فِي ٱلْبَيْتِ /('a)l-kita:bu l-lad̲i: fi l-bayt[i]/ «el libro que está en la casa», اَلْكُتُبُ ٱلَّتِي عَلَى ٱلْمَكْتَبِ /('a)l-kutubu l-lati: ʻala l-maktab[i]/ «los libros que están sobre el escritorio», اَلْمُسْلِمُونَ ٱلَّذِينَ بِمَكَّةَ /('a)l-muslimu:na l-lad̲i:na bi-Makka[ta]/ «los musulmanes que están en La Meca», اَلْمُسْلِمَاتُ ٱللَّوَاتِي أَوْلَادُهُنَّ بِٱلْمَدِينَةِ /('a)l-muslima:tu l-lawa:ti: 'awla:du-hunna bi-l-madi:na[ti]/ «las musulmanas cuyos hijos están en la ciudad», كِتَابَاكَ ٱللَّذَانِ رَأَيْتُهُمَا /kita:ba:-ka l-lad̲a:ni ra'aytu-huma:/ «los dos libros tuyos que he visto», لَوْنُ ٱلْبَيْتَيْنِ ٱللَّذَيْنِ رَأَيْتُ صَاحِبَهُمَا /lawnu l-baytayni l-lad̲ayni ra'aytu ṣa:ḥiba-huma:/ «el color de las dos casas a cuyo dueño he visto».

Notas:

1) Hay alomorfos arcaicos con caída de /(i):/, /-na/ y /-ni/ y con flexión del plural masculino como un plural regular. También se ha usado como relativo ذو (v. §50b), declinado o invariable, y en plural, الأُولَى

2) El artículo se ha usado, y aún se usa en algunos dialectos como relativo (v. §34b n3). Por otra parte, el relativo ha evolucionado funcionalmente hacia la conjunción en casos como كَالَّذِي «como», اَلْحَمْدُ لِلّٰهِ ٱلَّذِي «loor a Dios, pues...».

69. Se observará que cuando el sujeto de la oración de relativo no es el mismo antecedente, es necesario que aquélla contenga un pronombre de referencia a éste, generalmente de 3.ª persona, sufijado al verbo, preposición o sustantivo que en la estructura profunda lo rige, antes de hacerse la transformación relativa. Ejemplos: اَلْكِتَابُ ٱلَّذِي رَأَيْتُهُ /('a)l-kita:bu l-lad̲i: ra'aytu-hu:/ «el libro que he visto» (estructura profunda: «he visto el libro»), اَلْكِتَابُ ٱلَّذِي صَاحِبُهُ هُنَا /('a)l-kita:bu l-lad̲i: ṣa:ḥibu-hu: huna:/ «el libro cuyo dueño está aquí (estructura profunda: «el dueño del libro está aquí»), اَلْكِتَابُ ٱلَّذِي

أَلْكِتَابُ ٱلَّذِي ٱسْمُكَ فِيهِ /(’a)l-kita:bu l-lad̲i: smu-ka fi:-h^{i}/ «el libro en que está tu nombre» (estructura profunda: «el nombre de ti está en el libro»): obsérvese, en el último caso, el distinto taxema o posición de la preposición que, a diferencia del español, en árabe no puede preceder al relativo, interrumpiendo el sintagma que éste forma con el antecedente.

Nota: El pronombre de referencia puede no ser de 3.ª persona por atracción (ejemplo: أَنَا ٱلَّذِي تَعْرِفُونَنِي «soy el que conocéis»). La similitud funcional entre el sintagma relativo y el calificativo (o el apositivo, en su caso) da lugar a frecuentes casos de contaminación de concordancia de adjetivos que, permaneciendo en singular son atraídos a concordar en caso y determinación con el antecedente, y hasta en género con el nombre de la oración de relativo al que semánticamente afectan (ejemplos: مُشْكِلَةٌ صَعْبَةٌ حَلُّهَا un problema cuya solución es difícil, جَاءَ ٱلرَّجُلُ ٱلْمَرِيضَةُ ٱبْنَتَاهُ «vino el hombre cuyas dos hijas están enfermas», frente a la solución lógica اَلْكُتُبُ ٱلَّتِي ذِكْرُهَا «los libros cuya mención sigue»), así como casos de contaminación de taxema (ej.: رَجُلٌ غَنِيٌّ أَبُوهُ «un hombre cuyo padre es rico» y اَلرَّجُلُ ٱلْغَنِيُّ ٱلْأَبِ «el hombre de padre rico», una rección impropia, v. §34b). Sincrónicamente, estos casos podrían considerarse aposición correctiva (v. §66n2) cuando hay atracción de concordancia, y como estructura relativa en caso contrario.

70. Cuando el antecedente es indeterminado (o determinado genéricamente, v.§33n), la transformación relativa se opera igualmente, pero sin usar marca. Ej.: كِتَابٌ فِي ٱلْبَيْتِ kita:bun fi l-bayt^{i} «un libro (que está) en la casa», كُتُبٌ عَلَى ٱلْمَكْتَبِ kutubun ʿala l-maktab^{i} «unos libros (que están) sobre el escritorio», مُسْلِمُونَ بِمَكَّةَ musli-mu:na bi-Makka^{ta}/ «unos musulmanes (que están) en La Meca», مُسْلِمَاتٌ أَوْلَادُهُنَّ بِٱلْمَدِينَةِ /muslima:tun ’awla:du-hunna bi-l-madi:na^{ti} «unas musulmanas cuyos hijos están en la ciudad», كَٱلْحِمَارِ يَحْمِلُ أَسْفَاراً /ka-l-ḥima:ri yaḥmilu ’asfa:ra^{n} «como [el] asno que acarrea libros».

Nota: Hay algún caso arcaizante de antecedente determinado sin marca de relativo, como لِمَنِ ٱلدِّيَارُ غَشِيتُهَا «¿de quién son las moradas a las que he llegado?».

71. La marca relativa, además de su función calificativa vista, tiene como el demostrativo una función pronominal, cuando falta la mención expresa del antecedente, verbigracia, en اَلَّذِي رَأَيْتُهُ غَرِيبٌ/(')a)l-ladi: ra'aytu-hu ḡari:b^{un}/ «lo que he visto es extraño», رَأَيْتُ ٱلَّذِينَ بِمَكَّةَ /ra'aytu l-ladi:na bi-Makka^{ta}/ «he visto a los que están en La Meca». En esta función, en lugar de las inflexiones de اَلَّذِي , se pueden utilizar con matiz indeterminado los invariables مَنْ /man/ para racionales («quien», «el /la/los /las que», en concordancia neutralizada en masculino singular o ajustada a género y número según sentido) y مَا /ma:/ para irracionales y colectivos. Ejs.: اَلَّذِي / مَنْ دَرَسَ تَعَلَّمَ /(')a)l-ladi:/man darasa ta'allam^{a}/ «el que estudia, aprende», اَلَّذِي/ مَا رَأَيْتُهُ غَرِيبٌ /(')a)l-ladi:/ma: ra'aytu-hu ḡari:b^{un}/ «lo que he visto es extraño». En casos similares, para alusión total e individualizada se utiliza أَيٌّ /'ayyun/ (femenino opcional, aunque raro: أَيَّةٌ /'ayyatun/) «cualquiera», «quienquiera», «ningún (en negativa)», ejemplos: أَيُّهُمْ دَرَسَ تَعَلَّمَ /'ayyu-hum darasa ta'allam^{a}/ «quienquiera de ellos estudie, aprenderá», مَا رَأَيْتُ أَيَّ كِتَابٍ /ma: ra'aytu 'ayya kita:b^{in}/ «no he visto ningún libro».

Notas:

1) La supresión del pronombre de referencia (v. §69), siempre posible cuando se refiere a objeto y no cabe ambigüedad (ej.: اَلْكَلَامُ ٱلَّذِي تَقُولُ «las palabras que dices»), es bastante normal cuando el relativo usado es مَنْ o مَا , أَيٌّ , ej. مَاتَقُولُ «lo que dices», مَنْ تَعْلَمُ «a quien conoces».

2) Para expresar la indeterminación en la oración de relativo (que no cabe con اَلَّذِي) es frecuente sustituirla por una secuencia de مَا o مَنْ ante el predicado y luego مِنْ ante el antecedente, ejs.: مَا رَأَيْتُ مِنَ ٱلْكُتُبِ «los libros que he visto», مَنْ رَأَيْتُ مِنَ ٱلرِّجَالِ «los hombres que he visto», construcciones que, a

diferencia de رَأَيْتُهَا ٱلْكُتُبُ ٱلَّتِي y ٱلرِّجَالُ ٱلَّذِينَ رَأَيْتُهُمْ, son restrictivas, no explicativas, y suponen la existencia de libros y hombres que no he visto, y que quedan excluidos.

72. Por su carácter indeterminado, مَنْ /man/ (o مَنْذَا /manḏa:/), مَا /ma:/ (o مَاذَا /ma:ḏa:/) y أَيٌّ /'ayyun/ sirven como interrogativos, «quién», «qué» y «cuál» respectivamente. Ejs.: مَنْ أَنْتَ /man 'ant^a||/ «¿quién eres?», مَا هٰذَا ٱلْكَلَامُ /ma: ha:ḏa l-kala:m^u||/ «¿qué son estas palabras?», أَيُّهُمْ /'ayyu-hum||/ «¿cuál de ellos?», أَيُّ رَجُلٍ هُوَ /'ayyu rağulin huw^a||/ «¿qué clase de hombre es?», أَيُّ رِجَالٍ /'ayyu riğa:l^in||/ «¿qué/cuáles hombres?», أَيَّةُ ٱلنِّسَاءِ /'ayyatu n-nisa:'^i||/ «¿qué mujeres?».

Notas:

1) Tras las preposiciones, مَا interrogativo pierde /:/, vgr., لِمَ /li-ma/ «¿por qué?», بِمَ /bi-ma/ «¿con qué?», عَلَامَ /'ala:ma/ «¿sobre qué?», حَتَّامَ /ḥatta:ma/ «¿hasta cuándo?».

2) En interrogativa indirecta, مَنْ, مَا y أَيٌّ se combinan con مَنْ y مَا formando los siguientes relativo-interrogativo-indefinidos: مَهْمَا «lo que quiera que», أَيُّمَنْ y أَيُّمَا «quienquiera que».

3) En interrogativa indirecta, tras preposición, أَيٌّ admite tanto genitivo como nominativo, ej. لَمْ يَتَّفِقُوا عَلَى أَيُّهُمْ أَشْعَرُ «no estuvieron de acuerdo sobre quién de ellos era mejor poeta».

4) En períodos tardíos, أَيُّ شَيْءٍ (contraído a veces en أَيْشٍ) suple a مَاذَا. Obsérvese también las expresiones مَا لَهُ y مَا بَالُهُ (seguidas de verbo o acusativo complemento de circunstancia) «¿qué le pasa que...?», «¿por qué...?».

73. La posibilidad de uso como interrogativo y relativo existe también en los adverbios أَيْنَ /'ayna/ y أَنَّى /'annà/ «dónde», كَيْفَ

/kayfa/ «cómo», مَتَى /matà/ y أَيَّانَ /'ayya:na/ «cuándo», siendo frecuente reciban el sufijo /-ma:/, en la segunda función, para reforzar su carácter indefinido. En cambio, كَمْ /kam/ y كَأَيِّنْ /ka'ayyin/ «cuánto» sólo se usan interrogativamente, y حَيْثُ /ḥayṯu/ «donde», sólo como relativo. Ejs.: أَيْنَ ٱلْكِتَابُ /'ayna l-kita:b[u]||/ «¿dónde está el libro?», كَيْفَ حَالُكَ /kayfa ḥa:lu-k[a]||/ «¿cómo estás?», مَتَى ذٰلِكَ /matà ḏa:lik[a]||/ «¿cuándo [será] eso?», كَمِ ٱلسَّاعَةُ /kami s-sa:'a[tu]||/ «¿qué hora es?», اَلْكِتَابُ أَيْنَمَا رَأَيْتُهُ /('a)l-kita:bu 'ayna(ma:) ra'aytu-hu:/ «el libro está donde lo vi», اِذْهَبْ إِلَى حَيْثُ يَعْوِي ٱلذِّئْبُ /('i)ḏhab 'ilà ḥayṯu ya'wi: ḏ-ḏi'b[u]/ «vete adonde el lobo aúlla (: a paseo)».

Notas:

1) مَا se utiliza tras el nombre indeterminado para subrayar la vaguedad de la referencia, vgr., رَجُلٌ مَا /rağulun ma:/ «un cierto hombre» (pero también «un hombre de veras»). En otros casos, su matiz nominalizador (v. §133a) prácticamente pasa desapercibido, vgr., عَمَّا قَرِيبٍ /'amma: qari:b[in]/ «dentro de poco», غَيْرُمَا /ğayru ma:/ «otro que» يَا طُولَ مَا شَوْقٍ /ya: ṭu:la ma: šawq[in]/ «oh, cuán prolongada nostalgia».

2) كَمْ /kam/ y كَأَيِّنْ /ka'ayyin/ pueden ir seguidas de un acusativo de especificación (v. §127c), vgr., كَمْ كِتَاباً هُنَا /kam kita:ban huna:||/ «¿cuántos libros hay aquí?».

3) Estos interrogativos pueden ir regidos por alguna preposición, sin cambiar de terminación, vgr., مِنْ أَيْنَ «¿de dónde?», بِكَمْ «¿a cuánto?», بِلَا كَيْفَ «sin preguntar cómo», «sin razón», مِنْ حَيْثُ «por lo que se refiere a», etc.

VOCABULARIO

أَخَذَ tomó, cogió.

أُولُو ~ أُولِي dotados de.

أَيْنَ dónde.

بَنَى construyó.

بَالٌ atención.

ثُمَّ (y) luego.

جَمَعَ reunió.

جُوعٌ hambre.

حُزْنٌ ج أَحْزَانٌ tristeza.

حَضَرَ asistió.

حَالٌ(ـَةٌ) ج أَحْوَالٌ estado, condición.

خَرَجَ salió.

خَلَقَ creó.

دَرَسَ estudió.

دَوْلَةٌ ج دُوَلٌ estado, potencia.

ذَكَرَ mencionó, dijo.

صُورَةٌ ج صُوَرٌ imagen; fotografía.

ضَرَبَ golpeó, pegó.

عَرَفَ supo; conoció.

عَقْلٌ ج عُقُولٌ mente, razón.

فَمٌ ، فُو ~ فَا ~ فِي boca [v. §50b].

قَمَرٌ ج أَقْمَارٌ luna.

كَمْ cuánto.

كَامِلٌ perfecto, completo.

كَيْفَ cómo.

مَرَضٌ ج أَمْرَاضٌ enfermedad.

مَهْمَا lo que quiera que.

نَوْعٌ ج أَنْوَاعٌ clase, especie.

وَصَلَ llegó.

وَالِدَانِ padres.

EJERCICIOS

1. Copiar, leer y traducir:

رَأَيْتُ ٱلصُّورَةَ ٱلَّتِي أَخَذَهَا مُحَمَّدٌ بِيَدِهِ - كَيْفَ حَالُكَ بَعْدَ مَرَضِكَ ٱلطَّوِيلِ ٱلَّذِي
ذَكَرَهُ لِي أَخُوكَ فِي رَسَائِلِهِ ؟ - جَمَعَ ٱلْأُسْتَاذُ مَنْ عَرَفَ مِنَ ٱلنَّاسِ - أَيُّ كِتَابٍ دَرَسَ

أَحْمَدُ ؟ - كَمِ ٱلْوُزَرَاءُ ٱلَّذِينَ فِي قَصْرِ ٱلْمَلِكِ ؟ - مَاذَا دَرَسَ ٱلطَّالِبُ أَمْسِ ؟ - ذَهَبْتُ مَعَ ٱلْبَنَاتِ ٱللَّوَاتِي أَبُوهُنَّ صَدِيقِي - فِيمَ بَالُكَ ؟- ضَرَبَنِي وَلَدٌ مَا بِحَجَرَةٍ عَلَى فِيَّ ، ثُمَّ خَرَجَ مِنْ بَيْتِي - خَلَقَ ٱللهُ ٱلسَّمَوَاتِ وَٱلْأَرْضَ بِمَا فِيهَا - مُحَمَّدٌ إِنْسَانٌ عَرَفَ أَهْلَ زَمَانِهِ - ذَكَرَ مَا فِي قَلْبِهِ مِنَ ٱلْأَحْزَانِ - رَأَيْتُ مَا فِي بَيْتِهِ مِنَ ٱلصُّوَرِ ٱلْجَمِيلَةِ - وَالِدَا فَاطِمَةَ هُمَا ٱللَّذَانِ أَمْوَالُهُمَا كَثِيرَةٌ - مَتَى وَصَلَ ٱلْإِنْسَانُ إِلَى ٱلْقَمَرِ ؟ - أَيْنَ أُولُو ٱلْعِلْمِ فِي دَوْلَتِنَا ؟ - مَهْمَا ذَكَرَ ٱلْأُسْتَاذُ عَرَفَهُ ٱلتِّلْمِيذُ - أَيُّ نَوْعٍ مِنَ ٱلنَّاسِ حَضَرَ ؟ - عِنْدَ مَنْ عَقْلٌ كَامِلٌ ؟ - أَيُّ ٱلنِّسَاءِ فِي ٱلْقَرْيَةِ ؟ - عَرَفَ ٱلْعَبْدُ فِي دَارِ صَاحِبِهِ أَلَمَ ٱلْجُوعِ - مَنْ بَنَى قَصْرَ ٱلْحَمْرَاءِ ؟ - لِمَ خَرَجَ ٱلْأَمِيرُ مِنْ دَارٍ بَنَاهَا لَهُ أَبُوهُ ٱلْمَلِكُ ؟

2. Traducir al árabe:

El rey que ha construido este palacio se llama (: su nombre es) ʻUmar.- ¿Dónde están las riquezas de los padres de ʻAliyy, cuya mansión vi en Bagdad (بَغْدَادُ)? - ¿Qué salió de la boca del perro?- Quien ha dicho (ذَكَرَ) eso, supo por qué (لِمَاذَا) lo dijo.- ¿Dónde está tu atención?- ¿Cuándo hablaremos (: mi conversación contigo?- Las palabras de los juiciosos (: dotados de razón) son pocas.- ¿Por qué salió a la calle y luego pegó a la fotografía del perro una patada (: con su pie)?- Las maestras con (عَلَى) que estudió el niño son de nuestra aldea.- Las riquezas que ha reunido el sultán (: lo que ha reunido el sultán de riquezas) son la causa del hambre de la gente de su país.- Los estudiantes que han asistido hoy (: quien ha asistido hoy de los estudiantes) son pocos a causa (بِسَبَبِ) de su enfermedad.- Mi tristeza por esto es grande (شَدِيدٌ).- La situación del estado hasta ahora es buena (حَسَنَةٌ).

3. Copiar el ejercicio 1, y la versión árabe del 2 (de la clave), ambos sin vocales ni otros grafemas auxiliares, y leerlos en voz alta, hasta hacerlo correctamente y entendiéndolos.

Lección 13.ª

D) Numerales

74. Son los nombres de los números, que pueden ser cardinales, ordinales, partitivos, multiplicativos y de *nisba*.

75. Los cardinales وَاحِدٌ /wa:ḥid^{un}/ fem. وَاحِدَةٌ/wa:ḥida^{tun}/ «uno», y اِثْنَانِ /(’i)t̲na:n^{i}/ fem. اِثْنَتَانِ/(’)it̲nata:n^{i}/ «dos» (con la flexión normal de todos los duales) son adjetivos que se usan enfáticamente en sintagmas calificativos, en lugar del simple singular o dual. Ejs.: كِتَابٌ وَاحِدٌ/kita:bun wa:ḥid^{un}/ «un solo libro», كِتَابَانِ اثْنَانِ /kita:ba:ni t̲na:n^{i}/ «un par de libros».

Notas:

(1) Existe paralelamente un sustantivo أَحَدٌ /’aḥad^{un}/ femenino إِحْدَى /’iḥdà/ «(alg)uno/a», «alguien» (en negativas «ninguno/a», «nadie») para referencia indefinida a un ser racional o bien individualizado, mientras que para irracionales o conjuntos no computables se usa شَيْءٌ /šay’^{un}/ «cosa» en el sentido de «algo» o «nada», de donde

expresiones como شَيْءٌ مَا /šay'un ma:/ o بَعْضُ ٱلشَّيْءِ /ba'ḍu š-šay'^{i}/ «algo, un tanto».

2) Es raro en lengua clásica el femenino de «dos» ثِنْتَانِ y su construcción en rección como en ثِنْتَا حَنْظَلٍ «dos granos de coloquíntida».

76. Los cardinales de 3 a 10 son sustantivos («trío», «cuarteto», etcétera), cuyo masculino se marca con {-a^{t}} y su femenino no lleva marca alguna, así:

	Masculino	Femenino		Masculino	Femenino
3	ثَلَاثَةٌ /ṯala:ṯa^{tun}/	ثَلَاثٌ /ṯala:ṯ^{un}/	7	سَبْعَةٌ /sab'a^{tun}/	سَبْعٌ sab'^{un}/
4	أَرْبَعَةٌ /'arba'a^{tun}/	أَرْبَعٌ /'arba'^{un}/	8	ثَمَانِيَةٌ /ṯama:niya^{tun}/	ثَمَانٍ /ṯama:n^{in}/
5	خَمْسَةٌ /ḫamsa^{tun}/	خَمْسٌ /ḫams^{un}/	9	تِسْعَةٌ /tis'a^{tun}/	تِسْعٌ /tis'^{un}/
6	سِتَّةٌ /sitta^{tun}/	سِتٌّ /sitt^{un}/	10	عَشَرَةٌ /'ašara^{tun}/	عَشْرٌ 'ašr^{un}

La selección de género se hace concordando el numeral con el que tiene en singular el numerado, al que normalmente rige en genitivo plural, ejs.: خَمْسَةُ رِجَالٍ /ḫamsatu riğa:l^{in}/ «cinco hombres», خَمْسُ نِسَاءٍ /ḫamsu nisa:'^{in}/ «cinco mujeres», ثَلَاثَةُ كُتُبٍ /ṯala:ṯatu kutub^{in}/ «tres libros», ثَلَاثُ مُدُنٍ /ṯala:ṯu mudun^{in}/ «tres ciudades»). También cabe formar un sintagma apositivo, como es regla en caso de determinación (ejs.: رِجَالٌ خَمْسَةٌ /riğa:lun ḫamsa^{tun}/ «5 hombres», اَلرِّجَالُ اَلْخَمْسَةُ /('a)r-riğa:lu l-ḫamsa^{tu}/ «los 5 hombres», اَلْمُدُنُ اَلثَّلَاثُ /('a)lmudunu ṯ-ṯala:ṯ^{u}/ «las 3 ciudades»).

Notas:

1) A veces se observan construcciones, sobre todo en los colectivos, como خَمْسَةٌ مِنَ ٱلْغَنَمِ «cinco [cabezas] de ganado». Los colectivos que forman un singulativo, al formar plural de ambos, tienen distinta concordancia, vgr., خَمْسُ شَجَرَاتٍ pero خَمْسَةُ أَشْجَارٍ «5 árboles».

2) La aposición de numeral y pronombre en español («vosotros tres») se expresa en árabe mediante rección, vgr., ثَلَاثَتُكُمْ .

77. Los cardinales de 11 a 19 son sustantivos compuestos indeclinables (salvo, como siempre, por lo que se refiere al morfema dual de «doce»), con estas formas:

	Masculino		Femenino	
11	أَحَدَ عَشَرَ	/’aḥada ‘ašar^{a}/	إِحْدَى عَشْرَةَ	/’iḥdà ‘ašra^{ta}/
12	اِثْنَا عَشَرَ	/(’i)ṯna: ‘ašar^{a}/	اِثْنَتَا عَشْرَةَ	/(’i)ṯnata: ‘ašra^{ta}/
	اِثْنَيْ عَشَرَ	/(’i)ṯnay ‘ašar^{a}/	اِثْنَتَيْ عَشْرَةَ	/(’i)ṯnatay ‘ašra^{ta}/
13	ثَلَاثَةَ عَشَرَ	/ṯala:ṯata ‘ašar^{a}/	ثَلَاثَ عَشْرَةَ	/ṯala:ṯa ‘ašra^{ta}/
14	أَرْبَعَةَ عَشَرَ	/’arba‘ata ‘ašar^{a}/	أَرْبَعَ عَشْرَةَ	/’arba‘a ‘ašra^{ta}/
15	خَمْسَةَ عَشَرَ	/ḫamsata ‘ašar^{a}/	خَمْسَ عَشْرَةَ	/ḫamsa ‘ašra^{ta}/
16	سِتَّةَ عَشَرَ	/sittata ‘ašar^{a}/	سِتَّ عَشْرَةَ	/sitta ‘ašra^{ta}/
17	سَبْعَةَ عَشَرَ	/sab‘ata ‘ašar^{a}/	سَبْعَ عَشْرَةَ	/sab‘a ‘ašra^{ta}/
18	ثَمَانِيَةَ عَشَرَ	/ṯama:niyata ‘ašar^{a}/	ثَمَانِيَ عَشْرَةَ	/ṯama:niya ‘ašra^{ta}/
19	تِسْعَةَ عَشَرَ	/tis‘ata ‘ašar^{a}/	تِسْعَ عَشْرَةَ	/tis‘a ‘ašra^{ta}/

El numerado sigue al numeral en acusativo singular, y la determinación se expresa con un artículo ante todo el sintagma. Ejs.: ثَلَاثَةَ عَشَرَ رَجُلاً /ṯala:ṯata ʿašara rağula^{n}/ «13 hombres», اَلْخَمْسَ عَشْرَةَ سَاعَةً /(ʼa)l-ḫamsa ʿašrata sa:ʿa^{tan}/ «las 15 horas».

78. Los cardinales de las decenas usan el morfema de plural regular masculino (con sus dos formas de caso), así: عِشْرُونَ /ʿišru:n^{a}/ ~ عِشْرِينَ /ʿišri:n^{a}/ «veinte», ثَلَاثُونَ /ṯala:ṯu:n^{a}/ ~ ثَلَاثِينَ /ṯala:ṯi:n^{a}/ «treinta», أَرْبَعُونَ /ʼarbaʿu:n^{a}/ ~ أَرْبَعِينَ /ʼarbaʿi:n^{a}/ «cuarenta», خَمْسُونَ /ḫamsu:n^{a}/ ~ خَمْسِينَ /ḫamsi:n^{a}/ «cincuenta», سِتُّونَ /sittu:n^{a}/ ~ سِتِّينَ /sitti:n^{a}/ «sesenta», سَبْعُونَ /sabʿu:n^{a}/ ~ سَبْعِينَ /sabʿi:n^{a}/ «setenta», ثَمَانُونَ /ṯama:nu:n^{a}/ ثَمَانِينَ /ṯama:ni:n^{a}/ «ochenta», تِسْعُونَ /tisʿu:n^{a}/ ~ تِسْعِينَ /tisʿi:n^{a}/ «noventa». El numerado los sigue en acusativo singular; en composición con unidades, éstas, seguidas de /wa-/, los preceden, y la determinación se obtiene con artículo ante el numeral sólo. Ejs.: وَاحِدٌ وَعِشْرُونَ رَجُلاً /wa:ḥidun wa-ʿišru:na rağula^{n}/ «21 hombre», مَعْ إِحْدَى وَثَلَاثِينَ اَمْرَأَةً /maʿ ʼiḥdà wa-ṯala:ṯi:na mraʼa^{tan}/ «con 31 mujer», اَلْوَاحِدُ وَاَلْعِشْرُونَ رَجُلاً /(ʼa)l-wa:ḥidu wal-l-ʿišru:na rağula^{n}/ «los 21 hombres».

Nota: En todos los casos de numerado en acusativo singular, si hay sintagma calificativo, se tolera en el adjetivo concordancia de plural, vgr. أَرْبَعُونَ رَجُلاً مُؤْمِنِينَ «cuarenta hombres creyentes», خَمْسَةَ عَشَرَ يَوْماً كَامِلَةً «quince días completos». Pero el numerado sustantivo en plural en dicho caso es sumamente raro.

79. Los cardinales superiores son: مِائَةٌ /miʼa^{tun}/ «100», مِائَتَانِ /miʼata:n^{i}/ مِائَتَيْنِ /miʼatayn^{i}/ (inflexión de dual) «200», ثَلَاثُ مِائَةٍ /ṯala:t̲u mi'a^{tin}/ «300», أَرْبَعُ مِائَةٍ /'arba'u mi'a^{tin}/ «400», خَمْسُ مِائَةٍ /ḫamsu mi'a^{tin}/ «500», سِتُّ مِائَةٍ /sittu mi'a^{tin}/ «600», سَبْعُ مِائَةٍ /sab'u mi'a^{tin}/ «700», ثَمَانِي مِائَةٍ /t̲ama:ni: mi'a^{tin}/ «800», تِسْعُ مِائَةٍ /tis'u mi'a^{tin}/ «900», أَلْفٌ /'alf^{un}/ «mil», أَلْفَانِ /'alfa:n^{i}/~ أَلْفَيْنِ /'al-fayn^{i}/ (inflexión de dual) «2000», ثَلَاثَةُ آلَافٍ /t̲ala:t̲atu 'a:la:f^{in}/ «3000», أَرْبَعَةُ آلَافٍ /'arba'atu 'a:la:f^{in}/ «4000», خَمْسَةُ آلَافٍ /ḫamsatu 'a:la:f^{in}/ «5000», سِتَّةُ آلَافٍ /sittatu 'a:la:f^{in}/ «6000», سَبْعَةُ آلَافٍ sab'atu 'a:la:f^{in}/ «7000», ثَمَانِيَةُ آلَافٍ /t̲ama:niyatu 'a:la:f^{in}/ «8000», تِسْعَةُ آلَافٍ /tis'atu 'a:la:f^{in}/ «9000» عَشَرَةُ آلَافٍ /'ašaratu 'a:la:f^{in}/ «10.000», أَحَدَ عَشَرَ أَلْفًا /'aḥada 'ašara 'alfa^{n}/ «11.000», etc. «Un millón» antiguamente أَلْفُ أَلْفٍ /'alfu 'alf^{in}/, se dice actualmente مَلْيُونٌ /malyu:n^{un}/ (pl. مَلَايِينُ /mala:yi:n^{u}/). Estos cardinales rigen al numerado en genitivo singular y, al componerse con los de orden menor, se unen entre sí con /wa-/, generalmente hoy en la secuencia miles-centenas-unidades-decenas, determinando el último elemento la rección del numerado (vgr., أَلْفٌ وَتِسْعُ مِائَةٍ وَسَبْعٌ وَسَبْعُونَ سَنَةً /'alfun wa-tis'u mi'atin wa-sab'un wa-sab'u:na sana^{tan}/ «1977 años»), siendo actualmente normal escribir las centenas como una sola palabra (vgr., ثَلَاثُمِائَةٍ , أَرْبَعُمِائَةٍ , etc.); antiguamente, en cambio, dominaba el orden estrictamente ascendente. La determinación de los cardinales superiores se obtiene mediante artículo ante numeral o numerado, o ambos (vgr., مِائَةُ رَجُلٍ /mi'atu rağul^{in}/ «cien hombres», مِائَةُ ٱلرَّجُلِ /mi'atu r-rağul^{i}/, اَلْمِائَةُ رَجُلٍ /('a)l-mi'atu rağul^{in}/ y اَلْمِائَةُ ٱلرَّجُلِ /('a)l-mi'atu r-rağul^{i}/ « los cien hombres » , admitiéndose también el sintagma apositivo اَلرِّجَالُ ٱلْمِائَةُ /('a)r-riğa:lu l-mi'a^{tu}/ (con la peculiaridad para centenas superiores de decirse, verbigracia, اَلرِّجَالُ اَلثَّلَاثُمِائَةُ /('a)r-riǧa:lu ṯ-tala:ṯu-mi'a^{tan}/).

Notas:

1) Obsérvese los plurales مِئُونَ y مِئَاتٌ «centenares», أُلُوفٌ «millares», y expresiones como أُلُوفٌ مُؤَلَّفَةٌ «miles de millares».

2) En los numerales compuestos de varios órdenes, no es infrecuente repetir el numerado ante cada uno de éstos, sobre todo cuando, por faltar alguno intermedio, la construcción sería incongruente, vgr., أَلْفُ لَيْلَةٍ وَلَيْلَةٌ «1001 noches», أَلْفُ يَوْمٍ وَسَبْعَةُ أَيَّامٍ «1007 días».

80. Los ordinales son adjetivos que se usan en sintagmas calificativos en concordancia normal, con estas formas:

	Masculino	Femenino		Masculino	Femenino
1.º	أَوَّلُ /'awwal^{u}/	أُولَى /'u:là/	6.º	سَادِسٌ /sa:dis^{un}/	سَادِسَةٌ /sa:disa^{tun}/
2.º	ثَانٍ /ṯa:n^{in}/	ثَانِيَةٌ /ṯa:niya^{tun}/	7.º	سَابِعٌ /sa:bi'^{un}/	سَابِعَةٌ /sa:bi'a^{tun}/
3.º	ثَالِثٌ /ṯa:liṯ^{un}/	ثَالِثَةٌ /ṯa:liṯa^{tun}/	8.º	ثَامِنٌ /ṯa:min^{un}/	ثَامِنَةٌ /ṯa:mina^{tun}/
4.º	رَابِعٌ /ra:bi'^{un}/	رَابِعَةٌ /ra:bi'a^{tun}/	9.º	تَاسِعٌ /ta:si'^{un}/	تَاسِعَةٌ /ta:si'a^{tun}/
5.º	خَامِسٌ /ḫa:mis^{un}/	خَامِسَةٌ /ḫa:misa^{tun}/	10.º	عَاشِرٌ /'a:šir^{un}/	عَاشِرَةٌ /'a:šira^{tun}/

Nota: Aunque أَوَّلُ es un elativo (lo que permite decir أَوَّلُ يَوْمٍ o اَلْيَوْمُ اَلْأَوَّلُ «el primer día», según §144), y por tanto, díptoto, adverbialmente se dice أَوَّلًا «primeramente», analógicamente a ثَانِيًا ، ثَالِثًا , etc. El uso como adjetivo de آخِرٌ «último» es sintácticamente igual, pero adverbialmente se prefiere أَخِيرًا «últimamente».

Los ordinales de 11 a 19 son generalmente invariables, con las formas compuestas:

	Masculino		Femenino	
11.º	حَادِيَ عَشَرَ	/ḥa:diya ‘ašar^{a}/	حَادِيَةَ عَشْرَةَ	/ḥadiyata ‘ašra^{ta}/
12.º	ثَانِيَ عَشَرَ	/ṯa:niya ‘ašar^{a}/	ثَانِيَةَ عَشْرَةَ	/ṯa:niyata ‘ašra^{ta}/
13.º	ثَالِثَ عَشَرَ	/ṯa:liṯa ‘ašar^{a}/	ثَالِثَةَ عَشْرَةَ	/ṯa:liṯata ‘ašra^{ta}/
14.º	رَابِعَ عَشَرَ	/ra:bi‘a ‘ašar^{a}/	رَابِعَةَ عَشْرَةَ	/ra:bi‘ata ‘ašra^{ta}/
15.º	خَامِسَ عَشَرَ	/ẖa:misa ‘ašar^{a}/	خَامِسَةَ عَشْرَةَ	/ẖa:misata ‘ašra^{ta}/
16.º	سَادِسَ عَشَرَ	/sa:disa ‘ašar^{a}/	سَادِسَةَ عَشْرَةَ	/sa:disata ‘ašra^{ta}/
17.º	سَابِعَ عَشَرَ	/sa:bi‘a ‘ašar^{a}/	سَابِعَةَ عَشْرَةَ	/sa:bi‘ata ‘ašra^{ta}/
18.º	ثَامِنَ عَشَرَ	/ṯa:mina ‘ašar^{a}/	ثَامِنَةَ عَشْرَةَ	/ṯa:minata ‘ašra^{ta}/
19.º	تَاسِعَ عَشَرَ	/ta:si‘a ‘ašar^{a}/	تَاسِعَةَ عَشْرَةَ	/ta:si‘ata ‘ašra^{ta}/

En las decenas a partir de «veinte» se utiliza el cardinal con artículo (vgr., اَلدَّرْسُ ٱلْعِشْرُونَ /(’a)d-darsu l-‘išru:n^{a}/ «la lección 20.ª») y, en composición con unidades, los elementos correspondientes vistos de 11.º a 19.º, pero con flexión normal (vgr., اَلْيَوْمُ ٱلْحَادِي وَٱلْأَرْبَعُونَ (’a)l-yawmu l-ḥa:di: wa-l-’arba‘u:n^{a}/ «el día 41.º», اَلسَّاعَةُ ٱلثَّانِيَةُ وَٱلْعِشْرُونَ /(’a)s-sa:‘atu t-ṯa:niyatu wal- ‘išru:n^{a}/ «la hora 22.ª). Para cifras superiores, se recurre siempre a los cardinales con artículo.

81. Los numerales partitivos son: نِصْفٌ /niṣf^{un}/ o /nuṣf^{un}/ «medio», ثُلُثٌ /ṯul(u)t^{un}/ «tercio», رُبْعٌ /rub(u)‘^{un}/ «cuarto», خُمْسٌ /ẖum(u)s^{un}/ «quinto», سُدُسٌ /sud(u)s^{un}/ «sexto», سُبْعٌ /sub(u)‘^{un}/ «séptimo», ثُمْنٌ /ṯum(u)n^{un}/ «octavo», تُسْعٌ /tus(u)‘^{un}/ «noveno», عُشْرٌ /‘uš(u)r^{un}/ «décimo». Para partitivos superiores se usan expresiones como أَرْبَعَةُ أَجْزَاءٍ مِنْ ثَلاَثِينَ جُزْءًا /'arba'atu 'ağza:'in min t̲ala:t̲i:na ğuz'aⁿ/ «4/30».

Nota: Los partitivos tienen plural de forma {'a12a:3}. Existen, aunque son muy raros, otros partitivos de forma {1a2i:3}.

82. Los numerales multiplicativos tienen la forma {mu1a22a3}, ejs.: مُثَنًّى /mut̲annàᵃ/ «doble», مُثَلَّثٌ /mut̲allat̲ᵘⁿ/ «triple», مُرَبَّعٌ /murabba'ᵘⁿ/ «cuádruplo», etc.

83. Los numerales distributivos tienen las formas {1u2a:3ᵘ} o {ma12a3ᵘ}, usándose generalmente repetidos y en acusativo, vgr., أُحَادَ أُحَادَ /'uḥa:da /'uḥa:dᵃ/ «uno a uno». مَثْلَثَ مَثْلَثَ /mat̲lat̲a mat̲lat̲ᵃ/ «de tres en tres».

Nota: A menudo los suple el cardinal repetido en acusativo (ej.: اِثْنَيْنِ اِثْنَيْنِ «de dos en dos») o incluso el sustantivo que es distribuido (ej.: أَعْطَى إِخْوَتَهُ نَاقَةً نَاقَةً «dio una camella a cada uno de sus hermanos».

84. Los numerales de *nisba* indican estructura aritmética y tienen la forma {1u2a:3iyy}, vgr., ثُنَائِيٌّ «binario», ثُلاَثِيٌّ «ternario», رُبَاعِيٌّ «cuaternario», etcétera.

VOCABULARIO

أَحَدٌ (alg)uno, alguien. حَيٌّ ج أَحْيَاءٌ vivo.

آخِرٌ، أَخِيرٌ último. دَخَلَ entró.

أَيْ es decir. دَرْسٌ ج دُرُوسٌ lección.

جَارِيَةٌ ج جَوَارٍ esclava. مَدْرَسَةٌ ج مَدَارِسُ escuela.

جَنُوبٌ sur. دِرْهَمٌ ج دَرَاهِمُ dirhem, [pl.] dinero

رَطْلٌ ج أَرْطَالٌ libra.
أُسْبُوعٌ ج أَسَابِيعُ semana.
سَبِيلٌ ج سُبُلٌ camino; modo.
سَفَرٌ ج أَسْفَارٌ viaje.
سَنَةٌ ج سُنُونَ/سِنِينَ año.
مَسَافَةٌ distancia.
شَرْقٌ oriente, este.
شِمَالٌ norte.
شَهْرٌ ج أَشْهُرٌ/شُهُورٌ mes.
عَدَدٌ ج أَعْدَادٌ número.

عُمْرٌ vida; edad.
غَرْبٌ occidente, oeste.
فِلْسٌ ج فُلُوسٌ cuarto, moneda pequeña.
لَحْمٌ carne.
مُدَّةٌ ج مُدَدٌ periodo.
مَرَّةٌ ج اتٌ / مِرَارٌ vez.
مَوْتٌ muerte.
مِيلٌ ج أَمْيَالٌ milla.
نَحْوٌ unos, cosa de.
وَقْتٌ ج أَوْقَاتٌ momento; tiempo.

EJERCICIOS

1. Copiar, leer y traducir:

رَأَيْتُ أَرْبَعَ جَوَارٍ فِي قَصْرِ ٱلسُّلْطَانِ - دَرَسَ أَحْمَدُ لُغَةً أُخْرَى مُدَّةَ سَنَتَيْنِ ٱثْنَتَيْنِ - بِكَمِ ٱللَّحْمُ ٱلْيَوْمَ فِي شِمَالِ ٱلْبَلَدِ ؟ - اَللَّحْمُ عِنْدَهُمْ بِخَمْسَةٍ وَأَرْبَعِينَ دِرْهَماً اَلرَّطْلُ - اَلسَّنَةُ فِيهَا اِثْنَا عَشَرَ شَهْراً - اَلدُّرُوسُ ٱلْخَمْسَةُ ٱلْأُولَى صَعْبَةٌ - فَهِمْتُ مَعْنَى كَلَامِهِ لِأَوَّلِ مَرَّةٍ فِي عُمْرِي - فِي ٱلْمَدْرَسَةِ ثَمَانِي تِلْمِيذَاتٍ وَثَمَانِيَةَ عَشَرَ تِلْمِيذاً - هٰذِهِ هِيَ ٱلْمَرَّةُ ٱلْأُولَى وَٱلْأَخِيرَةُ - اَلْمَسَافَةُ مِنْ هُنَا إِلَى قَرْيَتِكُمْ بِجَنُوبِ بَلَدِنَا نَحْوُ أَلْفَيْنِ وَثَمَانِيمِائَةٍ وَٱثْنَيْنِ وَعِشْرِينَ مِيلاً - دَخَلَ ٱلْأَمِيرُ شِمَالَ ٱلْبَلَدِ مَعْ عَدَدٍ مِنْ وُزَرَائِهِ بَعْدَ سَفَرٍ طَوِيلٍ - عُمْرُ ٱلْفَتَاةِ ثَمَانِيَ عَشْرَةَ سَنَةً - رَأَيْتُ سَبِيلاً إِلَى حَاجَتِي - ذَكَرَ فُلَانٌ مَوْتَ صَدِيقِهِ عَبْدِ ٱللهِ قَبْلَ شَهْرٍ ، أَيْ ، قَبْلَ ثَلَاثِينَ

يَوْماً - اَلسُّلْطَانُ لَهُ مِائَةُ عَبْدٍ - آخِرُ دَرْسٍ غَداً - أَخَذَ أَحَدُهُمُ ٱلْكُتُبَ ٱلْعِشْرِينَ فِي ٱللَّيْلِ - اَلصَّبْرُ جَمِيلٌ عِنْدَ أَوْقَاتِ ٱلْحُزْنِ - ثَلاَثَةُ أَرْبَاعِ أَرَاضِينَا فِي شَرْقِ ٱلْبَلَدِ وَنِصْفُ بُيُوتِنَا فِي مُدُنِ غَرْبِهِ - أَيَّامُ ٱلْأُسْبُوعِ ٱلسَّبْعَةُ - جَمَعَ ٱلطَّلَبَةَ ثُلاَثَ ثُلاَثَ - خُمْسُ مَا فَتَحْتُ مِنَ ٱلْبُلْدَانِ لِبَيْتِ ٱلْمَالِ - ذَكَرَ لِي شَأْنَهُ لِلْمَرَّةِ ٱلثَّانِيَةَ عَشَرَ .

2. Traducir al árabe:

Las ciudades que he conquistado (: lo que he conquistado de ciudades) en la segunda guerra son muchas, y la quinta parte de sus riquezas son para el Tesoro de los musulmanes.- Sobre el escritorio hay cuatro libros blancos.- Las cinco hijas de Fátima son guapas.- En dos meses hay (: los dos meses en ellos) sesenta días, es decir, unas ocho semanas.- Salió de la ciudad hace 24 años.- El perro está vivo, después de catorce días en este estado de (la) hambre y (la) enfermedad.- ¿Qué edad tiene (: cuánta es la edad de) la primera esclava?- Comí algo con uno de mis amigos en mi segundo día allí.- Me mencionó este asunto varias veces (مِرَاراً).- El viaje es dentro de doce días.- Fui de norte a sur hasta la aldea de mis padres.- El pan está a 3/4 de dirham la libra.- La carne está a 88 cuartos.- Las cien lecciones de (فِي) lengua.- La distancia de este a oeste del país es de unas trescientas dieciocho millas.- Tengo largo tiempo para hablar (: la conversación) contigo.

3. Copiar el ejercicio 1, y la versión árabe del 2 (de la clave), ambos sin vocales ni otros grafemas auxiliares, y leerlos en voz alta, hasta hacerlo correctamente y entendiéndolos.

Lección 14.ª

CUANTIFICADORES

85. Son nombres que, sin ser numerales, indican cantidad y pueden, como éstos, regir a un nombre cuantificado. Son:

a) كِلَا /kila:/ fem. كِلْتَا /kilta:/ : sirven para reforzar el dual o dos singulares copulados, vgr., كِلَا ٱلرَّجُلَيْنِ /kila: r-rağulayn[i]/ «ambos hombres», مَعْ كِلَا ٱلرَّجُلَيْنِ /ma' kila: r-rağulayn[i]/ «con ambos hombres», مَعْ كِلْتَا ٱلْمَرْأَتَيْنِ /ma' kilta: l-mar'atayn[i]/ «con ambas mujeres», كِلَا ٱلسَّيْفِ وَٱلرُّمْحِ /kila: s-sayfi wa-r-rumḥ[i]/ «la espada y la lanza entrambas». También puede usarse en sintagma apositivo, con pronombre de referencia y flexión en tal caso del morfema dual (ejs.: ٱلرَّجُلَانِ كِلَاهُمَا /('a)r-rağula:ni kila:-huma: / «ambos hombres», مَعَ ٱلرَّجُلَيْنِ كِلَيْهِمَا /ma'a r-rağulayni kilay-hima:/ «con ambos hombres») o pronominalmente, sin mención del cuantificado, con un sufijo pronominal y flexión del morfema dual (ej.: كِلَاهُمَا /kila:-huma:/ «ambos», مَعْ كِلْتَيْهِمَا /ma' kiltay-hima:/ «con ambas»).

b) كُلٌّ /kull^{un}/ : cuando rige a un genitivo singular sin artículo significa «cada»; cuando dicho genitivo, singular o plural, está determinado, significa «todo/a(s)», «la totalidad de», ejemplos: كُلُّ يَوْمٍ /kullu yawm^{in}/ «cada día», كُلُّ ٱلْيَوْمِ /kullu l-yawm^{i}/ «todo el día», كُلُّ ٱلْأَيَّامِ /kullu l-'ayya:mi/ «todos los días»; en la segunda función, cabe también sintagma apositivo con pronombre de referencia, ejs.: اَلْيَوْمُ كُلُّهُ /('a)l-yawmu kullu-hu:/ «el día todo», اَلْأَيَّامُ كُلُّهَا /('a)l-'ayya:mu kullu-ha: / «todos los días» . La aposición de pronombre en español («todos vosotros») se expresa mediante sufijo pronominal: كُلُّكُمْ /kullukum/. La totalidad puede expresarse también con جَمِيعٌ /ğami:'^{un}/ rigiendo al cuantificado en genitivo o siguiéndole como acusativo adverbial (vgr., جَمِيعُ ٱلنَّاسِ/ğami:'u n-na:s^{i}/ y النَّاسُ جَمِيعاً /('a)n-na:su ğami:'a^{n}/ «toda la gente», جَمِيعُ مَالِهِ /ğami:'u ma:li-hi:/ y مَالُهُ جَمِيعاً/ma:lu-hu: ğami:'a^{n}/ «toda su riqueza») o con أَجْمَعُ /'ağma'^{u}/ pl. masc. regular, fem. جَمْعَاءُ /ğam'a:'^{u}/ pl. جُمَعُ /ğuma'^{u}/, bien en aposición sin artículo, o regido por /bi-/, ejs.: يَوْمٌ أَجْمَعُ /yawmun 'ağma'^{u}/ «un día entero» , اَلْمُسْلِمُونَ أَجْمَعُونَ /('a)l-muslimu:na 'ağma'u:n^{a}/ «los musulmanes todos», اَلْكِتَابُ بِأَجْمَعِهِ /('a)l-kita:bu bi-'ağma'i-hi:/ «el libro entero».

Nota: أَجْمَعُ puede reforzarse en slang rítmico con أَبْتَعُ , أَكْتَعُ , o أَبْصَعُ.
Otras locuciones para expresar totalidad son las adverbiales عَنْ بَكْرَةِ أَبِيهِمْ , قَاطِبَةً , كَافَّةً , عَامَّةً , etc.

c) بَعْضٌ /ba'ḍ^{un}/ : cuando rige a un genitivo determinado significa «parte de, alguno/a(s); algo de», habiendo el contexto de resolver su ambigüedad numérica, vgr., بَعْضُ ٱلنَّاسِ /ba'ḍu n-na:s^{i}/ «alguno, alguien: algunos», بَعْضُ ٱلْمَالِ /ba'ḍu l-ma:l^{i}/ «algún dinero, alguna riqueza», بَعْضُ كُتُبِهِ /ba'ḍu kutubi-hi:/ «parte de sus libros». En repetición distributiva, en cambio, significa «unos... otros», ej.: قَتَلَ بَعْضُهُمْ بَعْضاً /qatala ba'ḍu-hum ba'ḍa^{n}/ «se mataron los unos a los otros».

Nota: En fases tardías, basta en dichas construcciones recíprocas con el último بَعْض vgr., قَتَلُوا بَعْضاً . Observar también los giros del tipo بَعْضَ هٰذَا ٱلتَّدَلُّلِ «menos melindres».

d) بِضْعٌ /biḍ'^{un}/ : sirve para la cuantificación imprecisa de 3 a 10, imitando a veces la construcción de dichos numerales, sobre todo en composición con ellos, hasta el punto de tomar en masculino un morfema {-a^{t}}, ejs.: بِضْعُ رِجَالٍ / نِسَاءٍ /biḍ'u riğa:l^{in}/nisa:'^{in}/ «unos cuantos hombres / unas cuantas mujeres» , pero بِضْعَةَ عَشَرَ رَجُلاً /biḍ'ata 'ašara rağula^{n}/ «diez y pico hombres» , بِضْعٌ وَعِشْرُونَ بِنْتاً /biḍ'un wa-'išru:na binta^{n}/«veinte y pico muchachas», modernamente incluso بِضْعَةُ رِجَالٍ /biḍ'atu riğa:l^{in}/ « unos cuantos hombres » .

86. La concordancia de número de los cuantificadores es a menudo por el sentido, ejs.: كُلُّهُمْ عَرَبٌ /kullu-hum 'arab^{un}/ «todos ellos son árabes», بَعْضُهُمْ دَخَلُوا /ba'ḍu-hum daḫalu:/ « algunos de ellos entraron», pero hay casos como كُلُّهُمْ شَاعِرٌ /kullu-hum ša:'ir^{un}/ «todos ellos son poetas», كُلُّنَا قَتَلَهُ /kullu-na: qatala-hu:/ «todos lo matamos».

Hora y calendario

87. La hora se expresaba antiguamente con los términos صَبَاح o صُبْح «mañana», ضُحىً «mañana avanzada», ظُهْر «mediodía», مَسَاء «tarde», لَيْل «noche» y similares, bien en acusativo adverbial indeterminado, o bien con artículo en frase preposicional tras فِي o عِنْدَ «en, por», قَبْلَ «antes de» y بَعْدَ «después de». Ya en época islámica se hizo frecuente la expresión de la hora por referencia a los rezos canónicos فَجْر , ضُحىً , عَصْر , مَغْرِب y عِشَاء ; más recientemente, se ha difundido el uso de los relojes y la división del día en 24 horas (سَاعَة pl. ات) de 60 minutos (دَقِيقَة pl. دَقَائِقُ) divididos en segundos (ثَانِيَة pl. ثَوَانٍ). Las horas comúnmente se agrupan en 12 de mañana (صَبَاحاً o قَبْلَ زَوَالِ ٱلْيَوْمِ *«ante meridiem»*) y 12 de tarde (مَسَاءً o بَعْدَ زَوَالِ ٱلْيَوْمِ *«post meridiem»*), diciéndose también menos formalmente قَبْلَ ٱلظُّهْرِ y بَعْدَ ٱلظُّهْرِ «antes/después de mediodía». De ahí las expresiones: كَمِ ٱلسَّاعَةُ ؟ «¿qué hora es?», اَلسَّاعَةُ ٱلْوَاحِدَةُ «es la una», اَلسَّاعَةُ ٱلْوَاحِدَةُ وَخَمْسٌ / عَشْرُ دَقَائِقَ «es la una y cinco /diez», اَلسَّاعَةُ ٱلثَّانِيَةُ وَرُبْعٌ / وَثُلْثٌ «son las dos y cuarto/veinte», اَلسَّاعَةُ ٱلثَّالِثَةُ وَنِصْفٌ إِلاَّ خَمْساً «son las tres y veinticinco» اَلسَّاعَةُ ٱلرَّابِعَةُ وَنِصْفٌ «las cuatro y media», اَلسَّاعَةُ ٱلسَّادِسَةُ وَنِصْفٌ وَخَمْسٌ «las siete menos veinticinco», اَلسَّاعَةُ ٱلسَّابِعَةُ إِلاَ ثُلْثاً / رُبْعاً «las siete menos veinte/ cuarto», اَلسَّاعَةُ ٱلثَّامِنَةُ إِلاَ عَشْراً / خَمْساً «las ocho menos diez/cinco»; فِي أَيَّةِ سَاعَةٍ ؟ «¿a qué hora?», فِي ٱلسَّاعَةِ ٱلثَّامِنَةِ مَسَاءً «a las ocho de la tarde», عِنْدَ تَمَامِ ٱلسَّاعَةِ ٱلْوَاحِدَةِ بِٱلضَّبْطِ «a la una en punto justa». En todas las épocas, además, se ha expresado la hora mediante los verbos أَصْبَحَ , أَضْحَى , أَمْسَى «estar de mañana, media mañana o tarde respectivamente [haciendo algo]« y ظَلَّ «estar de día» y بَاتَ «estar de noche», usados como auxiliares de otro verbo (v. §136) o con un complemento adverbial de circunstancia (v. §127c).

88. Los días de la semana son: يَوْمُ ٱلْأَحَدِ «domingo», يَوْمُ ٱلْاِثْنَيْنِ «lunes», يَوْمُ ٱلثُّلَاثَاءِ «martes», يَوْمُ ٱلْأَرْبِعَاءِ «miércoles», يَوْمُ ٱلْخَمِيسِ «jueves», يَوْمُ ٱلْجُمْعَةِ «viernes», يَوْمُ ٱلسَّبْتِ «sábado», cuyos plurales, precedidos o no de أَيَّامُ ٱلْـ son آحَادٌ , أَثَانِينُ , أَثَالِثُ o ثَلَاثَاءَاتٌ ثَلَاثَوَاتٌ

سُبُوتٌ y جُمُعَاتٌ o جُمَعٌ , أَخْمِسَاءُ o أَخْمِسَةٌ , أَرْبِعَوَاتٌ o أَرْبِعَاءَتٌ o أَسْبُتٌ .

89. Por lo que se refiere a calendario, en el mundo árabe coexiste el musulmán lunar (con meses de 29 ó 30 días, llamados مُحَرَّمٌ , صَفَرٌ , رَبِيعُ ٱلْأَوَّلِ , رَبِيعُ ٱلثَّانِي , جُمَادَى ٱلْأُولَى , جُمَادَى ٱلثَّانِيَةُ , رَجَبٌ , شَعْبَانُ , رَمَضَانُ , شَوَّالٌ , ذُو ٱلْقَعْدَةِ y ذُو ٱلْحِجَّةِ) con el calendario solar cuyos meses reciben nombres europeos en Africa y siriacos en Asia, a saber: «enero» يَنَايِر = كَانُونُ ٱلثَّانِي , «febrero» فِبْرَايِر = شُبَاطُ , «marzo» مَارِس = أَذَار / آذَار , «abril» أَبْرِيل = نَيْسَانُ , «mayo» مَايُو = أَيَّارُ , «junio» يُونِيُه = حَزِيرَانُ , «julio» يُولِيُه = تَمُّوزُ , «agosto» أَغُسْطُس = آبُ , «septiembre» سِبْتَمْبَر = أَيْلُولُ , «octubre» أُكْتُوبَر = تِشْرِينُ ٱلْأَوَّلُ , «noviembre» نُوفَمْبَر = تِشْرِينُ ٱلثَّانِي , y diciembre» دِيسَمْبَر = كَانُونُ ٱلْأَوَّلُ . Una fecha se expresa actualmente así, vgr., يَوْمَ ٱلْخَمِيسِ ٱلرَّابِعَ وَٱلْعِشْرِينَ مِنْ تِشْرِينَ ٱلثَّانِي (ٱلْمُوَافِقَ) سَنَةَ أَلْفٍ وَتِسْعِمِائَةٍ وَسَبْعٍ وَسَبْعِينَ «jueves, 24 de noviembre de 1977», siendo también admisible, en lugar del acusativo adverbial يَوْمَ , esta palabra regida por فِي .

90. En la Edad Media, en cambio, con el calendario lunar, solía darse la fecha por noches transcurridas hasta el 15, o que quedaban, desde el 16 de cada mes, del modo siguiente y teniendo en cuenta que el día lunar comienza al atardecer:

لِأَوَّلِ لَيْلَةٍ مَضَتْ / خَلَتْ مِنْ رَجَبٍ	«el 1.º de *rağab*».
لِلَيْلَتَيْنِ خَلَتَا مِنْ رَجَبٍ	«el 2 de *rağab*».
لِثَلَاثِ لَيَالٍ / لِثَلَاثٍ خَلَوْنَ مِنْ رَجَبٍ	«el 3 de *rağab*».
لِإِحْدَى عَشْرَةَ (لَيْلَةً) خَلَتْ مِنْ رَجَبٍ	«el 11 de *rağab*».
فِي مُنْتَصَفِ / ٱنْتِصَافِ / ٱلنِّصْفِ مِنْ رَجَبٍ	«el 15 de *rağab*».

لأَرْبَعَ عَشْرَةَ (لَيْلَةً) بَقِيَتْ مِنْ رَجَبٍ «el 16 de *rağab*».

لِخَمْسٍ بَقِينَ مِنْ رَجَبٍ «el 25 de *rağab*».

لآخِرِ لَيْلَةٍ مِنْ رَجَبٍ «el último día de *rağab*».

Nota: Otras locuciones comunes son: فِي /لِـمُسْتَهَلِّ رَجَبٍ «el primero de *rağab*», لِسَلْخِ / انْسِلاخِ /مُنْسَلَخِ رَجَبٍ «el último de *rağab*».

VOCABULARIO

لأَجْلِ a causa de, por.

تَأْرِيخٌ fecha.

بِلا sin.

بَدَأَ empezó.

بَلَغَ alcanzó, llegó [la noticia]

تَرَكَ dejó.

جَلَسَ se sentó.

مَجْلِسٌ ج مَجَالِسُ concejo, asamblea.

جَمَاعَةٌ comunidad.

حَظٌّ ج حُظُوظٌ suerte. porción.

حَقِيقَةٌ ج حَقَائِقُ verdad.

حَكَمَ gobernó.

خَاصٌّ especial, particular.

دَاخِلَ dentro de.

سَاعَةٌ ج ات hora.

صَدْرٌ ج صُدُورٌ pecho.

صَوْتٌ ج أَصْوَاتٌ voz; voto.

طَلَبَ pidió.

ظَهْرٌ ج ظُهُورٌ espalda.

ظُهْرٌ mediodía.

عَمَلٌ ج أَعْمَالٌ trabajo.

غَايَةٌ ج اتٌ extremo, colmo.

قِصَّةٌ ج قِصَصٌ novela; cuento.

قَائِدٌ ج قَادَةٌ general; jefe.

كَتَبَ escribió.

كَانَ fue; estuvo; hubo.

مَثَلٌ ج أَمْثَالٌ ejemplo; proverbio.

مَنْزِلٌ ج مَنَازِلُ hogar, casa.

وَجَدْتُ encontré, sentí.

وَضَعَ puso; inventó.

1. Copiar, leer y traducir:

جَمِيعُ ٱلطُّلاَّبِ لَهُمْ صَوْتٌ فِي شُؤُونِ ٱلْمَدْرَسَةِ - رَأَيْتُ تَأْرِيخَ رَسَائِلِهِ كُلِّهَا - تَرَكَ مَجْلِسُ ٱلْأَسَاتِذَةِ ٱلْحَدِيثَ عَنْ بَعْضِ ٱلْأُمُورِ لِأَسْبَابٍ خَاصَّةٍ - طَلَبَ كِلاَ ٱلْأَمِيرِ وَٱلْقَائِدِ حَظَّيْهِمَا مِنَ ٱلْمَالِ - وَجَدْتُ بَعْضَ ٱلْأَلَمِ بِصَدْرِي - كَانَ ٱلدَّرْسُ فِي ٱلسَّاعَةِ ٱلثَّالِثَةِ بَعْدَ ٱلظُّهْرِ - جَلَسَ كُلُّ وَاحِدٍ مِنَّا فِي مَكَانِهِ ، ثُمَّ بَدَأَ ٱلْأُسْتَاذُ حَدِيثَهُ - لِكُلِّ عَمَلٍ وَقْتٌ خَاصٌّ - بَلَغَنِي خَبَرُ مَوْتِهِ قَبْلَ بِضْعَةَ عَشَرَ يَوْماً - نَحْنُ أَجْمَعِينَ فِي غَايَةِ ٱلْحُزْنِ لِأَجْلِ ذٰلِكَ - مَنْ وَضَعَ قِصَّةَ « أَلْفِ لَيْلَةٍ وَلَيْلَةٍ » عَلَى مَكْتَبِي ؟ - وَضَعَ كَلاَماً كُلُّهُ بَعِيدٌ عَنِ ٱلْحَقِيقَةِ - فِي كُلِّ مَدِينَةٍ مِنْ مُدُنِ ٱلْجَبَلِ جَمَاعَةٌ عَرَبِيَّةٌ - رَأَيْتُ ٱلْكَلْبَ دَاخِلَ ٱلْمَنْزِلِ - حَكَمَ ٱلْمَلِكُ جَمِيعَ بَلَدِهِ إِلَى يَوْمِ مَوْتِهِ بِلاَ وُزَرَاءَ - كَانَ حَدِيثُنَا أَمْسِ - دَخَلَ بَعْضُ ٱلنَّاسِ فِي بَيْتِهِ وَضَرَبَهُ بِٱلسَّيْفِ - ضَرَبَ لِي مَثَلاً (me puso un ejemplo) فَهِمْتُ مِنْهُ مَعَانِيَ كَثِيرَةً .

2. Traducir al árabe:

Tuve (كَانَ لِي) una larga conversación con la madre de ambas muchachas en su hogar.- Ha[n] asistido todos los hombres de la comunidad.- Vi a ambos, al general y al príncipe, hace unas horas.- A cada hombre, un voto.- Encontré algunas novelas en manos de los estudiantes nuevos, en horas de trabajo.- Tengo una clase particular de lengua.- Puso la fecha de hoy en (عَلَى) la carta y escribió parte de la verdad a sus padres.- Hubo un hombre en aquella aldea [que] se sentó un día a hablar (لِلْحَدِيثِ) con todos sus hijos.- Dejó al perro sin comida dentro de la casa y puso las llaves en medio de la calle.- Construyó el sultán Aḥmad una mezquita de extraordinaria (: en el colmo de la) belleza en cada aldea del país musulmán (: la casa del Islam).- Entró sin espada y salió sin un cuarto.

3. Copiar el ejercicio 1, y la versión árabe del 2 (de la clave), ambos sin vocales ni otros grafemas auxiliares, y leerlos en alta voz hasta hacerlo correctamente y entendiéndolos.

Lección 15.ª

II. Verbo

91. El verbo es, semánticamente, una clase de palabras que significan acción, o estado o cualidad, que son, sintácticamente, predicados de un sujeto, con el que forma la oración verbal, dentro de unas coordenadas aspecto-temporales, que la distinguen radicalmente de la oración nominal, de predicación atemporal (v. §38n1).

Nota: La atemporalidad de la predicación de la oración nominal se hace patente en que, al subordinarse ésta a una oración verbal, siempre temporalmente situada, no se produce ninguna *consecutio temporum* o ajuste situacional en la oración nominal, como es necesario en español. Así tenemos مُحَمَّدٌ كَرِيمٌ «M. *es* generoso» y قَالَ إِنَّ مُحَمَّدًا كَرِيمٌ «dijo que M. *era* generoso».

Accidentes

92. Morfológicamente, la flexión verbal permite al verbo reflejar los accidentes o categorías de: a) persona (las mismas del pronombre personal), b) género (masculino y femenino, neutralizados en toda primera persona y en las segundas de dual), c) número (singular, plural y dual, neutralizado éste con el plural en las primeras personas), d) aspecto y tiempo (v. §93), e) modo (indicativo, subjuntivo, apocopado e imperativo, v. §§98-105) y voz (agentiva y no-agentiva, v. §106).

93. Las coordenadas aspecto-temporales, dentro de las cuales tiene lugar la predicación de las formas finitas del verbo árabe, reflejan básicamente una oposición de tiempo objetivo o aspecto, a diferencia del tiempo subjetivo de nuestra lengua, en que se toma como punto de referencia el momento en que se habla. Cuando un proceso se concibe en su totalidad, el verbo árabe utiliza el aspecto perfectivo, mientras que, si se concibe en curso o iterativamente, utiliza el aspecto imperfectivo. Sin embargo, debido, entre otras razones, a la frecuencia estadística de coincidencia del perfectivo con acciones pasadas, el verbo árabe, aún antes de la fijación de la lengua clásica, ha iniciado una evolución hacia una oposición paralela de tiempo subjetivo perfecto frente a no-perfecto. Sin embargo, son muchísimos los usos del perfectivo en que funciona el primer sistema plenamente y no se expresa un pasado o perfecto, como los optativos (ejs.: بَارَكَ ٱللهُ فِيكَ /ba:raka lla:hu fi:k^{a}/ «Dios te bendiga», دُمْتَ سَالِمًا /dumta sa:lima^{n}/ «que sigas bien»), las estructuras condicionales (v. §135) y los perfectos resultativos (ejs.: عَلِمْتُ /'alimtu/ «sé», حُكِيَ /ḥukiya/ «se cuenta», قِيلَ /qi:la/ «se dice», بِعْتُ /bi'tu/ «vendo [por esta escritura]»). El imperfectivo, en cambio, suele expresar un presente (cuando es independiente de un contexto que lo sitúe en otro tiempo), un imperfecto (en contexto de pasado) o un futuro (en contexto apropiado o expresamente precedido por las marcas سَ /sa-/ o سَوْفَ /sawfa/).

94. La connotación aspectual puede reforzarse con la marca قَدْ /qad/ que, antepuesta al perfectivo, aumenta su incidencia sobre la situación (ej.: قَدْ مَاتَ /qad ma:t^{a}/ «ha muerto», frente al anodino مَاتَ /ma:ta/ « murió »; قَدْ جُعْتُ /qad ǧu'tᵘ/ « me ha entrado hambre », قَدْ فَعَلْتُ /qad fa'altᵘ/ « ya lo he hecho »). En cambio , ante el imperfectivo, le da un carácter aun más incierto o episódico (vgr., قَدْ يَكْتُبُ /qad yaktubᵘ/ «a veces escribe», «quizás escriba alguna vez»).

Nota: Entre قَدْ y el verbo no puede mediar sino la negativa لَا , o un fragmento (como un juramento). Semánticamente puede reforzarse prefijándole لَ . En período arcaico, podía ser narrativo, ej.: قَدْ أَغْتَدِي «madrugaba yo [en aquel entonces]».

Flexión

95. Morfológicamente, perfectivo e imperfectivo se diferencian por la utilización en su conjugación dentro de cada verbo, tanto de un tema o forma básica diferente para cada uno de ellos, como de morfemas distintos para marcar persona, género y número. El tema más elemental es el de imperfectivo, que puede tener una de las siguientes estructuras silábicas:

a) {KKvK} (verbos de raíz triconsonántica simples). Ejs.: /-ktub/ «escribir», /-ftaḥ/ «abrir», /-ḍrib/ «golpear».

b) {KaKKiK} (verbos de raíz cuadriconsonántica simples, o de raíz triconsonántica derivados mediante un prefijo /'a-/ o un infijo /-:-/ tras la vocal de la primera consonante o tras la segunda consonante.

Ejs.: /tarǧim/ «traducir», /-'a-slim/ «hacerse musulmán», /ka-:-tib/ «escribir a otro», /kab-b-ir/ «agrandar».

c) {taKaKKaK} (verbos del grupo b, con una derivación adicional, consistente en el prefijo /tv-/. Ejs.: /ta-daḥraǧ/ «rodar», /ta-ka-:-tab/ «escribirse», /ta-kab-b-ar/ «engreirse».

d) {KKaK(K)iK} (verbos de raíz triconsonántica derivados con los prefijos /n-/ o /st-/, los infijos /-t-/, /-vw-/, /-vww-/, /-vn-/, el sufijo /i:/ y repetición de las radicales 2 ó 3, o bien verbos de raíz cuadriconsonántica derivados con el infijo /-n-/ o repetición de la radical 4. Ejs.: /n-ṣarif/ «marcharse», /-sta-'mil/ «utilizar», /-n-t-aẓir/ «esperar», /byaḍi-ḍ/ «quedarse blanco», /-ḍmaḥli-l/ «desaparecer» (v. detalle de derivaciones en §97).

Del tema de imperfectivo se obtiene el de perfectivo, sencillamente cambiando en /a/ cualquier vocal que no lo sea ya, salvo en el grupo a) donde los verbos que significan acción suelen tener un tema de perfectivo {KaKaK}, mientras que los que significan estado suelen tener {KaKiK}, y los que significan cualidad, {KaKuK}, ejs.: /katab-/, /fataḥ-/ y /ḍarab/, pero /fariḥ-/ para «estar alegre» y /ḥasun-/ para «ser bueno». Son muy raros los casos en que a {KKiK} de imperfectivo corresponde {KaKiK} de perfectivo, y es poco frecuente que un verbo de acción, cuya radical 2 ó 3 no sea glotal, faringal o postvelar, tenga un tema de imperfectivo {KKaK}.

Nota: Los verbos de estado o cualidad, llamados estativos, no suelen usarse en imperativo, voz no-agentiva ni participio. No suelen distinguir el ingresivo (adquisición de la cualidad) del estativo propiamente dicho, siendo en realidad adjetivos conjugados para obtener predicación temporal, que es la diferencia entre, vgr., كَلَامُهُ حَسَنٌ y حَسُنَ / يَحْسُنُ كَلَامُهُ «sus palabras son buenas» (matiz que escapa totalmente al español). Sin embargo, muchos estativos de tema perfectivo {KaKiK} han evolucionado semánticamente a significación activa, y se comportan en todo como tales, vgr., شَرِبَ «beber», لَبِسَ «vestirse», etc.

Perfectivo

96. Él perfectivo de cualquier verbo árabe se obtiene sufijando a su tema de perfectivo los siguientes morfemas de persona, género y número (ver modelos en paradigma 1):

N.º	Gén. \ P.ª	3.ª	2.ª	1.ª
Sglr.	Masculino	ـَ /-a/	ـْتَ /-ta/	ـْتُ /-tu/
	Femenino	ـَتْ /-at/	ـْتِ /-ti/	
Dual	Masculino	ـَا /-a:/	ـْتُمَا /-tuma:/	ـْنَا /-na:/
	Femenino	ـَتَا /-ata:/		
Plural	Masculino	ـُوا /-u:/	ـْتُمْ /-tum/	
	Femenino	ـْنَ /-na/	ـْتُنَّ /-tunna/	

Notas:

1) Los perfectivos de estructura {KKaK(K)aK} reciben un prefijo eufónico /(’i)/, que desaparece de la realización fonética según §15, pero no así la إ que lo representa en la escritura.

2) El sufijo /-tum/, al igual que los sufijos pronominales /-hum/ y kum/ se sujeta a las normas de §15a y §58n3.

3) En lengua postclásica, /ti-/ se alarga ocasionalmente en /-ti:/.

4) En temas acabados en consonante /t/, /d/, /t̠/ o /d̠/, éstas son asimiladas por la /t/ de los sufijos que comienzan con esta consonante, mientras que, en contacto con /ṣ/, dicha /t/ se velariza, y en contacto con /ṭ/, /ḍ/ y /ẓ/ el resultado es [ṭṭ]. Ejs.: أَخَذْتُ pronunciado [ʼaḫattu], حَمِدْتُ pron. [ḥamittu]; بَسَطْتُ pron. [basaṭṭu], حَفِظْتُ pron. [ḥafiṭṭu], مَصَصْتُ pron. [maṣaṣṭu].

97. Al manejar los diccionarios,para encontrar una forma verbal, hay que averiguar su raíz (v. §31), siendo los verbos los primeros en aparecer en cada raíz, generalmente en la 3.ª persona sglr. masc. del perfectivo agentivo, seguidos por la correspondiente de imperfectivo, o al menos de la vocal por la que este tema se diferencia del de perfectivo. Por lo que respecta a los morfemas derivacionales, éste es el detalle de cuáles y en qué combinaciones se integran, según las estructuras básicas de §95:

Raíz :	Triconsonántica			Cuadriconsonántica		
Estructura silábica	**Forma**	**Tema imperfectivo**	**Tema perfectivo**	**Forma**	**Tema imperfectivo**	**Tema perfectivo**
{KaKKiK}	II	{1a2[2]i3}	{1a2[2]a3}	I^4	{1a23i4}	{1a23a4}
	III	{1a[:]2i3}	{1a[:]2a3}			
	IV	{'a]12i3}	{'a]12a3}			
{taKaKKaK}	V	{ta]1a2[2]a3]	{ta]1a2[2]a3}	II^4	{ta]1a23a4}	{ta]1a23a4}
	VI	{ta]1a[:]2a3}	{ta]1a[:]2a3}			
{KKaK(K)iK	VII	{n]1a2i3}	{n]1a2a3}			
	VIII	{1[t]a2i3}	{1[t]a2a3}			
	IX	{12a3(i)[3]}	{12a3(a)[3]}	IV^4	{12a34(i)[4]}	{12a34(a)[4]}
	XI	{12a[:]3(i)[3]}	{12a[:]3(a)[3]}			
	X	{sta]12i3}	{sta]12a3}			
	XII	{12[aw2]i3}	{12[aw2]a3}			
	XIII	{12[aww]i3}	{12[aww]a3}			
	XIV	{12[an3]i3}	{12[an3]a3}	III^4	{12[an]3i4}	{12[an]3a4}
	XV	{12a[n]3[i:]}	{12a[n]3[à]}			

Como se dijo en §29, el valor semántico de estas derivaciones es morfológicamente imprevisible, debiendo obtenerse del diccionario la significación concreta de cada verbo derivado. En términos generales, II es intensiva (ej. قطّع «cortó en pedazos»), causativa (ej.: علّم «enseñó»), declarativa (ej.: كذّب «declaró mentiroso») o denominal (ej.: عرّب «arabizó»), III es conativa (ej.: قاتل «combatió») o co-factitiva (ej.: حادث «habló con»), IV es causativa (ej.: أدخل «metió»), declarativa (ej.: أحمد «declaró loable»), denominal (ej.: أثمر «fructificó») o adlativa (ej.: أيمن « fue al Yemen »), V y II[4] son reflexivas de II o I[4] (ejs.: تقطّع «se cortó», تدحرج «rodó»), VI es recíproca o fictiva (ejs.: تراسل «se carteó», تمارض «se fingió enfermo»), VII, VIII y III[4] son reflexivas o mediopasivas (ejs.: إنهزم « fue derrotado », إمتلأ « se llenó », إحرنجم « estuvo reunido »), IX, XI y IV[4] son estativas de color y propiedad física (ejs.: إحمرّ y إحمارّ «fue rojo», إقشعرّ «se horripiló»), X es estimativa (إستكثر «consideró mucho»), reflexiva (إستسلم « se rindió »), petitiva (إستغفر «pidió perdón») o denominativa (إستحجر «se petrificó»), y XII, XIII, XIV y XV son estativas intensivas (poco frecuentes, así como XI, ejs.: إعشوشب « se cubrió de hierba » , إعلوّد «fue pesado», احلنكك «fue negrísimo», إعلندى «fue recio»).

Notas:

1) En las formas V y VI hay alomorfos preclásicos con prefijo /(’i)t-/ por /ta-/.

2) En la forma VII hay algún caso de asimilación total como إمّحى por إنمحى «borrarse».

3) El infijo derivacional /-t-/ se hace /-ṭ-/ cuando la radical 1 es velarizada, siendo frecuente la asimilación total en /ṭṭ/ con /ṭ/ y /ẓẓ/ con /ẓ/, y más rara con /ṣ/ y /ḍ/ en /ṣṣ/ y /ḍḍ/ respectivamente (ejemplos: إطّرد /(’i)ṭṭarada/ «siguió», إظّلم /(’i)ẓẓalama/ «sufrió opresión», إصطبغ /(’i)ṣṭabaġa/ o /(’i)ṣṣabaġa/ «se tiñó», إضطرب /(’i)ḍṭaraba/ o /(’i)ḍḍaraba/ «se agitó»). Cuando la radical 1 es /z/, el infijo /-t-/ se hace /-d-/, y con /d/ hay asimilación total /dd/, mientras que con /ṯ/ y /ḏ/ como 1 cabe asimilación total en /tt/ y /dd/ respectivamente o a favor de dichas consonantes (ejs.: إزدرد /(’i)zdarada/ «tragó», إدّعى /(’i)dda‘à/ «pretendió», إذّخر /(’i)ḏḏaḫara/ «atesoró»).

4) En IX, XI y IV^4, la vocal entre paréntesis desaparece ante sufijo inflexional vocálico, ejs.: اِحْمَرَّ /(’i)ḥmarra/ «enrojeció» frente a اِحْمَرَرْتُ /(’i)ḥmarartu/ «enrojecí».

5) La última sílaba de la forma XV es tratada como en los verbos de morfema radical {12y} (v. §122).

6) En la forma IV^4, la vocal entre paréntesis resalta a la radical 3 al recibir sufijo que comienza con vocal, ej. اِضْمَحْلَلْتَ «desapareciste» pero اِضْمَحَلَّ «desapareció».

VOCABULARIO

بَارَكَ	bendijo.	تَزَلْزَلَ	tembló.
اِبْيَضَّ	se puso blanco.	سَافَرَ	viajó.
تَرْجَمَ	tradujo.	سَقَطَ	cayó.
اِجْتَمَعَ	se reunió.	سَكَنَ	vivió, habitó.
حَدَثَ	sucedió.	سَلَّمَ	entregó.
اِحْمَرَّ	enrojeció.	شَرِبَ	bebió.
حَمَلَ	llevó, cargó con.	اِنْصَرَفَ	se marchó, partió.
خَدَمَ	sirvió.	ضَحِكَ	se rio.
رَجَعَ	volvió.	عَلَّمَ	enseñó.
رَحِمَ	compadeció.	تَعَلَّمَ	aprendió.
أَرْسَلَ	envió.	اِسْتَعْمَلَ	usó, utilizó.
تَرَاسَلَ	se carteó.	فَرِحَ	se alegró.
رَفَعَ	levantó, elevó.	فَعَلَ	hizo, obró.

قَطَعَ cortó — لَبِسَ vistió, se puso.

كَرِهَ aborreció, no gustó de, no quiso. — إِنْتَظَرَ esperó.

EJERCICIOS

1. Copiar, leer y traducir:

سَافَرَتِ ٱلْمُعَلِّمَةُ مِنْ مَدِينَتِنَا إِلَى قَرْيَتِهَا - شَرِبْتَ ٱلْمَاءَ ٱلَّذِي كَانَ هُنَا ؟ - بَارَكَ ٱللهُ أَهْلَ هٰذَا ٱلْبَيْتِ - فَرِحْتَ حِينَ عَرَفْتَ ٱلْخَبَرَ - إِجْتَمَعُوا بِبَابِ ٱلْمَدْرَسَةِ فِي ٱلسَّاعَةِ ٱلتَّاسِعَةِ صَبَاحاً - سَقَطْنَ مِنَ ٱلشَّجَرَةِ عَلَى ٱلْحَجَرِ - سَلَّمْتُمُ ٱلرِّسَالَةَ لِصَدِيقِي ٱلَّذِي أَتَرَاسَلُ مَعَهُ ؟ - إِحْمَرَّ وَجْهُهُ بِسَبَبِ مَا فَعَلْتَاهُ أَمَامَهُ - لَبِسَا ثِيَاباً بَيْضَاءَ وَحَمَلَا صُورَةَ ٱلْمَلِكِ بِأَيْدِيهِمَا - لِمَ ضَحِكْتُنَّ؟ - رَحِمَ ٱللهُ خَادِمَنَا ٱلَّذِي خَدَمَنَا كُلَّ أَيَّامِ حَيَاتِهِ إِلَى مَوْتِهِ - كَرِهْتُمَا مَا لَبِسْتُمَا مِنَ ٱلثِّيَابِ؟- تَرْجَمْتُ كَلَامَهُ إِلَى ٱللُّغَةِ ٱلْعَرَبِيَّةِ، ثُمَّ أَرْسَلْتُهُ إِلَى ٱلْأَمِيرِ - عَلَّمْتَنِي ٱلصَّبْرَ -إِسْتَعْمَلُوا ٱلْمَفَاتِيحَ ٱلَّتِي رَفَعُوهَا مِنَ ٱلْأَرْضِ - حَدَثَ شَيْءٌ غَرِيبٌ - إِنْتَظَرْنَا نِصْفَ سَاعَةٍ - قَطَعَتْ رَأْسَ ٱلْوَزِيرِ بِسَيْفٍ حَمَلَتْهُ تَحْتَ ثَوْبِهَا -سَكَنْتْ بِٱلْجَبَلِ مُدَّةَ سِنِينَ، ثُمَّ رَجَعَتْ إِلَى ٱلْمَدِينَةِ - قَدِ ٱضْمَحَلَّتِ ٱلدَّرَاهِمُ ٱلَّتِي أَرْسَلَهَا أَبُونَا إِلَيْنَا - قَدِ ٱنْصَرَفَ ٱلْأُسْتَاذُ .

2. Traducir al árabe:

¡Dios lo haya compadecido (q.e.p.d.)!- He llevado (رَفَعْتُ) tu historia (قِصَّتَكَ) al concejo. - Se cartearon por un periodo (مُدَّةً) de diez años. - Ella ha aprendido lo que tú le has (قَدْ) enseñado.- Tradujimos la carta a la lengua árabe, y luego [se] la pusimos en la (: su) mano.- Su rostro se puso blanco.- La tierra tembló en algunos sitios.-

Se alegraron ambas cuando viajaron a su aldea.- Ellas se rieron a causa del vestido que llevabas aquel día.- Tú eres la muchacha que me esperaste ayer a la puerta de la escuela.- Ambas volvieron al hogar de sus padres.- Los estudiantes que me entregaron la carta, supieron lo que había sucedido (: sucedió) y no quisieron (: aborrecieron) hablar (: la conversación) con su profesor.- Se marchó el perro, ¡Dios le corte el (: su) camino!- Nos reunimos varias veces e hicimos lo que dijiste (: mencionaste).- Utilizasteis las espadas que llevabais.- El criado que me enviaste hace una semana ha vuelto a su aldea, habiéndome servido (وَقَدْ خَدَمَنِي) mucho.

3. Copiar el ejercicio 1 y la versión árabe del 2 (de la clave), ambos sin vocales ni otros grafemas auxiliares, y leerlos en voz alta, hasta hacerlo correctamente y entendiéndolos.

Lección 16.ª

Imperfectivo

98. En el aspecto imperfectivo, el verbo árabe distingue tres modos, cuyo uso depende en unos casos de connotaciones semántico-sintácticas (como el carácter de la oración de subordinada o independiente, lo que respectivamente puede exigir la selección de subjuntivo o indicativo) y, en otros casos, de la mera presencia de ciertas marcas que, sin motivo sincrónicamente justificable, requieren un determinado modo (vgr., las negativas لَمْ /lam/ y لَنْ /lan/).

99. Las observaciones hechas en §36n sobre el rendimiento funcional del sistema de casos son válidas para el de los modos del imperfectivo. En un texto correctamente escrito, sin grafemas auxiliares como es norma, sólo la ن de dual, plural masculino y 2.ª persona singular femenino, así como la desaparición de و , ي , y ى en las personas sin sufijo del apocopado de verbos de raíz {12w/y3} o {12w/y} reflejan la presencia de modos diferenciados, y sólo en dichos elementos se echa de ver el dominio del sistema por el que escribe.

100. El modo morfológicamente más simple del imperfectivo es el llamado, por su brevedad morfológica, apocopado, el cual carece de un contenido semántico-sintáctico uniforme, pues es requerido tras las negaciones لَمْ /lam/ «no» y لَمَّا /lamma:/ «aún no» (que además le dan el sentido de perfectivo , vgr. , لَمْ يَكْتُبْ / lam yaktub / «no escribió»), لاَ prohibitivo (vgr. , لاَ تَكْتُبْ / la: taktub / «no escribas»), لِ / li- / yusivo o exhortativo (vgr. , لِيَكْتُبْ / li-yaktub / « que escriba» , لِنَكْتُبْ / li-naktub / «escribamos») y en las estructuras condicionales (v. §135).

Nota: La conjunción /li-/ yusivo-exhortativa suele perder su vocal al ir precedida de las copulativas /wa-/ o /fa-/, ejs.: فَلْيَكْتُبْ «pues que escriba». El uso de esta conjunción en tales funciones es frecuente con 3.ª persona, raro con la 1.ª, y rarísimo con la 2.ª, en lugar de imperativo. En poesía se elide a veces.

101. Las distintas personas, géneros y números del imperfectivo apocopado se obtienen del tema de imperfectivo, con los siguientes morfemas, prefijos y sufijos (ver modelos en paradigma 2):

N.º	Gén. / P.ª	3.ª	2.ª	1.ª
Sglr.	Masculino	يُــْــ /yv-/...	تُــْــ /tv-/...	أُــْــ /'v-/...
	Femenino	تُــْــ /tv-/...	تُــْــِي /tv-/.../-i:/	
Dual	Masculino	يُــْــَا /yv-/.../-a:/	تُــْــَا /tv-/.../-a:/	
	Femenino	تُــْــَا /tv-/.../-a:/		
Plural	Masculino	يُــُــوا /yv-/.../-u:/	تُــُــوا /tv-/.../-u:/	نُــْــ /nv-/...
	Femenino	يُــْــنَ /yv-/.../-na/	تُــْــنَ /tv-/.../-na/	

donde la vocal /v/ es /a/ en todos los casos, salvo con temas de estructura silábica {KaKKiK}, donde es /u/.

Notas:

1) En los temas {KaKKiK} obtenidos con prefijo /'a-/ (forma IV), el prefijo desaparece en la conjugación del imperfectivo (ejs.: لَمْ يُرْسِلْ /lam yursil/ «no envió», لاَ تُرْسِلُوا / la: tursilu:/ «no enviéis», etc.).

2) Para la 3.ª persona plural femenino hay un raro تَتَفَطَّرْنَ por يَتَفَطَّرْنَ en el Corán, XVII-3.

3) Cuando se sucedían {tv} derivacional de {tvKaKKaK} y {tv} inflexional de imperfectivo, en lengua preclásica, podía desaparecer uno por haplología.

102. El imperfectivo subjuntivo es requerido cuando la subordinación del verbo resulta de precederle una de las marcas أَنْ /'an/ «que», كَيْ , لِكَيْ , لِكَيْمَا /(li)-kay-(ma:)/, لِ o لأَنْ /li-('an)/ «para que., a fin de que», حَتَّى / ḥattà / «para /hasta que [intencional]», لِكَيْلاَ /li-kay-la: / o لِئَلاَّ / li-'alla: / «para que no», فَ /fa-/ o وَ /wa-/ (rara vez ثُمَّ /ṯumma/) «para que, de modo que» (en subordinación a negativa, imperativo o expresión de deseo, ej.: لاَ تَذْهَبْ فَتَنْدَمَ /la: taḏhab fa-tandam[a]/ «no vayas de modo que te arrepientas [luego]»), أَوْ /'aw/ «a menos que», إِذَنْ /'iḏan/ «en tal caso» y, sin subordinación ninguna, tras la negativa لَنْ /lan/ (que además da sentido futuro, vgr., لَنْ تَكْتُبَ /lan taktub[a]/ «no escribirás»).

Nota: أَنْ se elide a veces (ej.: خُذِ ٱللِّصَّ قَبْلَ يَأْخُذَكَ «agarra al ladrón antes de que te agarre él»); otras veces significa «no sea que» (ej.: أَعْدَدْتُ ٱلسِّلاَحَ أَنْ يَجِيءَ

ٱلْعَدُوُّ « preparé las armas no fuera a venir el enemigo ») o « sin que » (ej.: تَرَكَ ٱلْأَحِبَّةَ أَنْ يُقَاتِلَ عَنْهُمْ «dejó a los amigos, sin combatir por ellos»). En algunos casos raros, sobre todo ante سَـ , equivale al nominalizador أَنَّ y, naturalmente, no exige subjuntivo (ejs.: أَعْلَمُ أَنْ يَنَامُ «sé que duerme», ذَكَرَ أَنْ سَيَذْهَبُ «dijo que iría»), habiendo a veces opción de modo, según se trate de aseveración o suposición, como en español (vgr., ظَنَنْتُ أَنْ يذْهبُ «creí que iba», ظَنَنْتُ أَنْ يذْهبَ «creí que fuera»).

103. Morfológicamente, el imperfectivo subjuntivo se obtiene del apocopado, sencillamente añadiendo /-a/ a las personas sin sufijo en éste, según esta disposición (v. modelo en paradigma 3):

N.º	P.ª / Gén.	3.ª	2.ª	1.ª
Sglr.	Masculino	يُـــَ /yv-/.../-a/	تُـــَ /tv-/.../-a/	أُـــَ /'v-/.../-a/
	Femenino	تُـــَ /tv-/.../-a/	تُـــِي /tv-/.../-i/	
Dual	Masculino	يُـــَا /yv-/.../-a:/	تُـــَا /tv-/.../-a:/	نُـــَ /nv-/.../-a/
	Femenino	تُـــَا /tv-/.../-a:/		
Plural	Masculino	يُـــُوا /yv-/.../-u:/	تُـــُوا /tv-/.../-u:/	
	Femenino	يُـــْنَ /yv-/.../-na/	تُـــْنَ /tv-/.../-na/	

104. El imperfectivo indicativo o independiente se usa siempre que no haya alguna de las marcas que requieren apocopado o subjuntivo. Morfológicamente, se obtiene del apocopado, añadiendo /-u/ a las personas sin sufijo en éste, /-ni/ a las de dual, y /-na/ a las de plural masculino y 2.ª fem. sglr., de este modo (v. modelo en paradigma 4):

N.º	P.ª / Gén.	3.ª	2.ª	1.ª
Sglr.	Masculino	يـــُ /yv-/.../-u/	تـــُ /tv-/.../-u/	أـــُ /'v-/.../-u/
	Femenino	تـــُ /tv-/.../-u/	تـــِينَ /tv-/.../-i:na/	
Dual	Masculino	يـــَانِ /yv-/.../-a:ni/	تـــَانِ /tv-/.../-a:ni/	نـــُ /nv-/.../-u/
	Femenino	تـــَانِ /tv-/.../-a:ni/		
Plural	Masculino	يـــُونَ /yv-/.../-u:na/	تـــُونَ /tv-/.../-u:na/	
	Femcnino	يـــْنَ /yv-/.../-na/	تـــْنَ /tv-/.../-na/	

Nota: /-na/ de pl. masc. y /-ni/ de dual desaparecían a veces haplológicamente ante el sufijo pronominal /-ni:/.

Imperativo

105. El imperativo (siempre agentivo y afirmativo), del que sólo existe segunda persona, se obtiene quitando el prefijo /tv-/ a la 2.ª persona del imperfectivo apocopado. Si de ello resultara un grupo inicial de dos consonantes, se utiliza un prefijo eufónico /('i-)/ (o /('u-)/ si es ésta la primera vocal del tema verbal), que desaparece en la realización fonética según §15, pero no así la ا que lo representa en la escritura. Ejs.: اُكْتُبْ /('u)ktub/ «escribe» , اِضْرِبْ /('i)ḍrib/ «pega», اِفْتَحْ /('i)ftaḥ/ «abre», عَلِّمْ /'allim/ «enseña» (v. modelos en paradigma 5), أَرْسِلْ /'arsil/ «envía».

Nota: A veces el imperativo va precedido de يَا (ej.: يَاَنْفِرْ «huye, ea») o seguido de بِنَا para expresar un exhortativo de 1.ª persona plural en verbos de movimiento (ejs.: اُخْرُجُوا بِنَا «salgamos», اِمْضِ بِنَا «vayámonos»); formas más modernas, en el mismo sentido, son دَعْنَا نَرُحْ «vayámonos» y يَاللهُ بِنَا «vamos». Muy raro es el hipérbaton de objeto del imperativo (ej.: بَلِ ٱللهَ فَاَعْبُدْ «a Dios, empero, adóralo») y la perifrástica con كَانَ (ej.: كُنْ أَنْتَ تُكَلِّمُهُمْ «sé tú el que les hable»).

Voz no-agentiva

106. Esta voz sirve en el verbo árabe para predicar acciones, no de su sujeto lógico o agente (como es el caso de la voz agentiva, vgr., كَتَبَ مُحَمَّدٌ /kataba Muḥammad^{un}/ « M. escribió »), sino con ocultación de éste, mediante una transformación que lo sustituye por el objeto del verbo en estructura profunda (vgr., كُتِبَ ٱلْكِتَابُ /kutiba l-kita:b^{u}/ «el libro fue escrito», o sea «alguien escribió el libro»), o por un sintagma marginal (que en correcto árabe no puede ser un ablativo agente), ej.: غُشِيَ عَلَيْهِ /ḡušiya ʻalayh^{i}/ «se desmayó», literalmente «alguien puso un velo sobre él».

Nota: Las gramáticas occidentales suelen utilizar los términos voz activa y pasiva, que tienen el inconveniente de coincidir sólo parcialmente con el contenido semántico de agentiva y no-agentiva, dificultando la comprensión de la verdadera oposición entre ambas. Sin embargo, en árabe tardío se ve alguna pasiva real con ablativo agente expresado por مِنْ قِبَلِ o مِنْ طَرَفِ.

107. Morfológicamente, la conjugación de la voz no-agentiva (v. paradigma 6) se diferencia de la agentiva correspondiente, tan sólo por el uso de temas con distinta vocalización: en imperfectivo, a más de utilizarse prefijos con vocal /u/, todas las vocales que ya no lo eran en agentivo se convierten en /a/, mientras en perfectivo, la última vocal del tema es /i/ y todas las anteriores (incluso en prefijos eufónicos) /u/, según el siguiente esquema silábico:

Formas	Tema imperfectivo	Tema perfectivo
a) I	{KKaK}	KuKiK}
b) II, III, IV, I[4]	{KaKKak}	{KuKKiK}
c) V, VI, II[4]	{taKaKKaK}	{tuKuKKiK}
d) VII a XV, III[4], IV[4]	{KKaK(K)aK}	{KKuK(K)iK}

Notas:

1) En los temas {KaKKiK} derivados con el prefijo /'a-/, éste se elide asimismo en el imperfectivo no-agentivo, vgr., لَمْ يُرْسَلْ /lam yursal/ «no fue enviado».

2) La voz no-agentiva sirve para expresar juicios impersonales, en los que el sujeto es indiferente, vgr., يُقَالُ «se dice». En árabe, esto se puede hacer también mediante la 2.ª persona singular, 3.ª del plural (raramente del singular), mediante sustitutos de sujeto como أَحَدٌ «uno», رَجُلٌ o إِمْرُؤٌ «un hombre», y la construcción tautológica con participio de su mismo verbo, vgr. قَالَ قَائِلٌ «dijo alguien», قَالَ قَائِلُهُمْ «dijo uno de ellos». Con otras inflexiones verbales, cabe también una construcción tautológica para omitir la mención expresa del objeto o sujeto, vgr. نَزَلَ مَا نَزَلَ «bajó lo que bajó», قَتَلَ قَتِيلاً «mató a alguien», كَتَبَ مَكْتُوبًا «escribió algo», إِذْ يَغْشَى ٱلسِّدْرَةَ مَا يَغْشَى «cuando llegue al loto lo que ha de llegar».

VOCABULARIO

أَدَبٌ ج آدَابٌ educación. literatura.

إِذَنْ pues, con que.

أَسَفٌ tristeza.

يَبْعَثُ envía, manda.

يَتْبَعُ sigue.

جِسْمٌ ج أَجْسَامٌ cuerpo.

يَجْعَلُ	pone.	يَظْهَرُ	aparece, es patente.
حَتَّى	hasta. para que.	يَعْلَمُ	sabe.
يَحْسِبُ	considera, cree.	يَعْمَلُ	hace; trabaja.
حِمَارٌ ج حَمِيرٌ	asno, burro.	يَغْلِبُ	vence.
يَدْفَعُ	paga; entrega.	يُفَكِّرُ	piensa.
يَرْكَبُ	monta; se embarca.	يَقْتُلُ	mata.
يَزْعُمُ	pretende, dice [sin razón].	يَقْدِرُ	puede.
يَسْبِقُ	precede, se adelanta.	يَلْعَبُ	juega.
يَسْمَعُ	oye.	يَنْزِلُ	baja; para, se hospeda.
يَشْكُرُ	agradece.	يَنْقُلُ	traslada, transporta.
يَصْنَعُ	hace.	يَهْبِطُ	baja, desciende.
يَطْلُعُ	sube.	مَوْلًى ج مَوَالٍ	señor, soberano.

Nota: Los verbos se darán en adelante en imperfectivo, seguidos de indicación de la vocal del tema perfectivo, cuando no sea /a/. Los imperfectivos de los verbos utilizados en lecciones anteriores sólo en perfectivo pueden hallarse en el vocabulario árabe-español.

EJERCICIOS

1. Copiar, leer y traducir:

لِلْأَسَفِ لَمْ أَسْمَعْ كَلَامَ مَوْلَانَا ؛ إِذَنْ تَسْمَعَ كَلَامِي - فَكِّرِي قَبْلَ أَنْ تَصْنَعِي ذٰلِكَ - لَا تَحْسِبُوا أَدَبَهُ قَلِيلاً - لِيُقْتَلِ ٱلْكَلْبُ - تَرْكَبَانِ ٱلْبَحْرَ لِتَسْبِقَانَا إِلَى ٱلْمَدِينَةِ - هُمَا يَدْفَعَانِ مَالاً كَثِيراً لِلْأَمِيرِ لِيَقْدِرَا أَنْ يَنْزِلَا وَرَاءَ قَصْرِهِ - لَنْ تَعْلَمَ بِنْتِي لِمَ نَطْلُعُ عَلَى

رَأسِ ٱلْجَبَلِ - اِلْعَبْ مَعْ صَدِيقَيْكَ - تَطْلُبُونَ أَنْ تَنْقُلُوا مَنَازِلَكُمْ إِلَى ٱلْجِبَالِ حَتَّى تَقْدِرُوا أَنْ تَسْكُنُوا مَعْ أَوْلَادِكُمْ وَنِسَائِكُمْ - لَاتَشْكُرْنِي عَلَى مَا أَعْمَلُهُ - هُنَّ يَغْلِبْنَ أَزْوَاجَهُنَّ - سَأَهْبُطُ مِنَ ٱلْجَبَلِ لِأَجْعَلَ يَدِي بِسَيْفِي وَأَحْضُرَ ٱلْحَرْبَ مَعْ أَهْلِي -لَا تَتْبَعْنَ كَلَامَهُمْ أَو يَحْدُثَ مَا تَكْرَهْنَهُ - كَيْفَ تَقْدِرُ أَنْ تَزْعُمَ ذٰلِكَ ؟ - لَمْ تُرْكَبْ هٰذِهِ ٱلْحَمِيرُ قَبْلُ - كُتِبَتِ ٱلرَّسَائِلُ بِٱلْأَمْسِ ثُمَّ بُعِثَتْ إِلَى ٱلْمَلِكِ صَبَاحَ ٱلْيَوْمِ - غُلِبْنَا فِي ٱلْحَرْبِ - لَمْ تُعَلَّمُوا لِتَتَعَلَّمُوا - هٰذَا كَلَامٌ يُسْتَعْمَلُ أَمَامَ ٱلْأَوْلَادِ ؟ - لَمْ يَحْضُرِ ٱلْأَمِيرُ ٱلَّذِي ٱنْتُظِرَ بَعْدَ قِصَصٍ طَوِيلَةٍ - يَظْهَرُ أَنْ لَنْ تُدْفَعَ ٱلدَّرَاهِمُ .

2. Traducir al árabe:

Oigo extrañas historias de él (: عَنْهُ).- No juegues con ese niño maleducado (: poco de educación).- ¿Sabes lo que ocurre a nuestro soberano? Pues, ponlo (: pon esto) en tu mente para decírselo (: que se lo menciones) al ministro.- El sol sale (: sube) cada día.- Es un hombre corpulento (: grande de cuerpo) que puede levantar (: que levante) a un asno en (بِـ) sus brazos.- No has sido enviada aquí para no hacer como tus compañeras (صَاحِبَاتِكِ).- Aún no ha sido muerto el perro.- ¿Qué hacéis ahí los dos, sin trabajo?- Cuando apareció la verdad, se nos agradeció (por) lo que habíamos hecho.- Ellas no eran consideradas musulmanas en su aldea.- El dinero no será pagado hasta que aparezca el dueño de la casa.- Por desgracia (لِلْأَسَفِ), no pensamos en esto.- No sigáis ese sendero, no sea que (أَوْ) se os adelante vuestro hombre (صَاحِبُكُمْ) a la aldea.- Fuisteis ambas vencidas, (y) ¿qué pretendéis ahora?- Vosotros dos bajaréis del árbol y montaréis el asno hasta que paréis (تَنْزِلَا) a la puerta del palacio.

3. **Copiar el ejercicio 1, y la versión árabe del 2 (de la clave), ambos sin vocales ni otros grafemas auxiliares, y leerlos en voz alta, hasta hacerlo correctamente y entendiéndolos.**

Lección 17.ª

Deverbales

Participios

108. Cada voz del verbo árabe permite la formación de un participio. En los verbos de tema imperfectivo {KKvK} (triconsonánticos simples), el participio agentivo adopta la forma {1a:2i3}, y el no-agentivo {ma12u:3}; en todos los demás casos, el participio se obtiene con el prefijo {mu-} antepuesto al tema de la voz correspondiente, y haciendo su última vocal /i/, si ya no lo era, en el agentivo. Ejs.: كَاتِبٌ / ka:tib^un / «que escribe, escritor», مَكْتُوبٌ /maktu:b^un/ «escrito», مُعَلِّمٌ /mu'allim^un/ «que enseña, maestro», مُسَافِرٌ /musa:fir^un/ «viajero», مُبَارَكٌ /muba:rak^un/ «bendito», مُسْتَعْمَلٌ / musta'mal^un / «usado», مُتَرْجِمٌ / mutarǧim^un / «traductor», مُنْتَظَرٌ / muntaẓar^un / «esperado» (v. paradigma 7). Se observará la validez también aquí de § 101n1 (vgr., مُرْسَلٌ /mursal^un/ «enviado»).

109. Morfológicamente, los participios son nombres, con flexión nominal íntegra por lo que respecta a determinación, caso, género y número (con plural regular generalmente); sintácticamente, están sujetos a las mismas reglas que los demás nombres para formar sintagmas y oraciones nominales.

Nota: Sin embargo, los participios no agentivos de verbos cuyo semantema se integra con una cierta preposición, reflejan la concordancia de género y número únicamente en el sufijo pronominal que se añade a dicha preposición; así del verbo يَرْضَى عَنْ « está satisfecho de » , se dice رَجُلٌ مَرْضِيٌّ عَنْهُ «un hombre de quien se está satisfecho», اِمْرَأَةٌ مَرْضِيٌّ عَنْهَا «una mujer de quien se está satisfecho», نِسَاءٌ مَرْضِيٌّ عَنْهُنَّ « mujeres de quienes se está satisfecho » , etc . lo mismo sucede en las formas finitas, vgr., غُشِيَ عَلَيْهَا «ella se desmayó», غُشِيَ عَلَيْهِمْ «ellos se desmayaron».

110. Sintácticamente, sin embargo, el participio retiene de su origen verbal la capacidad de regir verbalmente (o sea, en acusativo) un objeto directo, ej.: ضَارِبُنِي /ḍa:ribuni:/ «el que me golpea», aunque mucho más raro que ضَارِبِي /ḍa:rib-i:/ , ضَارِبٌ أَخَاهُ /ḍa:ribun 'aḫa:-h^{u} / « golpeador de su hermano » , abandonado hace siglos en favor de ضَارِبُ أَخِيهِ /ḍa:ribu 'aḫi:-h^{i} / o ضَارِبٌ لِأَخِيهِ /ḍa:ribun li-'aḫi:-h^{i}/.

111. Semánticamente, debe recordarse que los participios son formas no finitas, que no reflejan tiempo ni aspecto, sino únicamente, el agentivo, el agente de un proceso, y el no agentivo, la consideración del proceso realizado, realizándose o por realizarse sobre un ser. De ahí que كَاتِبٌ /ka:tib^{un} / signifique tanto el que ha escrito («autor; escritor»), como el que escribe («secretario; amanuense»), como el que sabe o puede escribir, del mismo modo que مَشْرُوبٌ /mašru:b^{un}/ es tanto «bebido» como «potable».

Nota: Usos frecuentes del participio agentivo son el de predicado de subordinadas circunstanciales (ej.: غَدَوْتُ فَإِذَا هُوَ قَائِمٌ «me levanté de mañana, y he aquí que él estaba ya en pie»), predicado de intención (ej.: إِنَّا عَائِدُونَ «hemos de volver», لَسْتُ بِفَاعِلٍ « no he de hacer [lo] ») y como calificativo intensivo por hipóstasis o transferencia semántica de sujeto a objeto (vgr., شِعْرٌ شَاعِرٌ «poesía excelente», يَوْمٌ صَائِمٌ «día de ayuno».

Maṣdar

112. Todo verbo árabe tiene uno o más *maṣdares* o nombres de acción, equivalentes a la vez al infinitivo y a nuestros nombres verbales como «envío», «agradecimiento», «consideración», «entrega», etc. Al igual que en español para los segundos, la estructura morfológica del *maṣdar* es imprevisible en el verbo triconsonántico simple, y admite cierta opcionalidad en verbos del grupo {KaKKiK} (salvo {'a12i3} que normalmente tiene en *maṣdar* la forma {'i12a:3}), en cambio, es generalmente {taKaKKuK} en las estructuras {taKaKKaK}, y {('i)KKiK(K)a:K} en las estructuras {KKaK(K)KiK} (ejs.: تَرَاسُلٌ /tara:sul^{un}/ «correspondencia por escrito», اِسْتِعْمَالٌ /('i)sti'ma:l^{un}/ « utilización » , إِسْلَامٌ / 'isla:m^{un} / « [conversión al] Islam».

113. El detalle de todas las formas posibles de *maṣdar*, por estructuras silábicas y formas es el siguiente:

{KKvK}		{KaKKiK}		{taKaKKaK}		{KKaK(K)iK}	
I	1v23	II	ta12i:3	V	ta1a22u3	VII	n1i2a:3
	1a2a3		ta12i3a'		ti1i22a:3	VIII	1ti2a:3
	1a2i3		ta12u3a'			IX	12i3a:3
	1v2a:3		ti12a:3	VI	ta1a:2u3	XI	12i:3a:3
	1a2i:3 (a')		ta12a:3			X	sti12a:3
	1a2u:3(iyy)		1i22a:3	II^4	ta1a23u4	XII	12i:2a:3
	1u2u:3(iyy)		1i22i:3 {à / a'}			XIII	12iwwa:3
	ma12v3					XIV	12in3a:3
	1i2a3		tu12u:3			XV	12in3a:'
	1u2a3						
	1a2a:3iyat	III	1i2a:3			IV^4	12i34a:4
	1v23		1i:2a:3			III^4	12in3a:4
	1a2a3 } à		1i22a:3				
	1u2u33		mu1a:2a3a'				
	1u23 } a:'						
	1a23	IV	'i12a:3				
	1u2u33 } a'						
	1a2u33	I^4	1a23a4a'				
	1i2i33		1i23a:4				
	1v23a:n		1a23a:4				
	1a2a3 {a:n / u:t(à)}						

Nota: {ma12v3} en I es el *maṣdar* con prefijo {mv-}, de igual sentido y función que los otros tipos. En todos los demás verbos, este tipo de *maṣdar* tiene la misma forma que un participio no agentivo.

114. Morfológicamente, el *maṣdar* es un nombre, con flexión nominal íntegra por lo que respecta a determinación, caso, género (el que su forma externa aparenta, aunque arcaicamente son de género ambiguo) y número (siendo raro que se les forme un plural regular femenino o el fracto {KaKa:Ki(:)K}).

115. Sintácticamente, sin embargo, el *maṣdar* retiene de su origen verbal la capacidad de regir verbalmente (o sea, en acusativo) un nombre como objeto directo, sobre todo cuando su capacidad de rección nominal ha sido ya utilizada en otro nombre, ejs.: قَتْلُكَ أَخَاكَ /qatlu-ka 'aḫa:-kª/ «el hecho de matar tú a tu hermano», تَعْلِيمُهُ ٱلْعَرَبِيَّةَ /ta'li:mu-hu l-'arabiyyaᵗᵃ/ «su docencia del árabe». En lengua tardía, esta rección verbal se evita con la preposición لِ /li-/ siempre que es posible, vgr.: قَتْلُكَ لِأَخِيكَ /qatlu-ka li-'aḫi:-kª/.

Notas:

1) Mucho más rara y arcaica es la construcción del *maṣdar* con un sujeto en aposición, vgr., اَلضَّرْبُ أَبُوكَ وَلَدَهُ «el pegar tu padre a su hijo».

2) En los verbos cuyo semantema se integra con una cierta preposición, ésta se conserva generalmente en la construcción del *maṣdar*, vgr., de رَضِيَ عَنْ «estuvo satisfecho de», اَلرِّضَى عَنِ ٱلْمُسْلِمِينَ «la satisfacción por los musulmanes», en lugar de رِضَى ٱلْمُسْلِمِينَ que, aunque posible, es ambiguo por admitir interpretación de genitivo tanto objetivo como subjetivo («la satisfacción a causa de los musulmanes» ~ «la satisfacción sentida por los musulmanes»), por lo que es construcción relegada a la poesía o al lenguaje retórico.

116. Otros nombres derivados deverbales o denominales son:

a) El nombre de vez, de forma {1a23aᵗ} en el verbo triconsonántico simple, e igual al *maṣdar* con sufijo {-aᵗ} en los otros, vgr., أَكْلَةٌ «una comida», إِبْتِسَامَةٌ «una sonrisa».

b) El nombre de manera, privativo de verbos {KKvK}, con la forma {1i23aᵗ}, ej.: قِتْلَةٌ «modo de matar, muerte».

c) El nombre de lugar y tiempo, de forma {ma12v3(aᵗ)} en verbos {KKvK} e igual al participio no agentivo en los demás. Cuando el tema de imperfectivo agentivo es {KKiK} su forma suele ser {maKKiK}, sobre todo en raíces {w23}; {ma12u3(aᵗ)} es frecuente, en cambio, por asimilación a un entorno labial (ejs.: مَنْزِلٌ «hogar» de يَنْزِلُ «para; se hospeda», مَوْضِعٌ «sitio» de وَضَعَ «puso», مَقْبُرَةٌ «cementerio». Para ciertas categorías semánticas como plantas, animales y cualidades, hay un nombre de abundancia {ma12a3aᵗ} o {mu12i3aᵗ} o {mu1a23i4aᵗ}, vgr., مَأْسَدَةٌ «lugar donde abundan los leones» de أَسَدٌ «león».

d) El nombre de instrumento y vaso, de formas {mi12a(:)3}, {mi12a3aᵗ}, rara vez {mu12u3} o {mu12a3}, ejs.: مِبْرَدٌ «lima», مِفْتَاحٌ «llave», مِكْنَسَةٌ «escoba».

e) El adjetivo verbal (equivalente del participio en verbos estativos) de formas {1v23}, {1a2v3}, {1u2a3}, {1u2u3}, {1a2a:3}, {1u2a: 3}, {1å2i:3}, {1a2u:3}, {1a23a:n}, {1u23a:n}, y { 'a12a3 }, ejs.: صَعْبٌ «difícil» حُلْوٌ «dulce», دِقٌّ «menudo», حَسَنٌ «bueno», فَرِحٌ «alegre», قَذُرٌ «sucio», غُدَرٌ «pérfido» شُجَاعٌ «valiente», جَبَانٌ «cobarde», طَوِيلٌ «largo», كَذُوبٌ «mentiroso», غَضْبَانُ «enojado», عُرْيَانُ «desnudo», أَحْمَرُ «rojo».

f) El adjetivo de intensidad (capaz a veces de rección verbal de un objeto) con las formas {1a22a:3}, {1a2u:3}, {1a2i:3}, {1a22u:3}, {1u22u:3}, {1u2a3at}, {1i22i:3}, {mi12a(:)3}, {mi12i:3}, {1a:2i3a'}, {1u22a3}, {1a:2u:3}, {ti12i:3}, {ta12a:3}, {ti12i3a'}, {ti12a3a'}, {ti1i22a:3}, cualquiera de las cuales puede recibir el sufijo {-a'}, si no lo tiene, ejs.: كَذَّابٌ «mentiroso», أَكُولٌ «glotón», قَدُّوسٌ o قُدُّوسٌ «santísimo», نُوَمَةٌ «dormilón», سِكِّيرٌ «borracho», مِقْوَالٌ / مِقْوَلٌ «hablador», مِسْكِينٌ «desgraciado», دَاهِيَةٌ «astutísimo», خُلَّبٌ «falso», فَارُوقٌ «tímido», y تَلْعَابٌ, تِلْعَابٌ o تِلِعَّابٌ «juguetón».

VOCABULARIO

أَثَرٌ ج آثَارٌ huella; efecto.

يَبْحَثُ بَحْثٌ عَنْ busca.

يَبْتَدِئُ اِبْتِدَاءٌ empieza.

يَبْذُلُ بَذْلٌ da generosamente.

يُحَدِّدُ تَحْدِيدٌ determina.

حَزِينٌ ج حُزَنَاءُ triste.

يَحْصُلُ حُصُولٌ عَلَى consigue, logra.

حَاضِرٌ ج ون presente.

حُكْمٌ ج أَحْكَامٌ norma; sentencia. gobierno.

يَرْغَبُ رَغْبَةٌ فِي desea, procura.

شَبَابٌ	juventud.
يَشْعُرُ شُعُورٌ بِـ	siente.
شِعْرٌ ج أَشْعَارٌ	poesía.
يَشْهَدُ شَهَادَةٌ	testimonia.
ضِدٌّ ج أَضْدَادٌ	contrario.
ضُعْفٌ	debilidad.
يَعْرِضُ عَرْضٌ عَلَى	muestra, expone a.
يُعَلِّقُ تَعْلِيقٌ عَلَى	comenta.
عَادَةٌ ج اتٌ	costumbre.
فَـ	y [a continuación]. pues.
يَقْبَلُ قَبُولٌ	acepta.
يُقْبِلُ إِقْبَالٌ	viene; está próximo.
يُقَدِّمُ تَقْدِيمٌ	presenta.
يَقْصِدُ قَصْدٌ	se propone/dirige.
يُمْكِنُ إِمْكَانٌ	es posible.
يَتَمَكَّنُ تَمَكُّنٌ مِنْ	se apodera de.
يَمْنَعُ مَنْعٌ مِنْ	prohíbe algo a.
يَنْطِقُ نُطْقٌ عَنْ	pronuncia, habla.
يَنْظُرُ نَظَرٌ إِلَى	mira.
هَلْ	¿acaso?

Nota: En adelante se dará, tras cada verbo, su *maṣdar* y preposición con que se construye.

EJERCICIOS

1. Copiar, leer y traducir:

لَمْ يَظْهَرْ أيُّ أَثَرٍ لِكَلَامِنَا عَلَى ٱلْحَاضِرِينَ - اَلرَّغْبَةُ فِي ٱلْأَمْوَالِ مُتَمَكِّنَةٌ مِنْ قُلُوبِ ٱلنَّاسِ - هَلْ تَقْبَلُ حُكْمَ هٰذَا ٱلْمَلِكِ ٱلَّذِي يَمْنَعُ أَهْلَ ٱلْبَلَدِ عَنْ حُقُوقِهِمْ ؟ - كَيْفَ تَنْطِقِينَ بِهٰذَا ٱلْكَلَامِ أَمَامَ وَالِدَيْكِ ؟ - بَذْلُ ٱلْحَيَاةِ فِي سَبِيلِ ٱلْمَوْلَى هُوَ عَمَلٌ كَرِيمٌ - كَرِهْتُمْ تَقْدِيمَ صَدِيقِكُمْ لَنَا لِضُعْفِهِ فِي ٱللُّغَةِ ٱلْعَرَبِيَّةِ - ذَكَرَ ٱلْمُعَلِّقُ بَعْضَ ٱلشِّعْرِ لِأُسْتَاذِنَا - قَصْدُهُ ٱلْحُصُولُ عَلَى أَمْوَالٍ كَثِيرَةٍ - تَحْدِيدُ ٱلتَّأرِيخِ وَالْمَكَانِ لِٱجْتِمَاعِنَا ٱلْمُقْبِلِ أَمْرٌ مُمْكِنٌ وَمَرْغُوبٌ فِيهِ - اِبْيَضَّتْ وُجُوهُ ٱلنَّاظِرِينَ إِلَيْهِ - حِينَ ذَكَرَ ٱلشَّاهِدُ تِلْكَ ٱلْقِصَّةَ ، مَنَعَهُ ٱلْقَاضِي عَنِ ٱلتَّعْلِيقِ عَلَى حَيَاةِ ٱلْقَتِيلِ ٱلْخَاصَّةِ - قَدِ ٱبْتَدَأَ ٱلْبَحْثُ عَنِ ٱلْمِيَاهِ فِي جِبَالِنَا قَبْلَ سَنَةٍ - لَمْ أَشْعُرْ بِٱلْحُزْنِ عِنْدَ ذِكْرِ شَبَابِي - عَرَضْتُ فِكْرَتِي عَلَيْهِ فَضَحِكَ مِنِّي - اَلْحُضُورُ إِلَى بُيُوتِ ٱلْأَصْدِقَاءِ فِي أَوْقَاتِ ٱلْأَحْزَانِ عَادَةٌ حَسَنَةٌ - اَلْأَمِيرُ ضِدٌّ فِكْرَةِ ٱلْحَرْبِ - اَلْعِلْمُ وَٱلْجَمَالُ وَٱلْمَالُ أُمُورٌ مَرْغُوبٌ فِيهَا

8. Traducir al árabe:

El rey no aceptará la entrada en (la) guerra.- El propósito del triste esclavo es salir (: la salida) de casa de su señor.- La posibilidad del retorno del anciano a la juventud es lejana.- Los que hablan la lengua árabe están presentes.- Los que dan la vida (: dadores de la vida) por (فِي سَبِيل) su país son gente de mérito.- Se ha prohibido a (: han sido prohibidos) los alumnos principiantes (: que comienzan) comentar esta costumbre de los profesores.- El sentimiento dominante entre (: que se ha apoderado de) los estudiantes es la tristeza por la situación de la escuela.- Estas son cosas (شُؤُون) indeseables. - Soy de ordinario (عَادَةً) contrario a mirar hacia atrás. - Buscaremos un lugar para exponer estas fotografías y presentar al autor (صَاحِب) de esta poesía.- La determinación de las normas es asunto que depende (تَابِعٌ لِـ) del concejo.

3. Copiar el ejercicio 1, y el 2 en su versión árabe de la clave, ambos sin vocales ni grafemas auxiliares, y leerlos en voz alta, hasta hacerlo correctamente y entendiéndolos.

Lección 18.ª

Anomalías morfológicas en la flexión verbal

117. Los morfemas de la flexión verbal son los mismos para todos los verbos, pero en aquellos que tienen una raíz de estructura peculiar (v. §52) pueden ocurrir ciertas anomalías, que afectan casi siempre a los temas verbales, al recibir éstos dichos morfemas.

118. Los verbos cuya raíz contiene /'/ ({'23}, {1'3} o {12'}), dejando a un lado las variaciones meramente ortográficas del soporte de *hamza*, condicionadas por el entorno vocálico (v. §22an), ofrecen las siguientes peculiaridades (v. modelos en paradigma 8):

a) Cuando se habría de producir una secuencia */'v'/ dentro de una misma sílaba, el resultado por disimilación es /'v:/. Ejs.: آمَنَ /'a:mana/ «creyó» por */'a-'mana/, أُومِنُ /'u:minu/ «creo» por */'u-'minu/, إِيتَلَفَ /('i):talafa/ «se avino» tras silencio, pero وَأْتَلَفَ /wa-'talafa/ (observar la peculiar grafía del soporte en este caso).

Nota:Fuera de este caso, la conversión de /'/ en /:/, /w/ o /y/, según el entorno vocálico (/a/, /i/ y /u/ respectivamente), es generalmente opcional en poesía, y normal en la mayoría de los dialectos, alguna de cuyas formas han penetrado a veces en el uso clásico, ejs.: خَابِيَةٌ «jarra», مُرُوَّةٌ «hombría de bien» y رِيَاسَةٌ «presidencia», de raíces {ḫb'}, {mr'}, y {r's}. El fenómeno contrario se da en casos como نَؤُومٌ «dormilón», خَؤُونٌ «pérfido», y regularmente en el participio agentivo de raíces {1w/y3} (v. §121d).

b) Alguna raíz {'23}, con el infijo derivacional /-t-/ (§§95d y 97) asimila /'/ con resultado /tt/, vgr., إِتَّخَذَ /('i)ttaḫada/ « adoptó » por */('i)'taḫada/.

c) El imperativo de يَأْكُلُ /ya'kulu/ « come », يَأْخُذُ /ya'ḫudu/ « toma », y opcionalmente el de يَأْمُرُ /ya'muru/ « ordena », pierde su primera sílaba, vgr., كُلْ /kul/ « come», خُذْ /ḫud/ «toma» y مُرْ /mur/ (también أُؤْمُرْ /('u)'mur/) « ordena ». También el verbo يَسْأَلُ /yas'alu/ «pide; pregunta» tiene formas opcionales con elisión de /'/, vgr., سَلْ /sal/ «pregunta», de un apocopado يَسَلْ /yasal/ e indicativo يَسَلُ /yasalu/, llegando incluso a tener formas correspondientes a una raíz {syl}.

119. Los verbos cuya raíz tiene por radicales 2 y 3 la misma consonante (o sea, {122}), en realidad antiguos biconsonánticos que como tales se insertan alfabéticamente en los diccionarios, presentan estas anomalías (v. modelo en paradigma 9):

a) Ante sufijo vocálico, toda secuencia /1v(:)2v2/ elimina la vocal que separaba las radicales idénticas con resultado /1v(:)22/, ejs.: رَدَّ /radda/ «devolvió» por */radad-a/, رُدَّتْ /ruddat/ «fue devuelta» por */rudid-at/, يَرْتَدُّ /yartaddu/ «él apostata» por */yartadid-u/, رَادٌّ /ra:dd^{un}/ «que devuelve» por */ra:did^{un}/.

b) Ante sufijo vocálico, toda secuencia /12v2/ se hace /1v22/ con resalte, ejs. يَرُدُّ /yaruddu/ «devuelve» por */yardud-u/, إِسْتَرَدَّ /(’i)staradda/ «recuperó» por */(’i)stardad-a/.

c) En las inflexiones sin sufijo de apocopado e imperativo es opcional una forma totalmente regular o la solución de b), con adición de una vocal eufónica final que puede ser /i/ o /a/, incluso /u/ si lo es la vocal resaltada, ejs.: إِفْرِرْ /(’i)frir/ o فِرِّ /firra/i/ «huye», إِمْسَسْ /(’i)msas/ o مَسِّ /massa/i/ «toca», أُمْدُدْ /(’u)mdud/ o مُدِّ /mudda/i/u/ «tiende».

Notas:

1) De añadirse sufijo pronominal, la vocal eufónica se armoniza a éste, ejs.: رُدُّهُ «devuélvelo», عَضَّهَا «muérdela», y de comenzar la palabra siguiente por /(’v)KK/ se evitará /u/ eufónica, que se confundiría fonéticamente con el plural, según §15bn1.

2) A veces se dan formas normales (ejs.: ضَبِبَ «estuvo lleno de lagartos», مُحَاجَجَة «protesta»), disimilaciones (ejs.: تَظَنَّى por تَظَنَّنَ «opinar», قَصَّيْتَ por قَصَّصْتَ «recortaste», إِسْتَسْرَيْتَ por إِسْتَسْرَرْتَ «tomaste una concubina») y formas haplológicas (ejs. ظَلْتَ y ظِلْتَ por ظَلِلْتَ « seguiste » , مِسْتَ por مَسِسْتَ «tocaste», رَدْتُ por رَدَدْتُ «devolví», رَدْنَ por رَدَدْنَ «ellas devolvieron», أَحَسْتُ por أَحْسَسْتُ «sentí»), todas ellas de carácter dialectal. También el elativo (v. §144) y, opcionalmente, muchos nombres se ajustan a las reglas a) y b).

120. Los verbos con morfema radical {w23} o {y23} ofrecen estas peculiaridades (v. modelos en paradigma 10):

a) Las secuencias */iw/ o */iy/ y */uy/ o */uw/ que pudieran producirse dentro de una misma sílaba se asimilan respectiva y forzosamente en /i:/ y /u:/. Ejs.: إِيدَدْ /(’i):dad/ «ama» por */(’i)wdad/ y يُوقِظُ /yu:qiẓu/ «despierta» por */yu-yqiẓu/. Esta es una regla constante y casi sin excepción en la fonología árabe.

b) Con el infijo derivacional /-t-/ hay siempre asimilación de /w/ o /y/ y resultado /tt/. Ejs.: إِتَّفَقَ /(’i)ttafaqa/ «sucedió» por */(’i)wtafaqa/, إِتَّسَرَ /(’i)ttasara/ «se sorteó» por */(’i)ytasara/.

c) /w/ desaparece en el imperfectivo, imperativo y *maṣdar* de forma {2v3a[t]} de los verbos que tienen un tema de imperfectivo {(w)KiK}, y algunos con tema de imperfectivo {(w)KaK}. Ejs.: وَجَدَ /wağada/ « encontró » ~ يَجِدُ /yağidu/ « él encuentra », جِدْ /ğid/ «encuentra tú», تَلِدُ /talidu/ «ella da a luz», لِدَةٌ /lida[t]/ «nacimiento», سَعَةٌ /sa‘a[t]/ «capacidad».

Notas:

1) Los verbos de tema imperfectivo {(w) KaK} aludidos son: يَدَعُ y يَذَرُ «deja» (inusitados en perfectivo), يَزَعُ «contiene», يَمَأُ «hace gestos/señas», يَسَعُ «tiene capacidad», يَضَعُ «pone», يَطَأُ «pisa» (perfectivo وَطِئَ), يَقَعُ «cae», يَهَبُ «da».

2) La caída de /w/ se observa también en algunos nombres ḍeverbales con prefijo /tv-/, ejs.: تُرَاثٌ «herencia» y تُخَمَةٌ «indigestión».

3) Es curioso el imperativo عِمْ, usado en el viejo saludo عِمْ صَبَاحاً «buenos días», que viene de una raíz {n‘m}, pero se comporta aquí como {w‘m}.

VOCABULARIO

يَتَّخِذُ اِتِّخَاذٌ adopta, toma.

يَأْمُرُ أَمْرٌ بِـ ordena, manda.

يَتَآمَرُ مُؤَامَرَةٌ conspira.

يُؤْمِنُ إِيمَانٌ بِـ cree en.

إِيمَانٌ fe.

يَتِمُّ تَمَامٌ tiene lugar; acaba.

يَجُرُّ جَرٌّ arrastra.

يُحِبُّ حُبٌّ ama.

يَحُلُّ حُلُولٌ بِـ cae sobre.

يَدُلُّ دَلَالَةٌ عَلَى guía a, indica.

يَرُدُّ رَدٌّ إِلَى devuelve a.

يَسْأَلُ سُؤَالٌ pide; pregunta.

يَشْتَدُّ اِشْتِدَادٌ se intensifica.

يَظُنُّ ظَنٌّ cree, opina.

يَعُدُّ عَدٌّ cuenta; considera.

عَرْشٌ ج عُرُوشٌ trono.

يَقْرَأُ قِرَاءَةٌ lee.

يَمُرُّ مُرُورٌ بِـ pasa por.

يَمَسُّ مَسِسْتَ مَسٌّ toca.

يَثِقُ وَثِقَ ثِقَةٌ بِـ se fía de.

يَجِبُ وَجَبَ وُجُوبٌ عَلَى es debido, se debe.

يَوَدُّ وَدِدْتَ وَدٌّ quiere, le gusta.

يَصِفُ وَصَفَ وَصْفٌ بِـ describe como.

يَعِدُ وَعَدَ وَعْدٌ بِـ promete.

يَتَّفِقُ اِتِّفَاقٌ sucede. بِـ está de acuerdo con.

يَقَعُ وَقَعَ وُقُوعٌ cae. sucede.

يَقِفُ وَقَفَ وُقُوفٌ se para. está de pie.

تَلِدُ وَلَدَتْ وِلاَدَةٌ da a luz, pare. [no-agentivo: nace].

يَتَوَلَّى تَوَلٍّ accede.

يُوقِظُ أَيْقَظَ إِيقَاظٌ despierta.

Nota: En los verbos de estructura radical peculiar, el imperfectivo puede ir seguido de otras formas del perfectivo (3.ª o 2.ª persona singular masculina) que dan el resto de la información necesaria para la conjugación completa de estos verbos.

EJERCICIOS

1. Copiar, leer y traducir:

اَلْـمُسْلِمُونَ هُمُ ٱلْمُؤْمِنُونَ بِٱللهِ وَرَسُولِهِ- يَشْتَدُّ ٱلْحَرُّ فِي هٰذَا ٱلشَّهْرِ عَادَةً - لَمْ أَظُنَّهُ كَرِيماً وَلَمْ أَثِقْ بِإِيمَانِهِ ٱلَّذِي يَتَّخِذُهُ سَبِيلاً إِلَى مَا يَطْلُبُهُ مِنَ ٱلْأَمْوَالِ وَٱلْحُكْمِ - كُلْ طَعَامَكَ وَلاَتَمْسَسْ هٰذَا ٱللَّحْمَ - تَمَّ ٱلاِجْتِمَاعُ وَلَمْ يَقَعِ ٱتِّفَاقٌ بَيْنَ الْوُزَرَاءِ عَلَى مَايَجِبُ ٱتِّخَاذُهُ لِلْخُرُوجِ مِمَّا حَلَّ بِٱلدَّوْلَةِ - لَنْ تُرَدِّي إِلَى دَارِ مَوْلاَكِ - دُلُّونِي عَلَى كِتَابٍ أَقْرَؤُهُ - وَلَدَتِ ٱلْأَمِيرَ أُمُّ وَلَدٍ (una esclava-madre) لِلسُّلْطَانِ بَعْدَ جُلُوسِهِ عَلَى ٱلْعَرْشِ بِثَمَانِيَةِ أَشْهُرٍ - لاَ تُوقِظْنِي غَداً قَبْلَ ٱلثَّامِنَةِ صَبَاحاً - صِفَا لِي صُورَةَ ٱلرِّجَالِ ٱلْوَاقِفِينَ أَمَامَكُمَا - وَدِدْنَا أَنْ نَسْأَلَهُ سُؤَالاً - يَجْرُرْنَ ثِيَابَهُنَّ عَلَى ٱلْأَرْضِ حِينَ يَمْرُرْنَ بِنَا - اِسْأَلِيهَا عَنِ ٱسْمِهَا وَأَصْلِهَا - عِدِينِي أَنْ سَتُحَيِّينَنِي عَلَى كُلِّ حَالٍ - لِمَاذَا يَعُدُّونَ دَرَاهِمَهُمُ ٱلْآنَ ؟-يَتَآمَرُونَ عَلَى ٱلْمَلِكِ وَيَزْعُمُونَ حُبَّهُ - مَتَى تَوَلَّى ٱلْعَرْشَ مَوْلاَنَا ٱلسُّلْطَانُ مُحَمَّدٌ ٱلثَّانِي ؟ مُرْنَا بِمَا وَدِدْتَ فَنَفْعَلَ .

2. Traducir al árabe:

Nos han ordenado despertarlos (بِإِيقَاظِهِمْ) dentro de dos horas.- No me fiaba de que devolviera el libro.- ¿Acaso crees [fem.] que (él) te ame?- Debes (يَجِبُ عَلَيْكَ أَنْ) pedirle que cuente el dinero delante de vosotros dos.- Ha tenido lugar la reunión y ha sucedido lo que no queríamos.- Prometedles todas las riquezas del mundo.- Nos lo describen como virtuoso y sabio (: con virtud y ciencia).- Ellas quieren que les indiquemos el lugar de reunión de los conspiradores.- Ellas nacieron cuando su padre, el sultán, accedió al trono.- No te pares delante del libro, y léelo en voz alta.- Pasad por la puerta de mi casa antes de que se intensifique el calor.- No arrastres tu ropa por el suelo.

3. Copiar el ejercicio 1, y la versión árabe del 2 (de la clave), ambos sin vocales ni grafemas auxiliares, y leerlos en voz alta, hasta hacerlo correctamente y entendiéndolos.

Lección 19.ª

Anomalías morfológicas en la flexión verbal (Continuación)

121. Los verbos con morfema radical {1w3} o {1y3} ofrecen estas peculiaridades (v. modelos en paradigma 11):

a) Ante sufijo consonántico o cero (o sea, sin sufijo), toda secuencia *{1wv3} o *{1yv3} se hace {1v3}, mientras ante sufijo vocálico el resultado es {1v:3}. Ejs.: لَمْ يَكُنْ /lam yakun/ «no fue» por */yakwun/, كُنْ /kun/ «sé», لَمْ يَسِرْ /lam yasir/ «no marchó» por */yasyir/, سِرْ /sir/ «ve», لَمْ يَخَفْ /lam yaḫaf/ «no temió» por */yaḫwaf/, خَفْ /ḫaf/ «teme», اِسْتَكَنْتُ /(’i)stakantu/ «me humillé» por */(’i)stakwantu/; يَكُونُ /yaku:nu/ «será» por */yakwun-u/, يَسِيرُ /yasi:ru/ «va» por */yasyir-u/, يَخَافُ /yaḫa:fu/ «teme» por */yaḫwaf-u/, اِسْتَكَانَ /(’i)staka:na/ «se humilló» por */(’i)stakwan-a/, أَمَاتَ /’ama:ta/ «hizo morir» por */’amwa:t-a/, يُمِيتُ /yumi:tu/ «hace morir» por */yumwit-u/, مَقُولٌ /maqu:l^{un}/ «dicho» por */maqwu:l^{un}/ (éste con vocal y /:/).

b) Ante sufijo vocálico, toda secuencia *{1awa3}, {1awi3}, {1aya3} o {1ayi3} se hace {1a:3}. Ejs.: قَالَ /qa:la/ «dijo» por */qawal-a/, خَافَ /ẖa:fa/ «temió» por */ẖawif-a/, بَاتَ /ba:ta/ «pernoctó» por */bayit-a/, سَارَ /sa:ra/ «marchó» por */sayar-a/, يَخْتَارُ /yaẖta:ru/ «escoge» por */yaẖtayir-u/. Las mismas secuencias ante sufijo consonántico dan {1a3} en temas con más de tres consonantes (ejemplos: يَنْقَدْنَ /yanqadna/ «ellas se dejan llevar» por */yanqawid-na/, إِخْتَرْتُ /(ʼi)ẖtartu/ «escogí» por */(ʼi)ẖtayar-tu/), {1u3} en verbos con tema imperfectivo {KKuK} (ej.: قُلْتُ /qultu/ «dije» por */qawal-tu/), y {1i3} en verbos con tema imperfectivo {KKiK} o {KKaK} (ejs.: سِرْتُ /sirtu/ «marché» por */sayar-tu/, خِفْتُ /ẖiftu/ «temí» por */ẖawif-tu/, y بِتُّ /bittu/ «pernocté» por */bayit-tu/).

c) En el tema perfectivo no-agentivo, *{1uwi3} o {1uyi3} se hace {1i:3} ante sufijo vocálico , y {1i3} ante sufijo consonántico . Ejs.: قِيلَ /qi:la/ «se dijo» por */quwil-a/, بِيعَ /bi:ʻa/ «fue vendido» por */buyiʻ-a/, خِيفَ /ẖi:fa/ «fue temido» por */ẖuwif-a/, قِلْتُ /qiltu/ «se me dijo» por */quwil-tu/, بِعْتُ /biʻtu/ «fui vendido» por */buyiʻ-tu/.

Nota: En algunos dialectos, ante sufijo consonántico el tema era {1i3} cuando la inflexión correspondiente de agentivo tenía {1u3}, y viceversa, para evitar ambigüedad, de donde resultaba بُعْتُ «fui vendido» y خُفْتُ «fui temido». Más raro era el uso para el tema no-agentivo de perfectivo de {1u(:)3}, o incluso una forma con la vocal [ü].

d) En el participio agentivo de tema {KKvK}, /w/ y /y/ se hace /ʼ/ (ejs.: كَائِنٌ /ka:ʼin^{un}/ «existente ; ser» por */ka:win^{un}/, سَائِرٌ

/sa:'ir^{un}/ «que marcha» por */sa:yir^{un}/), mientras el no-agentivo del mismo tema en raíces {1y3} suele dar {ma1i:3} (ej.: مَبِيعٌ /mabi:'^{un}/ « vendido » , aunque no falta en este caso alguna inflexión normal como مَبْيُوعٌ /mabyu:'^{un}/).

e) Los *maṣdares* con prefijos derivacionales /'i-/ y /('i)sti-/ (formas IV y X) suelen tener las formas {'ila:2a^{t}} y {('i)stila:3a^{t}} respectivamente (ejs.: إِقَامَةٌ /'iqa:ma^{t}/ «residencia» por */'iqwa:m^{un}/, y إِسْتِقَامَةٌ /('i)stiqa:ma^{t}/ «rectitud» por */('i)stiqwa:m^{un}/). En otros *maṣdares*, la secuencia /iwa:/ generalmente se hace /iya:/ (ej.: إِنْقِيَادٌ /('i)nqiya:d^{un}/ «docilidad» por */('i)nqiwa:d^{un}/).

Notas:

1) El prefijo eufónico del perfectivo no agentivo de temas {KKuK(K)iK} de estas raíces puede vocalizar con /u/ paradigmática o /i/ armónica, ej.: إِخْتِيرَ o أُخْتِيرَ «fue escogido».

2) Algunas de estas raíces tienen inflexiones normales, vgr., سُوِدَ «fue negro», إِزْدَوَجَ «fue doble», أَعْوَزَ «quedó en la miseria», إِسْتَجْوَبَ «interpeló», etc.

3) Otras anomalías en estas raíces son يَكُ (retórico, y no usado ante artículo) por يَكُنْ , مِتُّ por مُتُّ «morí», إِخَالُ «creo» por أَخَالُ , زِيلَ «cesó» y كِيدَ «estuvo a punto de» por زَالَ y كَادَ , los haplológicos إِسْطَاعَ y إِسْطَالَ por إِسْتَطَالَ «pudo» y إِسْتَطَاعَ «se alargó», y los participios, con disimilaciones, جَاءٍ «que viene» y آيِبٌ «que retorna».

122. Los verbos con morfema radical {12w} o {12y} ofrecen estas peculiaridades (v. conjugación de modelos en paradigma 12):

a) En perfectivo agentivo, con los sufijos de 3.ª persona fem. sglr. y dual la secuencia */awat(a:)/ o */ayat(a:)/ contrae en /at(a:)/ (ejs.: غَزَتْ /ḡazat/ «ella invadió» por */ḡazaw-at/, رَمَتَا /ramata:/ «ellas dos dispararon» por */ramay-ata:/). Idéntica eliminación sufren las secuencias /iw/, /uw/ e /iy/ ante sufijos que comienzan con /u:/ o /i:/ (ejs.: رَضُوا /raḍu:/ « estuvieron satisfechos » por * /raḍiw-u:/, يُلْقُونَ /yulqu:na/ « ellos echan » por * /yulqiy-u:na/ تَغْزِينَ /tag̲zi:na / « tú [fem.] invades» por */tag̲zuw-i:na/, رُمُوا /rumu:/ «se les disparó» por */rumiy-u:/, يَغْزُونَ /yag̲zu:na/ «ellos invaden» por */yag̲zuw-u:na/, سَرُوا /saru:/ «fueron nobles» por */saruw-u:/). En cambio, ante esos mismos sufijos, las secuencias /aw/ y /ay/ dan resultado /aw/ ante /u:/ y /ay/ ante /i:/ (ejs.: غَزَوْا /g̲azaw/ «invadieron» por */g̲azaw-u:/, يُرْمَوْنَ /yurmawna/ «a ellos se les dispara» por */yurmay-u:na/, تَلْقَيْنَ /talqayna/ «tú [fem.] encuentras» por */talqay-i:na/, يَرْضَوْنَ /yarḍawna/ «están satisfechos» por */yarḍaw-u:na/).

b) Ante el sufijo /-a/ de 3.ª persona sglr. perfectivo, /aw/ y /ay/ contraen en /a:/, que se escribe como › ى ‹ salvo en los temas {KaKvw} (triconsonánticos con 3.ª radical /w/). Ejs.: رَمَى /ramà/ «disparó» por */ramay-a/, غَزَا /g̲aza:/ «invadió» por */g̲azaw-a/, أَغْزَى /'ag̲zà/ «mandó invadir» por */'ag̲zaw-a/.

c) El imperfectivo indicativo no usa el sufijo /-u/, ni tampoco se usa el de subjuntivo /-a/ en temas {KKaw} o {KKay}, de donde resultan secuencias /ay/, /iy/, /uw/ en posición final que, naturalmente se convierten en vocales largas (escritas › ى ‹, › ي ‹ y › و ‹, ejs.: يَرْضَى /yarḍà/ «está satisfecho» en indicativo o subjuntivo, يَرْمِي /yarmi:/«dispara», يَغْزُو /yag̲zu:/ «invade»). También ante sufijo consonántico /iy/ y /uw/ se convierten en /i:/y /u:/ (ejs.: رَضِينَا /raḍi:-na:/ «estuvimos satisfechos», يَغْزُونَ /yag̲zu:-na/ «ellas invaden»). En cambio, en apocopado e imperativo, /ay/, /iy/ y /uw/ finales quedan reducidos a la vocal (ejs.: إِرْمِ /(ʼi)rmi/ «dispara», أُغْزُ /(ʼu)ḡzu/ «invade», إِرْضَ /(ʼi)rḍa/ «conténtate».

d) En temas de más de tres consonantes, toda radical última /w/ es tratada como /y/, ejs.: يُعْلَى /yuʻlà/ «es alzado» por */yuʻlaw-u/, يَتَرَاضَيَانِ /yatara:ḍaya:ni/ «están satisfechos uno con otro» por */yatara:ḍawa:ni/.

e) En participio no-agentivo de forma {ma12u:3}, el infijo /-u:-/ es asimilado por la radical /w/ o /y/ (por ésta incluso, cuando sin ser radical, predomina en las inflexiones, como مَرْضِيٌّ /marḍiyy^{un}/ «satisfactorio»), vgr., مَغْزُوٌّ /maḡzuww^{un}/ «invadido», مَرْمِيٌّ /marmiyy^{un}/ «tirado».

f) En los participios agentivos y *maṣdares* se observan las reglas de §50d y §52d, vgr., رَامٍ /ra:m^{in}/ «tirador» por */ra:miy^{un}/, تَلَاقٍ /tala:q^{in}/«encuentro mutuo» por */tala:quy^{un}/, لِقَاءٌ /liqa:ʼ^{un}/«encuentro» por */liqa:y^{un}/.

Notas:

1) La contracción de b) se da en algunos dialectos incluso en perfectivos de tema {KaKiy} o no agentivos, vgr., رُمَى «fue disparado», بَقَى «permaneció» por رُمِيَ y بَقِيَ .

2) Algún verbo cuadriconsonántico (como يُسَلْقِي ~ سَلْقَى «tumbar») y la forma XV siguen las reglas de los verbos de raíz {12y}. Los verbos {12w/y} no utilizan las formas IX y XI, aunque suele decirse que إِرْعَوَى «desistir» es una IX de {rʻw} con disimilación.

123. Algunos verbos tienen raíces doblemente peculiares, en una de estas combinaciones:

a) Una de las radicales es /ʼ/ y otra /w/ o /y/: se observan las reglas combinadas de ambas anomalías. Pero de {r'y} en tema {KKvK}, frente al perfectivo رَأَى /ra'à/ «vio», el imperfectivo es يَرَى /yarà / « ve » (de donde un imperativo رَ /ra/) , y en tema {'aKKvK} se pierde /'/en toda la conjugación (perfectivo أَرَى /'arà/ «mostró», imperfectivo يُرِي /yuri:/ «muestra», imperativo أَرِ /'ari/). También el verbo يَأْتِي /ya'ti:/ «viene» tiene un imperativo تِ /ti/ «ven».

b) La radical 1 es /w/ o /y/, y la 3 también: se observan las reglas combinadas de ambas anomalías, de donde resultan apocopados e imperativos reducidos a una consonante radical, vgr., لِ /li/ «sigue», قِ /qi/ «protege» y فِ /fi/ «cumple» de وَلِيَ /waliya/ ~ يَلِي /yali:/, وَقَى /waqà/ ~ يَقِي /yaqi:/ y وَفَى /wafà/ ~ يَفِي /yafi:/.

c) Morfema radical {1wy}: /w/ se comporta como una consonante normal y se siguen sólo las reglas de {12w/y}.

d) Los verbos حَيِيَ /ḥayiyà/ ~ يَحْيَا /yaḥyà/ «vivir» y عَيِيَ /'ayiyà/ ~ يَعْيَا /ya'ya:/ « cansarse » , que admiten también ser conjugados como {122}, o sea, حَيَّ /ḥayya/ ~ يَحَيُّ /yaḥayyu/ y عَيَّ /'ayya/ ~ يَعَيُّ /ya'ayyu/.

Nota: De اِسْتَحْيَا ~ يَسْتَحْيِي «avergonzarse» se ha retroformado un اِسْتَحَى ~ يَسْتَحِي. Aun hay alguna otra rareza como هَرَاقَ ~ يُهْرِيقُ, imperativo هَرِقْ y perfectivo retroformado أَهْرَاقَ «derramar», en realidad una forma IV con /ha-/ en lugar de /'a-/.

VOCABULARIO

بَدَا يَبْدُو بَدْوَت (a)parece, es aparente.

بَقِيَ بَقَاءٌ — queda.

يَبِيعُ بَاعَ بِعْتَ بَيْعٌ — vende.

يُجِيبُ أَجَابَ إِجَابَةٌ — contesta.

يَجِيءُ جَاءَ جِئْتَ مَجِيءٌ — viene.

يَحْكِي حَكَى حِكَايَةٌ — relata, cuenta.

يَحْتَاجُ اِحْتَاجَ إِلَى — necesita.

يَخْشَى خَشْيَةٌ — teme que.

يَخَافُ خَافَ خِفْتَ خَوْفٌ — teme a.

يَدْنُو دَنَا دَنَوْتَ دُنُوٌّ — se acerca.

يَرْمِي رَمَى رَمْيٌ — tira, arroja.

يُرِيدُ أَرَادَ أَرَدْتَ إِرَادَةٌ — quiere, desea.

يَزُورُ زَارَ زُرْتَ زِيَارَةٌ — visita.

يُسَمِّي سَمَّى تَسْمِيَةٌ — llama. fija.

يَسِيرُ سَارَ سِرْتَ سَيْرٌ — va; marcha.

يَشَاءُ شَاءَ شِئْتَ مَشِيئَةٌ — quiere.

يَصِيرُ صَارَ صِرْتَ — ocurre; se hace.

يَسْتَطِيعُ اِسْتَطَاعَ اِسْتِطَاعَةٌ — puede.

يُعْطِي أَعْطَى إِعْطَاءٌ — da.

يَعِيشُ عَاشَ عِشْتَ عَيْشٌ — vive.

يَقُولُ قَالَ قُلْتَ قَوْلٌ — dice.

يَقُومُ قَامَ قُمْتَ قِيَامٌ — se levanta.

يُقِيمُ أَقَامَ أَقَمْتَ إِقَامَةٌ reside; permanece.

يَكُونُ كَانَ كُنْتَ كَوْنٌ será; estará; habrá.

يَلْقَى لِقَاءٌ encuentra a.

يَمْشِي مَشَى مَشْيٌ anda; va.

يَمْضِي مَضَى مُضِيٌّ se va; pasa.

يَمُوتُ مَاتَ مُتَّ مَوْتٌ muere.

يَنْسَى نِسْيَانٌ olvida.

يَنْتَهِي اِنْتَهَى اِنْتِهَاءٌ termina.

EJERCICIOS

1. Copiar, leer y traducir:

قُلْتُ لَهُ مَا بَدَا لِي - لاَ تَنْسَ أَنْ تَجِيءَ غَداً - لَمْ تَبِعْ دَارَكَ - لَنْ نَسْتَطِيعَ أَنْ
نَعِيشَ هُنَا - أَقَمْتُمْ بِٱلْمَدِينَةِ وَلَمْ تَزُورُوا وَالِدَيْكُمْ فِي هٰذِهِ ٱلْمُدَّةِ كُلِّهَا ؟ -
أَجِيبِينِي ، هَلْ تَحْتَاجِينَ إِلَيَّ ؟ - صَارَ مَا خَشِينَاهُ - لاَ تَخَفْ وَاحْكِ لِي قِصَّتَكَ - اِنْتَهَتِ
ٱلدُّرُوسُ فَمَضَوْا إِلَى بُيُوتِهِمْ - لَنْ يَمُتْنَ وَلَنْ يَلْقَيْنَ جُوعاً فِي قَرْيَتِهِنَّ - سَمِّ وَقْتاً لأَجِيءَ
إِلَيْكَ - تُرِدْنَ أَنْ تَمْشِينَ إِلَى بُيُوتِكُنَّ ؟ - لِيَدْنُ مِنَّا وَلْنَقُمْ إِلَيْهِ - لاَ تَرْمِ ٱلْكَلْبَ
بِٱلْحَجَرِ - سِرْ حَيْثُ شِئْتَ - أَعْطِنِي حَقِّي - لَمْ يَكُنْ مَعَنَا فِي ذٰلِكَ ٱلْيَوْمِ - لَمْ يَجِئْ
بَائِعُ ٱلْخُبْزِ أَمْسِ - حِينَ ٱحْتَجْتُ إِلَيْهِ لَمْ أَسْتَطِعْ أَنْ أَلْقَاهُ - مَضَى لِسَبِيلِهِ فَنَسِيتُ
قِصَّتَهُ - أَعْطُونَا حَاجَتَنَا فَنَمْضِيَ - فَلْيَكُنْ مَا شَاءَ ٱللهُ - قُلْ لَنَا ٱلْحَقِيقَةَ - عِشْتُ فِي
دَارِ أَبِيهِ مُدَّةً - لاَ تَخْشَ أَنْ يَحُلَّ بِكَ مَا تَكْرَهُ .

2. Traducir al árabe:

Apareció la aldea en la cima (: cabeza) del monte.- Quédate en (tu) casa.- No ha muerto aún.- Vete antes de que venga el profesor y te encuentre.- Necesitamos un tirador (que) vaya con nosotros.- Temo que olvidemos la puerta abierta.- No temáis y acercaos a mí para que os diga lo que respondió el juez.- No podréis vender el burro en la aldea a la que vais.- ¡Viva el rey!- Levántate [fem.] y visita a tu madre.- Ella no quiere fijar momento para hablar (لِلْحَدِيث) conmigo.- Sé (: hazte) lo que quieras, pero (وَ) no te hagas juez.- Acabó la guerra.- No tiréis el pan a los perros, (y) dádselo al niño.- Me gustaría poder (وَدِدْتُ أَنْ أَسْتَطِيعَ) habitar con vosotros.

3. Copiar el ejercicio 1, y la versión árabe del 2 (de la clave), ambos sin vocales ni otros grafemas auxiliares, y leerlos en voz alta, hasta hacerlo correctamente y entendiéndolos.

Lección 20.ª

Sintagma y oración verbales

124. El sintagma verbal puede ser simple, cuando está integrado por una sola inflexión finita (perfectivo, imperfectivo o imperativo) del verbo (ejs.: قُلْ /qul/ «di», كَتَبَ /katab[a]/ «escribió», يَنْصَرِفُ /yanṣarif[u]/ «se marcha») o bien recibir extensiones, ya nominales (como un objeto en acusativo, o un sintagma marginal del tipo de las frases preposicionales de §61), o del tipo conjuntivo (v. §131 y ss.), ya verbales (como los verbos modificadores de §136).

125. El sintagma verbal constituye el predicado (o comentario hecho sobre un sujeto o tema) de una oración verbal. Generalmente es seguido por su sujeto, y éste, por las extensiones propias y de aquél, debiendo en tal caso haber entre verbo y sujeto concordancia de género únicamente (con observación de §49 y §62n1). Ej.: كَتَبَ ٱلْوُزَرَاءُ ٱلْجُدُدُ رِسَالَةً إِلَى ٱلأَمِيرِ /kataba l-wuzara:'u l-ǧududu risa:latan 'ilà l-'ami:r[i]/ «los nuevos ministros escribieron una carta al príncipe»,

قَالَتِ ٱلْـمُعَلِّمَـاتُ ذٰلِكَ /qa:lati l-mu'allima:tu d̲a:lik[a]/ «las maestras dijeron eso». En cambio, todo sujeto que precede a su verbo, concuerda con éste en género y número, vgr., أَوْلَادِي قَدِمُوا /'awla:di: qadimu:/ «mis hijos han llegado, اَلْبَنَاتُ ذَهَبْنَ /('a)l-bana:tu d̲ahabn[a]/ «las muchachas han ido», اَلْكُتُبُ رُدَّتْ /('a)l-kutubu ruddat/ «los libros han sido devueltos».

Notas:

1) En la oración verbal, sólo en el caso de copulación de verbos o de sobreentenderse el sujeto, deja éste de seguir a su verbo, vgr., en قَدِمَ ٱلْأَمِيرُ وَجَلَسَ /qadima l-'ami:ru wa-ǧalas[a]/ «llegó el príncipe y se sentó», مَطَرَتِ (ٱلسَّمَـاءُ) /maṭarat(i s-sama:'[u])/ «llovió», كَفَى بِٱللهِ شَهِيداً /kafà bi-lla:hi šahi:da[n]/ « basta con Dios como testigo », ذَهَبَتْ مَثَلاً /d̲ahabat mat̲ala[n]/ «(la cosa) se hizo proverbial», لَـمَّا كَانَ فِي ٱلْغَـدِ /lamma: ka:na fi l-ġad[i]/ «cuando fue (en) el día siguiente».

2) Fuera de estos casos, cuando un sujeto precede a su verbo, se produce un tipo híbrido de oración, con predicación verbal (o sea, aspecto-temporal), pero «enfocada» sobre el sujeto con la insistencia propia de la oración nominal, resultando una predicación similar a la de ciertas oraciones de relativo. Así, mientras que قَدِمَ أَوْلَادِي /qadima 'awla:di:/ sencillamente informa de un hecho, «han llegado mis hijos», أَوْلَادِي قَدِمُوا /'awla:di: qadimu:/ pone además de relieve al sujeto, o sea, «son mis hijos los que han llegado». Actualmente, este recurso se utiliza a menudo en titulares de prensa, vgr., اَلْـمَلِكُ وَصَلَ /('a)l-maliku waṣal[a]/ «el rey ha llegado», frente al anodino وَصَلَ ٱلْـمَلِكُ

/ waṣala l-malik[u] / que podrá luego encontrarse en el texto , simplemente informando del día, hora y otras circunstancias meramente informativas. Cuando el sujeto es un pronombre, se obtiene el mismo efecto utilizando la forma autónoma ante el verbo, vgr., أَنَا رَأَيْتُ ٱلْمَلِكَ /'ana ra'aytu l-malik[a]/ «yo [y no otro] he visto al rey».

126. La concordancia en la oración verbal queda neutralizada en favor del masc. sglr. cuando el sujeto va precedido por إِلاَّ /'illa:/ «sino» (ej.: مَا جَاءَ إِلاَّ فَاطِمَةُ /ma: ğa:'a 'illa: Fa:ṭima[u]/ «no vino sino F.») y, en periodos antiguos, opcionalmente cuando media cualquier palabra entre sujeto y verbo o en el caso de un pl. fracto irracional (ejs.: قَالَ لَهُ ٱلنِّسَاءُ /qa:la lahu: n-nisa:'[u]/ «dijéronle las mujeres», مَتَى كَانَ ٱلْخِيَامُ / matà ka:na l-ḫiya:m[u] / « cuando las tiendas estaban...», rarísimo con racionales como بَكَى بَنَاتِي /bakà bana:ti:/ «lloraron mis hijas»). Pero son muy frecuentes los casos de concordancia por el sentido, como إِسْتَرْخَتْ جَمِيعُ أَعْضَائِي /('i)starḫat ğami:'u 'a'ḍa:'i:/ «se aflojaron todos mis miembros».

Extensiones nominales

A) Acusativos

127. La extensión más común del sintagma verbal es un sintagma nominal en caso acusativo, exigido por la rección verbal y, etimológicamente, el caso «adverbial». Semánticamente, la función puede ser:

a) Objeto o complemento directo, recipiente de la acción en los verbos transitivos, que siempre pueden tener uno (ejs.: ضَرَبَنِي

/ḍaraba-ni:/ «me pegó», كَتَبَ رِسَالَةً /kataba risa:la^{tan}/ «escribió una carta»). Algunos pueden tener dos, bien se trate de un objeto más y otro menos directo (ej.: أَعْطَانِي ٱلْكِتَابَ /'a'ṭa:-ni(ya) l-kita:b^{a}/ «me dio el libro»), en cuyo caso suele haber construcción alternativa donde uno o los dos objetos se rigen mediante preposición (ej.: أَعْطَى ٱلْكِتَابَ لِي /'a'ṭà l-kita:ba li:/), o bien de verbos de conversión o aprehensión, que transforman en dos acusativos al sujeto y predicado de la oración nominal que sirve de punto de partida, vgr., de اَلْبَيْتُ خَرَابٌ /('a)l-baytu ḫara:b^{un}/ «la casa es una ruina», جَعَلَ ٱلْبَيْتَ خَرَابًا /ǧa'ala l-bayta ḫara:ba^{n}/ «hizo la casa una ruina», y de مُحَمَّدٌ كَرِيمٌ /Muḥammadun kari:m^{un}/ «M. es generoso», أَظُنُّ مُحَمَّدًا كَرِيمًا /'aẓunnu Muḥammadan kari:ma^{n}/ «creo que M. es generoso». También rigen dos acusativos los transitivos causativos, vgr., أَسْمَعْتُهُ كَلَامًا /'asma'tu-hu: kala:ma^{n}/ «le hice oír palabras»; incluso hay causativos de verbos de conversión o aprehensión que pueden tener tres objetos, vgr., أَرَانِي ٱلْعِلْمَ نُورًا /'ara:-ni l-'ilma nu:ra^{n}/ «me hizo ver que la ciencia es luz».

Nota: Los verbos más frecuentes de esta clase son, de conversión, يُصَيِّرُ y يَرُدُّ «torna, hace, vuelve», يُغَادِرُ y يَتْرُكُ «deja», يَتَّخِذُ «toma por/ como», de aprehensión: يَعْلَمُ y يَدْرِي «sabe», يَجِدُ y يُلْفِي «encuentra», يَرَى «ve», يَظُنُّ , يَحْسِبُ , يَعُدُّ y يَخَالُ «piensa, considera, cree», يَزْعُمُ «pretende», يَحْجُو «opina», هَبْ «supón»; y causativos de conversión o aprehensión: يُرِي «hace ver, muestra», يُعْلِمُ «hace saber» y, usados sobre todo en voz no-agentiva, يُنْبِئُ , يُنَبِّئُ , يُخَبِّرُ , يُخْبِرُ , يُحَدِّثُ y «informa». El verbo يَجْعَلُ requiere especial atención, pues además de su uso en el sentido de «poner», como verbo de aprehensión significa «considerar», como verbo de conversión «hace, torna», y como modificativo «empieza a». Al transformarse una oración con dos objetos en no-agentiva, el objeto menos directo se convierte en sujeto, vgr., أُعْطِيتُ ٱلْكِتَابَ «se me dio el libro», أُسْمِعَ كَلَامًا «se le hizo oír palabras».

En lugar de la construcción con dos objetos, se puede introducir la oración nominal con أَنَّ seguida de sujeto en acusativo (ej.: أَظُنُّ أَنَّ مُحَمَّدًا كَرِيمٌ «creo que M. es generoso»). Cuando el predicado es verbal, son frecuentes los casos de contaminación de ambos tipos de construcción, como وَجَدْتُ ٱلْبَابَ قَدْ فُتِحَ «encontré que la puerta había sido abierta», أَظُنُّنِي قَدْ صَدَقْتُ «creo haber dicho la verdad», خُبِّرْتُهَا قَالَتْ «he sido informado de que ella dijo». Otra posibilidad todavía es la construcción parentética, en doble nominativo o doble acusativo, vgr. مُحَمَّدٌ تَعْلَمُ كَرِيمٌ «M., ya sabes, es generoso», مُحَمَّدًا ظَنَنْتُ كَرِيمًا «M., creía yo, es generoso», pero no se usará acusativo con verbos de aprehensión cuando siga interrogación, juramento, لَا o إِنْ negativas, o لَ aseverativa.

b) Objeto o complemento interno, que es un *maṣdar*, nombre de vez o manera del mismo verbo (o de un sinónimo) que sirve de extensión, bien como refuerzo enfático, bien para permitir la introducción de cualquier extensión posible de sintagma nominal, como calificativos, demostrativos, rección, relativos, numerales o cuantificadores, que describan la predicación verbal. Ejs.: ضَرَبَنِي ضَرْبًا /ḍaraba-ni: ḍarba^{n}/ «me pegó efectivamente», ضَرَبَنِي ضَرْبًا خَفِيفًا /ḍaraba-ni: ḍarban ḫafi:fa^{n}/ «me golpeó ligeramente», ضَرَبَنِي ضَرْبًا أَيْقَظَنِي /ḍaraba-ni: ḍarban 'ayqaẓa-ni:/ «me golpeó de modo que me despertó», قَتَلَهُمْ كُلَّ قِتْلَةٍ /qatala-hum kulla qitla^{tin}/ « los mató con todo género de muertes», خَافَ خَوْفَ ٱلْجَبَانِ /ḫa:fa ḫawfa l-ǧaba:n^{i}/ «temió con el miedo del cobarde», رَأَيْنَا فِي ذٰلِكَ مِثْلَ رَأْيِنَا فِي ٱلْحَرْبِ /ra'ayna: fi: ḏa:lika miṯla ra'yi-na: fi l-ḥarb^{i}/ «opinamos de eso lo mismo que opinamos de la guerra», أَكْرَمَهُ أَيَّ(مَا) إِكْرَامٍ /'akrama-hu: 'ayya(ma:) 'ikra:m^{in}/ «lo agasajó sobremanera (: con cualquier agasajo)».

c) Complementos adverbiales propiamente dichos (v. §67) que

pueden ser de tiempo o lugar (vagamente definidos, pues en otro caso se requiere frase preposicional ; ejs.: قَدِمَ صَبَاحاً / qadima ṣaba:ḥa^{n} / « llegó de mañana » , سَارَ ثَلَاثَةَ أَمْيَالٍ / sa:ra ṯala:ṯata ’amya:l^{in}/ «anduvo tres millas», نَظَرَ يَمِيناً وَيَسَاراً /naẓara yami:nan wa-ỵasa:ra^{n} / «miró a derecha e izquierda», قَعَدَ مِنِّي مَزْجَرَ ٱلْكَلْبِ /qa‘ada minni: mazǧara l-kalb^{i}/ «se sentó [lejos] de mí, como a la distancia de perro ahuyentado»), de causa (ej.: هَرَبَ خَوْفاً /haraba ḫawfa^{n}/ «huyó de miedo»), de circunstancia (ej.: خَرَجَ هَارِباً /hara-ǧa ha:riba^{n}/ «salió huyendo», siendo los casos más notorios de este tipo los predicados aparentes de كَانَ y verbos similares de §136, vgr., كَانَ مُحَمَّدٌ كَرِيماً /ka:na Muḥammadun kari:ma^{n}/ «M. era generoso»), y de especificación (ej.: غَرَسَ ٱلْأَرْضَ شَجَراً /ġarasa l-’arḍa šaǧara^{n}/ «plantó la tierra de árboles».

d) Complemento de concomitancia, marcado además con /wa-/, con el que se indica proximidad, relación o compañía, en un tipo de frase poco productivo, que se da en ciertas construcciones estereotipadas, vgr., كَانَ وَأَبَاهُ هُنَا /ka:na wa-’aba:-hu huna:/ «estaba aquí con su padre», مَا صَنَعْتَ وَإِيَّاهُ /ma: ṣana’ta wa-’iyya:-h^{u}||/ «¿qué has hecho con él?, مَا لَكَ وَزَيْداً /ma: la-ka wa-Zayda^{n}||/ «¿qué tienes tú [que ver] con Z.?», دَعْنَا وَأَمْرَنَا /da‘-na: wa-’amra-na:/ «déjanos con nuestro asunto (: en paz) » , كُلُّ شَيْءٍ وَثَمَنَهُ /kullu šay’in wa-ṯamanahu:/ «cada cosa según su precio», مَشَى وَٱلنَّهْرَ /mašà wa-n-nahr^{a}/ «anduvo junto al río».

Notas:

1) Todas las extensiones nominales del sintagma verbal pueden naturalmente

darse en un sintagma nominal en que se use un *maṣdar* en lugar de inflexión finita, vgr., ضَارِبٌ أَخَاهُ v. §110, ضَرْبُهُ ضَرْبًا «el pegarle efectivamente», اَلْقُدُومُ صَبَاحًا «la llegada de mañana», اَلْهُرُوبُ خَوْفًا «el huir de miedo», اَلْخُرُوجُ هَارِبًا «el salir huyendo», كَوْنُهُ كَرِيمًا «el hecho de ser él generoso», غَرْسُ الْأَرْضِ شَجَرًا «el plantar la tierra de árboles», اَلْاِتِّفَاقُ وَمَبَادِئَهُ «el estar de acuerdo con sus principios». Pero, además, algunos son típicos de sintagmas nominales genuinos, como el de especificación (visto con los numerales de 11 a 99 y en, vgr., جُبَّتُكَ خَزًّا «tu jubón de seda», نَحْنُ ٱلْمُسْلِمِينَ «nosotros, los musulmanes», أَنْتَ وَحْدَكَ «tú solo», اَلْحَمْدُ لِلّٰهِ ٱلْحَمِيدَ «loor a Dios, el alabable». La misma función es desempeñada a veces por مِن, vgr., يَا لَهُ مِنْ رَجُلٍ «¡qué hombre!».

2) Observar el uso exclamativo de إِيَّاكَ مِنْ / أَنْ / وَ (este /wa-/ como complemento de concomitancia) «¡guárdate de...!».

3) Un *maṣdar* complemento interno modificado se elide en, vgr., شَتَمَهُ أَلْفًا «lo insultó mil veces», بَكَى كَثِيرًا «lloró mucho». Paranomasia en el sujeto, no el objeto, se da en, vgr., جُنَّ جُنُونُهَا «se volvió totalmente loca», جَدَّ جِدُّهُ «hizo su mayor esfuerzo».

VOCABULARIO

يَأْتِي أَتَى إِتْيَانٌ	viene.
إِلاَّ	sino.
تَامٌّ	completo.
يَدْرِي دَرَى دِرَايَةٌ	sabe.
يَدْعُو دَعَا دُعَاءٌ إِلَى	llama; convoca a.
دَعْوَةٌ ج دَعَوَاتٌ	llamada; invocación.
يَدُورُ دَارَ دُرْتَ دَوَرَانٌ	girar; dar la vuelta.
يَدُومُ دَامَ دُمْتَ دَوَامٌ	dura, permanece.
دُونَ	menos de; cerca de.
يُرِي أَرَى	muestra, enseña.

يَرْجُو رَجَا رَجَوْتَ رَجَاءٌ ruega. espera.

يَرْضَى رِضًى está satisfecho de.

يَرْوِي رَوَى رِوَايَةٌ relata, cuenta.

يَزِيدُ زَادَ زِدْتَ زِيَادَةٌ aumenta.

شِدَّةٌ violencia.

يُشِيرُ أَشَارَ إِشَارَةٌ بِـ إِلَى señala algo a.

يُصْبِحُ se hace/torna/convierte.

يُصَلِّي صَلَّى صَلَاةٌ reza.

يُصِيبُ أَصَابَ إِصَابَةٌ acierta; lleva razón.

عُضْوٌ ج أَعْضَاءٌ miembro.

يَعُودُ عَادَ عُدْتَ عَوْدَةٌ vuelve.

يُعِيدُ أَعَادَ إِعَادَةٌ repite. hace volver.

قَدْرَ unos, cosa de; cuanto.

يَقْضِي قَضَى قَضَاءٌ pasa. falla (el juez).

قَوْلٌ ج أَقْوَالٌ palabra, dicho.

مَقَامٌ posición, puesto.

يُلْقِي أَلْقَى إِلْقَاءٌ echa; mete. pronuncia.

مُنْذُ ، مُذْ desde (que).

يَنَامُ نَامَ نِمْتَ نَوْمٌ duerme.

وَحْدَ solo [ante sufijo pronominal].

1. Copiar, leer y traducir:

اَلْمَلِكُ يَعُودُ غَداً - لَمْ يَنَمْ إِلاَّ بِنْتِي - قِفْ فَدُرْ - ظَنَنْتُ ٱلطَّالِبَ ذَا عَقْلٍ تَامٍّ مُنْذُ قَرَأْتُ رِسَالَتَهُ ٱلْأُولَى - لَمْ يَأْتِ أَعْضَاءُ ٱلْـمَجْلِسِ - لِيَدْرِ كُلُّ إِنْسَانٍ هٰذَا ٱلْخَبَرَ - أَرَيْتُهُمَا قَوْلَنَا صَحِيحاً - لَمْ يَرْضَ ٱلْوُزَرَاءُ عَنِ ٱلْقَاضِي رِضًى تَاماً - لَمْ يَتَّفِقْ كَلَامُهُ وَمَقَامَهُ مِنَ ٱلْعِلْمِ - قَضَتْ بَنَاتِي شَهْراً فِي ٱلْقَرْيَةِ - أَلْقَى ٱلْأُسْتَاذَانِ دُرُوساً جَيِّدَةً - رَأَيْتُ ٱلْوَزِيرَيْنِ يَرْجُوَانِ ٱلْمَلِكَ أَنْ يُعِيدَهُمَا إِلَى مَقَامِهِمَا - مَاذَا قَالَتِ ٱلْفَتَاتَانِ ؟ - أَلْمُعَلِّمَتَانِ رَوَتَا ٱلْقِصَّةَ رِوَايَةً جَمِيلَةً - لَمَّا أُعْطَ حَقِّي - أَصَبْتِ وَحْدَكِ - أَشِرْ بِيَدِكَ إِلَى أَيِّهِمْ أَرَدْتَ أَنْ تَأْخُذَهُ - لَنْ أَسْمَعَ دَعْوَةَ هٰؤُلَاءِ ٱلدَّاعِينَ - كُنْتُ وَمُحَمَّداً ضَعِيفاً مِنْ شِدَّةِ ٱلْجُوعِ - زِدْنِي عِلْماً - صَلِّيَنْ صَلَاةَ مَنْ يَرَى ٱلْمَوْتَ قَرِيباً - أُدْرُسْ قَدْرَ ٱسْتِطَاعَتِكَ - قِفْ دُونَ ٱلْبَابِ - لَمْ يَدُمِ ٱلسَّلَامُ بَيْنَهُمَا - فَلْتُصْبِحِ ٱلْأَلْسِنَةُ سُيُوفاً .

2. Traducir al árabe:

El número de libros se ha hecho [de] unos cien.- Han vuelto los creyentes a la mezquita.- Las niñas duermen aquí.- Los miembros de la asamblea ruegan al rey y al ministro que convoquen una reunión pasado mañana.- Mis dos hijas pasarán el año en casa de mi hermana.- Los estudiantes de ayer se han convertido en profesores.- No vinieron sino los esclavos satisfechos de su señor.- Dame más dinero (: auméntame en dinero) para que te diga más (: te aumente en dicho).- No he acertado.- Te lo señalaré bien (: con una señal excelente).- Me han dado el libro (: se me ha dado) hace un mes.- Haz ver al niño que el agua está fría.- Duerme como (: con el sueño de) un niño.- El trabajo fue completo.- La posición del ministro es inferior a (دُونَ) la (posición) del gobernador.- No repitas eso.- Dad la vuelta.- Rezad cuanto os sea posible (قَدْرَ ٱلْإِمْكَانِ).- Sé que no durará mi suerte. - Sólo tú cuentas esa historia de una manera (: con un contar) que mete la tristeza en los corazones de los oyentes.

3. Copiar el ejercicio 1, y la versión árabe del 2 (de la clave), ambos sin vocales ni otros grafemas auxiliares, y leerlos en voz alta hasta hacerlo correctamente y entendiéndolos.

Lección 21.ª

B) Frases preposicionales

128. El sintagma verbal, al igual que el nominal (§61), puede ser extendido mediante el marginal que llamamos frase preposicional, o sea, una preposición seguida por un sintagma nominal. En tal caso, es frecuente que verbo y preposición integren un lexema o unidad léxica, con un significado específico, distinto del del verbo solo o en combinación con otras preposiciones (ejs.: رَغِبَ فِي /rağiba fi:/ «procuró, deseó», رَغِبَ عَنْ /rağiba ʻan/ «evitó», أَشْفَقَ عَلَى /'ašfaqa ʻalà/ «compadeció», أَشْفَقَ مِنْ /'ašfaqa min/ «temió»): de ahí la conveniencia de memorizar los verbos con la preposición que rigen dentro de tales unidades léxicas.

129. La clase de las preposiciones (o funcionales con rección nominal) comprende en árabe estas tres subclases:

a) Preposiciones propias, sin otra función, como بِـ /bi-/, مِنْ /min/, عَنْ /ʻan/, لِـ /li-/, فِي /fi:/, إِلَى /'ilà/, عَلَى /ʻalà/, عِنْدَ

/ʻinda/, بَيْنَ /bayna/ , دُونَ /du:na/, مَعْ /maʻ/ y لَدَى /ladà/ que expresan relaciones espaciales bastante elementales, y son las regidas por los verbos, según §128. A ellas se puede sumar alguna otra, cuyo origen conjuntivo se advierte en que no pueden regir sufijo pronominal (vgr., حَتَّى /ḥattà/ «hasta» , مُنْذُ /mundu/ o مُذْ /mud/ «desde [temporal]», لَدُنْ /ladun/ «al [tiempo de]; en; desde», y كَ /ka- / « como , a manera de ») y en que , a veces, pueden preceder a un nombre sin regirlo nominalmente (vgr., tras مُنْذُ es posible un nominativo sujeto, y tras لَدُنْ , un acusativo adverbial.

Nota: En periodos arcaicos, كَ podía regir un pronombre, sobre todo autónomo, vgr., كَأَنْتَ «como tú» o, como nombre, regir a otro (ej.: يُرِيكَ كَالدَّرَاهِمِ «te muestra a manera de monedas», v. §61n2) o ser regido por una preposición , (vgr. , يَفْتَرُّ عَنْ كَالْأُقْحُوَانِ «se abre mostrando a manera de margaritas») o incluso regir a una preposición de la subclase b) (vgr., كَمِثْلِ «como»).

b) Adverbios del tipo de §67b, con terminación de acusativo, y determinados por el nombre al que ahora, como preposiciones, rigen, vgr., قُدَّامَ /qudda:ma/, أَمَامَ /'ama:ma/ y إِزَاءَ /'iza:'a/ «ante, delante de», خَلْفَ /halfa/ y وَرَاءَ /wara:'a/ «detrás de», قَبْلَ /qabla/ «antes de; hace», بَعْدَ /baʻda/ «después de; dentro de», فَوْقَ /fawqa/ «encima de», تَحْتَ /taḥta/ «debajo de», حَوْلَ /hawla/ «alrededor de; acerca de», مِثْلَ /mitla/ «a manera de, como», ضِدَّ /ḍidda/ «contra» , نَحْوَ /naḥwa/ , زُهَاءَ /zuha:'a/ y قَدْرَ /qadra/ «cosa de, unos». En realidad, se trata de nombres no total ni uniformemente funcionalizados, lo que da lugar a ciertas ambigüedades (vgr., أَنَا ضِدٌّ ٱلْحَرْبِ /'ana ḍiddu/a l-ḥarb[i]/ « estoy en contra de la guerra»), soliendo utilizarse el nominativo cuando actúan como sujeto (vgr.: قَدِمَ نَحْوُ سِتِّينَ /qadima naḥwu sitti:n[a]/ «vinieron unos sesenta» y dominando el acusativo marginal en el predicado, vgr. هُمْ فَوْقَ ٱلْجَبَلِ /hum fawqa l-ǧabal[i]/ «están sobre el monte». Por lo mismo, puede regirlos una preposición del tipo a), haciéndoles tomar el genitivo (vgr., مِنْ تَحْتِ ٱلْأَرْضِ /min taḥti l-'arḍ[i]/ «por debajo del suelo», إِلَى فَوْقِ ٱلْجَبَلِ /'ilà fawqi l-ǧabal[i]/ «hacia arriba del monte»), lo que también sucede a عِنْدَ , بَيْنَ y دُونَ que no exhiben otro residuo de su antigua condición de nombres (vgr., مِنْ عِنْدِ /min 'indi/ «de parte de», مِنْ بَيْنِ /min bayni/ «de entre», بِدُونِ /bi-du:ni/ «sin»). Como extensión verbal su integración al sintagma es mucho menos profunda que la de la subclase a).

Nota: Obsérvense los diminutivos que, en su condición de nombres, tienen algunas de estas preposiciones, vgr., قُبَيْلَ «un poco antes de», بُعَيْدَ «un poco después de», فُوَيْقَ «un poco por encima de», تُحَيْتَ «un poco por debajo de» y دُوَيْنَ «cerquita de».

c) Finalmente existen locuciones prepositivas, la subclase menos funcionalizada y más productivamente abierta a nuevas formaciones, constituidas por adverbios más o menos ocasionales y una preposición de la subclase a), para expresar relaciones semánticamente más complejas y sintácticamente menos estrechas, vgr., فَضْلًا عَنْ /faḍlan 'an/ «además de; sin contar ya con», بِٱلْإِضَافَةِ إِلَى /bi-l-'ida:fati 'ilà/ o عِلَاوَةً عَلَى /'ila:watan 'alà/ «además de», وَفْقًا لِ /wafqan li-/ o طِبْقًا لِ /tibqan li-/ «de acuerdo con», etc.

130. Las preposiciones propias ofrecen a veces notable diversificación funcional, por lo que conviene conocer sus usos más importantes:

بِ /bi-/ : indica instrumento o medio, contigüidad espacio-temporal, causa o precio. Ejs.: بِسَيْفٍ /bi-sayf^{in}/ «con una espada», بِٱللَّيْلِ /bi-l-layl^{i}/ « en la noche », بِٱلْبَابِ /bi-l-ba:b^{i}/ «a la puerta», بِدِرْهَمٍ /bi-dirham^{in}/ « por un dirhem » , بِأَبِي أَنْتَ /bi-'abi: 'ant^{a}/ «vales para mí lo que mi propio padre». Es a menudo marca alternativa de objeto verbal (vgr. بَعَثَ بِهِ /ba'aṯa bi-hi:/ o بَعَثَهُ /ba'aṯa-hu:/ «lo envió». Obsérvense las locuciones بِلَا /bila:/ y بِغَيْرِ /bi-ġayri/ «sin», أَنَا لَكَ بِذٰلِكَ /'ana la-ka bi-ḏa:lik^{a}/ «puedo garantizarte eso», بَعْدَ ذٰلِكَ بِيَوْمٍ /ba'da ḏa:lika bi-yawm^{in}/ «un día después de eso».

لِ /li-/ : propiedad, derecho o capacidad (vgr., ذٰلِكَ لَكُمْ /ḏa:lika la-kum/ «eso es vuestro; tenéis derecho a eso; podéis hacer eso»), autor / كِتَابُ ٱلْحَيَوَانِ لِلْجَاحِظِ /kita:bu l-ḥayawa:ni li-l-Ǧa:ḥiẓ^{i}/ «el *Libro de los Animales* de al-Ǧa:ḥiẓ»), objeto más o menos directo (v. §§110 y 115), causa (vgr., لِذٰلِكَ /liḏa:lik^{a}/ «por eso»), finalidad (vgr., لِتَعْلِيمِهِ /li-ta'li:mi-hi:/ «para enseñarle»), lugar por donde y tiempo al que (ejs.: اِنْكَبَّ لِوَجْهِهِ / ('i)nkabba li-waǧhi-hi: / « cayó de bruces», لِوَقْتِهِ /li-waqti-hi: / «al momento»), aclaración de referencia (vgr., قَالَ ٱقْتُلِ ٱلْكَافِرَ لِلْمَلِكِ /qa:la qtuli l-ka:fira li-l-malik^{i}/ «dijo: mata al infiel, refiriéndose al rey»). Observar يَا لَهُ مِنْ رَجُلٍ /ya: la-hu: min raǧul^{in}/ «¡qué hombre !».

إِلَى /'ilà/ : «a, hacia, hasta» (dirección con exclusión de término), adición (vgr. , إِلَى غَيْرِ ذٰلِكَ /'ilà ġayri ḏa:lika/ « a más de otras cosas »), pertenencia (vgr. , هُوَ إِلَى بَنِي أُمَيَّةَ /huwa 'ilà Bani:

'Umayya[ta]/ «es uno de los Omeyas»). Obsérvese اَلْأَمْرُ إِلَيْكَ /('a)l-'amru 'ilay-k[a]/ «la cosa depende de ti».

فِي /fi:/ : lugar, tiempo o área lógica dentro del que o la que (vgr., وَقَعَ فِي اَلْبِئْرِ / waqa'a fi l-bi'r[i] / « cayó en el pozo » , فِي اَلصَّبَاحِ /fi ṣ-ṣaba:ḥ[i]/ «por la mañana», دَرْسٌ فِي اَللُّغَةِ /darsun fi l-luġa[ti]/ «una lección de lengua » , مِثْلُ اَلْخَزِّ فِي اَللِّينِ / mitlu l-ḫazzi fi l-li:n[i] / «como la seda en suavidad»), superposición (vgr., سَوَادٌ فِي اَلْحُمْرَةِ /sawa:dun fi l-ḥumra[ti]/ «negro sobre rojo», فِي جَيْشٍ /fi: ǧayš[in]/ «al frente de un ejército»), comparación (vgr., مَا اَلدُّنْيَا فِي اَلْآخِرَةِ /ma d-dunya: fi l-'a:ḫira[ti]||/ «¿qué es el mundo comparado con la vida eterna?»), causa (vgr., ضُرِبَ فِي اَلْكَسَلِ /ḍuriba fi l-kasal[i]/ «fue golpeado por holgazanería»), multiplicación (vgr., سِتَّةٌ فِي سَبْعَةٍ /sittatu fi: sab'a[ta]/ «seis por siete».

مَعْ /ma'(a)/ : compañía, «además de», «a pesar de».

مِنْ /min/: «de» (procedencia, materia, distancia, partitivo), punto de partida («desde»), causa (vgr. لَقِيتُ مِنْهُ شَرًّا /laqi:tu minhu šarra[n]/ «he sufrido por su causa males»), comparación y diferencia (vgr., أَيْنَ نَحْنُ مِنْكَ/ 'ayna naḥnu min-k[a]||/ « ¿dónde quedamos comparados contigo?»), enumeración o explicación apositiva (vgr., كُلٌّ مِنْ رِجَالٍ وَنِسَاءٍ /kullun min riǧa:lin wa-nisa:'[in]/ «todos, mujeres y hombres», قَبَّحَهَا اَللّٰهُ مِنْ سُيُوفٍ /qabbaḥa-ha lla:hu min suyu:f[in]/ «Dios las maldiga, a las tales espadas», لِلّٰهِ دَرُّكَ مِنْ رَجُلٍ /li-lla:hi darru-ka min raǧul[in]/ «a fe que eres, como hombre, excelente», وَجَدْتُ مِنْهُ اَلْأَسَدَ /waǧadtu min-hu l-'asad[a]/ «encontré en él un verdadero león»). Obsérvese بَاعَ مِنْ /ba:'a min/ «vendió a» y زَوَّجَ مِنْ /zawwaǧa min/ «casó con».

عَنْ /'an/ : alejamiento o dirección de donde (vgr., عَنْ شِمَالِي /'an šima:li:/ «por mi izquierda», حَدَّثَنِي عَنْ أَبِيهِ /ḥaddaṯa-ni: 'an 'abi:hⁱ/ «me contó, según relato de su padre»), causa (vgr., مَا هَلَكَ ٱمْرُؤٌ عَنْ مَشْوَرَةٍ/ma: halaka mru'un 'an mašwara^{tin}/ «nunca murió nadie por una consulta»), asunto o tema, sustitución (vgr., نُحِرَ عَنْكَ /nuḥira 'an-k^{a}/ «fue degollado en tu lugar»), sucesión temporal (vgr., عَمَّا قَلِيلٍ /'amma: qali:l^{in}/ «dentro de poco», كَابِراً عَنْ كَابِرٍ /ka:biran 'an ka:bir^{in}/ «de padres a hijos», مَاتَ عَنْ ثَمَانِينَ سَنَةً /ma:ta 'an ṯama:ni :na sana^{tan}/ «murió a los 80 años», مَاتَ عَنِ ٱبْنَةٍ /ma:ta 'ani bnat^{in}/ «murió dejando una hija»). Obsérvese: عَنْ إِذْنِكَ /'an 'iḏni-k^{a}/ «con tu permiso», عَنْ رِضًى 'an riḍà^{n}/ «de grado», عَنْ عِلْمٍ/'an 'ilm^{in}/ «a sabiendas», عَنْ آخِرِهِمْ 'an 'a:ḫiri-him/ «hasta el último».

عَلَى /'alà/ : posición superior, oposición («contra»), deber o condición (vgr., عَلَيْكَ أَنْ تُكْرِمَهُ /'alay-ka 'an tukrima-hu:/ «tienes que honrarlo», عَلَى أَنْ تُكْرِمَهُ /'alà 'an tukrima-hu:/ «a condición de que lo honres»), causa (vgr., عَلَى أَيِّ شَيْءٍ أُعْطِيكَ مَالِي /'alà 'ayyi šay'in 'u'ṭi:-ka ma:li:||/ «¿a cuenta de qué voy a darte mi dinero?»), asunto (vgr., قَالَ عَلَى ذٰلِكَ /qa:la 'alà ḏa:lik^{a}/ « dijo sobre eso »), cualidad o estado real o pretendido (vgr., مَا عَلَيْهِ مِنَ ٱلْجَهْلِ /ma: 'alay-hi mina l-ǧahlⁱ/ «la ignorancia en que está», مَاتَ عَلَى دِينِهِ /ma:ta 'alà di:ni-hi:/ «murió en su fe», عَلَى أَنَّهُ طَبِيبٌ /'alà 'anna-hu: ṭabi:b^{un}/ «en su calidad de médico; pretendiendo ser médico»), adversativa insuficiente (vgr., أَضْرِبُكَ عَلَى سِنِّكَ /'aḍribu-ka 'alà sinni-k^{a}/ «te pegaré , a pesar de tu edad»).

عِنْدَ /'inda/ : lugar o tiempo en que (vgr., عِنْدَ ٱلْبَابِ /'inda l-ba:bⁱ/

«a la puerta», عِنْدَ ٱلصُّبْحِ /‘inda ṣ-ṣubḥ[i]/ «al alba»), comparación (vgr., مَا ٱلْفِضَّةُ عِنْدَ ٱلذَّهَبِ /ma l-fiḍḍatu ‘inda ḏḏahab[i]||/ «¿qué es la plata comparada con el oro?»), propiedad (vgr., عِنْدِي بَيْتٌ /‘indi: bayt[un]/ «tengo una casa»), opinión (vgr., مُحَمَّدٌ عِنْدِي كَرِيمٌ /Muhammadun ‘indi: kari:m[un]/ «para mí, M. es generoso»).

دُونَ/du:na/ : inferioridad (vgr., ذٰلِكَ دُونَ شَرَفِكَ /ḏa:lika du:na šarafi-k[a]/ «eso está por debajo de tu nobleza», مَمْنُوعٌ لِدُونِ ١٦ سَنَةً /mamnu:‘un li-du:ni sitta ‘ašrata sana[tan]/ «prohibido para menores de 16 años»), proximidad (vgr., هٰذَا دُونَ ذٰلِكَ/ha:ḏa: du:na ḏa:lik[a]/ «esto está cerca de eso»). Obsérvese مِنْ دُونِ /min du:ni/ «sin considerar».

Notas:

1) Desde la antigüedad han existido formas dialectales مِ y عَ por /min/ y /‘alà/.

2) Obsérvense las locuciones بَيْنَ يَدَيْ / أَيْدِي «ante, en presencia de», بَيْنَ مَا «entre», y el caso excepcional de rección de preposición por nombre مَوَدَّةُ بَيْنِكُمْ «el amor entre vosotros».

VOCABULARIO

أَنْفٌ ج آنُفٌ / أُنُوفٌ nariz.

بَرْدٌ frío [sust.].

مُجْتَهِدٌ ج ونَ aplicado.

حَارٌّ cálido. picante.

حَلَالٌ	lo lícito.
خَفِيفٌ ج أَخِفَّاءُ	ligero; suave.
ذَهَبٌ	oro.
رَدِيءٌ	inclemente, malo.
أَزْرَقُ م زَرْقَاءُ ج زُرْقٌ	azul.
سَلِيمٌ ج سُلَمَاءُ	sano. correcto.
سَهْلٌ	fácil.
سَيِّءٌ ج ونَ	mal(vad)o.
أَسْوَدُ م سَوْدَاءُ ج سُودٌ	negro.
شَابٌّ ج شُبَّانٌ	joven.
صِحَّةٌ	salud. verdad; corrección.
أَصْفَرُ م صَفْرَاءُ ج صُفْرٌ	amarillo.
ضَيِّقٌ	estrecho.
طَقْسٌ	tiempo [atmosférico].
ظُلْمٌ	injusticia.
عَجُوزٌ ج عَجَائِزُ	vieja, anciana.
عَدُوٌّ ج أَعْدَاءٌ	enemigo.
فَرَحٌ ج أَفْرَاحٌ	alegría.
فَضْلاً عَنْ	además de.
قَبِيحٌ ج قِبَاحٌ	feo; horrendo.
قَدَمٌ ج أَقْدَامٌ	pie. [fem.].

قَصِيرٌ ج قِصَارٌ corto. bajo (de talla).

كِذْبٌ ج أَكَاذِيبُ mentira.

يَتَكَلَّمُ تَكَلَّمَ (بِ) hablar (en).

مَيِّتٌ ج مَوْتَى muerto.

يُنْهِي أَنْهَى إِنْهَاءٌ acabar, dar fin.

EJERCICIOS

1. Copiar, leer y traducir:

هَلْ يَتَكَلَّمُ هٰؤُلَاءِ ٱلشُّبَّانُ بِٱلْعَرَبِيَّةِ ؟ - يَجِبُ عَلَيْكَ أَنْ تُنْهِيَ قِرَاءَةَ هٰذَا ٱلْكِتَابِ فِي مَنْزِلِكَ فَضْلاً عَنْ إِنْهَاءِ عَمَلِكَ كَٱلْعَادَةِ - كَانَ أَنْفُهُ قَبِيحاً وَلَمْ تَكُنْ لُغَتُهُ سَلِيمَةً أَيْضاً - بِوَالِدَيَّ أَنْتَ - لَكُمْ أَنْ تَأْكُلُوا أَكْلاً خَفِيفاً ٱلْآنَ - أَقْبَلَ قَائِدُ ٱلْأَعْدَاءِ فِي أَلْفَيْ رَجُلٍ - اَلْحَالَةُ سَيِّئَةٌ - مَا ذٰلِكَ ٱلذَّهَبُ كُلُّهُ فِي جَمَالِ هٰذِهِ ٱلْجَارِيَةِ ؟ - لَنْ أُزَوِّجَ بِنْتِي مِنْ ذٰلِكَ ٱلشَّابِّ ٱلْقَلِيلِ ٱلْأَدَبِ - مَاتَتِ ٱلْعَجُوزُ عَنْ وَلَدَيْنِ وَبِنْتٍ - اِشْتَدَّ ٱلْبَرْدُ وَصَارَ ٱلطَّقْسُ رَدِيئًا جِدًّا - سَأَنْسَى كِذْبَهُ عَلَى أَنْ يَتَّخِذَ ٱلْحَلَالَ سَبِيلاً بَعْدَ ٱلْيَوْمِ - لَنْ أَقْبَلَ ظُلْمَ ٱلطَّالِبِ ٱلْمُجْتَهِدِ - كَانَ فَرَحِي قَصِيراً مَعَ كَوْنِ ٱلطَّرِيقِ سَهْلاً - كَانَ ٱلطَّعَامُ حَارًّا وَسُخْناً - أَمَرَ خَادِمَهُ ٱلْأَسْوَدَ بِلُبْسِ ثِيَابٍ زَرْقَاءَ - هٰذَا ٱلْبَابُ ضَيِّقٌ - كَيْفَ صِحَّتُكَ ؟ - قَدَمَاهُ قَصِيرَتَانِ - كَانَتْ وُجُوهُ ٱلْكِلَابِ ٱلْمَيِّتَةِ صَفْرَاءَ .

2. Traducir al árabe:

La corrección de mis palabras es patente (ظَاهِرٌ).- Sus manos (de él) son deformes (: feas de imagen), no digamos ya (فَضْلاً عَنْ) su negro rostro.- Termina tu trabajo.- El oro es amarillo.- La puerta se ha quedado (صَارَ) estrecha.- ¿Acaso alegrarse de (: la alegría con) la injusticia es lícito?- No fue fácil el viaje a causa del mal tiempo y el frío.- No nos quedó un pie sano en aquel camino estrecho [y] pedregoso (: mucho de piedras).- Hemos hablado con un joven aplicado que trabaja excelentemente (: un trabajo excelente) junto a la escuela.- No os acerquéis al burro muerto.- El día fue corto y cálido.- La nariz de los jóvenes se puso azul del frío.- Quedó patente la mentira de la vieja.

3. Copiar el ejercicio 1, y la versión árabe del 2 (de la clave), ambos sin vocales ni otros grafemas auxiliares, y leerlos en alta voz, hasta hacerlo correctamente y entendiéndolos.

Lección 22.ª

Extensiones marginales conjuntivas

A) Oraciones compuestas

131. Cuando la extensión marginal del sintagma verbal es una conjunción seguida de otra oración, si el rango de ambas oraciones es similar, se producen oraciones compuestas.

132. Las oraciones compuestas o coordinadas pueden ser:

a) Copulativas: enlazadas por وَ /wa-/ «y» (mera copulativa que en árabe ha de repetirse ante cada miembro conectado, y no se elide salvo ante el último, como en español), فَ /fa-/ (copulativa que establece una sucesión en el tiempo, consecuencia o cambio de sujeto, vgr., قَامَ فَقَالَ /qa:ma fa-qa:l[a] / «, se levantó y dijo» , لَمْ تُصِبْ فَاسْكُتْ /lam tuṣib faskut/ «no has acertado: calla , pues», قَالَ فَقُلْتُ /qa:la fa-qult[u]/«dijo él, y dije yo»); ثُمَّ /t̠umma/ «luego» (copulativa con intervalo); حَتَّى /ḥattà/ «hasta que» (que no produce subjuntivo cuando no hay causalidad en el sujeto de la primera oración, vgr.

سَأَنْتَظِرُ حَتَّى يَحْضُرُ /sa-'antaẓiru ḥattà yaḥḍurᵘ/ «esperaré, hasta que venga», frente a سَأَضْرِبُهُ حَتَّى يَتَعَلَّمَ /sa-'aḍribu-hu: ḥattà yata'allamᵃ/ «le pegaré hasta que aprenda».

Notas:

1) La conjunción وَ (y en su caso, فَ) puede unir también nombres en sintagma copulativo, en todo equivalente a un nombre aislado, salvo por la concordancia de cualquier extensión que reciba (v. §49n2). No suele utilizarse entre varios calificativos de un mismo nombre, salvo en predicados, vgr., رَجُلٌ كَرِيمٌ حَسَنٌ «un hombre generoso [y] bueno», اَلرَّجُلُ كَرِيمٌ وَحَسَنٌ «el hombre es generoso y bueno». و indica a veces aproximación, vgr., مِائَةُ ذِرَاعٍ وَمِائَتَا ذِرَاعٍ «entre cien y doscientas brazas». No faltan casos de copulación sin conjunción.

2) La conjunción ثُمَّ se utiliza para añadir información en genealogías y *nisbas*, vgr., رَجُلٌ مِنْ قُرَيْشٍ ثُمَّ أَحَدُ بَنِي عَبْدِ ٱلْمُطَّلِبِ «un hombre de Qurayš, concretamente de los Banu: 'Abdi l-Muṭṭalib»; اَلْبَغْدَادِيُّ ثُمَّ ٱلْحَلَبِيُّ «el de Bagdad, y luego de Alepo».

3) Obsérvese el peculiar uso de حَتَّى en casos como لَمْ يَكَدْ يَسْمَعُنِي حَتَّى خَرَجَ «apenas me hubo oído, salió». حَتَّى puede ser: a) preposición (§129), b) conjunción copulativa, aquí tratada, y c) conjunción final que rige subjuntivo (§102).

b) Disyuntivas, enlazadas por أَوْ /'aw/ «o» (disyunción alternativa e incompatible, vgr., يَكُونُ ٱلْمَاءُ سُخْناً أَوْ بَارِداً /yaku:nu l-ma'u suḫnan 'aw ba:ridaⁿ/ «el agua estará caliente o fría»), أَمْ /'am/ «o» (disyuntiva indiferente, vgr. هَلْ حَضَرَ مُحَمَّدٌ أَمْ عَلِيٌّ /hal ḥaḍara Muḥammadun 'am 'Aliyyᵘⁿ/ «¿ha venido M. o [si no] 'A.?»), o precedidas ambas por إِمَّا /'imma:/ (y más rara vez إِنْ /'in/), vgr., إِمَّا يُعَذِّبُهُمْ وَإِمَّا يَتُوبُ عَلَيْهِمْ /'imma: yu'aḏḏibu-hum wa-'imma: yatu:bu 'alay-him/ «o los castiga, o los acoge clemente», إِمَّا أَنْ تَقُولَ ٱلْحَقِيقَةَ وَإِمَّا أَنْ تَسْكُتَ /'imma: 'an taqu:la l-ḥaqi:qata wa-'imma: 'an taskutᵃ/ «o dices la verdad, o te callas».

Notas:

1) Las conjunciones disyuntivas pueden también conectar nombres, a menudo de resultas de la elisión del resto de una de dos oraciones.

2) Observar la expresión إِمَّا لَا «al menos».

c) Adversativas, enlazadas por las conjunciones (وَ) لٰكِنْ (/wa-la:kin/, بَلْ /bal/, وَ /wa-/ «pero; sino», o por alguna de las variadas locuciones غَيْرَ / إِلَّا أَنَّ /ḡayra/'illa: 'anna/ «sólo que; salvo que», مَعْ أَنَّ /ma' 'anna/ «a pesar de que», etc.

Nota: Existe un uso correctivo de بَلْ «quiero decir; perdón» con que se evitan tachaduras en documentos cuando se ha mencionado una cosa por otra.

d) Explicativas, unidas por أَيْ /'ay/ «es decir» (vgr., تَقُولُ ٱسْتَكْثَرَهُ أَيْ رَآهُ كَثِيرًا /taqu:lu staktara-hu: 'ay ra'a:-hu kati:ra^{n}/ «dirás إِسْتَكْثَرَهُ, es decir, lo consideró mucho») o أَنْ /'an/ (con que se citan exactamente las palabras de alguien, vgr., قَالَ لِي أَنْ سِرْ إِلَى بَيْتِكَ /qa:la li: 'an sir 'ilà bayti-k^{a}/ «me dijo: vete a casa»).

Notas:

1) Obsérvese el preclásico لَا يَدْرِي أَنْ كَيْفَ ٱنْتَهَى إِلَيْنَا «no sabe cómo llegó a nosotros».

2) أَيْ es también usado frecuentemente para explicar unos nombres o sintagmas nominales por otros, vgr., رَأَيْتُ ٱلْأَمِيرَ أَيْ مُحَمَّدًا «vi al príncipe, o sea, a M.».

B) Oraciones complejas

133. Cuando la extensión de un sintagma verbal es una conjunción seguida de una oración a la que supedita a aquél, se producen oraciones complejas, que pueden ser:

a) Nominalizadas, cuando la oración supeditada pasa a funcionar como un nombre (verbal) dentro del sintagma a que queda subordinada, en función de sujeto (vgr., يُعْجِبُنِي أَنَّكَ كَرِيمٌ /yu'ğibu-ni: 'anna-ka kari:m^{un}/ «me agrada [el] que seas generoso»), objeto (vgr., أُرِيدُ أَنْ أَزُورَهُ /'uri:du 'an 'azu:ra-hu:/ «quiero visitarlo») o incluso predicado de una oración nominal (vgr., ظَنِّي أَنْ تَعُودَ /ẓann-i: 'an ta'u:d^{a}/ «mi opinión es que volverás»). Las marcas de nominalización son أَنْ /'an/ (ante verbo, generalmente subjuntivo, si es imperfectivo y menos frecuentemente مَا /ma:/ y أَنَّمَا /'annama:/ «que»), أَنَّ /'anna/ (seguido por sujeto de oración subordinada, en acusativo según §145d), لَوْ /law/ (únicamente tras el verbo يَوَدُّ «quisiera que») y لَمَّا /lamma:/ (únicamente en adjuraciones, vgr., أُقْسِمُ عَلَيْكَ لَمَّا فَعَلْتَ كَذَا /'uqsimu 'alay-ka lamma: fa'alta kad̲a:/ «te conjuro a que hagas esto». La oración nominalizada puede funcionar como un marginal preposicional cuando depende de un verbo que rige preposición como parte de su lexema (vgr., يَرْغَبُ فِي أَنْ يَصِيرَ وَزِيراً /yarğabu fi: 'an yaṣi:ra wazi:ra^{n}/ «desea llegar a ministro»; en estos casos, es facultativo a menudo suprimir la preposición), o en el caso de marcas finales (§102), causales (لِأَنَّ /li'anna/ «porque», فَإِنَّ /fa-'inna/ «pues», إِذْ أَنَّ /'id̲ 'anna/ «puesto que», etc.), y otras semejantes.

1) La conjunción subordinante se elide a veces, cuando la oración nominalizada funciona como sujeto (vgr., تَسْمَعُ بِالْمُعِيدِيِّ خَيْرٌ مِنْ أَنْ تَرَاهُ «[que] oigas hablar de M. es preferible a que lo veas»), y objeto (sobre todo en casos de contaminación con la construcción de verbos con dos objetos de §127, vgr., أَرَاكَ تَبْكِي por أَرَى أَنَّكَ تَبْكِي «veo que lloras»). La elisión es regla cuando la oración nominalizada es estilo directo (vgr., أُنْظُرْ هَلْ تَرَى أَحَداً «mira si ves a alguien») y cuando va regida nominalmente por un nombre (vgr. يَوْمَ وَصَلَ الْمَلِكُ «el día en que llegó el rey»,

ذٰلِكَ أَوَانُ أَبْصَرْتُ ٱلطَّرِيقَ «ese fue el momento en que vi el camino».

2) A veces la oración nominalizada hace función de acusativo complemento adverbial (vgr., إِسْتَأْجَرَ قَوْماً أَنْ يَعْمَلُوا لَهُ «arrendó gente a trabajar para él»: circunstancia y no finalidad, como es el caso también en جَاءَ يَشْرَبُ «vino a beber»). En este caso, puede elidirse todo nominalizador (vgr. إِنَّ حَاجَتَكَ تُقْضَى كَائِنَةً مَا كَانَتْ «tu petición será satisfecha, sea la que sea»).

b) Temporales, variedad de nominalizadas tras preposición, pues equivalen también a un marginal preposicional al funcionar como un adverbio de tiempo o un complemento de circunstancia. Sus marcas son (أَنْ) لَمَّا /lamma: ('an)/, إِذَا /'iḏa:/, إِذْ /'iḏ/, مَتَى /matà/ «cuando», بَيْنَ(مَا) /bayna(ma):/ رَيْثَ(مَا) /rayṯa(ma:)/, مَا o فِيمَا /(fi:-)ma:/ «mientras; en tanto que», o bien una serie abierta de locuciones conjuntivas, integradas por una preposición seguida de los nominalizadores أَنْ y مَا, o incluso por adverbios, capaces de regir oraciones enteras, como حِينَ /ḥi:na/, عَلَى حِينِ /'alà ḥi:ni/ «cuando», يَوْمَ /yawma/ «el día que», إِلَى أَنْ /'ilà 'an/ «hasta que», بَعْدَ أَنْ / مَا /ba'da 'an/ma:/ «después que», قَبْلَ أَنْ / مَا /qabla 'an/ ma:/ «antes de que», أَوَّلَ مَا /'awwala ma:/ «tan pronto como», كُلَّمَا /kulla-ma:/ «toda vez que». Estas subordinadas temporales a menudo preceden a su principal (vgr., لَمَّا وَصَلْنَا رَأَيْنَاهُ /lamma: waṣalna: ra'ayna:-h^{u}/ «cuando llegamos, lo vimos». No sucede lo mismo con las introducidas por /wa-/, que han de seguir a la principal y tener su verbo en distinto aspecto (imperfectivo), o al menos diferenciarse por el uso del refuerzo قَدْ (vgr., أَتَانِي وَأَنَا آكُلُ /'ata:-ni: wa-'ana 'a:kul^{u}/ «me llegó cuando estaba yo comiendo», أَتَيْتُهُ وَقَدْ نَامَ /'ataytu-hu: wa-qad na:m^{a}/ «fui a él cuando ya dormía».

Notas:

1) Esta وَ se diferencia bien de la copulativa, que ha de unir aspectos exactamente iguales en ambas oraciones. Como marca temporal, a veces se elide, vgr. كُنْتُ أَمْشِي مَعَهُ يَدُهُ فِي يَدِي «yo andaba con él, con mi mano en la suya», أَقْبَلُوا تُعْنِقُ بِهِمْ خَيْلُهُمْ «vinieron, lanzados al galope sus caballos».

2) إِذا significa una circunstancia equivalente a condición, por lo que sigue a menudo la sintaxis de este tipo de subordinación (v. §134).

3) إذا (بـ) (ante oración o sintagma nominal) y إِذْ (ante oración verbal) son marcas temporales con connotación de sorpresa o descubrimiento, vgr., نَظَرْتُ إِلَيْهَا فَإِذَا (هِيَ) آمْرَأَةٌ «la miré y he aquí que era una mujer» دَخَلَ عَلَيْهَا فَإِذَا هِيَ قَدْ نَامَتْ «entró donde ella estaba, y he aquí que ya dormía», إِنِّي لَعِنْدَهُمْ إِذْ أَقْبَلَ عِيرٌ «estaba yo con ellos, cuando he aquí que llegó una caravana».

VOCABULARIO

بُسْتَانٌ ج بَسَاتِينُ jardín.

بَقَرٌ ح ةٌ ج اتٌ vaca(s) [col.].

تَاجِرٌ ج تُجَّارٌ comerciante.

ثَقِيلٌ ج ثِقَالٌ pesado.

ثَمَنٌ ج أَثْمَـانٌ precio.

يَجْرِي جَرَى جَرْيٌ corre. acontece.

جَمَلٌ ج جِمَالٌ camello.

جَيْشٌ ج جُيُوشٌ ejército.

يَحْفَظُ حِفْظٌ aprende. guarda

أَحْمَقُ م حَمْقَاءُ ج حُمْقٌ necio; loco.

دَائِـمـاً siempre.

مَرْكَبٌ ج مَرَاكِبُ barco.

سُخْنٌ caliente.

سِكِّينٌ ج سَكَاكِينُ cuchillo.

سِنٌّ ج أَسْنَانٌ edad. diente [fem.]

سَوَاءٌ igual, lo mismo.

يَشْتَرِي اِشْتَرَى اِشْتِرَاءٌ compra.

طَبِيبٌ ج أَطِبَّاءُ médico.

عَظِيمٌ ج عُظَمَـاءُ grande, magnífico.

عَالَمٌ ج ونَ mundo.

غَنِيٌّ ج أَغْنِيَاءُ rico.

فَرَسٌ ج أَفْرَاسٌ caballo.

فَقِيرٌ ج فُقَرَاءُ pobre.

قَوْمٌ ج أَقْوَامٌ gente.

يَمْلأُ مَلْءٌ بِـ / مِنْ llena.

مَـمْلَكَةٌ ج مَـمَـالِكُ reino.

نَصْرَانِيٌّ ج نَصَارَى cristiano.

نَهْرٌ ج أَنْهُرٌ río.

يَسَارٌ izquierda.

يَـمِينٌ derecha.

EJERCICIOS

1. Copiar, leer y traducir:

ذَكَرَ لِـي ٱلتَّاجِرُ ثَمَنَ ٱلْبَقَرَةِ فَٱشْتَرَيْتُهَا مِنْهُ ، ثُمَّ رَجَعْـتُ إِلَى ٱلْقَـرْيَةِ ، فَإِذَا بِصَدِيقِي يَنْتَظِرُنِي فِيهَا - كُلْ خُبْزَكَ سُخْناً أَوْ بَارِداً - إِنْتَظَرْتُ ٱلطَّبِيبَ حَتَّى ٱلسَّاعَةِ ٱلثَّانِيَةِ بَعْدَ ٱلظُّهْرِ ، وَصَدِيقِي مُحَمَّدٌ إِلَى جَنْبِي يَتَكَلَّمُ مَعِي ، وَلٰكِنَّهُ لَمْ يَحْضُرْ - سَوَاءٌ عَلَيَّ أَتَحْفَظُ دَرْسَكَ أَمْ لاَ - أُدْرُسْ حَتَّى تَحْفَظَ دَرْسَكَ - سَيَحْضُرُ ٱلْقَوْمُ أَجْمَعِينَ حَتَّى يَمْلأَ ٱلْبَيْتُ مِنْهُمْ - إِشْتَرِ إِمَّا جَمَلاً وَإِمَّا فَرَساً - أَظُنُّهُ قَلِيلَ ٱلْعَقْلِ ، أَيْ ، أَحْمَقَ - وَدِدْتُ لَوْ زَارَنِي أَحْمَدُ ، إِلاَّ أَنَّهُ يَسْكُنُ بَعِيداً عَنَّا ، كَمَـا تَعْلَمُ - هٰذَا ٱلتَّاجِرُ ثَقِيلٌ ، مَعْ أَنَّهُ غَنِيٌّ - ضَعِ ٱلسِّكِّينَ عَلَى ٱلْأَرْضِ قَبْلَ أَنْ تَقْطَعَ يَدَكَ - سَمِعْتُمْ أَنَّهُ صَارَ طَبِيباً ؟ - لَنْ يَدْخُلَ ٱلْجَيْشُ مَمْلَكَتَنَا بَعْدَ مَا جَرَى لَهُ وَرَاءَ ٱلنَّهْرِ - لَـمَّا دَنَا ٱلْفَقِيرُ مِنَّا ، وَهُوَ يَنْظُرُ يَمِيناً وَيَسَاراً ، ظَنَنَّا أَنَّهُ يُرِيدُنَا لِأَمْرٍ مَا - إِنْتَظِرْ بِٱلْبُسْتَانِ مَا ٱسْتَطَعْتَ ، ثُمَّ ٱمْضِ دُونَ أَنْ يَرَاكَ ٱلنَّاسُ كُلُّهُمْ - إِذَا كَانَ شَأْنُهُ عَظِيمـاً ، فَإِنَّ شَأْنَنَا نَحْنُ عَظِيمٌ أَيْضاً - كُنَّا نَزُورُهُ وَهُوَ يَفْرَحُ بِنَا دَائِـماً - تَكَلَّمُوا بَيْنَمَا نَحْنُ نَأْكُلُ - قَدِمَ ٱلْأَمِيرُ وَقَدْ رَجَعْنَا مِنَ ٱلْـمَرْكَبِ - مَلَأَتْ جُيُوشُهُ ٱلْعَالَمَ كُلَّهُ .

2. Traducir al árabe:

Hemos comprado dos vacas y tres camellos, y luego un caballo.- Ella corrió hacia la puerta, y entró en la casa.- Es igual para mí (عَلَيَّ) que el barco sea pesado o ligero.- Ambos estudiantes pasarán el día

(: su día) en la escuela, hasta que aprendan la lección, como la aprendieron los demás (سَائِرُهُمَا).- El alumno cristiano es joven (: pequeño de edad), pero (غَيْرَ أَنَّهُ) aplicado.- Los comerciantes son ricos siempre, aunque ellos (مَعْ أَنَّهُمْ) pretenden que son pobres.- La gente de tu reino, ¿es cristiana o musulmana?- Después de que me fue dicho el precio, miré a derecha e izquierda y pregunté al médico si (عَمَّا إِذَا) creía que yo era necio.- Llenamos el jardín de agua, mientras (وَ) el ejército se acercaba al río.- Visita el mundo entero, mientras sigas siendo (مَا دُمْتَ) rico.- Mencionamos su nombre en la ciudad, y he aquí que era muy importante (: grande de asunto).

3. Copiar el ejercicio 1, y la versión árabe del 2 (de la clave), ambos sin vocales ni otros grafemas auxiliares, y leerlos en voz alta hasta hacerlo correctamente y entendiéndolos.

Lección 23.ª

A) Oraciones complejas (Continuación)

134. Dentro de las oraciones complejas, las estructuras más complicadas son las oraciones condicionales, donde no se trata ya tan sólo de que una oración esté subordinada a otra principal, sino que una oración (condición o prótasis), que sería en principio la subordinada, afecta sin embargo a otra (apódosis o condicionada), que sería la principal, pero que, en general, la sigue, dentro de una interrelación. Las condicionales pueden ser reales, si la condición es de cumplimiento probable, e irreales, cuando es imposible o improbable.

135. La condicional real afirmativa es introducida por إِنْ /'in/ «si» (a veces en períodos arcaicos إِمَّا /'imma:/) y lleva el verbo en perfectivo (con su antiguo valor aspectual en plena fuerza) o apocopado; la condicionada correspondiente irá marcada por فَ /fa-/ si sigue oración nominal, imperativo o prohibición, oración elíptica, consecuencia no inmediata, عَسَى /'asà/ «tal vez», قَدْ /qad/. سَـ o

سَوْفَ /sa(wfa) / o لَنْ /lan/ , y llevará el verbo en perfectivo , apocopado o en otra forma que pueda requerir su contenido. La condicional real negativa es introducida por إِنْ لَمْ /'in lam/ «si no» seguida de apocopado (hay algún caso preclásico de éste introducido por إِلاَّ /'illa:/), mientras que la oración condicionada llevará, en su caso, una negativa congruente con el aspecto , modo o forma usados . Ejs.: إِنْ تُكْرِمْنِي / أَكْرَمْتَنِي أَكْرَمْتُكَ / أُكْرِمْكَ /'in tukrim-ni:/ 'akramta-ni: 'akramtu-k^{a}/ 'ukrim-k^{a}/ «si me honras, te honraré» إِنْ لَمْ يَذْهَبْ لَمْ أَرْضَ / مَا رَضِيتُ /'in lam yaḏhab lam 'arḍa/ma: raḍi:t^{u}/ «si no va, no estaré satisfecho», إِنْ تَزُرْنِي / زُرْتَنِي فَلَا تُحْضِرْ أَخَاكَ /'in tazur-ni: /zurta-ni:/ fa-la: tuḥḍir 'aḫa:-k^{a}/ «si me visitas , no traigas a tu hermano», إِنْ تَزُرْنِي / زُرْتَنِي فَأَهْلاً بِكَ /'in tazur-ni: /zurta-ni: fa-'ahlan bi-k^{a}/ «si me visitas, bienvenido», إِنْ تُكْرِمْنِي / أَكْرَمْتَنِي فَقَدْ أَكْرَمْتُكَ قَبْلُ /'in tukrim-ni:/'akramta-ni: fa-qad 'akramtu-ka qabl^{u}/ «si me honras , yo te he honrado antes», إِنْ تُكْرِمْنِي/أَكْرَمْتَنِي فَإِنَّكَ تُكْرِمُ كُلَّ غَنِيٍّ /'in tukrim-ni:/'akramta-ni: fa'inna-ka tukrimu kulla ḡaniyy^{in}/ «si me honras, [no es raro pues] honras a todo rico». Antiguamente podía reforzarse إِنْ en لَئِنْ /la'in/, en cuyo caso, la condicionada iba introducida por لَ /la-/.

La condicional irreal es introducida por لَوْ /law/ «si», con verbo en perfectivo , mientras su condicionada suele ser marcada por لَ /la-/ y lleva el verbo también en perfectivo; la negativa se marca con لَوْ لَمْ /law lam/ y apocopado en la condición («si no») y , en su caso , لَمَا /lama:/ en la condicionada . Ejs.: لَوْ زُرْتَنِي لَزُرْتُكَ /law zurta-ni: la-zurtu-k^{a}/ «si me hubieras visitado , te habría visitado», لَوْ لَمْ تَزُرْنِي لَمَا زُرْتُكَ /law lam tazur-ni: la-ma: zurtu-k^{a}/ « si no me hubieras visitado, no te habría visitado».

Las condicionales pueden situarse en el pasado, poniendo كَانَ (o en su caso يَكُنْ) ante la marca condicional (lo que sitúa a todo el conjunto) o después (lo que sitúa sólo la prótasis), vgr., كُنْتَ مَتَى تُكْرِمْنِي تُكْرَمْ /kunta matà tukrim-ni tukram/ «si me honrabas, eras honrado», إِنْ كَانَ يَزُورُنِي فَإِنَّنِي لَمْ أَزُرْهُ /'in ka:na yazu:ru-ni: fa'innani: lam 'azur-hu/ «si bien él me visitaba, yo no lo visité».

Notas:

1) Los pronombres y adverbios مَنْ /man/ «quien», مَا /ma:/ «lo que», أَيٌّ /'ayyun/ «cualquier(a que)», مَهْمَا /mahma:/ «cualquier cosa que», أَيْنَ /'ayna/, أَنَّى /'annà/ حَيْثُ /ḥaytu/ «donde», مَتَى /matà/, أَيَّانَ /'ayya:na/ «cuando», كَيْفَ /kayfa/ «como», y sus compuestos con مَا /ma:/ sufijado, así como كُلَّمَا /kulla-ma:/ «cada vez que» y إِذْ مَا /'iḏma:/ «siempre que», e incluso cualquier otra construcción que implique condición, pueden utilizar la misma estructura aspectual de إِنْ , vgr., أَيًّا تُكْرِمْ أُكْرِمْ /'ayyan tukrim 'ukrim/ «a cualquiera que honres, honraré», مَهْمَا تَفْعَلْ أَفْعَلْ /mahma: taf'al 'af'al/ «cualquier cosa que hagas, haré yo», لَيْتَ لِي مَالاً أُنْفِقُ مِنْهُ /layta li: ma:lan 'unfiq min-hu/ «ojalá tuviera dinero del que gastar», en cambio, las condicionales marcadas con إِذَا /'iḏa:/ utilizan preferentemente el perfectivo, nunca el apocopado, vgr. إِذَا زُرْتَنِي فَإِنَّكَ سَتَرَى بَيْتِي /'iḏa zurta-ni: fa-'innaka sa-tarà bayti:/ «cuando me visites, verás mi casa». Tras el imperativo (o los equivalentes yusivo, exhortativo y prohibitivo) son frecuentes las estructuras condicionales sin marca, vgr., زُرْنِي أَزُرْكَ /zur-ni: 'azur-k[a]/ «visítame

[y] te visitaré», لَا تَأْتِ يَقْتُلْكَ /la: ta'ti yaqtul-kᵃ/ «no vengas, que te matará», لِيَأْتِ هُنَا نَقْتُلْهُ /li-ya'ti huna: naqtul-hu:/ «que venga aquí: lo mataremos»; similarmente las disyuntivas con desplazamiento del verbo tienen una construcción de perfectivo de tipo condicional, vgr.: غَنِيًّا كَانَ أَوْ فَقِيرًا /ġaniyyan ka:na 'aw faqi:raⁿ/ «sea rico o pobre», صَبَاحًا جَاءَ أَمْ مَسَاءً /ṣaba:ḥan ǧa:'a 'am masa:'aⁿ/ «tanto si viene por la mañana como por la tarde».

2) Las estructuras condicionales tienen a menudo función explicativa (vgr., إِنْ سَرَقَ فَقَدْ سَرَقَ أَخُوهُ /'in saraqa faqad saraqa 'aḫu:-hᵘ/ «si roba, [no es extraño pues] ya su hermano robó»), concesiva (marcada con وَإِنْ /wa'in/ o وَلَوْ /wa-law/ «aunque») y optativa (en la que لَوْلَا / مَا /lawla:/ma:/ significan «¿qué tal si?, ¿por qué no?»; una variedad es la adjuración, vgr., وَحَيَاتِي إِلَّا أَنْشَدْتَنِي ٱلْبَيْتَ /wa-ḥaya:ti: 'illa: 'anšadta-ni l-baytᵃ/ «por mi vida, que me recites el verso», نَشَدْتُكَ ٱللهَ إِنْ رُمْتَ هٰذَا ٱلْمَكَانَ /našadtu-ka lla:ha 'in rumta ha:ḏa l-maka:nᵃ/ «por Dios te pido que no dejes este lugar»). También existen condicionales dobles, a menudo disyuntivas, marcadas por إِنْ . . . وَإِنْ /'in...wa-'in/, إِمَّا . . . وَإِمَّا / 'imma:... wa-'imma: / o إِمَّا . . . أَوْ /'imma...'aw/ «tanto si...como si».

3) لَوْلَا sirve para introducir oración nominal (pudiendo ir seguida tanto por pronombres autónomos como sufijados) o nominalizada por أَنْ / أَنَّ vgr., لَوْلَاكَ لَمَا حَضَرْتُ «si no hubiera sido por ti, no habría acudido», لَوْلَا أَنَّهُ يُكْرِمُنِي لَمَا أَكْرَمْتُهُ «si no fuera porque me honra, no lo hubiera honrado yo».

4) En período preclásico, لَا podía negar cualquier aspecto verbal en la apódosis según la semántica de dicho sistema, algunas prótasis marcadas con إِذَنْ , y la condición absurda marcada con إِنْ لَو

5) El orden de condición y condicionada se invierte a veces, vgr., إِنِّي أَجَبْتُ

لَوْ سَأَلْتَنِي «contestaría, si me hubieras preguntado», لَا نَجَوْتُ إِنْ نَجَا «ojalá no me salve yo, si él se salva» لَا أَتَّبِعُ أَهْوَاءَكُمْ قَدْ ضَلَلْتُ إِذَنْ «no seguiré vuestras bagatelas, me perdería en tal caso».

6) En las dobles condiciones, cuando se utiliza إِلَّا, es frecuente elidir toda la apódosis de la primera, vgr., إِنْ أَكْرَمْتَ ضَيْفَكَ وَإِلَّا فَتُعَدُّ لَئِيماً «si agasajas a tu huésped [quedarás bien], y si no, serás tenido por mezquino».

Extensiones verbales

Verbos modificadores

136. El sintagma verbal puede ser modificado, añadiendo a su predicación ciertos matices semánticos de índole temporal y aspectual. Tales son los expresados por:

a) Verbos de «ser» y «devenir»: يَكُونُ /yaku:nu/ «será», يَغْدُو yaḡdu:/ y يُصْبِحُ /yuṣbiḥu/ «amanece; está por la mañana; se hace», يُضْحِي /yuḍḥi:/ «está a media mañana; se hace», يُمْسِي /yumsi:/ «atardece; está por la tarde; se hace», يَظَلُّ /yaẓallu/ «sigue (durante el día)», يَبَاتُ /yaba:tu/ «anochece; está por la noche»; يَصِيرُ /yaṣi:ru/, يَرْجِعُ /yarǧi:ʻu/, يَعُودُ /yaʻu:du / y يَؤُوضُ /ya'u:ḍu/ «se vuelve/torna/hace», لَايَزَالُ /la: yaza:lu/, لَمْ يَزَلْ /lam yazal/, مَا زَالَ / بَرِحَ / اِنْفَكَّ /ma: za:la/bariḥa/nfakka/ «sigue; aún», مَا دَامَ /ma: da:ma/ «mientras siga»; يَكَادُ (أَنْ) /yaka:du ('an)/, يُوشِكُ عَلَى (أَنْ) /yu:šiku ʻalà ('an)/, كَرَبَ /karaba/ (sólo perfectivo) «está a punto de, casi».

b) Verbos incoativos: يَبْدَأُ /yabda'u/, يَبْتَدِئُ /yabtadi'u/, يَأْخُذُ /ya'ẖuḏu/ يَجْعَلُ /yaǧʻalu/, يَطْفَقُ /yaṭfaqu/, يَشْرَعُ /yašraʻu/, يُنْشِئُ /yunši'u/, يَقُومُ /yaqu:mu/, يُقْبِلُ /yuqbilu/, يَهُبُّ /yahubbu/,

يَعْلَقُ /ya'laqu/ «empieza a».

c) Verbos de posibilidad: عَسَى /'asà/, حَرَى /ḥarà/ y اِخْلَوْلَقَ /('i)ḫlawlaqa/ (invariables) «es posible; quizás».

Como verbos auxiliares preceden al modificado, yendo éste generalmente en imperfectivo, y ocupan la posición normal de verbo en sintagma, ante el sujeto, al cual generalmente seguirá el verbo modificado, lo que supone concordancia total para éste y parcial para el modificador, vgr.: أَصْبَحَ ٱلْمُسْلِمُونَ يَقُولُونَ /'aṣbaḥa l-muslimu:na yaqu:lu:n^{a}/ «los musulmanes se pusieron a decir». Salvo los b), pueden utilizarse también como modificadores del predicado de una oración nominal, que irá entonces en acusativo adverbial, vgr.: لاَيَزَالُ ٱلْبَابُ مَفْتُوحاً /la: yaza:lu l-ba:bu maftu:ḥa^{n}/ «la puerta sigue abierta».

Notas:

1) يَكَادُ y, كَرَبَ se construyen a veces con أَنْ, los de posibilidad casi siempre.

2) يُوشِكُ y عَسَى pueden construirse como impersonales, y عَسَى a veces con sufijo pronominal.

El modificador más usado es كَانَ. En perfectivo, ante otro perfectivo (frecuentemente precedido uno de ambos por قَدْ) indica un pluscuamperfecto (vgr., كَانَ قَدْ كَتَبَ /ka:na qad katab^{a}/ «había escrito»); en perfectivo ante imperfectivo indica un imperfecto o iterativo pasado (vgr., كَانَ يَكْتُبُ /ka:na yaktub^{u}/ «escribía», «solía escribir») o incluso un potencial (vgr., كَانَ يَكُونُ سُوءُ أَدَبٍ /ka:na yaku:nu su:'u 'adab^{in}/ «habría sido mala educación), mientras en imperfectivo, separado por قَدْ de un perfectivo, indica futuro perfecto (vgr., أَكُونُ قَدْ وَصَلْتُ /'aku:nu qad waṣalt^{u}/ « habré llegado »). Pero su función más frecuente es la de expresar el perfecto (en perfectivo) y futuro (en imperfectivo) de las oraciones nominales (muy rara vez un presente en imperfectivo, pues para aquél suele bastar la predicación atemporal), vgr.: كَانَ أَحْمَدُ وَزِيراً /ka:na ’Aḥmadu wazi:ra^n/ «A. era ministro», يَكُونُ أَحْمَدُ وَزِيراً /yaku:nu ’Aḥmadu wazi:ra^n/ «A. será ministro».

Nota: Obsérvese la expresión de intencionalidad مَا كَانَ لِيَقُولَ ذٰلِكَ /ma: ka:na liyaqu:la d̲a:lik^a/ «no iba a decir eso».

VOCABULARIO

إِنَاءٌ ج آنِيَةٌ	vasija.	سُؤَالٌ ج أَسْئِلَةٌ	pregunta.
بِئْرٌ ج آبَارٌ	pozo.	سَاحِلٌ ج سَوَاحِلُ	costa.
بَسِيطٌ ج بُسَطَاءُ	sencillo. llano.	سَرِيعٌ ج سِرَاعٌ	rápido.
بَطْنٌ ج بُطُونٌ	vientre.	يَسْكُتُ سَكْتٌ	(se) calla.
أَثْنَاءَ	durante.	شَخْصٌ ج أَشْخَاصٌ	persona.
جَزِيرَةٌ ج جُزُرٌ	isla.	إِصْبَعٌ ج أَصَابِعُ	dedo.
جِلْدٌ ج جُلُودٌ	piel; cuero.	صَحْرَاءُ ج صَحْرَاوَاتٌ	desierto.
جَوَابٌ ج أَجْوِبَةٌ	respuesta.	صَالِحٌ ج ونَ	bueno; honrado.
جَارٌ ج جِيرَانٌ	vecino.	عُنُقٌ ج أَعْنَاقٌ	cuello.
حُرٌّ ج أَحْرَارٌ.	libre.	يُفْسِدُ إِفْسَادٌ	obrar mal.
حَائِطٌ ج حِيطَانٌ	muro.	قَوْسٌ ج قِسِيٌّ	arco.
دَقِيقٌ	harina. menudo.	كَأْسٌ ج أَكْؤُسٌ	vaso; copa.
ذَنْبٌ ج ذُنُوبٌ	culpa.	كُرْسِيٌّ ج كَرَاسِيٌّ	silla.

كَافِرٌ ج ونَ كَفَرَةٌ infiel. وَسِخٌ ج ونَ sucio.

نَظِيفٌ ج نُظَفَاءُ limpio. يُتَوَفَّى تُوُفِّيَ وَفَاةٌ fallece [no agentivo].

EJERCICIOS

1. Copiar, leer y traducir:

إِنْ أَفْسَدْتُمْ فِي ٱلْأَرْضِ فَإِنَّ ذَنْبَكُمْ مَكْتُوبٌ لَدَى رَبِّكُمْ - إِنْ تَخَفْ فَٱسْكُتْ - إِنْ تُرِيدِي تَنْسَيْهِ - إِنْ كَانَ ثَوْبُهُ نَظِيفاً فَإِنَّ جِلْدَهُ وَسِخٌ - إِنْ لَمْ يَزُرِ ٱلسَّاحِلَ فَلَنْ يَعْرِفَهُ أَهْلُهُ - إِنْ لَمْ يَقْطَعْ إِصْبَعَهُ فَإِنَّهُ سَيَقْطَعُ عُنُقَهُ - لَوْ تُوُفِّيَ ٱلْـمَلِكُ لَصَارَ ٱلْأَمِيرُ مَكَانَهُ - لَوْ لَمْ تَكُنْ صَالِحاً لَـمَا كُنْتَ جَارِي - مَنْ كَانَ سُؤَالُهُ كَثِيراً سَمِعَ جَوَاباً يَكْرَهُهُ - أَيْنَ تَذْهَبْ أَذْهَبْ -أَيًّا تُحِبَّ أُحِبَّ - إِنْ يَكُنْ كَافِراً فَقَدْ كَانَ أَبُوهُ يُحِبُّ ٱلْكَأْسَ وَٱلْحَرَامَ كَثِيراً - إِنْ كَانَ حُرًّا أَوْ كَانَ عَبْداً، فَإِنَّهُ إِنْسَانٌ عَلَى كُلِّ حَالٍ - أَصْبَحَتِ ٱلصَّحْرَاءُ تُسْكَنُ - صَارَ ٱلْحَائِطُ يَظْهَرُ - أَخَذُوا يَزُورُونَ ٱلْجَزِيرَةَ أَثْنَاءَ أَسْفَارِهِمْ - بَدَأَتْ تَتَكَلَّمُ سَرِيعاً - أَوْشَكْنَا عَلَى ٱلسُّقُوطِ فِي ٱلْبِئْرِ - لاَ يَزَالُ ٱلْعَمَلُ بَسِيطاً -عَسَى ٱلْقَوْسُ تَكُونُ قَدْ صُنِعَتْ - مَا بَرِحَ ٱلْإِنَاءُ مَنْسِيًّا عَلَى ٱلْكُرْسِيِّ- يَكَادُ بَطْنُهُ يَظْهَرُ قَبْلَ شَخْصِهِ- كُنْتُ أَسْكُتُ أَثْنَاءَ ذٰلِكَ كُلِّهِ - لَـمَّا جَاءَ ٱلطَّلَبَةُ يَزُورُونَنِي كُنْتُ قَدْ خَرَجْتُ إِلَى ٱلصَّحْرَاءِ .

2. Traducir al árabe:

Si él hubiera sido infiel, no habría sido hecho (أَصْبَحَ) rey de la isla.- Si fueras mi vecino, no necesitaríamos un muro entre el jardín y el pozo.- Si no fuéramos libres, nos hubiéramos callado durante aquello.- Adondequiera que vaya esta persona, iremos nosotros también.- Quienquiera sea honrado, encontrará amigos rápidamente.- Si tiene el vientre grande, pues [hay que considerar que] su padre fue un comerciante [de los comerciantes de] harina.- Casi fallecieron ambas de aquella enfermedad.- La vasija ya no está (لَمْ يَعُدْ) sucia.- Se ha comenzado a trasladar las sillas (أَصْبَحَتْ تُنْقَلُ) a la escuela.- La costa se ha puesto (أَضْحَى) inhabitable (لَايُسْكَنُ).- Cuando el médico llegó, ella se había cortado el cuello.- Habré señalado con el dedo mañana al que obra mal en nuestra comunidad.- No íbamos a dar el arco al niño.

3. Copiar el ejercicio 1, y la versión árabe del 2 (de la clave), ambos sin vocales ni otros grafemas auxiliares, y leerlos en voz alta, hasta hacerlo correctamente y entendiéndolos.

Lección 24.ª

Modalidades de la oración

137. Las estructuras de las oraciones estudiadas hasta aquí son generalmente afirmativas, declarativas y anodinas. Pero existen además otras negativas, interrogativas, enfáticas y exclamativas.

A) Negativas

138. La negación se expresa en árabe de diverso modo, dependiendo de qué segmento de la oración o frase se niega, según estas normas:

a) La negación del sujeto indeterminado de una oración nominal se expresa anteponiéndole لَا /la:/ y poniéndolo en caso acusativo determinado. Ej.: لَا رَجُلَ فِي ٱلْبَيْتِ /la: rağula fi l-bayt[i]/ «no hay ningún hombre en la casa».

Notas:

1) Si el sujeto fuese determinado, o quedara desplazado tras el predicado, no toma dicho caso, vgr., لاَ هُوَ ذُو مَالٍ وَلاَ فَضْلٍ , لاَ فِي ٱلْبَيْتِ رَجُلٌ «no es poseedor de fortuna ni de virtud».

2) Si el sujeto negado tiene un calificativo, éste suele mantenerse en nominativo, sobre todo si queda separado del nombre, vgr., لاَ سَمِيرَ أَحْسَنُ مِنْ كِتَابٍ «no hay contertulio mejor que un libro», لاَ رَجُلَ فِيهَا ظَرِيفٌ «no hay en ella hombre agradable», pero لاَ رَجُلَ ظَرِيفًا / ظَرِيفٌ «no hay hombre agradable».

3) Si el sujeto tiene una extensión de rección nominal o verbal, relativa o marginal preposicional, recibirá normalmente la marca de determinación o indeterminación. vgr., لاَ غُلاَمَ رَجُلٍ ظَاهِرٌ «no hay a la vista ningún esclavo de hombre», لاَ طَالِعًا جَبَلاً ظَاهِرٌ «no hay a la vista nadie que suba a un monte», لاَ حَسَنًا فِعْلُهُ مَذْمُومٌ «nadie cuyas acciones son buenas es reprobado», لاَ نَاطِقًا بِخَيْرٍ عِنْدَنَا «no hay quien diga cosa buena entre nosotros». Pero obsérvese لاَ كَاشِفَ لَهُ «no hay quien lo descubra».

4) Cuando hay copulación de dos estructuras de este tipo, se admite nominativo indeterminado en ambas, acusativo determinado en ambas, o sólo en la primera y nominativo o acusativo indeterminado en la segunda, vgr., لاَ حَوْلَ وَلاَ قُوَّةٌ , لاَ حَوْلٌ وَلاَ قُوَّةٌ o لاَ حَوْلَ وَلاَ قُوَّةً «no hay poder ni fuerza».

5) Hay expresiones de tiempo con elisión de sujeto y estructura similar a éstas, negadas con لاَتَ , vgr., لاَتَ (ٱلْحِينُ) حِينَ نَدَامَةٍ «no es momento de arrepentimiento».

6) Observar las construcciones contaminadas لاَ يَدَيْ لَكَ بِٱلظُّلْمِ «tú no tienes manos [capaces] para la injusticia», لاَ أَبَا لَكَ / أَبَاكَ «no tienes padre [: eres excelente]».

b) La negación del predicado de una oración nominal se obtiene anteponiendo a ésta مَا /ma:/ «no», o con el pseudo-verbo لَيْسَ /laysa/«no es», sujeto a la sintaxis de todo verbo, pero conjugado sólo con sufijos de perfectivo (usando el tema /las-/ ante los consonánticos). En el segundo caso sobre todo (con مَا sólo en la construcción dialectal de Ḥiğa:z), el predicado irá en acusativo, o precedido por بِ /bi-/. También puede negarse estos predicados, haciéndolos regir nominalmente por غَيْرٌ /ḡayrun/. Ejs.: مَا أَنْتَ كَرِيمٌ / بِكَرِيمٍ /ma: 'anta kari:m^{un}/bi-kari:m^{in}/, لَسْتَ كَرِيماً / بِكَرِيمٍ /lasta kari:man/bikari:m^{in}/, أَنْتَ غَيْرُ كَرِيمٍ/'anta ḡayru kari:m^{in}/ «tú no eres generoso»; مَا هٰذَا بَشَراً /ma: ha:ḏa bašara^{n}/ «éste no es ser humano».

Notas:

1) غَيْرٌ rigiendo en genitivo a otro nombre, en el sentido de «otro que, uno que no es/era, etc.», puede usarse en cualquier posición propia de un nombre dentro de diversos sintagmas, vgr., قَدِمَ غَيْرُهُ /qadima ḡayru-hu:/ «llegó otro (no él)», ذَكَرْتُ غَيْرَهُ /ḏakartu ḡayra-hu:/ «mencioné a otro», اَلْكِتَابُ لِغَيْرِكَ /('a)l-kita:bu li-ḡayri-k^{a}/ «el libro es de otro [no tuyo]», غَيْرَ مَرَّةٍ /ḡayra marra^{tin}/ «más de una vez», غَيْرُ أَحَدٍ /ḡayru 'aḥad^{in}/ « más de uno ». Cuando rige a un adjetivo determinado, no debe tomar artículo (vgr., اَلْأَشْيَاءُ غَيْرُ ٱلثَّابِتَةِ /('a)l-'ašya:'u ḡayru ṯ-ṯa:bita^{ti}/ «cosas inseguras»); en período postclásico, sin embargo, puede verse اَلْأَشْيَاءُ ٱلْغَيْرُ ٱلثَّابِتَةِ /('a)l-'ašya:'u l-ḡayru ṯ-ṯa:bita^{ti}/. Obsérvese la expresión لَيْسَ غَيْرُهُ /laysa ḡayru-hu:/ «no otro; nada más».

2) En período preclásico era opcional la negativa إِنْ en lugar de مَا, así como مَا إِنْ en las oraciones negativas verbales.

c) La negación del calificativo solo dentro de su sintagma suele hacerse con غَيْرٌ como vimos para predicado, vgr., سِرَاطٌ غَيْرُ مُسْتَقِيمٍ /sira:ṭun ḡayru mustaqi:m^{in}/ «camino no recto».

d) La negación de una frase preposicional puede hacerse con لَا o لَيْسَ, vgr., فَتىً وَلَيْسَ / لَا كَمَالِكٍ « varón, pero no como M.».

e) La negación del predicado verbal imperfectivo con sentido de presente se hace con لَا /la:/ o las formas conjugadas de لَيْس /laysa/; también el apocopado en prohibición, y el perfectivo en sentido optativo o juramento se niegan con لَا . Ejs.: لَا / لَسْتُ أَكْتُبُ /la:/ lastu 'aktub[u]/ «no escribo», لَا تَكْتُبْ /la: taktub/ «no escribas» (§100), وَٱللّٰهِ لَا عَصَيْتُ رَبِّي /wa-lla:hi la: 'aṣaytu rabbi:/ «por Dios, que no desobedeceré a mi Señor», لَا فُضَّ فوكَ /la: fuḍḍa fu:k[a]/ «nunca sea rota tu boca [: bien has hablado]». En cambio, el imperfectivo en toda su extensión aspecto-temporal y el perfectivo en sus restantes usos se niegan con مَا / ma: /: مَا أَفْعَلُهُ /ma: 'af'alu-h[u]/ «no hago yo eso (en ningún caso)», مَا فعَلْتُهُ /ma: fa'altu-hu:/ «no he hecho eso» (exactamente igual que لَمْ أفعَلْهُ /lam 'af'al-hu:/). El imperfectivo en sentido futuro no puede negarse con سَوْفَ لَا , sino con لَنْ /lan/ (v. §102).

f) Cuando se siguen dos negaciones en dos oraciones coordinadas, لَا sirve en todo caso para la segunda, y a veces se contamina incluso a la primera. Ejs.: مَا مَشَى وَلَا رَكِبَ /ma: mašà wa-la: rakib[a]/ «ni anduvo ni cabalgó», لَا رَأَى وَلَا سَمِعَ /la: ra'à wa-la: sami'[a]/ «ni vio ni oyó», لَا. . . وَلَا وَاحِدٌ /la:...wa-la: wa:ḥid[un]/ «no...ni uno». لَا puede usarse también correctivamente, vgr., رَكِبْتُ بَغْلاً لَا حِمَاراً /rakibtu baġlan la: ḥima:ra[n]/ «monté en un mulo, no en un asno».

Nota: لَا se elide en وَٱللّٰهِ أفعَلُ «por Dios, que no lo haré», y se inserta indebidamente por atracción del semantema negativo en مَا منَعكَ ألاَّ تَسْجُدَ «¿qué te impidió prosternarte?», نَهَى زَيْدٌ أَلاَّ يَفْعَلَهُ أَحَدٌ «Z. prohibió que nadie lo hiciera». También es peculiar el uso de لَيْس en, vgr., لَيْسَ أَنَا قَتَلْتُكُمْ «no soy yo quien os ha matado», كَانَ ٱلنَّبِيُّ لَيْسَ بِٱلطَّوِيلِ وَلَا بِٱلْقَصِيرِ «el Profeta no era ni alto ni bajo».

139. Una variedad de negación muy común en árabe, y a menudo sólo retórica, es la excepción que se marca mediante إِلاَّ /'illa:/, غَيْرٌ /ḡayrun/, سِوًى /siwà/, (مَا) عَدَا / خَلاَ / حَاشَا /(ma:) 'ada:/ḫala:/ḥa:ša:/ «sino, excepto», según las reglas:

a) El nombre exceptuado por إِلاَّ irá en acusativo si la oración es afirmativa y completa (vgr., قَدِمَ ٱلْقَوْمُ إِلاَّ زَيْداً /qadima l-qawmu 'illa: Zayda^{n}/ «llegó la gente, salvo Z.», لِكُلِّ دَاءٍ دَوَاءٌ إِلاَّ ٱلْمَوْتَ /li-kulli da:'in dawa:'un 'illa l-mawt^{a}/ «toda enfermedad tiene remedio, salvo la muerte», مَرَرْتُ بِٱلْقَوْمِ إِلاَّ زَيْداً /marartu bi-l-qawmi 'illa: Zayda^{n}/ «pasé junto a la gente, salvo Z.». Lo mismo sucede cuando el exceptuado es genéricamente distinto, vgr., مَا قَدِمَ ٱلْقَوْمُ إِلاَّ حِمَاراً /ma: qadima l-qawmu 'illa: ḥima:ra^{n}/ «no llegó la gente, sino un asno».

b) Cuando lo exceptuado no es toda la oración, sino un constituyente sólo, tendrá el caso que por función le corresponda, vgr., لاَ يَقَعُ فِي ٱلسُّوءِ إِلاَّ فَاعِلُهُ /la: yaqa'u fi s-su:'i 'illa: fa:'ilu-hu:/ «no cae en el mal sino quien lo comete», لاَ أَتَّبِعُ إِلاَّ ٱلْحَقَّ /la: 'attabi'u 'illa: l-ḥaqq^{a}/ «no seguiré sino lo justo».

c) La excepción de un solo constituyente puede marcarse con غَيْرٌ o سِوًى rigiendo al exceptuado en genitivo, y tomando la marca del caso que le corresponda, vgr., ذَهَبَ ٱلنَّاسُ غَيْرَنَا /d̠ahaba n-na:su ḡayra-na:/ «la gente fue, salvo nosotros», مَا قَامَ أَحَدٌ غَيْرَ حِمَارٍ /ma: qa:ma 'aḥadun ḡayra ḥima:r^{in}/ «no se levantó nadie, sino un asno», مَا قَامَ أَحَدٌ غَيْرُ زَيْدٍ /ma: qa:ma 'aḥadun ḡayru Zayd^{in}/ «no se levantó nadie, sino Z.».

d) La excepción puede marcarse también con عَدَا , خَلاَ y

حَاشَا seguidas de genitivo o acusativo, pero sólo de acusativo si las precede مَا .

e) Se puede exceptuar toda una oración subordinada marcándola con إلاَّ أَنْ / قَدْ / وَ /'illa: 'an/qad/wa-/.

f) En el nombre exceptuado por إلاَّ es opcional el acusativo o nominativo si el sujeto es adelantado, o la oración es negativa, vgr., قَامَ إلاَّ زَيْدٌ ٱلْقَوْمُ «levantóse, salvo Z. la gente» لا تَظْهَرُ ٱلْكَوَاكِبُ نَهَاراً إلاَّ ٱلنَّيِّرَانِ / ٱلنَّيِّرَيْنِ «de día no se ven las estrellas, salvo los dos luceros [de la Corona]».

g) Cuando hay excepciones concatenadas, el primer exceptuado sigue las reglas dadas, y los sucesivos van en acusativo, vgr., مَا مَرَرْتُ إلاَّ بِزَيْدٍ إلاَّ عَمْراً «no pasé junto a nadie más que Z., excepto 'A.», مَا قَامَ أَحَدٌ إلاَّ زَيْدٌ إلاَّ عَمْراً «no se levantó nadie más que Z., salvo 'A.» Lo que, naturalmente, no se aplica a casos en que una excepción es aposición de la anterior, como مَا مَرَرْتُ بِأَحَدٍ إلاَّ بِزَيْدٍ إلاَّ أَخِيكَ «no pasé junto a nadie más que Z., tu hermano».

Notas:

1) Si el exceptuado tras إلاَّ es un pronombre, se introduce con إيَّا /'iyya:/ (aunque dialectalmente se usan los sufijos tras إلاَّ directamente).

2) Obsérvense las expresiones قَامَ ٱلْقَوْمُ لا / لَيْسَ زَيْدٌ «se levantó la gente, no siendo Z.», مِنْهُمُ ٱلصَّالِحُونَ وَمِنْهُمْ دُونَ ذٰلِكَ «entre ellos los hay honrados y los hay que no lo son», y يَعْمَلُونَ عَمَلاً دُونَ ذٰلِكَ «hacen algo que no es eso».

3) Obsérvese el refuerzo اَللَّهُمَّ إلاَّ «sino», y la expresión لاَسِيَّمَا «principalmente» (tras una enumeración)».

4) Obsérvese la interjección حَاشَ / حَاشَا / حَاشَى لِلّٰهِ «Dios no lo permita».

VOCABULARIO

أَبَداً nunca.	بَرٌّ tierra (firme).
أَجْرٌ ج أُجُورٌ recompensa.	اَلْبَارِحَةَ ayer.

بَرَكَةٌ ج اتٌ	bendición.	غَلِيظٌ ج غِلَاظٌ	grueso. grosero.
يَتْعَبُ تَعَبٌ	se cansa/fatiga.	فَارِغٌ	vacío.
يَجْرَحُ جَرْحٌ	hiere.	يَفْقِدُ فَقْدٌ	pierde.
خَرُوفٌ ج خِرْفَانٌ	cordero.	قَرْنٌ ج قُرُونٌ	cuerno. siglo.
خَمْرٌ ج خُمُورٌ	vino. [fem.]	قُوَّةٌ ج اتٌ / قُوىً	fuerza.
يَذْبَحُ ذَبْحٌ	degüella.	كَاتِبٌ ج كُتَّابٌ	escritor. secretario.
زَيْتٌ ج زُيُوتٌ	aceite. petróleo.	يَكْسِرُ كَسْرٌ	rompe.
يَسُرُّ سُرُورٌ	alegra, regocija.	يَكْفِي كَفَى كِفَايَةٌ	basta.
يَسْرِقُ سَرِقَةٌ	roba.	لَبَنٌ ج أَلْبَانٌ	leche.
شَرِيفٌ ج شُرَفَاءُ	digno; noble.	نَعْلٌ ج نِعَالٌ	zapato.
طَيْرٌ ح طَائِرٌ ج طُيُورٌ	ave; pájaro.	يَهْلِكُ هَلَاكٌ	perece.
يَتَعَجَّبُ تَعَجُّبٌ	se admira de.	وَرَقٌ ح ة ج أَوْرَاقٌ	hoja(s); papel.
عَذَابٌ	tormento.	مَوْضِعٌ ج مَوَاضِعُ	lugar.

EJERCICIOS

1. Copiar, leer y traducir:

مَا يَكْفِينِي هٰذَا ٱلْمَبْلَغُ أَبَداً - مَا ٱلزَّيْتُ سُخْنٌ - لَيْسَتِ ٱلْخَمْرُ حَلَالاً لِلْمُسْلِمِينَ - لَمَّا يُذْبَحِ ٱلْخَرُوفُ - اَلْكَاتِبُ غَيْرُ شَرِيفٍ - مَا تَعَجَّبَ مِنْ قُوَّةِ لِسَانِنَا غَيْرُ أَحْمَدَ - لَا يَسُرُّنِي أَنْ تُسَافِرَ بَرًّا إِلَى ذٰلِكَ ٱلْمَوْضِعِ - لَا تَتْعَبْ فَلَا نَعْلَ وَلَا ثَوْبَ تَحْتَ ٱلْكُرْسِيِّ - لَنْ يَكُونَ أَجْرُنَا عَظِيماً - جُرِحَ كُلُّ ٱلرِّجَالِ فِي ٱلْجَيْشِ إِلَّا قَائِدَهُمْ - كُسِرَتْ قُرُونُ ٱلْبَقَرَاتِ غَيْرَ وَاحِدَةٍ - لَيْسَ ذٰلِكَ غَيْرَ كَلَامٍ فَارِغٍ - هَلَكَ جَمِيعُهُمْ سِوَى عَلِيٍّ -

فَقَدْنَا أَمْوَالَنَا فِي ٱلْحَرْبِ مَا عَدَا دَرَاهِمَ قَلِيلَةً لَا تَكْفِينَا - يَقُولُ ٱلْعَرَبُ لِلشَّيْءِ ٱلْغَرِيبِ «قَلِيلٌ كَلَبَنِ ٱلطَّائِرِ» - لَمْ أَسْمَعْ مِنْهُ سِوَى كَلَامٍ غَلِيظٍ - لَمْ تَكَدِ ٱلْأَوْرَاقُ تُسْرَقُ ٱلْبَارِحَةَ حَتَّى نُقِلَتْ إِلَى مَوْضِعٍ آخَرَ - لَنْ يَكُونَ عَذَابُ ٱلْمُفْسِدِينَ فِي ٱلْأَرْضِ إِلَّا عَظِيماً - لَسْتُمْ بِشُرَفَاءَ وَلَا شَأْنُكُمْ عَظِيمٌ - لَقَدْ سَرَقَ مَالَنَا ، لَا أَكَلَ بِهِ خُبْزاً وَلَا شَرِبَ لَبَناً - مَا هُنَّ بِمُسْلِمَاتٍ وَلَا عَرَبِيَّاتٍ - مَا فَرِحَ وَلَا سُرَّ - جَرَحْتُمُونَا بِغَيْرِ سَيْفٍ وَلَا حَدِيدٍ - هٰذَا طَعَامٌ لِسِوَاكَ - مَا ذَكَرْتُنَّ إِلَّا إِيَّاهُ - لَمْ أَكَدْ أَقْرَأُ رُبْعَ ٱلْقِصَّةِ إِلَّا وَقَدْ عَرَفْتُ مَنِ ٱلْقَاتِلُ .

2. Traducir al árabe:

No será tu recompensa sino magnífica.- El sitio no está vacío.- El agua de este pozo no es potable, pues en ella hay petróleo.- Las vacas no hieren sino con sus cuernos.- No degüelles sino a un cordero.- No se ha perdido sino tus zapatos.- Todos los presentes beben vino, salvo el secretario.- Apenas perece un (hombre) digno en este siglo, se dicen cosas no ciertas acerca de su vida.- No dices sino palabras groseras.- Quien roba palabras de otro es como quien se pone las ropas de otro.- No nos admiramos de la fuerza de su ejército.- No viajes [fem.] por tierra ni por mar.- No nos alegra que te rompas la cabeza por esta suma (فِي شَأْنِ هٰذَا ٱلْمَبْلَغِ).- No bebió leche, ni comió pan con aceite.- Los pájaros no pueden ser (لَا تَكُونُ) sino libres.- No se fatigan en otra cosa que el tormento de los demás.

3. Copiar el ejercicio 1, y la versión árabe del 2 (de la clave), ambos sin vocales ni otros grafemas auxiliares, y leerlos en voz alta, hasta hacerlo correctamente y entendiéndolos.

Lección 25.ª

B) Interrogativas

140. La interrogación puede expresarse:

a) Con sólo la juntura abierta externa interrogativa (v. §12), y el correspondiente contorno entonacional, vgr., مَعَكُمْ مِنْهُ شَيْءٌ /ma'-kum min-hu šay'un||/ «¿tenéis algo de ello?».

b) Con la inversión de los taxemas normales (orden sintáctico), vgr., أُخْتُ مَنْ أَنْتِ /'uḫtu man 'anti||/ «¿de quién eres hermana?». Este procedimiento es característico de los interrogativos de §71 y los adverbios de §73.

c) Anteponiendo a la oración las marcas interrogativas أ /'a/ o هَلْ /hal/ «¿acaso? ». La primera se combina con las diversas negaciones (en ألاَ /'a-la:/, أمَا /'a-ma:/ ألَيْسَ /'a-laysa/, ألَمْ /'a-lam/) y precede siempre a وَ /wa-/, فَ /fa-/, ثُمَّ /ṯumma/ y إِنَّ /'inna/, con las que no puede usarse هَلْ que, por otra parte, sólo se combina con la negación لاَ (en هَلاَّ /hal-la:/), y suele indicar una pregunta meramente retórica o que anticipa la respuesta negativa. Se observará que en árabe no existe una distinción sintáctica de la pregunta en estilo directo o indirecto, por lo que la marca interrogativa puede siempre faltar (vgr., أَنَا ٱلْمَلِكُ شِئْتُمْ أَمْ أَبَيْتُمْ /'ana l-maliku ši'tum 'am 'abaytum/ «soy el rey, queráis o no»).

Nota: Por esto mismo, tras el verbo يَقُولُ «dice» nunca se usa أَنَّ «que», sino إِنَّ .

d) En la interrogación disyuntiva, la primera posibilidad se introduce con أ y la segunda con أَمْ , debiendo el objeto de la pregunta seguir al marcador en cada caso, vgr., أَأَنْتَ فَعَلْتَ هٰذَا أَمْ يُوسُفُ /'a-'anta fa'alta ha:ḏa: 'am Yu:suf^{u}||/ « ¿hiciste tú esto o Yusuf? », أَرَاغِبٌ أَنْتَ فِي ٱلْأَمْرِ أَمْ رَاغِبٌ عَنْهُ /'a-ra:ḡibun 'anta fi l-'amri 'am ra:ḡibun 'anh^{u}||/ «¿estás deseoso de esto o ansioso por evitarlo?» , أَرَاكِباً جِئْتَ أَمْ مَاشِياً /'a-ra:kiban ği'ta 'am ma:šiya^{n}||/ «¿has venido cabalgando o andando?».

C) Enfáticas

141. Determinadas oraciones, sintagmas o constituyentes requieren, por razones de expresividad, y al margen de su valor informativo normal, un cierto énfasis o relieve, que en árabe puede obtenerse por procedimientos meramente semánticos, o en la combinación de recursos predominantemente morfológicos o sintácticos.

142. Enfasis meramente semántico se obtiene en árabe para cualquier palabra , sintagma y oración , sencillamente repitiéndola , vgr. , اَلْحَقُّ وَاضِحٌ وَاضِحٌ /('a)l-ḥaqqu wa:ḍiḥun wa:ḍiḥ^{un}/ « la verdad está clara ,

clara», طَلَعَ ٱلنَّهَارُ طَلَعَ ٱلنَّهَارُ /ṭala'a n-naha:ru ṭala'a n-naha:r^{u}/ «¡ha roto el alba, ha roto el alba!». El objeto interno (§127b) produce resultado en parte similar, en los verbos.

Nota: Hay otras repeticiones de palabra en el predicado y sujeto de la misma oración aparentemente tautológica, para subrayar y confirmar lo que ya sabe el oyente, vgr., هُمْ مَنْ هُمْ «son quienes son», هُمْ مَا هُمْ «son lo que son», أَرْضُكَ أَرْضُكَ «tu tierra es tu tierra», اَلْكِتَابُ كِتَابُكَ «el libro es el tuyo».

143. Por medios fundamentalmente morfológicos, se puede enfatizar el imperfectivo e imperativo del verbo, añadiéndoles en apocopado /an(na)/ a las personas sin sufijo, sustituyendo los sufijos /-i:/ y /-u:/ por /na)/ y /-un(na)/, y los sufijos /-a:/ y /-na/ por /-a:nni/ y /-na:nni/ respectivamente. El imperativo así enfatizado es de uso opcional, mientras el imperfectivo se utiliza en juramentos, y tras لَ /la-/ en el sentido de futuro aseverativo, vgr., لَأُكْرِمَنَّكَ /la-'ukrimanna-k^{a}/ «ciertamente te honraré».

Nota: la forma breve /-an/ de este sufijo puede escribirse اً, pronunciándose /a:/ en pausa, y perdiendo /n/ ante ٱ.

144. Los adjetivos, verbos estativos y algunos de acción pueden adquirir expresión enfática mediante el elativo, que es un adjetivo verbal (como tal capaz de regir un acusativo, aunque normalmente se utilice لِ /li-/, vgr., أَحْفَظُ لِلدَّرْسِ /'aḥfaẓu li-d-dars^{i}/ «más capaz de aprender la lección»). Su forma es {'a12a3^{u}}, y su significado el de «poseedor de un grado más intenso de la cualidad, o capaz de una realización más completa de la acción», vgr., كَبِيرٌ /kabi:r^{un}/ «grande» ~ أَكْبَرُ /'akbar^{u}/ «mayor; sumo», يَعْلَمُ /ya'lamu/

«sabe» ~ أَعْلَمُ /’a‘lam^{u}/ «mejor conocedor». La gramática prohíbe esta derivación en adjetivos de forma {’a12a3^{u}}, verbos no agentivos, derivados, modificadores o de flexión incompleta, en cuyos casos hay que recurrir a una paráfrasis con los nombres de cualidad o *maṣdares* correspondientes en acusativo indeterminado, precedidos de alguno de los elativos sustitutos أَكْثَرُ /’akṯar^{u}/ «más», أَشَدُّ /’ašadd^{u}/ «más intenso», أَحْسَنُ /’aḥsan^{u}/, أَفْضَلُ /’afḍal^{u}/, خَيْرٌ /ḫayr^{un}/ «mejor», شَرٌّ /šarr^{un}/ «peor», etc., vgr., أَشَدُّ حُمْرَةً /’ašaddu ḥumra^{tan}/ «más rojo», أَحْسَنُ تَعْلِيماً /’aḥsanu ta‘li:ma^{n}/ «mejor maestro», أَجْوَدُ جَوَاباً /’ağwadu ğawa:ba^{n}/ «mas hábil en responder», أَسْرَعُ ٱنْطِلَاقاً /’asra‘u nṭila:qa^{n}/ «más lanzado», أَقْبَحُ عَاراً /’aqbaḥu ‘a:ra^{n}/ «más vergonzoso».

El elativo puede funcionar bien como comparativo, quedando invariable, y marcándose el segundo término de comparación, si está expreso, con مِنْ /min/ (vgr., رَجُلٌ / اِمْرَأَةٌ / رَجُلَانِ / اِمْرَأَتَانِ / رِجَالٌ / نِسَاءٌ أَكْبَرُ مِنْ فِيلٍ /rağul^{un}/ (’i)mra’atun /rağula:ni/ (’i)mra’ata:ni /riğa:lun/nisa:’^{un} ’akbaru min fi:l^{in}/ «hombre/mujer/ dos hombres/dos mujeres/hombres mujeres más grande(s) que un elefante»), o bien como un superlativo relativo, lo que puede hacerse:

a) mediante sintagma calificativo normal, tomando el elativo un pl. regular masculino o {’a1a:2i3^{u}}, un femenino {1u23à} y un pl. fem. regular o {1u2a3}, vgr., اَلرَّجُلُ ٱلْأَفْضَلُ /(’a)l-rağulu l-’afḍal^{u}/ «el mejor hombre» pl. اَلرِّجَالُ ٱلْأَفْضَلُونَ / ٱلْأَفَاضِلُ /(’a)r-riğa:lu l-’afḍalu:n^{a}/’afa:ḍil^{u}/, fem. اَلْمَرْأَةُ ٱلْفُضْلَى /(’a)l-mar’atu l-fuḍlà/ « la mejor mujer » pl. اَلنِّسَاءُ ٱلْفُضْلَيَاتُ / ٱلْفُضَلُ /(’a)n-nisa:’u l-fuḍlaya:t^{u}/fu ḍal^{u}/.

b) Mediante dichas inflexiones del elativo, pero rigiendo nominalmente al nombre en pl. que en realidad califican, vgr., أَفْضَلُ ٱلرِّجَالِ /'afḍalu r-riğa:l^{i}/ «el mejor de los hombres» pl. أَفَاضِلُ ٱلرِّجَالِ /'afa:ḍilu r-riğa:li/, فُضْلَى ٱلنِّسَاءِ /fuḍlà n-nisa:'^{i}/ «la mejor de las mujeres» pl. فُضْلَيَاتُ ٱلنِّسَاءِ /fuḍlaya:tu n-nisa:'^{i}/).

c) Unicamente en sglr., el elativo puede quedar invariable rigiendo en genitivo sglr. al nombre que calificaría, en un sintagma que funciona como determinado, vgr., أَفْضَلُ رَجُلٍ /'afḍalu rağul^{in}/ «el mejor hombre», أَفْضَلُ آمْرَأَةٍ /'afḍalu mra'a^{tin}/ «la mejor mujer».

Notas:

1) La regla restrictiva de la formación del elativo aparece esporádicamente violada en todas las épocas, vgr., أَبْيَضُ مِنْ «más blanco que», أَبْقَى لِـ «más apropiado para mantener», أَذْهَبُ لِـ «mas idóneo para quitar», أَخْوَفُ عَلَى «más temeroso de», etc.

2) خَيْرٌ y شَرٌّ son, en realidad, los sustantivos «bien» y «mal», habilitados para su uso como elativos. Tardíamente se les ha formado أَخْيَرُ y أَشَرُّ analógicos.

3) Existen multitud de locuciones con elativos, vgr., el comparativo de inferioridad formado con أَقَلُّ «menos» y el nombre de cualidad o *maṣdar* correspondiente, el elativo rigiendo oración nominalizada con مَا (vgr. يَكْتُبُ أَقَلَّ مَا يَكُونُ «escribe lo menos que pueda ser», أَقْبَحُ مَا يَكُونُ ٱلصِّدْقُ فِي ٱلسِّعَايَةِ «lo peor que puede ser la sinceridad es [usada] en la delación», أَخْوَفُ مَا تَكُونُ ٱلْعَامَّةُ آمَنُ مَا تَكُونُ ٱلْخَاصَّةُ «cuanto más teme la plebe, más segura está la oligarquía», أَكْثَرُ مَا يَشْتَغِلُ صَبَاحاً «cuando más trabaja es por la mañana», اَلْآنَ أَحْوَجُ مَا نَكُونُ إِلَى زَادٍ «ahora lo que más necesitamos son provisiones», y los casos de comparación entre oraciones enteras, en que se elide buena parte de éstas, vgr., أَنَا لَكَ أَشْرَفُ مِنْكَ لِي «yo soy más noble para ti que tú para mí», مُحَمَّدٌ أَمِيراً خَيْرٌ مِنْهُ وَزِيراً «M. como príncipe es mejor que como ministro».

4) El tipo de sintagma enfático calificativo, en que el adjetivo precede y rige en genitivo a un nombre, generalmente sin artículo, se da también con adjetivos y nombres de cualidad que no son elativos, vgr., عَزِيزُ كِتَابِكُمْ «vuestra estimada carta», كَبِيرُ شَيْءٍ «gran cosa», جِدُّ عَالِمٍ «sapientísimo», حَقُّ رَجُلٍ «hombre de

veras», آخِرُ سَاعَةٍ «última hora» (contaminación de أَوَّلُ ; observar, sin embargo, أَوَّلُ ٱلنَّهَارِ «el principio del día», آخِرُ ٱلنَّهَارِ «el final del día», قَدِيمُ ٱلزَّمَانِ «la época antigua».

VOCABULARIO

أَسِيرٌ ج أَسْرَى prisionero.	سُوقٌ ج أَسْوَاقٌ mercado.
يُبْصِرُ إِبْصَارٌ ve, percibe.	شَرٌّ peor. mal.
يَنْبَغِي اِنْبَغَى اِنْبِغَاءٌ conviene.	شَرْطٌ ج شُرُوطٌ condición.
تُفَّاحٌ ح ة ج اتٌ manzana(s) [col.].	شَاعِرٌ ج شُعَرَاءُ poeta.
جَنَّةٌ ج جِنَانٌ paraíso; jardín.	مُشْكِلَةٌ ج مَشَاكِلُ problema.
حَبْلٌ ج حِبَالٌ cuerda.	مَشْهُورٌ ج ونَ / مَشَاهِيرُ famoso.
حَرْفٌ ج حُرُوفٌ letra.	يُصَدَّقُ تَصْدِيقٌ (se) cree.
حَرَكَةٌ ج اتٌ movimiento.	عَصاً ج عِصِيٌّ palo; bastón.
يَسْتَحِقُّ اِسْتِحْقَاقٌ merece.	فِضَّةٌ plata.
حَيَوَانٌ ج اتٌ . animal.	فَاضِلٌ ج فُضَلَاءُ bueno, excelente.
خَالٍ desierto, vacío.	فَائِدَةٌ ج فَوَائِدُ provecho.
خَيْرٌ mejor. bien.	يُقْسِمُ إِقْسَامٌ jura.
رَحْمَةٌ misericordia.	نَبَاتٌ ج اتٌ planta.
رِيحٌ ج رِيَاحٌ viento. [fem.]	نَهَارٌ día [claridad].
سَرِيرٌ ج أَسِرَّةٌ cama.	يَسِيرٌ poco. fácil.

1. Copiar, leer y traducir:

هَلِ ٱلدُّنْيَا خَيْرٌ لَدَيْكَ مِنَ ٱلْجَنَّةِ ؟ - أَرَأَيْتَ ٱلتُّفَّاحَ بِٱلسُّوقِ ٱلصُّغْرَى ؟ - أَشَاعِرٌ هُوَ أَمْ تَاجِرٌ ؟ - أَلاَ تُبْصِرُونَ فَائِدَتَكُمْ ؟ - أَسْكُتَانٌّ - لَأَضْرِبَنَّكُمَا بِالْعَصَا - أُقْسِمُ بِٱللهِ لَأَضْرِبَنَّ أَعْنَاقَ (cortaré los cuellos) ٱلْأَسْرَى ٱلْكَافِرِينَ - لاَ تَقْطَعِنَّ ٱلْحَبْلَ - رَحْمَةُ رَبِّكُمْ أَوْسَعُ مِنْ ذُنُوبِكُمْ - لاَ يَنْبَغِي أَنْ تَكُونَ حَرَكَةُ أَلْسِنَتِكُنَّ أَسْرَعَ مِنْ عُقُولِكُنَّ - هٰؤُلاَءِ ٱلشُّعَرَاءُ مَشْهُورُونَ مَشْهُورُونَ - اَلسُّوقُ ٱلْكُبْرَى فِي قَلْبِ ٱلْمَدِينَةِ - بِنْتِي ٱلْفُضْلَى فَاطِمَةُ - يَسْتَحِقُّ ٱلْكَاتِبُ خَيْرَ أَجْرٍ - نِمْتُ عَلَى أَضْيَقِ سَرِيرٍ - يَجِبُ عَلَى ٱلنِّسَاءِ ٱلْفُضْلَيَاتِ أَنْ لاَ يَكُونَ حُبُّهُنَّ لِلذَّهَبِ وَٱلْفِضَّةِ أَشَدَّ مِنْ حُبِّهِنَّ لِأَزْوَاجِهِنَّ - أَكْبَرُ ٱلْحَيَوَانَاتِ جِسْماً وَأَجْمَلُ ٱلنَّبَاتَاتِ صُورَةً وَأَلْوَاناً مَوْجُودَةٌ فِي ٱلْبِلاَدِ ٱلْحَارَّةِ - تَكُونُ أَشَدُّ ٱلرِّيَاحِ فِي بِلاَدِ ٱلشِّمَالِ - شَرُّ شُرُوطِكُمُ ٱلْأَجْرُ ٱلْيَسِيرُ - لاَ تُصَدِّقْنَ وَلاَ حَرْفاً مِنْ كَلاَمِهِ مِنْ أَوَّلِهِ إِلَى آخِرِهِ - أَقَلُّ ٱلنَّاسِ ٱسْتِحْقَاقاً هُمُ ٱلَّذِينَ يَحْسِبُونَ كُلَّ خَيْرٍ حَقَّهُمْ - مَا أَبْصَرْتُ أَسْرَعَ أَكْلاً وَلاَ أَقْبَحَ أَدَباً مِنِ ٱبْنِ ٱلْوَزِيرِ - اَلنَّوْمُ نَهَاراً أَقَلُّ فَائِدَةً مِنْهُ لَيْلاً .

2. Traducir al árabe:

Las lecciones más provechosas (: mayores en provecho) son las que se aprenden (: lo que de ellas se aprende) en la más temprana edad (: lo menor de la edad).- ¿Es acaso la plata más apreciada (: más en precio) que el oro?- No has de merecer la misericordia del mejor rey.- El manzano (: los árboles de manzana) es la planta más extraña en medio del desierto.- Mi hija mayor jura que no ha de creer una letra de toda tu historia.- El mercado negro es el más movido (: el más en movimiento) de todos [los mercados] de la ciudad.- Pasar el día en la cama es la más fácil condición de la enfermedad para los holgazanes.- No conviene dejar los problemas más difíciles para la última hora.- Algunos hombres de religión opinan que el palo es el camino más corto al Paraíso.- Aḥmad es el peor poeta que he visto en las aldeas más pequeñas y en las ciudades mayores.

3. Copiar el ejercicio 1, y la versión árabe del 2 (de la clave), ambos sin vocales ni otros grafemas auxiliares, y leerlos en voz alta, hasta hacerlo correctamente y entendiéndolos.

Lección 26.ª

C) Enfáticas (Continuación)

145. Por medios fundamentalmente sintácticos, los nombres pueden enfatizarse:

a) Integrándolos en un sintagma de rección por نَفْس /nafs/ o عَيْن /'ayn/, o bien de aposición, precediéndolas, y opcionalmente rigiéndolas بِـ /bi-/, vgr., نَفْسُ / عَيْنُ ٱلرَّجُلِ /nafsu/ 'aynu r-rağuli/, اَلرَّجُلُ نَفْسُهُ / عَيْنُهُ / بِنَفْسِهِ / بِعَيْنِهِ /('a)r-rağulu nafsu-hu:/'aynu-hu:/bi-nafsi-hi:/ bi-'ayni-hi:/ «el mismo hombre»; en la construcción apositiva, estas palabras observan la concordancia de número necesaria mediante el uso de sus duales y plurales أَنْفُس /'anfus/ y أَعْيُن /'a'yun/ (vgr., اَلرَّجُلَانِ بِنَفْسَيْهِمَا /('a)r-rağula:ni bi-nafsay-hima:/ «los dos mismos hombres», نَحْنُ بِأَنْفُسِنَا /naḥnu bi-'anfusi-na:/ «nosotros mismos»). A falta de un verbo apropiado, y con sufijos pronominales, estos mismos términos permiten expresar el reflexivo, vgr., رَأَيْتُ نَفْسِي /ra'aytu nafs-i:/ « me vi », قُلْتُ لِنَفْسِي /qultu li-nafsi: / « me dije », siendo más raro en esta función el uso de عَيْنٌ o وَجْهٌ /wağh/.

Notas:

1) Con la excepción opcional de los verbos de aprehensión (§127a), ningún verbo árabe puede regir un sufijo pronominal, como objeto ni mediante preposición, de su misma persona, por lo que se recurre en tal caso a la construcción reflexiva vista.

2) En periodos tardíos, se usan para estas funciones asimismo ذَاتٌ «esencia», رُوحٌ «espíritu» y حَالٌ «estado».

b) Mediante hipérbaton, colocándolos antes de que les corresponda y representándolos por un pronombre en su posición normal, vgr., كِتَابُكَ قَرَأْتُهُ /kita:bu-ka qara'tu-hu:/ « tu libro , lo he leído » , زَيْدٌ ٱبْنُهُ حَسَنٌ /Zayduni bnu-hu: ḥasan^{un}/ « Z. , su hijo es hermoso » , ٱلسَّمْنُ مَنَوَانِ (مِنْهُ) بِدِرْهَمٍ / ('a) s-samnu manawa:ni (minhu) bi-dirham^{in}/ « el sebo , dos medidas están a dirhem » . Es menos frecuente que esto se haga con el nombre integrado en frase preposicional, vgr., فَبِٱلْحِلْمِ سُدْ /fa-bi-l-ḥilmi sud/ «con benevolencia, pues, gobierna», لِلْجِدِّ مَا خُلِقَ ٱلْإِنْسَانُ /li-l-ğiddi ma: ḫuliqa l-'insa:n^{u}/ «para cosas serias es para lo que ha sido creado el hombre.

Nota: El nombre desplazado así irá en acusativo, si le precede una marca característicamente verbal, como las conjunciones condicionales e introductores exhortativos (v. §149, vgr., إِنِ ٱلدِّينَارَ وَجَدْتَهُ فَخُذْهُ «si encuentras un dinar , cógelo», هَلَّا ٱلْكِتَابَ تَقْرَأُهُ «ea, leerás el libro»), en nominativo, si le precede una marca característicamente nominal, como فَـ e إِذْ introductor de sorpresa, o bien si hay alteración del orden lógico, vgr., رَئِيسَكَ إِنْ قَابَلْتَهُ فَعَظِّمْهُ «a tu jefe, cuando lo encuentres, hónralo»; en los demás casos, hay opción. El anacoluto o interrupción de construcción, por lo demás, no es en árabe, como en español, resultado de precipitación mental en estilo conversacional poco cuidado, sino una posibilidad, incluso al más alto nivel retórico, de cambiar a mitad de frase la ordenación jerárquica de las ideas que se estaban expresando, o una solución para adelantar un concepto más importante para el que habla, pero que sintácticamente no tenía cabida tan pronto dentro del discurso, vgr., إِنِّي ٱلْهَوَى قَدْ غَلَبَنِي «yo, la pasión me ha vencido».

c) Introduciéndolos, a principio de frase, con el presentativo أَمَّا /'amma:/ «en cuanto a, por lo que se refiere a», y marcando el resto de la frase con فَ /fa-/, vgr., أَمَّا مُحَمَّدٌ فَحَسَنٌ /'amma: Muḥammadun fa-ḥasan^un/ «en cuanto a M., es bueno».

Nota: Obsérvese la expresión con que se entra en materia, tras el saludo, en cartas y discursos: أَمَّا بَعْدُ فَ «por lo demás, el caso es que...».

d) Introduciéndolos como sujeto (pero en acusativo, a causa de la rección verbal de estos funcionales) con los presentativos إِنَّ /'inna/ (prácticamente sin contenido semántico), أَنَّ /'anna/ «que» (v. §33a) y sus compuestos (لِأَنَّ /li'anna/ «porque», فَإِنَّ /fa'inna/ «pues», كَأَنَّ /ka'anna/ «como si; parece que»), لٰكِنَّ /la:kinna/ «pero», لَيْتَ (يَا) /(ya:) layta/ «ojalá» y لَعَلَّ /la'alla/ «quizás; por si». Entre estos presentativos y el nombre enfatizado no puede introducirse sino una frase preposicional (vgr., إِنَّ فِي ٱلْبَيْتِ رَجُلًا /'inna fi l-bayti rağula^n/ «en la casa hay un hombre); el predicado puede ir marcado con لَ /la-/ aseverativo (vgr., إِنَّ عَدَدَهُمْ لَكَثِيرٌ /'inna 'adada-hum la-kaṯir^un/ «su número es ciertamente abundante»). Pero la rección de acusativo (que llega a exigir el sufijo pronominal /-ni:/, salvo en لَعَلَّ) desaparece cuando se usan estos presentativos con apócope de su sílaba /-na/ final, al añadírseles el nominalizador مَا o un pronombre anticipador, cosa que suele hacerse cuando se habría de nominalizar una oración muy larga o con otra dificultad sintáctica (vgr., إِنَّهُ أَمَةَ ٱللهِ ذَاهِبَةٌ /'inna-hu: 'Amatu lla:hi ḏa:hiba^{tun}/ «es Amat-Alla:h que se va» , إِنَّهُ لاَ يُفْلِحُ ٱلْـمُجْرِمُونَ /'inna-hu : la : yufliḥu l-muǧrimu:n^{a}/ « pues los prevaricadores no triunfan», حُكِيَ أَنَّهُ كَانَ رَجُلٌ /ḥukiya 'anna-hu: ka:na raǧul^{un}/ « se cuenta que hubo un hombre...».

Notas:

1) إِنَّـمَـا /'innama:/ se utiliza a menudo en el sentido de «únicamente» o «pero», vgr. إِنَّـمَـا أَحْمَدُ بِٱلْبَيْتِ /'innama: 'Aḥmadu bi-lbayt^{i}/ «únicamente está en la casa A.».

2) A veces لَ introduce el sujeto de una oración nominal, vgr. لَلْمَوْتُ خَيْرٌ مِنَ ٱلذُّلِّ «la muerte es ciertamente mejor que la afrenta».

3) Es frecuente el acortamiento haplológico de إِنَّنِي en إِنِّي , إِنَّنَا en إِنَّا , أَنَّنِي en أَنِّي , etc.

VOCABULARIO

يَأْبَى أَبَى إِبَاءٌ se niega, rehúsa.
أَسَدٌ ج أُسْدٌ león.
يَأْمُلُ أَمَلٌ espera.
بَدَوِيٌّ ج بَدْوٌ beduino.
ثَلْجٌ ج ثُلُوجٌ nieve.
جَدٌّ ج أَجْدَادٌ abuelo.
جَلِيلٌ ج أَجِلاَّءُ excelso, magnífico.
جَنَاحٌ ج أَجْنِحَةٌ ala.

جِنْسٌ ج أَجْنَاسٌ género, especie.
خَطَرٌ ج أَخْطَارٌ peligro.
يَرْبُطُ رَبْطٌ ata, amarra.
يُسَاعِدُ مُسَاعَدَةٌ ayuda.
مِسْكِينٌ ج مَسَاكِينُ pobre, desgraciado.
سُوءٌ mal(dad).
سَاقٌ ج سِيقَانٌ pierna.
مُشْرِكٌ ج ونَ politeísta.

شَعَرٌ ح ة ج اتٌ	pelo, cabello.	عِيدٌ ج أَعْيَادٌ	fiesta.
شُغْلٌ ج أَشْغَالٌ	trabajo.	يَغْزُو غَزَا غَزَوْتَ غَزْوٌ	invade.
يَشُكُّ شَكٌّ فِي	duda de.	يَغْضَبُ غَضَبٌ عَلَى	se enoja con.
يَسْتَعِدُّ اِسْتِعْدَادٌ	se prepara.	فَاكِهَةٌ ج فَوَاكِهُ	fruta.
يَعْطَشُ عَطَشٌ	siente sed.	يَلْعَنُ لَعْنٌ	maldice.
عِقَابٌ	castigo.	يُمْسِكُ إِمْسَاكٌ بِـ	agarra, sujeta.
أَعْمَى م عَمْيَاءُ ج عُمْيٌ	ciego.	وَحِيدٌ	sol(itari)o; único.

EJERCICIOS

1. Copiar, leer y traducir:

اَلْعَطَشُ خَطَرٌ فِي ٱلصَّحْرَاءِ عَلَى ٱلْبَدْوِ أَنْفُسِهِمْ - أَمَّا كَلَامُ ٱلْمُشْرِكِينَ فَإِنَّنِي أَشُكُّ فِي صِحَّتِهِ لِنَفْسِ ٱلسَّبَبِ ٱلَّذِي ذَكَرْتُهُ - اِسْتَعِدُّوا لِلِاجْتِمَاعِ ٱلْقَادِمِ بِنَفْسِ ٱلْمَكَانِ وَفِي عَيْنِ ٱلسَّاعَةِ - اِذْبَحُوا خِرْفَانَكُمْ فِي ٱلْعِيدِ نَفْسِهِ - أَمَّا ٱلْأَعْمَى فَإِنَّ أَمَلَهُ ٱلْوَحِيدَ أَنْ يُمْسِكَ أَحَدٌ بِيَدِهِ وَيُسَاعِدَهُ عَلَى ٱلْمَشْيِ فِي ٱلشَّوَارِعِ - إِنَّ ٱلْأَسَدَ لَقَوِيٌّ وَلٰكِنَّ أَرْجُلَهُ مَرْبُوطَةٌ بِحَبْلٍ أَقْوَى مِنْهُ - لَيْتَ عِقَابَكَ أَخَفُّ مِنْ ذَنْبِكَ - كَأَنَّ ٱلْعَبْدَ ٱلْمِسْكِينَ مَجْرُوحٌ فِي إِحْدَى سَاقَيْهِ - لَا تَغْضَبِي فَإِنَّ ٱلْغَضَبَ بِلَا سَبَبٍ مِنْ سُوءِ ٱلْأَدَبِ - لَا تَقُلْ لِجَدِّكَ إِنَّكَ أَبَيْتَ أَنْ تُسَاعِدَنَا - لِنَغْزُوَنَّ أَرْضَهُمْ لَعَلَّهُمْ يَعْرِفُونَ مَعْنَى ٱلْحَرْبِ - كَأَنَّ عَلَى رَأْسِهِ ثَلْجاً لِأَنَّ شَعَرَهُ أَبْيَضُ - إِنَّ فِي بُسْتَانِي أَجْنَاساً مِنَ ٱلْأَشْجَارِ - إِنَّ لِلطَّائِرِ جَنَاحاً مَكْسُوراً - إِنَّ لَهُ مَقَاماً جَلِيلاً لَدَيْنَا فَإِنَّ شُغْلَهُ جَيِّدٌ - سَمِعْنَا بِأَنَّهُ إِذَا دَخَلْتَ هٰذِهِ ٱلْمَدِينَةَ فَوَجَدَكَ أَهْلُهَا عَلَى غَيْرِ دِينِهِمْ فَإِنَّهُمْ يَلْعَنُونَكَ أَيَّمَا لَعْنٍ وَيَضْرِبُونَكَ أَيَّمَا ضَرْبٍ حَتَّى تَخْرُجَ مِنْهَا - إِنَّمَا ٱلْبَدْوُ عَرَبٌ - إِنَّمَا أَحْمَدُ شَاعِرٌ عَظِيمٌ - إِنِّي صَدِيقُكَ - إِنَّا لِلّٰهِ وَإِنَّا إِلَيْهِ رَاجِعُونَ .

2. Traducir al árabe:

Parece que (كَأَنَّ) los mismos politeístas sienten el peligro de su castigo.- Ayudad al beduino vosotros dos mismos.- Su mismo abuelo lo maldijo cuando se enojó con él porque rehusó dar comida al pobre ciego.- No esperamos terminar nuestro trabajo en el mismo día.- El león, cuando agarra a un cordero, se lo come.- Ojalá fuera su condición [tan] excelsa como él pretende.- Todos los pájaros tienen alas, pero algunas de sus especies tienen pelo, a diferencia de las otras (دُونَ غَيْرِهَا).- Prepárate para la fiesta, por si acuden tus amigos.- Hay mucha nieve en el suelo y temo romperme una (: mi) pierna.- En cuanto a la fruta este año, dudo que sea buena.- Hemos oído que existe (يُوجَدُ) peligro.- Tal vez sienta sed el pobre perro solitario.- Tememos que el enemigo nos va a invadir.- Su trabajo es únicamente excelente.- Yo soy (إِنِّي) tu maestro, y tú eres (إِنَّكَ) mi discípulo.

3. Copiar el ejercicio 1, y la versión árabe del 2 (de la clave), ambos sin vocales ni otros grafemas auxiliares, y leerlos en voz alta, hasta hacerlo correctamente y entendiéndolos.

Lección 27.ª

D) Exclamativas

149. Algunas oraciones con marca negativa e interrogativa (vgr., أَلاَ o أَلاَّ /'al(l)a:/, أَمَا /'ama:/, هَلاَّ /halla:/) o condicional (لَوْ(مَا/ لاَ) /lawla:/ma:/) han evolucionado hasta adquirir el valor de meras exhortaciones o sugerencias en función exclamativa. Ejs.: أَلاَ تُصَنِّفُ كِتَاباً /'ala: tuṣannifu kita:ba^{n}/ «ea, compón un libro», هَلاَّ عَلَّمْتَنِي /halla: 'allamta-ni: / «ea, enséñame», لَـوْلاَ يُكَلِّمُنَا ٱللّٰهُ /lawla: yukallimu-na lla:h^{u}/ «ea, que nos hable Dios», لَوْ مَا تَأْتِينَا بِالْـمَلاَئِكَةِ /lawma: ta'ti:-na: bi-l-mala:'ika^{ti}/«ea, tráenos a los ángeles», لَوْ سَأَلْتَهُ أَنْ يُقِيمَ عِنْدَنَا /law sa'alta-hu: 'an yuqi:ma 'inda-na:/ «ea, pídele que permanezca entre nosotros». En algunos casos, estas marcas no tienen más función ya que la exclamativa, vgr., أَلاَ إِنَّهُمْ هُمُ ٱلسُّفَهَاءُ /'ala: 'inna-hum humu s-sufaha:'^{u}/ «ea, ellos son los necios», أَمَا إِنَّهُ لاَ خَيْرَ بِخَيْرٍ بَعْدَهُ ٱلنَّارُ /'ama: 'inna-hu: la: ḫayra bi-ḫayrin ba'da-hu n-na:r^{u}/ «ea, no hay bien ninguno en un bien tras el cual viene el infierno», أَلاَ صَنَّفْتَ كِتَاباً /'ala: ṣannafta kita:ba^n/ «pero, ¿has compuesto un libro?» [reproche].

150. La exclamación de un predicado constituido por palabra capaz de formar elativo (v. §144) se expresa mediante éste en acusativo precedido de مَـا y seguido del sujeto en acusativo, vgr., مَا أَفْضَلَ زَيْداً /ma 'afḍala Zayda^n/ «¡qué excelente es Z.», «¡Z. es más bueno...!». Para situar la exclamación en el pasado, se inserta كَانَ entre مَا y el elativo, o مَاكَانَ entre el elativo y su sujeto, vgr., مَا كَانَ أَفْضَلَ زَيْداً /ma : ka:na 'afḍala Zayda^n/ o مَا أَفْضَلَ مَا كَانَ زَيْدٌ /ma: 'afḍala ma: ka:na Zayd^{un}/ «¡qué bueno era Z.!»

1) Una forma de igual función, pero más arcaica y relegada al lenguaje retórico es /{'a12i3} bi-/, vgr., أَكْرِمْ بِزَيْدٍ «¡qué generoso es Z.!».

2) El elativo exclamativo puede formar un diminutivo, vgr., مَا أُمَيْلِحَهُ «¡qué guapito es!».

3) En la formación del elativo exclamativo existe la misma restricción señalada en §144, y las mismas violaciones esporádicas. La gramática también aquí recomienda paráfrasis como مَا أَشَدَّ ٱحْتِرَاسَ ٱلْعَدُوِّ «¡qué precavido es el enemigo!», مَا أَكْثَرَ أَلاَّ يَضْرِبَ «¡qué poco pega!», أَشْدِدْ بِسَوَادِ يَوْمِهِ «¡qué día más negro el suyo!», مَا أَجْوَدَهُ جَوَاباً «¡qué bien responde!».

151. Para la exclamación del concepto de excelencia y su contrario, existen los verbos inconjugables نِعْمَ /ni'ma/ y حَبَّذَا /ḥabba-ḏa:/ «¡qué excelente es...!», y بِئْسَ /bi'sa/ y لاَ حَبَّذَا /la: ḥabba-ḏa:/ «¡qué malo es...!», que pueden ir seguidos por un sujeto determinado (vgr., نِعْمَ ٱلْعَبْدُ /ni'ma l-'abd^u/ «¡qué buen esclavo!», بِئْسَ ٱلنِّسَاءُ /bi'sa n-nisa:'^{u}/ «¡qué malas mujeres!»), por un acusativo de especificación (v. §127c, vgr., بِئْسَ جَوَاباً /bi'sa ǧawa:ba^n/ «¡qué mala respuesta!»), o por una subordinada nominalizada con مَا

(v. §133a, vgr., بِئْسَمَا فَعَلَ o بِئْسَ مَا /bi'sa-ma: fa'al^{a}/ «¡qué mal obró!»).

Notas:

1) Son opcionales, y raros, los femeninos نِعْمَتْ y بِئْسَتْ .

2) Obsérvese la opcionalidad de aposición o especificación en نِعْمَ ٱلصَّاحِبُ / صَاحِباً زَيْدٌ «¡qué buen compañero es Z.!», así como las locuciones نِعْمَ ٱلْفَتَى كُنْتَ «¡qué buen varón has sido!», أَلَيْسَ بِبِئْسَ ٱلظَّالِمِ «¿acaso no ha sido un prevaricador abominable?», فَبِهَا وَنِعْمَتْ «vale, pues, y bien está».

3) Hay otras estructuras con los mismos verbos (vgr., حَبَّ زَيْدٌ / بِزَيْدٍ إِلَيْنَا « ¡cuán querido nos es Z.! », حُبَّ بِهِ رَجُلًا « ¡qué excelente hombre es! ») u otros semánticamente similares y morfológicamente peculiares por anquilosamiento inflexional, como سَرُعَ o سَرْعَانَ « ¡qué rápido! », كَبُرَ , عَظُمَ y شَدَّ « ¡qué grande/intenso!», جَلَّ «¡qué magnífico!», هَدَّ y حَسُنَ « ¡qué bueno! , طَالَ «¡cuánto tiempo hace!», بَعُدَ «¡qué lejos!», سَاءَ «¡qué malo!», عَزَّ «¡qué fuerte!», قَلَّ «¡qué poco!», بَطُؤَانَ «¡qué lento!», شَتَّانَ «¡cuán distinto!», vgr., كَبُرَتْ كَلِمَةً تَخْرُجُ مِنْ أَفْوَاهِهِمْ «¡qué grave palabra, la salida de sus bocas!». Pero a veces el matiz exclamativo de dichas construcciones se ha reducido a un cierto énfasis, vgr., قَلَّمَا أَرَاهُمُ ٱلْآنَ «poco los veo ahora», طَالَمَا قَدْ سَأَلْتَنِي «hace mucho me preguntaste».

152. La exclamación de número y calidad se expresa con كَمْ /kam/ «cuánto/a(s)» y أَيٌّ /'ayyun/ «qué, cuán», respectivamente, seguidos de genitivo, vgr., كَمْ كِتَابٍ /kam kita:b^{in}/ «¡cuánto libro!», أَيُّ بَرْدٍ /'ayyu bard^{in}/ « ¡qué frío! » . Ambos conceptos pueden expresarse también con رُبَّ /rubba/, más vagamente, puesto que ésta también significa a veces la rareza o la simple evocación, vgr., رُبَّ كَأْسٍ شَرِبْتُهُ /rubba ka'sin šaribtu-hu:/ «¡cuántas ~ qué copas he bebido!».

Nota: وَ y más raramente فَ o بَلْ pueden tener la misma función y construcción que رُبَّ , vgr., وَكَأْسٍ شَرِبْتُهُ . رُبَّمَا suele significar «quizás».

153. El caso más común de exclamación del nombre es el vocativo, que suele marcarse con يَا /ya:/ «oh» (más raramente (أ(يَا /'a(ya:)/) cuando el nombre no lleva artículo , y en caso contrario con أَيُّهَا (يَا) /(ya:) 'ayyu-ha: / (femenino opcional أَيَّتُهَا /'ayyatu-ha:/). Si dicho nombre no tiene ninguna extensión terminará en {-u} (vgr., يَا مُحَمَّدُ /ya: Muḥammad^{u}/ «¡Muḥammad!», أَيُّهَا ٱلْأُسْتَاذُ /'ayyu-ha l-'usta:d̲^{u}/ «¡profesor!») y si tiene cualquier extensión que no sea el sintagma calificativo, tomará morfema de acusativo determinado o indeterminado según el sintagma (vgr., يَا عَبْدَ ٱللهِ /ya: ʻAbd-Alla:h^{i}/ «¡Abdallah!», يَا طَالِعاً جَبَلاً /ya: ṭa:liʻan ğabala^{n}/ «eh, tú que subes a un monte», يَا حَسَناً وَجْهُهُ /ya: ḥasanan wağhu-hu:/ «eh, el del rostro hermoso», يَا سَاعِياً فِي ٱلْخَيْرِ /ya: sa:ʻiyan fi l-ḫayr^{i}/ «eh, tú que procuras el bien»).

Notas:

1) Hay un vocativo genérico con terminación {-an} de acusativo indeterminado, vgr., يَا رَجُلاً «¡oh, hombre! [uno cualquiera]».

2) El calificativo del nombre en vocativo, irá en acusativo si carece de artículo (vgr., يَا مُحَمَّدُ صَاحِبَ ٱلْعِلْمِ «¡oh, M., poseedor de ciencia!»), y opcionalmente en nominativo o acusativo si no es así (vgr., يَا عَلِيُّ ٱلظَّرِيفُ/ٱلظَّرِيفَ «¡oh, simpático ʻA.!».

3) يَا puede anteponerse a cualquier exclamación (v. §105n), vgr., يَا قَلَّ خَيْرُ ٱلْغَوَانِي «¡qué poca es la bondad de las beldades!». Una variedad de vocativo es la petición de socorro, introducida con لَ ante genitivo al que se pide, y marcada luego con لِ ante otro genitivo para el que se pide, vgr, يَا لَلْمُسْلِمِينَ لِلْفَقِيرِ «¡musulmanes!, ¡ayudad al pobre!». Pero la primera parte de dicha construcción se usa también como exclamación, vgr., يَا لَلْمَاءِ «¡cuánta agua!».

4) El nombre en vocativo experimenta a veces acortamientos o alargamientos, debidos al efecto de la emoción exclamativa sobre la cadena fónica. En general, son formas reguladas por el uso, como يَا رَبِّ «¡Señor mío!», يَا أَبَتِ o أَبَتَاهْ

«¡papá!», يَا أُمَّتَاهْ o أُمَّتِ «¡mamá!», يَا صَاحِ «¡amigo!», يَا بُنَيَّ «¡hijito!», y مَالِ, سُعَا y مُعَاوِي por los nombres propios مَالِكٌ, سُعَادُ y مُعَاوِيَةُ.

5) Algunas exclamaciones, usadas a modo de advertencia o incitación, toman también la terminación exclamativa /-a/, confundida con un morfema de acusativo, y dotada de {-n} de indeterminación en su caso, vgr., اَلْغَزَالَ «¡ahí está la gacela!», اَلْأَسَدَ «¡el león!». اَلْاِجْتِهَادَ «¡a esforzarse!», رَأْسَكَ وَٱلسَّيْفَ «¡cuidado con tu cabeza y la espada!», صَبْرًا «¡paciencia!», مَكَانَكَ «¡en tu sitio!», عَجَبًا «¡qué raro!». أَجُرْأَةً بَعْدَ ٱلْكُفْرِ «¿atrevimiento encima de impiedad?».

154. Un fragmento exclamativo típico es el juramento, que en árabe se marca con وَ /wa-/, بِـ /bi-/, لِـ /li-/ o تَـ /ta-/ ante el nombre en genitivo por el que se jura, pudiendo luego seguir lo que se jura en oración nominal afirmativa introducida por لَـ /la-/ o إِنَّ /'inna/ (vgr., وَٱللّٰهِ إِنَّ مُحَمَّدًا / لَمُحَمَّدٌ رَسُولُهُ /wa-lla:hi 'inna Muḥammadan/la-Muḥammadun rasu:lu-hu:/ «por Dios que Muḥammad es su profeta»), o en oración verbal introducida ya por لَقَدْ /la-qad/ y perfectivo, ya por لَـ /la-/ e imperfectivo enfatizado (v. §143). Las negativas tras juramento se marcan con مَا si son nominales o verbales en perfectivo, y por لَا si son verbales en imperfectivo. Ejs. وَٱللّٰهِ لَقَدْ ذَهَبَ /wa-lla:hi laqad ḏahab[a]/ «por Dios que se ha ido», وَٱلنَّبِيِّ لَأُسَاعِدَنَّهُ /wa-n-nabiyyi la-'usa:'idanna-hu:/ «por el Profeta, he de ayudarle», وَٱللّٰهِ مَا فَعَلْتُ /wa-lla:hi ma: fa'alt[u]/ «por Dios, que no hice tal», وَجَدِّكَ لَا يَكْذِبُ /wa-ğaddi-ka la: yakḏib[u]/ «por tu suerte, no miente».

Nota: Obsérvese el apócope de أَيْمُنُ en لَيْمُ ٱللّٰهِ por لَأَيْمُنُ ٱللّٰهِ «lo juro por Dios», además del carácter irregularmente no estable de /'/ en esta palabra.

155. Las exclamaciones morfosintácticamente menos estructuradas son las interjecciones y locuciones interjectivas, desde las meras onomatopeyas (vgr., طَاقِ /ṭa:q[i]/ «¡pum!», هَلَا /hala:/ «¡arre!»), pasando por nombres muy especializados (vgr., بَخٍ بَخْ /baḫ(in) baḫ([in])/ «¡bravo!»), a nombres que también conocen otros usos (vgr., وَيْلَكَ /wayla-k[a]/ y وَيْحَكَ /wayḥa-k[a]/ «¡ay de ti», طُوبَى لَكَ /ṭu:bà la-k[a]/ «¡felicidades!»), preposiciones y adverbios en uso interjectivo especial (vgr., إِلَيْكَ عَنِّي /'ilay-ka 'anni:/ «¡apártate de mí!», عَلَيَّ بِهِ /'alay-ya bi-hi:/ «¡traédmelo!», إِلَيْكَهَا /'ilay-ka-ha:/ «¡tómala!», دُونَكَ ٱلدِّرْهَمَ /du:na-ka d-dirham[a]/ «¡toma el dirhem!», عَلَيْكَ بِهِ /'alay-ka bi-hi:/ «¡tienes que tomarlo/seguirlo!», أَمَامَكَ /'ama:ma-k[a]/ o عِنْدَكَ /'inda-k[a]/ «¡deténte!». رُوَيْدَكَ /ruwayda-k[a]/ «¡despacio!». بُعْداً لَهُ /bu'dan la-hu:/ «¡ojalá desaparezca!»), hasta las interjecciones verbales, algunas de las cuales equivalen a imperativos y llegan a conjugarse (vgr., حَيَّ /ḥayy[a]/ «¡ven(id)!», صَهْ /ṣah/ «¡chitón!», آمِينَ /'a:mi:n[a]/ «¡amén!». هَاتِ /ha:t[i]/ «¡dame!», هَاءِ /ha:('i)/ «¡toma!», هَلُمَّ /halumm[a]/ «¡ven!» o «trae», تَعَالَ ta'a:l[a]/ «¡ven!»: obsérvense el plural masculino تَعَالَوْا /ta'a:law/, el plural femenino هَلْمُمْنَ /halmumn[a]/, etc.), mientras otras equivalen a perfectivos (vgr., هَيْهَاتَ /hayha:t[a]/ «¡qué lejos está!» u, optativamente, «¡lejos[tal cosa]!»: categoría conexa con las expresiones de §151n3) o imperfectivos (vgr., وَيْ /way/ «¡qué pena me da de...!», أُفٍّ /'uf(f)(v)(n)/ «¡qué asco me da de...!»: éstas pueden regir un objeto con لِ /li-/). A este epígrafe pertenece la forma de lamento obtenida con el prefijo وَا /wa:-/ y el sufijo exclamativo اهْ /-a:(h)/, con tratamiento de vocativo para sintagmas, vgr., وَازَيْدَاهْ

/wa-Zayd-a:h/ «¡pobre Z.!», وَأَمِيرَ ٱلْمُؤْمِنِينَ /wa:-'ami:ra l-mu'mini:nª/ «¡pobre califa!».

Nota: Obsérvese la expresión وَيْلُمِّهِ /waylummihi:/ «¡ay de su madre!», que se decía de los valientes.

VOCABULARIO

أُفُقٌ ج آفَاقٌ horizonte.

يُؤَلِّفُ تَأْلِيفٌ compone.

أَلِيمٌ doloroso.

يَأْمَنُ أَمْنٌ (مِنْ) está a salvo de.

بَأْسٌ coraje. fuerza.

بُدٌّ : لاَ - مِنْ no hay más remedio que.

بَيْضٌ ح ة huevo(s) [col.].

يَتُوبُ تَوْبَةٌ إِلَى se arrepiente [con على acoge al arrepentido].

ثَمَرَةٌ ج ثِمَارٌ / اتٌ fruto.

جَرَّةٌ ج جِرَارٌ . jarra.

حَبِيبٌ ج أَحِبَّاءُ amado.

يُخْطِئُ إِخْطَاءٌ yerra, falla.

يَخْتَلِفُ اِخْتِلاَفٌ varía.

خَيْلٌ caballos [col.].

دَرَجَةٌ ج اتٌ grado.

دَلِيلٌ ج أَدِلَّةٌ guía; indicio.

يَزْدَادُ اِزْدِيَادٌ aumenta.

يَسْجُدُ سُجُودٌ se prosterna.

صِدْقٌ sinceridad.

يَصِيدُ صَيْدٌ caza.

يَضْطَرُّ إِلَىٰ اِضْطِرَارٌ fuerza. [no-agentiva: se ve forzado a].

عَجِيبٌ prodigioso.

يَعْتَبِرُ اِعْتِبَارٌ considera.

عَظْمٌ ج عِظَامٌ hueso.

غَرَضٌ ج أَغْرَاضٌ objetivo, fin.

يَغْسِلُ غَسْلٌ lava.

يُفَضِّلُ تَفْضِيلٌ عَلَىٰ prefiere a.

يَقْعُدُ قُعُودٌ se sienta. se queda.

يَسْتَمِرُّ اِسْتِمْرَارٌ continúa.

هَوَاءٌ aire.

EJERCICIOS

1. Copiar, leer y traducir:

أَلَا تُؤَلِّفُونَ كِتَاباً فِي ٱلْخَيْلِ ؟ - مَا أَطْيَبَ هٰذِهِ ٱلْجَرَّةَ مِنَ ٱلْخَمْرِ - مَا كَانَ أَعْجَبَ صِدْقَهُ - نِعْمَ ٱلْمُؤَلِّفُ مُحَمَّدٌ - بِئْسَ ٱلْبَيْضُ طَعَاماً لِصَائِدِ ٱلطُّيُورِ - بِئْسَمَا يَأْمُرُكُمْ بِهِ دِينُكُمْ مِنْ تَفْضِيلِ ٱلْأَوْلَادِ عَلَى ٱلْبَنَاتِ - يَا حَبَّذَا عَلِيٌّ دَلِيلاً لَا يُخْطِئُ طُرُقَ ٱلْجِبَالِ -

أيُّ بَأْسٍ فِي مِثْلِ هٰذِهِ ٱلْأَوْقَاتِ ٱلْأَلِيمَةِ - رُبَّ مُفْسِدٍ فِي ٱلْأَرْضِ تَابَ إِلَى رَبِّهِ سَاجِداً لَهُ - كَمْ عَظْمٍ تَحْتَ ٱلْأَرْضِ كَانَ صَاحِبُهُ ذَا شَأْنٍ جَلِيلٍ يَأْمَنُ شَرَّ أَعْدَائِهِ - يَاحَبِيبِي تَعَالَ، فَٱغْسِلْ يَدَيْكَ وَٱسْتَعِدَّ لِلْأَكْلِ - يَا طَالِبَ ٱلْعِلْمِ ٱعْلَمْ أَنَّ دَرَجَاتِهِ مُخْتَلِفَةٌ، وَأَنَّ ٱلْعَالِمَ كُلَّمَا ٱزْدَادَ عِلْماً، ٱزْدَادَ شُعُوراً بِٱلْجَهْلِ - أَيُّهَا ٱلْمُسَافِرُ، إِلَى مَتَى تَسْتَمِرُّ أَسْفَارُكَ إِلَى آفَاقِ ٱلْعَالَمِ ؟ - يَا رَاغِباً فِي جَمْعِ ٱلْأَمْوَالِ، لَا تَنْسَ، وَيْلَكَ، أَنَّكَ تَارِكٌ يَوْماً لِكُلِّ مَا تَجْمَعُهُ - وَٱللهِ، إِنَّ ثَمَرَاتِ ٱلْعَمَلِ لَحَسَنَةٌ - وَٱللهِ، لَا أُضْطَرُّ إِلَى مُسَاعَدَتِهِ فِي مِثْلِ هٰذِهِ ٱلْأَغْرَاضِ - هَيْهَاتَ أَنْ نَعْتَبِرَهُ أَحْمَقَ، وَإِنَّمَا نَحْسِبُهُ قَلِيلَ ٱلْأَدَبِ - دُونَكَ ٱلْكَلْبَ، أُفٍّ لَهُ - هَاتِ ٱلسِّكِّينَ - هَاكَ ٱلْقَلَمَ - حَيَّ عَلَى ٱلصَّلَاةِ - وَيْحَكَ وَبُعْداً لَكَ، يَا عَدُوَّ ٱللهِ، صَارَ لَا بُدَّ ٱلْآنَ مِنَ ٱلْحَرْبِ بَيْنَنَا وَبَيْنَكَ.

2. Traducir al árabe:

¡Ea, nos sentaremos a estudiar!- ¡Qué frío estaba el aire!- ¡Qué buena prueba de educación (دَلِيلاً عَلَى ٱلْأَدَبِ) es la sinceridad!- ¡Qué malos son vuestros caballos en la guerra!- ¡Cuántos que se quedan en sus casas (رُبَّ قَاعِدٍ فِي بَيْتِهِ) quedan a salvo del mal de las espadas, y luego son alcanzados sobre sus camas!- ¡Qué coraje tan maravilloso!- ¡Cuánta jarra!- Tú que te lavas las manos en agua sucia, te verás obligado a lavarlas de nuevo (ثَانِياً).- Amado del corazón, no tengo más remedio que irme.- Tú que te prosternas ante tu Señor, continúa [en] la plegaria, pues El acogerá tu arrepentimiento (يَتُوبُ عَلَيْكَ).- ¡Qué asco de persona, que prefiere cazar en el monte a la conversación con sus amigos!- Estudiante, no consideres tu grado de ciencia por encima (فَوْقَ) de la ciencia de tu maestro.- Los huevos de pájaro son de color variado.- Por Dios, no compondré ningún libro.- Por Dios, no he comprendido tus objetivos.

3. Copiar el ejercicio 1, y la versión árabe del 2 (de la clave), ambos sin vocales ni otros grafemas auxiliares, y leerlos en voz alta, hasta hacerlo correctamente y entendiéndolos.

PARADIGMAS

1. Perfectivo agentivo

			Estructura silábica			
N.º	P.ª	Género	KaKvK	KaKKaK	taKaKKaK	KKaK(K)aK
Sglr.	3.ª	Masc.	ضَرَبَ	تَرْجَمَ	تَكَاتَبَ	اِسْتَعْمَلَ
		Fem.	ضَرَبَتْ	تَرْجَمَتْ	تَكَاتَبَتْ	اِسْتَعْمَلَتْ
	2.ª	Masc.	ضَرَبْتَ	تَرْجَمْتَ	تَكَاتَبْتَ	اِسْتَعْمَلْتَ
		Fem.	ضَرَبْتِ	تَرْجَمْتِ	تَكَاتَبْتِ	اِسْتَعْمَلْتِ
	1.ª		ضَرَبْتُ	تَرْجَمْتُ	تَكَاتَبْتُ	اِسْتَعْمَلْتُ
Dual	3.ª	Masc.	ضَرَبَا	تَرْجَمَا	تَكَاتَبَا	اِسْتَعْمَلَا
		Fem.	ضَرَبَتَا	تَرْجَمَتَا	تَكَاتَبَتَا	اِسْتَعْمَلَتَا
	2.ª		ضَرَبْتُمَا	تَرْجَمْتُمَا	تَكَاتَبْتُمَا	اِسْتَعْمَلْتُمَا
Pl.	3.ª	Masc.	ضَرَبُوا	تَرْجَمُوا	تَكَاتَبُوا	اِسْتَعْمَلُوا
		Fem.	ضَرَبْنَ	تَرْجَمْنَ	تَكَاتَبْنَ	اِسْتَعْمَلْنَ
	2.ª	Masc.	ضَرَبْتُمْ	تَرْجَمْتُمْ	تَكَاتَبْتُمْ	اِسْتَعْمَلْتُمْ
		Fem.	ضَرَبْتُنَّ	تَرْجَمْتُنَّ	تَكَاتَبْتُنَّ	اِسْتَعْمَلْتُنَّ
	1.ª		ضَرَبْنَا	تَرْجَمْنَا	تَكَاتَبْنَا	اِسْتَعْمَلْنَا

2. Imperfectivo apocopado agentivo

N.º	P.ª	Género	KKvK	KaKKiK	taKaKKaK	KKaK(K)iK
Sglr.	3.ª	Masc.	يَضْرِبْ	يُتَرْجِمْ	يَتَكَاتَبْ	يَسْتَعْمِلْ
		Fem.	تَضْرِبْ	تُتَرْجِمْ	تَتَكَاتَبْ	تَسْتَعْمِلْ
	2.ª	Masc.	تَضْرِبْ	تُتَرْجِمْ	تَتَكَاتَبْ	تَسْتَعْمِلْ
		Fem.	تَضْرِبِي	تُتَرْجِمِي	تَتَكَاتَبِي	تَسْتَعْمِلِي
	1.ª		أَضْرِبْ	أُتَرْجِمْ	أَتَكَاتَبْ	أَسْتَعْمِلْ
Dual	3.ª	Masc.	يَضْرِبَا	يُتَرْجِمَا	يَتَكَاتَبَا	يَسْتَعْمِلاَ
		Fem.	تَضْرِبَا	تُتَرْجِمَا	تَتَكَاتَبَا	تَسْتَعْمِلاَ
	2.ª		تَضْرِبَا	تُتَرْجِمَا	تَتَكَاتَبَا	تَسْتَعْمِلاَ
Pl.	3.ª	Masc.	يَضْرِبُوا	يُتَرْجِمُوا	يَتَكَاتَبُوا	يَسْتَعْمِلُوا
		Fem.	يَضْرِبْنَ	يُتَرْجِمْنَ	يَتَكَاتَبْنَ	يَسْتَعْمِلْنَ
	2.ª	Masc.	تَضْرِبُوا	تُتَرْجِمُوا	تَتَكَاتَبُوا	تَسْتَعْمِلُوا
		Fem.	تَضْرِبْنَ	تُتَرْجِمْنَ	تَتَكَاتَبْنَ	تَسْتَعْمِلْنَ
	1.ª		نَضْرِبْ	نُتَرْجِمْ	نَتَكَاتَبْ	نَسْتَعْمِلْ

3. Imperfectivo subjuntivo agentivo

N.º	P.ª	Género	KKvK	KaKKiK	taKaKKaK	KKaK(K)iK
Sglr.	3.ª	Masc.	يَضْرِبَ	يُتَرْجِمَ	يَتَكَاتَبَ	يَسْتَعْمِلَ
		Fem.	تَضْرِبَ	تُتَرْجِمَ	تَتَكَاتَبَ	تَسْتَعْمِلَ
	2.ª	Masc.	تَضْرِبَ	تُتَرْجِمَ	تَتَكَاتَبَ	تَسْتَعْمِلَ
		Fem.	تَضْرِبِي	تُتَرْجِمِي	تَتَكَاتَبِي	تَسْتَعْمِلِي
	1.ª		أَضْرِبَ	أُتَرْجِمَ	أَتَكَاتَبَ	أَسْتَعْمِلَ
Dual	3.ª	Masc.	يَضْرِبَا	يُتَرْجِمَا	يَتَكَاتَبَا	يَسْتَعْمِلَا
		Fem.	تَضْرِبَا	تُتَرْجِمَا	تَتَكَاتَبَا	تَسْتَعْمِلَا
	2.ª		تَضْرِبَا	تُتَرْجِمَا	تَتَكَاتَبَا	تَسْتَعْمِلَا
Pl.	3.ª	Masc.	يَضْرِبُوا	يُتَرْجِمُوا	يَتَكَاتَبُوا	يَسْتَعْمِلُوا
		Fem.	يَضْرِبْنَ	يُتَرْجِمْنَ	يَتَكَاتَبْنَ	يَسْتَعْمِلْنَ
	2.ª	Masc.	تَضْرِبُوا	تُتَرْجِمُوا	تَتَكَاتَبُوا	تَسْتَعْمِلُوا
		Fem.	تَضْرِبْنَ	تُتَرْجِمْنَ	تَتَكَاتَبْنَ	تَسْتَعْمِلْنَ
	1.ª		نَضْرِبَ	نُتَرْجِمَ	نَتَكَاتَبَ	نَسْتَعْمِلَ

4. Imperfectivo indicativo agentivo

N.º	P.ª	Género	KKvK	KaKKiK	taKaKKaK	KKaK(K)iK
Sglr.	3.ª	Masc.	يَضْرِبُ	يُتَرْجِمُ	يَتَكَاتَبُ	يَسْتَعْمِلُ
		Fem.	تَضْرِبُ	تُتَرْجِمُ	تَتَكَاتَبُ	تَسْتَعْمِلُ
	2.ª	Masc.	تَضْرِبُ	تُتَرْجِمُ	تَتَكَاتَبُ	تَسْتَعْمِلُ
		Fem.	تَضْرِبِينَ	تُتَرْجِمِينَ	تَتَكَاتَبِينَ	تَسْتَعْمِلِينَ
	1.ª		أَضْرِبُ	أُتَرْجِمُ	أَتَكَاتَبُ	أَسْتَعْمِلُ
Dual	3.ª	Masc.	يَضْرِبَانِ	يُتَرْجِمَانِ	يَتَكَاتَبَانِ	يَسْتَعْمِلَانِ
		Fem.	تَضْرِبَانِ	تُتَرْجِمَانِ	تَتَكَاتَبَانِ	تَسْتَعْمِلَانِ
	2.ª		تَضْرِبَانِ	تُتَرْجِمَانِ	تَتَكَاتَبَانِ	تَسْتَعْمِلَانِ
Pl.	3.ª	Masc.	يَضْرِبُونَ	يُتَرْجِمُونَ	يَتَكَاتَبُونَ	يَسْتَعْمِلُونَ
		Fem.	يَضْرِبْنَ	يُتَرْجِمْنَ	يَتَكَاتَبْنَ	يَسْتَعْمِلْنَ
	2.ª	Masc.	تَضْرِبُونَ	تُتَرْجِمُونَ	تَتَكَاتَبُونَ	تَسْتَعْمِلُونَ
		Fem.	تَضْرِبْنَ	تُتَرْجِمْنَ	تَتَكَاتَبْنَ	تَسْتَعْمِلْنَ
	1.ª		نَضْرِبُ	نُتَرْجِمُ	نَتَكَاتَبُ	نَسْتَعْمِلُ

5. Imperativo

N.º	Género	KKuK	KKaK	KKiK	KaKKiK	taKaKKaK	KKaK(K)iK
Sglr.	Masc.	أُكْتُبْ	اِفْتَحْ	اِضْرِبْ	تَرْجِمْ	تَكَاتَبْ	اِسْتَعْمِلْ
	Fem.	أُكْتُبِي	اِفْتَحِي	اِضْرِبِي	تَرْجِمِي	تَكَاتَبِي	اِسْتَعْمِلِي
Dual		أُكْتُبَا	اَفْتَحَا	اِضْرِبَا	تَرْجِمَا	تَكَاتَبَا	اِسْتَعْمِلَا
Pl.	Masc.	أُكْتُبُوا	اِفْتَحُوا	اِضْرِبُوا	تَرْجِمُوا	تَكَاتَبُوا	اِسْتَعْمِلُوا
	Fem.	أُكْتُبْنَ	اِفْتَحْنَ	اِضْرِبْنَ	تَرْجِمْنَ	تَكَاتَبْنَ	اِسْتَعْمِلْنَ

6. Voz no-agentiva

Aspecto	:		Perfectivo				Imperfectivo			
N.º	P.ª	Género	KuKiK	KuKKiK	tuKuKKiK	KKuK(K)iK	KKaK	KaKKaK	taKaKKaK	KKaK(K)aK
Sglr.	3.ª	Masc.	ضُرِبَ	تُرْجِمَ	تُكُوتِبَ	أُسْتُعْمِلَ	يُضْرَبُ	يُتَرْجَمُ	يُتَكَاتَبُ	يُسْتَعْمَلُ
		Fem.	ضُرِبَتْ	تُرْجِمَتْ	تُكُوتِبَتْ	أُسْتُعْمِلَتْ	تُضْرَبُ	تُتَرْجَمُ	تُتَكَاتَبُ	تُسْتَعْمَلُ
	2.ª	Masc.	ضُرِبْتَ	تُرْجِمْتَ	تُكُوتِبْتَ	أُسْتُعْمِلْتَ	تُضْرَبُ	تُتَرْجَمُ	تُتَكَاتَبُ	تُسْتَعْمَلُ
		Fem.	ضُرِبْتِ	تُرْجِمْتِ	تُكُوتِبْتِ	أُسْتُعْمِلْتِ	تُضْرَبِينَ	تُتَرْجَمِينَ	تُتَكَاتَبِينَ	تُسْتَعْمَلِينَ
	1.ª		ضُرِبْتُ	تُرْجِمْتُ	تُكُوتِبْتُ	أُسْتُعْمِلْتُ	أُضْرَبُ	أُتَرْجَمُ	أُتَكَاتَبُ	أُسْتَعْمَلُ
Dual	3.ª	Masc.	ضُرِبَا	تُرْجِمَا	تُكُوتِبَا	أُسْتُعْمِلَا	يُضْرَبَانِ	يُتَرْجَمَانِ	يُتَكَاتَبَانِ	يُسْتَعْمَلَانِ
		Fem.	ضُرِبَتَا	تُرْجِمَتَا	تُكُوتِبَتَا	أُسْتُعْمِلَتَا	تُضْرَبَانِ	تُتَرْجَمَانِ	تُتَكَاتَبَانِ	تُسْتَعْمَلَانِ
	2.ª		ضُرِبْتُمَا	تُرْجِمْتُمَا	تُكُوتِبْتُمَا	أُسْتُعْمِلْتُمَا	تُضْرَبَانِ	تُتَرْجَمَانِ	تُتَكَاتَبَانِ	تُسْتَعْمَلَانِ
Pl.	3.ª	Masc.	ضُرِبُوا	تُرْجِمُوا	تُكُوتِبُوا	أُسْتُعْمِلُوا	يُضْرَبُونَ	يُتَرْجَمُونَ	يُتَكَاتَبُونَ	يُسْتَعْمَلُونَ
		Fem.	ضُرِبْنَ	تُرْجِمْنَ	تُكُوتِبْنَ	أُسْتُعْمِلْنَ	يُضْرَبْنَ	يُتَرْجَمْنَ	يُتَكَاتَبْنَ	يُسْتَعْمَلْنَ
	2.ª	Masc.	ضُرِبْتُمْ	تُرْجِمْتُمْ	تُكُوتِبْتُمْ	أُسْتُعْمِلْتُمْ	تُضْرَبُونَ	تُتَرْجَمُونَ	تُتَكَاتَبُونَ	تُسْتَعْمَلُونَ
		Fem.	ضُرِبْتُنَّ	تُرْجِمْتُنَّ	تُكُوتِبْتُنَّ	أُسْتُعْمِلْتُنَّ	تُضْرَبْنَ	تُتَرْجَمْنَ	تُتَكَاتَبْنَ	تُسْتَعْمَلْنَ
	1.ª		ضُرِبْنَا	تُرْجِمْنَا	تُكُوتِبْنَا	أُسْتُعْمِلْنَا	نُضْرَبُ	نُتَرْجَمُ	نُتَكَاتَبُ	نُسْتَعْمَلُ

7. Participios

Estructura silábica	KKvK			KaKKiK			taKaKKaK			KKaK(K)iK		
Voz		ag.	no-ag.		ag.	no-ag.		ag.	no-ag.		ag.	no-ag.
Forma	I	ضَارِبٌ	مَضْرُوبٌ	II	مُكَبِّرٌ	مُكَبَّرٌ	V	مُتَكَبِّرٌ	مُتَكَبَّرٌ	VII	مُنْصَرِفٌ	مُنْصَرَفٌ
				III	مُكَاتِبٌ	مُكَاتَبٌ	VI	مُتَنَاوِلٌ	مُتَنَاوَلٌ	VIII	مُسْتَلِمٌ	مُسْتَلَمٌ
				IV	مُرْسِلٌ	مُرْسَلٌ	II^{4}	مُتَدَحْرِجٌ	مُتَدَحْرَجٌ	IX	مُحْمَرٌّ	
				I^{4}	مُتَرْجِمٌ	مُتَرْجَمٌ				X	مُسْتَسْلِمٌ	مُسْتَسْلَمٌ
										XI	مُحْمَارٌّ	
										XII	مُعْشَوْشِبٌ	
										XIII	مُعْلَوِّدٌ	
										XIV	مُحْلَنْكِكٌ	
										XV	مُعْلَنْدٍ	
										III^{4}	مُحْرَنْجِمٌ	
										IV^{4}	مُضْمَحِلٌّ	

8. Verbos con /'/ en el morfema radical

Aspecto	Voz:			agentiva					No-agentiva			
	Forma:			I			IV		I		IV	
	Morfema radical:			{'23}	{1'3}	{12'}	{'23}	{12'}	{'23}	{1'3}	{12'}	{'23}
Perfectivo	Sglr.	3.ª	Masc.	أَخَذَ	سَأَلَ	قَرَأَ	آمَنَ	أَقْرَأَ	أُخِذَ	سُئِلَ	قُرِئَ	أُومِنَ
			Fem.	أَخَذَتْ	سَأَلَتْ	قَرَأَتْ	آمَنَتْ	أَقْرَأَتْ	أُخِذَتْ	سُئِلَتْ	قُرِئَتْ	أُومِنَتْ
		2.ª	Masc.	أَخَذْتَ	سَأَلْتَ	قَرَأْتَ	آمَنْتَ	أَقْرَأْتَ	أُخِذْتَ	سُئِلْتَ	قُرِئْتَ	أُومِنْتَ
			Fem.	أَخَذْتِ	سَأَلْتِ	قَرَأْتِ	آمَنْتِ	أَقْرَأْتِ	أُخِذْتِ	سُئِلْتِ	قُرِئْتِ	أُومِنْتِ
		1.ª		أَخَذْتُ	سَأَلْتُ	قَرَأْتُ	آمَنْتُ	أَقْرَأْتُ	أُخِذْتُ	سُئِلْتُ	قُرِئْتُ	أُومِنْتُ
	Dual	3.ª	Masc.	أَخَذَا	سَأَلَا	قَرَآ	آمَنَا	أَقْرَآ	أُخِذَا	سُئِلَا	قُرِئَا	أُومِنَا
			Fem.	أَخَذَتَا	سَأَلَتَا	قَرَأَتَا	آمَنَتَا	أَقْرَأَتَا	أُخِذَتَا	سُئِلَتَا	قُرِئَتَا	أُومِنَتَا
		2.ª		أَخَذْتُمَا	سَأَلْتُمَا	قَرَأْتُمَا	آمَنْتُمَا	أَقْرَأْتُمَا	أُخِذْتُمَا	سُئِلْتُمَا	قُرِئْتُمَا	أُومِنْتُمَا
	Pl.	3.ª	Masc.	أَخَذُوا	سَأَلُوا	قَرَؤُوا	آمَنُوا	أَقْرَؤُوا	أُخِذُوا	سُئِلُوا	قُرِئُوا	أُومِنُوا
			Fem.	أَخَذْنَ	سَأَلْنَ	قَرَأْنَ	آمَنَّ	أَقْرَأْنَ	أُخِذْنَ	سُئِلْنَ	قُرِئْنَ	أُومِنَّ
		2.ª	Masc.	أَخَذْتُمْ	سَأَلْتُمْ	قَرَأْتُمْ	آمَنْتُمْ	أَقْرَأْتُمْ	أُخِذْتُمْ	سُئِلْتُمْ	قُرِئْتُمْ	أُومِنْتُمْ
			Fem.	أَخَذْتُنَّ	سَأَلْتُنَّ	قَرَأْتُنَّ	آمَنْتُنَّ	أَقْرَأْتُنَّ	أُخِذْتُنَّ	سُئِلْتُنَّ	قُرِئْتُنَّ	أُومِنْتُنَّ
		1.ª		أَخَذْنَا	سَأَلْنَا	قَرَأْنَا	آمَنَّا	أَقْرَأْنَا	أُخِذْنَا	سُئِلْنَا	قُرِئْنَا	أُومِنَّا

8. Verbos con ʼ en el morfema radical (Continuación)

Aspecto	Voz:			agentiva					No-agentiva			
	Forma:			I			IV		I		IV	
	Morfema radical:			{'23}	{1'3}	{12'}	{'23}	{12'}	{'23}	{1'3}	{12'}	{'23}
Imperfectivo	Sglr.	3.ª	Masc.	يَأْخُذُ	يَسْأَلُ	يَقْرَأُ	يُؤْمِنُ	يُقْرِئُ	يُؤْخَذُ	يُسْأَلُ	يُقْرَأُ	يُؤْمَنُ
			Fem.	تَأْخُذُ	تَسْأَلُ	تَقْرَأُ	تُؤْمِنُ	تُقْرِئُ	تُؤْخَذُ	تُسْأَلُ	تُقْرَأُ	تُؤْمَنُ
		2.ª	Masc.	تَأْخُذُ	تَسْأَلُ	تَقْرَأُ	تُؤْمِنُ	تُقْرِئُ	تُؤْخَذُ	تُسْأَلُ	تُقْرَأُ	تُؤْمَنُ
			Fem.	تَأْخُذِينَ	تَسْأَلِينَ	تَقْرَئِينَ	تُؤْمِنِينَ	تُقْرِئِينَ	تُؤْخَذِينَ	تُسْأَلِينَ	تُقْرَئِينَ	تُؤْمَنِينَ
		1.ª		آخُذُ	أَسْأَلُ	أَقْرَأُ	أُومِنُ	أُقْرِئُ	أُوخَذُ	أُسْأَلُ	أُقْرَأُ	أُومَنُ
	Dual	3.ª	Masc.	يَأْخُذَانِ	يَسْأَلَانِ	يَقْرَآنِ	يُؤْمِنَانِ	يُقْرِئَانِ	يُؤْخَذَانِ	يُسْأَلَانِ	يُقْرَآنِ	يُؤْمَنَانِ
			Fem.	تَأْخُذَانِ	تَسْأَلَانِ	تَقْرَآنِ	تُؤْمِنَانِ	تُقْرِئَانِ	تُؤْخَذَانِ	تُسْأَلَانِ	تُقْرَآنِ	تُؤْمَنَانِ
		2.ª		تَأْخُذَانِ	تَسْأَلَانِ	تَقْرَآنِ	تُؤْمِنَانِ	تُقْرِئَانِ	تُؤْخَذَانِ	تُسْأَلَانِ	تُقْرَآنِ	تُؤْمَنَانِ
	Pl.	3.ª	Masc.	يَأْخُذُونَ	يَسْأَلُونَ	يَقْرَؤُونَ	يُؤْمِنُونَ	يُقْرِئُونَ	يُؤْخَذُونَ	يُسْأَلُونَ	يُقْرَؤُونَ	يُؤْمَنُونَ
			Fem.	يَأْخُذْنَ	يَسْأَلْنَ	يَقْرَأْنَ	يُؤْمِنَّ	يُقْرِئْنَ	يُؤْخَذْنَ	يُسْأَلْنَ	يُقْرَأْنَ	يُؤْمَنَّ
		2.ª	Masc.	تَأْخُذُونَ	تَسْأَلُونَ	تَقْرَؤُونَ	تُؤْمِنُونَ	تُقْرِئُونَ	تُؤْخَذُونَ	تُسْأَلُونَ	تُقْرَؤُونَ	تُؤْمَنُونَ
			Fem.	تَأْخُذْنَ	تَسْأَلْنَ	تَقْرَأْنَ	تُؤْمِنَّ	تُقْرِئْنَ	تُؤْخَذْنَ	تُسْأَلْنَ	تُقْرَأْنَ	تُؤْمَنَّ
		1.ª		نَأْخُذُ	نَسْأَلُ	نَقْرَأُ	نُؤْمِنُ	نُقْرِئُ	نُؤْخَذُ	نُسْأَلُ	نُقْرَأُ	نُؤْمَنُ
Participio				آخِذٌ .	سَائِلٌ	قَارِئٌ	مُؤْمِنٌ	مُقْرِئٌ	مَأْخُوذٌ	مَسْؤُولٌ	مَقْرُوءٌ	مُؤْمَنٌ

9. Verbos con morfema radical {122}

Aspecto	Voz:			agentiva					no-agentiva				
	Forma:			I	III	IV	VIII	X	I	III	IV	VIII	X
Perfectivo	Sglr.	3.ª	Masc.	رَدَّ	رَادَّ	أَرَدَّ	اِرْتَدَّ	اِسْتَرَدَّ	رُدَّ	رُودِدَ	أُرِدَّ	أُرْتُدَّ	أُسْتُرِدَّ
			Fem.	رَدَّتْ	رَادَّتْ	أَرَدَّتْ	اِرْتَدَّتْ	اِسْتَرَدَّتْ	رُدَّتْ	رُودِدَتْ	أُرِدَّتْ	أُرْتُدَّتْ	أُسْتُرِدَّتْ
		2.ª	Masc.	رَدَدْتَ	رَادَدْتَ	أَرْدَدْتَ	اِرْتَدَدْتَ	اِسْتَرْدَدْتَ	رُدِدْتَ	رُودِدْتَ	أُرْدِدْتَ	أُرْتُدِدْتَ	أُسْتُرْدِدْتَ
			Fem.	رَدَدْتِ	رَادَدْتِ	أَرْدَدْتِ	اِرْتَدَدْتِ	اِسْتَرْدَدْتِ	رُدِدْتِ	رُودِدْتِ	أُرْدِدْتِ	أُرْتُدِدْتِ	أُسْتُرْدِدْتِ
		1.ª		رَدَدْتُ	رَادَدْتُ	أَرْدَدْتُ	اِرْتَدَدْتُ	اِسْتَرْدَدْتُ	رُدِدْتُ	رُودِدْتُ	أُرْدِدْتُ	أُرْتُدِدْتُ	أُسْتُرْدِدْتُ
	Dual	3.ª	Masc.	رَدَّا	رَادَّا	أَرَدَّا	اِرْتَدَّا	اِسْتَرَدَّا	رُدَّا	رُودِدَا	أُرِدَّا	أُرْتُدَّا	أُسْتُرِدَّا
			Fem.	رَدَّتَا	رَادَّتَا	أَرَدَّتَا	اِرْتَدَّتَا	اِسْتَرَدَّتَا	رُدَّتَا	رُودِدَتَا	أُرِدَّتَا	أُرْتُدَّتَا	أُسْتُرِدَّتَا
		2.ª		رَدَدْتُمَا	رَادَدْتُمَا	أَرْدَدْتُمَا	اِرْتَدَدْتُمَا	اِسْتَرْدَدْتُمَا	رُدِدْتُمَا	رُودِدْتُمَا	أُرْدِدْتُمَا	أُرْتُدِدْتُمَا	أُسْتُرْدِدْتُمَا
	Pl.	3.ª	Masc.	رَدُّوا	رَادُّوا	أَرَدُّوا	اِرْتَدُّوا	اِسْتَرَدُّوا	رُدُّوا	رُودِدُوا	أُرِدُّوا	أُرْتُدُّوا	أُسْتُرِدُّوا
			Fem.	رَدَدْنَ	رَادَدْنَ	أَرْدَدْنَ	اِرْتَدَدْنَ	اِسْتَرْدَدْنَ	رُدِدْنَ	رُودِدْنَ	أُرْدِدْنَ	أُرْتُدِدْنَ	أُسْتُرْدِدْنَ
		2.ª	Masc.	رَدَدْتُمْ	رَادَدْتُمْ	أَرْدَدْتُمْ	اِرْتَدَدْتُمْ	اِسْتَرْدَدْتُمْ	رُدِدْتُمْ	رُودِدْتُمْ	أُرْدِدْتُمْ	أُرْتُدِدْتُمْ	أُسْتُرْدِدْتُمْ
			Fem.	رَدَدْتُنَّ	رَادَدْتُنَّ	أَرْدَدْتُنَّ	اِرْتَدَدْتُنَّ	اِسْتَرْدَدْتُنَّ	رُدِدْتُنَّ	رُودِدْتُنَّ	أُرْدِدْتُنَّ	أُرْتُدِدْتُنَّ	أُسْتُرْدِدْتُنَّ
		1.ª		رَدَدْنَا	رَادَدْنَا	أَرْدَدْنَا	اِرْتَدَدْنَا	اِسْتَرْدَدْنَا	رُدِدْنَا	رُودِدْنَا	أُرْدِدْنَا	أُرْتُدِدْنَا	أُسْتُرْدِدْنَا

Aspecto	Voz:			agentiva					no-agentiva				
	Forma:			I	III	IV	VIII	X	I	III	IV	VIII	X
Imperfectivo	Sglr.	3.ª	Masc.	يَرُدُّ	يُرَادُّ	يُرِدُّ	يَرْتَدُّ	يَسْتَرِدُّ	يُرَدُّ	يُرَادُّ	يُرَدُّ	يُرْتَدُّ	يُسْتَرَدُّ
			Fem.	تَرُدُّ	تُرَادُّ	تُرِدُّ	تَرْتَدُّ	تَسْتَرِدُّ	تُرَدُّ	تُرَادُّ	تُرَدُّ	تُرْتَدُّ	تُسْتَرَدُّ
		2.ª	Masc.	تَرُدُّ	تُرَادُّ	تُرِدُّ	تَرْتَدُّ	تَسْتَرِدُّ	تُرَدُّ	تُرَادُّ	تُرَدُّ	تُرْتَدُّ	تُسْتَرَدُّ
			Fem.	تَرُدِّينَ	تُرَادِّينَ	تُرِدِّينَ	تَرْتَدِّينَ	تَسْتَرِدِّينَ	تُرَدِّينَ	تُرَادِّينَ	تُرَدِّينَ	تُرْتَدِّينَ	تُسْتَرَدِّينَ
		1.ª		أَرُدُّ	أُرَادُّ	أُرِدُّ	أَرْتَدُّ	أَسْتَرِدُّ	أُرَدُّ	أُرَادُّ	أُرَدُّ	أُرْتَدُّ	أُسْتَرَدُّ
	Dual	3.ª	Masc.	يَرُدَّانِ	يُرَادَّانِ	يُرِدَّانِ	يَرْتَدَّانِ	يَسْتَرِدَّانِ	يُرَدَّانِ	يُرَادَّانِ	يُرَدَّانِ	يُرْتَدَّانِ	يُسْتَرَدَّانِ
			Fem.	تَرُدَّانِ	تُرَادَّانِ	تُرِدَّانِ	تَرْتَدَّانِ	تَسْتَرِدَّانِ	تُرَدَّانِ	تُرَادَّانِ	تُرَدَّانِ	تُرْتَدَّانِ	تُسْتَرَدَّانِ
		2.ª		تَرُدَّانِ	تُرَادَّانِ	تُرِدَّانِ	تَرْتَدَّانِ	تَسْتَرِدَّانِ	تُرَدَّانِ	تُرَادَّانِ	تُرَدَّانِ	تُرْتَدَّانِ	تُسْتَرَدَّانِ
	Pl.	3.ª	Masc.	يَرُدُّونَ	يُرَادُّونَ	يُرِدُّونَ	يَرْتَدُّونَ	يَسْتَرِدُّونَ	يُرَدُّونَ	يُرَادُّونَ	يُرَدُّونَ	يُرْتَدُّونَ	يُسْتَرَدُّونَ
			Fem.	يَرْدُدْنَ	يُرَادِدْنَ	يُرْدِدْنَ	يَرْتَدِدْنَ	يَسْتَرْدِدْنَ	يُرْدَدْنَ	يُرَادَدْنَ	يُرْدَدْنَ	يُرْتَدَدْنَ	يُسْتَرْدَدْنَ
		2.ª	Masc.	تَرُدُّونَ	تُرَادُّونَ	تُرِدُّونَ	تَرْتَدُّونَ	تَسْتَرِدُّونَ	تُرَدُّونَ	تُرَادُّونَ	تُرَدُّونَ	تُرْتَدُّونَ	تُسْتَرَدُّونَ
			Fem.	تَرْدُدْنَ	تُرَادِدْنَ	تُرْدِدْنَ	تَرْتَدِدْنَ	تَسْتَرْدِدْنَ	تُرْدَدْنَ	تُرَادَدْنَ	تُرْدَدْنَ	تُرْتَدَدْنَ	تُسْتَرْدَدْنَ
		1.ª		نَرُدُّ	نُرَادُّ	نُرِدُّ	نَرْتَدُّ	نَسْتَرِدُّ	نُرَدُّ	نُرَادُّ	نُرَدُّ	نُرْتَدُّ	نُسْتَرَدُّ
Imperativo (2.ª sglr. masc.)				رُدَّ / أُرْدُدْ	رَادَّ / رَادِدْ	أَرِدَّ / أَرْدِدْ	اِرْتَدَّ / اِرْتَدِدْ	اِسْتَرِدَّ / اِسْتَرْدِدْ					
Participio				رَادٌّ	مُرَادٌّ	مُرِدٌّ	مُرْتَدٌّ	مُسْتَرِدٌّ	مَرْدُودٌ	مُرَادٌّ		مُرَدٌّ	مُسْتَرَدٌّ

10. Verbos con morfema radical {w23} o {y23}

Aspecto				I (agentiva)	IV (agentiva)	IV (agentiva)	VIII (agentiva)	I (no-agentiva)	IV (no-agentiva)	IV (no-agentiva)	VIII (no-agentiva)
	Voz:			agentiva				no-agentiva			
	Forma:			I	IV		VIII	I	IV		VIII
	Tema básico:			{w23}	{w23}	{y23}	{w23}	{w23}	{w23}	{y23}	{w23}
Imperfectivo	Sglr.	3.ª	Masc.	وَصَلَ	أَوْصَلَ	أَيْسَرَ	اِتَّصَلَ	وُصِلَ	أُوصِلَ	أُوسِرَ	اُتُّصِلَ
			Fem.	وَصَلَتْ	أَوْصَلَتْ	أَيْسَرَتْ	اِتَّصَلَتْ	وُصِلَتْ	أُوصِلَتْ	أُوسِرَتْ	اُتُّصِلَتْ
		2.ª	Masc.	وَصَلْتَ	أَوْصَلْتَ	أَيْسَرْتَ	اِتَّصَلْتَ	وُصِلْتَ	أُوصِلْتَ	أُوسِرْتَ	اُتُّصِلْتَ
			Fem.	وَصَلْتِ	أَوْصَلْتِ	أَيْسَرْتِ	اِتَّصَلْتِ	وُصِلْتِ	أُوصِلْتِ	أُسِرْتِ	اُتُّصِلْتِ
		1.ª		وَصَلْتُ	أَوْصَلْتُ	أَيْسَرْتُ	اِتَّصَلْتُ	وُصِلْتُ	أُوصِلْتُ	أُسِرْتُ	اُتُّصِلْتُ
	Dual	3.ª	Masc.	وَصَلَا	أَوْصَلَا	أَيْسَرَا	اِتَّصَلَا	وُصِلَا	أُوصِلَا	أُوسِرَا	اُتُّصِلَا
			Fem.	وَصَلَتَا	أَوْصَلَتَا	أَيْسَرَتَا	اِتَّصَلَتَا	وُصِلَتَا	أُوصِلَتَا	أُوسِرَتَا	اُتُّصِلَتَا
		2.ª		وَصَلْتُمَا	أَوْصَلْتُمَا	أَيْسَرْتُمَا	اِتَّصَلْتُمَا	وُصِلْتُمَا	أُوصِلْتُمَا	أُوسِرْتُمَا	اُتُّصِلْتُمَا
	Pl.	3.ª	Masc.	وَصَلُوا	أَوْصَلُوا	أَيْسَرُوا	اِتَّصَلُوا	وُصِلُوا	أُوصِلُوا	أُوسِرُوا	اُتُّصِلُوا
			Fem.	وَصَلْنَ	أَوْصَلْنَ	أَيْسَرْنَ	اِتَّصَلْنَ	وُصِلْنَ	أُوصِلْنَ	أُوسِرْنَ	اُتُّصِلْنَ
		2.ª	Masc.	وَصَلْتُمْ	أَوْصَلْتُمْ	أَيْسَرْتُمْ	اِتَّصَلْتُمْ	وُصِلْتُمْ	أُوصِلْتُمْ	أُوسِرْتُمْ	اُتُّصِلْتُمْ
			Fem.	وَصَلْتُنَّ	أَوْصَلْتُنَّ	أَيْسَرْتُنَّ	اِتَّصَلْتُنَّ	وُصِلْتُنَّ	أُوصِلْتُنَّ	أُوسِرْتُنَّ	اُتُّصِلْتُنَّ
		1.ª		وَصَلْنَا	أَوْصَلْنَا	أَيْسَرْنَا	اِتَّصَلْنَا	وُصِلْنَا	أُوصِلْنَا	أُوسِرْنَا	اُتُّصِلْنَا

Aspecto	Voz:			agentiva				no-agentiva			
	Forma:			I	IV		VIII	I	IV		VIII
	Tema básico:			{w23}	{w23}	{y23}	{w23}	{w23}	{w23}	{y23}	{w23}
Perfectivo	Sglr.	3.ª	Masc.	يَصِلُ.	يُوصِلُ	يُوسِرُ	يَتَّصِلُ	يُوصَلُ	يُوصَلُ	يُوسَرُ	يُتَّصَلُ
			Fem.	تَصِلُ	تُوصِلُ	تُوسِرُ	تَتَّصِلُ	تُوصَلُ	تُوصَلُ	تُوسَرُ	تُتَّصَلُ
		2.ª	Masc.	تَصِلُ	تُوصِلُ	تُوسِرُ	تَتَّصِلُ	تُوصَلُ	تُوصَلُ	تُوسَرُ	تُتَّصَلُ
			Fem.	تَصِلِينَ	تُوصِلِينَ	تُوسِرِينَ	تَتَّصِلِينَ	تُوصَلِينَ	تُوصَلِينَ	تُوسَرِينَ	تُتَّصَلِينَ
		1.ª		أَصِلُ	أُوصِلُ	أُوسِرُ	أَتَّصِلُ	أُوصَلُ	أُوصَلُ	أُوسَرُ	أُتَّصَلُ
	Dual	3.ª	Masc.	يَصِلَانِ	يُوصِلَانِ	يُوسِرَانِ	يَتَّصِلَانِ	يُوصَلَانِ	يُوصَلَانِ	يُوسَرَانِ	يُتَّصَلَانِ
			Fem.	تَصِلَانِ	تُوصِلَانِ	تُوسِرَانِ	تَتَّصِلَانِ	تُوصَلَانِ	تُوصَلَانِ	تُوسَرَانِ	تُتَّصَلَانِ
		2.ª		تَصِلَانِ	تُوصِلَانِ	تُوسِرَانِ	تَتَّصِلَانِ	تُوصَلَانِ	تُوصَلَانِ	تُوسَرَانِ	تُتَّصَلَانِ
	Pl.	3.ª	Masc.	يَصِلُونَ	يُوصِلُونَ	يُوسِرُونَ	يَتَّصِلُونَ	يُوصَلُونَ	يُصَلُونَ	يُوسَرُونَ	يُتَّصَلُونَ
			Fem.	يَصِلْنَ	يُوصِلْنَ	يُوسِرْنَ	يَتَّصِلْنَ	يُوصَلْنَ	يُوصَلْنَ	يُوسَرْنَ	يُتَّصَلْنَ
		2.ª	Masc.	تَصِلُونَ	تُوصِلُونَ	تُوسِرُونَ	تَتَّصِلُونَ	تُوصَلُونَ	تُوصَلُونَ	تُوسَرُونَ	تُتَّصَلُونَ
			Fem.	تَصِلْنَ	تُوصِلْنَ	تُوسِرْنَ	تَتَّصِلْنَ	تُوصَلْنَ	تُوصَلْنَ	تُوسَرْنَ	تُتَّصَلْنَ
		1.ª		نَصِلُ	نُوصِلُ	نُوسِرُ	نَتَّصِلُ	نُوصَلُ	نُوصَلُ	نُوسَرُ	نُتَّصَلُ
Imperativo (2.ª sglr. masc.)				صِلْ	أَوْصِلْ	أَيْسِرْ	اِتَّصِلْ				
Participio				وَاصِلٌ	مُوصِلٌ	مُوسِرٌ	مُتَّصِلٌ	مَوْصُولٌ	مُوصَلٌ		مُتَّصَلٌ

11. Verbos con morfema radical {1w3} o {1y3}

Aspecto	Voz:			agentiva							no-agentiva			
	Forma:			I			IV	VII	VIII	X	I		IV	VIII
	Tema básico:			KwuK	K$\overset{w}{y}$aK	KyiK					KwaK	KyaK		
Perfectivo	Sglr.	3.ª	Masc.	قَالَ	نَامَ	بَاعَ	أَقَامَ	اِنْقَادَ	اِخْتَارَ	اِسْتَقَامَ	قِيلَ	بِيعَ	أُقِيمَ	اُخْتِيرَ
			Fem.	قَالَتْ	نَامَتْ	بَاعَتْ	أَقَامَتْ	اِنْقَادَتْ	اِخْتَارَتْ	اِسْتَقَامَتْ	قِيلَتْ	بِيعَتْ	أُقِيمَتْ	اُخْتِيرَتْ
		2.ª	Masc.	قُلْتَ	نِمْتَ	بِعْتَ	أَقَمْتَ	اِنْقَدْتَ	اِخْتَرْتَ	اِسْتَقَمْتَ	قِلْتَ	بِعْتَ	أُقِمْتَ	اُخْتِرْتَ
			Fem.	قُلْتِ	نِمْتِ	بِعْتِ	أَقَمْتِ	اِنْقَدْتِ	اِخْتَرْتِ	اِسْتَقَمْتِ	قِلْتِ	بِعْتِ	أُقِمْتِ	اُخْتِرْتِ
		1.ª		قُلْتُ	نِمْتُ	بِعْتُ	أَقَمْتُ	اِنْقَدْتُ	اِخْتَرْتُ	اِسْتَقَمْتُ	قِلْتُ	بِعْتُ	أُقِمْتُ	اُخْتِرْتُ
	Dual	3.ª	Masc.	قَالَا	نَامَا	بَاعَا	أَقَامَا	اِنْقَادَا	اِخْتَارَا	اِسْتَقَامَا	قِيلَا	بِيعَا	أُقِيمَا	اُخْتِيرَا
			Fem.	قَالَتَا	نَامَتَا	بَاعَتَا	أَقَامَتَا	اِنْقَادَتَا	اِخْتَارَتَا	اِسْتَقَامَتَا	قِيلَتَا	بِيعَتَا	أُقِيمَتَا	اُخْتِيرَتَا
		2.ª		قُلْتُمَا	نِمْتُمَا	بِعْتُمَا	أَقَمْتُمَا	اِنْقَدْتُمَا	اِخْتَرْتُمَا	اِسْتَقَمْتُمَا	قِلْتُمَا	بِعْتُمَا	أُقِمْتُمَا	اُخْتِرْتُمَا
	Pl	3.ª	Masc.	قَالُوا	نَامُوا	بَاعُوا	أَقَامُوا	اِنْقَادُوا	اِخْتَارُوا	اِسْتَقَامُوا	قِيلُوا	بِيعُوا	أُقِيمُوا	اُخْتِيرُوا
			Fem.	قُلْنَ	نِمْنَ	بِعْنَ	أَقَمْنَ	اِنْقَدْنَ	اِخْتَرْنَ	اِسْتَقَمْنَ	قِلْنَ	بِعْنَ	أُقِمْنَ	اُخْتِرْنَ
		2.ª	Masc.	قُلْتُمْ	نِمْتُمْ	بِعْتُمْ	أَقَمْتُمْ	اِنْقَدْتُمْ	اِخْتَرْتُمْ	اِسْتَقَمْتُمْ	قِلْتُمْ	بِعْتُمْ	أُقِمْتُمْ	اُخْتِرْتُمْ
			Fem.	قُلْتُنَّ	نِمْتُنَّ	بِعْتُنَّ	أَقَمْتُنَّ	اِنْقَدْتُنَّ	اِخْتَرْتُنَّ	اِسْتَقَمْتُنَّ	قِلْتُنَّ	بِعْتُنَّ	أُقِمْتُنَّ	اُخْتِرْتُنَّ
		1.ª		قُلْنَا	نِمْنَا	بِعْنَا	أَقَمْنَا	اِنْقَدْنَا	اِخْتَرْنَا	اِسْتَقَمْنَا	قِلْنَا	بِعْنَا	أُقِمْنَا	اُخْتِرْنَا

Aspecto	Voz:			agentiva							no-agentiva			
	Forma:			I			IV	VII	VIII	X	I		IV	VIII
	Tema básico:			KwuK	K$\overset{w}{y}$aK	KyiK					KwaK	KyaK		
Imperfectivo	Sglr.	3.ª	Masc.	يَقُولُ	يَنَامُ	يَبِيعُ	يُقِيمُ	يَنْقَادُ	يَخْتَارُ	يَسْتَقِيمُ	يُقَالُ	يُبَاعُ	يُقَامُ	يُخْتَارُ
			Fem.	تَقُولُ	تَنَامُ	تَبِيعُ	تُقِيمُ	تَنْقَادُ	تَخْتَارُ	تَسْتَقِيمُ	تُقَالُ	تُبَاعُ	تُقَامُ	تُخْتَارُ
		2.ª	Masc.	تَقُولُ	تَنَامُ	تَبِيعُ	تُقِيمُ	تَنْقَادُ	تَخْتَارُ	تَسْتَقِيمُ	تُقَالُ	تُبَاعُ	تُقَامُ	تُخْتَارُ
			Fem.	تَقُولِينَ	تَنَامِينَ	تَبِيعِينَ	تُقِيمِينَ	تَنْقَادِينَ	تَخْتَارِينَ	تَسْتَقِيمِينَ	تُقَالِينَ	تُبَاعِينَ	تُقَامِينَ	تُخْتَارِينَ
		1.ª		أَقُولُ	أَنَامُ	أَبِيعُ	أُقِيمُ	أَنْقَادُ	أَخْتَارُ	أَسْتَقِيمُ	أُقَالُ	أُبَاعُ	أُقَامُ	أُخْتَارُ
	Dual	3.ª	Masc.	يَقُولَانِ	يَنَامَانِ	يَبِيعَانِ	يُقِيمَانِ	يَنْقَادَانِ	يَخْتَارَانِ	يَسْتَقِيمَانِ	يُقَالَانِ	يُبَاعَانِ	يُقَامَانِ	يُخْتَارَانِ
			Fem.	تَقُولَانِ	تَنَامَانِ	تَبِيعَانِ	تُقِيمَانِ	تَنْقَادَانِ	تَخْتَارَانِ	تَسْتَقِيمَانِ	تُقَالَانِ	تُبَاعَانِ	تُقَامَانِ	تُخْتَارَانِ
		2.ª	Masc.	تَقُولَانِ	تَنَامَانِ	تَبِيعَانِ	تُقِيمَانِ	تَنْقَادَانِ	تَخْتَارَانِ	تَسْتَقِيمَانِ	تُقَالَانِ	تُبَاعَانِ	تُقَامَانِ	تُخْتَارَانِ
	Pl.	3.ª	Masc.	يَقُولُونَ	يَنَامُونَ	يَبِيعُونَ	يُقِيمُونَ	يَنْقَادُونَ	يَخْتَارُونَ	يَسْتَقِيمُونَ	يُقَالُونَ	يُبَاعُونَ	يُقَامُونَ	يُخْتَارُونَ
			Fem.	يَقُلْنَ	يَنَمْنَ	يَبِعْنَ	يُقِمْنَ	يَنْقَدْنَ	يَخْتَرْنَ	يَسْتَقِمْنَ	يُقَلْنَ	يُبَعْنَ	يُقَمْنَ	يُخْتَرْنَ
		2.ª	Masc.	تَقُولُونَ	تَنَامُونَ	تَبِيعُونَ	تُقِيمُونَ	تَنْقَادُونَ	تَخْتَارُونَ	تَسْتَقِيمُونَ	تُقَالُونَ	تُبَاعُونَ	تُقَامُونَ	تُخْتَارُونَ
			Fem.	تَقُلْنَ	تَنَمْنَ	تَبِعْنَ	تُقِمْنَ	تَنْقَدْنَ	تَخْتَرْنَ	تَسْتَقِمْنَ	تُقَلْنَ	تُبَعْنَ	تُقَمْنَ	تُخْتَرْنَ
		1.ª		نَقُولُ	نَنَامُ	نَبِيعُ	نُقِيمُ	نَنْقَادُ	نَخْتَارُ	نَسْتَقِيمُ	نُقَالُ	نُبَاعُ	نُقَامُ	نُخْتَارُ
Imperativo (2.ª masc. sglr.)				قُلْ	نَمْ	بِعْ	أَقِمْ	اِنْقَدْ	اِخْتَرْ	اِسْتَقِمْ	..			
Participio				قَائِلٌ	نَائِمٌ	بَائِعٌ	مُقِيمٌ	مُنْقَادٌ	مُخْتَارٌ	مُسْتَقِيمٌ	مَقُولٌ	مَبِيعٌ	مُقَامٌ	مُخْتَارٌ
Maṣdar				قَوْلٌ .	نَوْمٌ	بَيْعٌ	إِقَامَةٌ	اِنْقِيَادٌ	اِخْتِيَارٌ	اِسْتِقَامَةٌ				

12. Verbos con morfema radical {12w/y}

Aspecto				agentiva								no-agentiva		
				I				II	IV	V	X	I	IV	X
Perfectivo	Sglr.	3.ª	Masc.	رَمَى	لَقِيَ	غَزَا	سَرُوَ	سَمَّى	أَلْقَى	تَسَمَّى	اِسْتَدْعَى	غُزِيَ	أُلْقِيَ	أُسْتُدْعِيَ
			Fem.	رَمَتْ	لَقِيَتْ	غَزَتْ	سَرُوَتْ	سَمَّتْ	أَلْقَتْ	تَسَمَّتْ	اِسْتَدْعَتْ	غُزِيَتْ	أُلْقِيَتْ	أُسْتُدْعِيَتْ
		2.ª	Masc.	رَمَيْتَ	لَقِيتَ	غَزَوْتَ	سَرُوتَ	سَمَّيْتَ	أَلْقَيْتَ	تَسَمَّيْتَ	اِسْتَدْعَيْتَ	غُزِيتَ	أُلْقِيتَ	أُسْتُدْعِيتَ
			Fem.	رَمَيْتِ	لَقِيتِ	غَزَوْتِ	سَرُوتِ	سَمَّيْتِ	أَلْقَيْتِ	تَسَمَّيْتِ	اِسْتَدْعَيْتِ	غُزِيتِ	أُلْقِيتِ	أُسْتُدْعِيتِ
		1.ª		رَمَيْتُ	لَقِيتُ	غَزَوْتُ	سَرُوتُ	سَمَّيْتُ	أَلْقَيْتُ	تَسَمَّيْتُ	اِسْتَدْعَيْتُ	غُزِيتُ	أُلْقِيتُ	أُسْتُدْعِيتُ
	Dual	3.ª	Masc.	رَمَيَا	لَقِيَا	غَزَوَا	سَرُوَا	سَمَّيَا	أَلْقَيَا	تَسَمَّيَا	اِسْتَدْعَيَا	غُزِيَا	أُلْقِيَا	أُسْتُدْعِيَا
			Fem.	رَمَتَا	لَقِيَتَا	غَزَتَا	سَرُوَتَا	سَمَّتَا	أَلْقَتَا	تَسَمَّتَا	اِسْتَدْعَتَا	غُزِيَتَا	أُلْقِيَتَا	أُسْتُدْعِيَتَا
		2.ª	Masc.	رَمَيْتُمَا	لَقِيتُمَا	غَزَوْتُمَا	سَرُوتُمَا	سَمَّيْتُمَا	أَلْقَيْتُمَا	تَسَمَّيْتُمَا	اِسْتَدْعَيْتُمَا	غُزِيتُمَا	أُلْقِيتُمَا	أُسْتُدْعِيتُمَا
	Pl.	3.ª	Masc.	رَمَوْا	لَقُوا	غَزَوْا	سَرُوا	سَمَّوْا	أَلْقَوْا	تَسَمَّوْا	اِسْتَدْعَوْا	غُزُوا	أُلْقُوا	أُسْتُدْعُوا
			Fem.	رَمَيْنَ	لَقِينَ	غَزَوْنَ	سَرُونَ	سَمَّيْنَ	أَلْقَيْنَ	تَسَمَّيْنَ	اِسْتَدْعَيْنَ	غُزِينَ	أُلْقِينَ	أُسْتُدْعِينَ
		2.ª	Masc.	رَمَيْتُمْ	لَقِيتُمْ	غَزَوْتُمْ	سَرُوتُمْ	سَمَّيْتُمْ	أَلْقَيْتُمْ	تَسَمَّيْتُمْ	اِسْتَدْعَيْتُمْ	غُزِيتُمْ	أُلْقِيتُمْ	أُسْتُدْعِيتُمْ
			Fem.	رَمَيْتُنَّ	لَقِيتُنَّ	غَزَوْتُنَّ	سَرُوتُنَّ	سَمَّيْتُنَّ	أَلْقَيْتُنَّ	تَسَمَّيْتُنَّ	اِسْتَدْعَيْتُنَّ	غُزِيتُنَّ	أُلْقِيتُنَّ	أُيسْتُدْعِيتُنَّ
		1.ª		رَمَيْنَا	لَقِينَا	غَزَوْنَا	سَرُونَا	سَمَّيْنَا	أَلْقَيْنَا	تَسَمَّيْنَا	اِسْتَدْعَيْنَا	غُزِينَا	أُلْقِينَا	أُسْتُدْعِينَا

Aspecto				agentiva								no-agentiva		
				I				II	IV	V	X	I	IV	X
Imperfectivo	Sglr.	3.ª	Masc.	يَرْمِي	يَلْقَى	يَغْزُو	يَسْرُو	يُسَمِّي	يُلْقِي	يَتَسَمَّى	يَسْتَدْعِي	يُغْزَى	يُلْقَى	يُسْتَدْعَى
			Fem.	تَرْمِي	تَلْقَى	تَغْزُو	تَسْرُو	تُسَمِّي	تُلْقِي	تَتَسَمَّى	تَسْتَدْعِي	تُغْزَى	تُلْقَى	تُسْتَدْعَى
		2.ª	Masc.	تَرْمِي	تَلْقَى	تَغْزُو		تُسَمِّي	تُلْقِي	تَتَسَمَّى	تَسْتَدْعِي	تُغْزَى	تُلْقَى	تُسْتَدْعَى
			Fem.	تَرْمِينَ	تَلْقَيْنَ	تَغْزِينَ		تُسَمِّينَ	تُلْقِينَ	تَتَسَمَّيْنَ	تَسْتَدْعِينَ	تُغْزَيْنَ	تُلْقَيْنَ	تُسْتَدْعَيْنَ
		1.ª		أَرْمِي	أَلْقَى	أَغْزُو	يَغْزُو	أُسَمِّي	أُلْقِي	أَتَسَمَّى	أَسْتَدْعِي	أُغْزَى	أُلْقَى	أُسْتَدْعَى
	Dual	3.ª	Masc.	يَرْمِيَانِ	يَلْقَيَانِ	يَغْزُوَانِ		يُسَمِّيَانِ	يُلْقِيَانِ	يَتَسَمَّيَانِ	يَسْتَدْعِيَانِ	يُغْزَيَانِ	يُلْقَيَانِ	يُسْتَدْعَيَانِ
			Fem.	تَرْمِيَانِ	تَلْقَيَانِ	تَغْزُوَانِ		تُسَمِّيَانِ	تُلْقِيَانِ	تَتَسَمَّيَانِ	تَسْتَدْعِيَانِ	تُغْزَيَانِ	تُلْقَيَانِ	تُسْتَدْعَيَانِ
		2.ª		تَرْمِيَانِ	تَلْقَيَانِ	تَغْزُوَانِ		تُسَمِّيَانِ	تُلْقِيَانِ	تَتَسَمَّيَانِ	تَسْتَدْعِيَانِ	تُغْزَيَانِ	تُلْقَيَانِ	تُسْتَدْعَيَانِ
	Pl.	3.ª	Masc.	يَرْمُونَ	يَلْقَوْنَ	يَغْزُونَ		يُسَمُّونَ	تُلْقُونَ	يَتَسَمَّوْنَ	يَسْتَدْعُونَ	يُغْزَوْنَ	يُلْقَوْنَ	يُسْتَدْعَوْنَ
			Fem.	يَرْمِينَ	يَلْقَيْنَ	يَغْزُونَ		يُسَمِّينَ	تُلْقِينَ	يَتَسَمَّيْنَ	يَسْتَدْعِينَ	يُغْزَيْنَ	يُلْقَيْنَ	يُسْتَدْعَيْنَ
		2.ª	Masc.	تَرْمُونَ	تَلْقَوْنَ	تَغْزُونَ		تُسَمُّونَ	تُلْقُونَ	تَتَسَمَّوْنَ	تَسْتَدْعُونَ	تُغْزَوْنَ	تُلْقَوْنَ	تُسْتَدْعَوْنَ
			Fem.	تَرْمِينَ	تَلْقَيْنَ	تَغْزُونَ		تُسَمِّينَ	تُلْقِينَ	تَتَسَمَّيْنَ	تَسْتَدْعِينَ	تُغْزَيْنَ	تُلْقَيْنَ	تُسْتَدْعَيْنَ
		1.ª		نَرْمِي	نَلْقَى	نَغْزُو		نُسَمِّي	نُلْقِي	نَتَسَمَّى	نَسْتَدْعِي	نُغْزَى	نُلْقَى	نُسْتَدْعَى

12. Verbos con morfema radical {12w/y} *(Continuación)*

Aspecto		agentiva								no-agentiva		
		I				II	IV	V	X	I	IV	X
Imperativo	Sglr. Masc.	اِرْمِ	اِلْقَ	أُغْزُ		سَمِّ	أَلْقِ	تَسَمَّ	اِسْتَدْعِ			
	Sglr. Fem.	اِرْمِي	اِلْقَيْ	أُغْزِي		سَمِّي	أَلْقِي	تَسَمَّيْ	اِسْتَدْعِي			
	Dual	اِرْمِيَا	اِلْقَيَا	أُغْزُوا		سَمِّيَا	أَلْقِيَا	تَسَمَّيَا	اِسْتَدْعِيَا			
	Pl. Masc.	اِرْمُوا	اِلْقَوْا	أُغْزُوا		سَمُّوا	أَلْقُوا	تَسَمَّوْا	اِسْتَدْعُوا			
	Pl. Fem.	اِرْمِينَ	اِلْقَيْنَ	أُغْزُونَ		سَمِّينَ	أَلْقِينَ	تَسَمَّيْنَ	اِسْتَدْعِينَ			
Participio		رَامٍ		غَازٍ		مُسَمٍّ	مُلْقٍ		مُسْتَدْعٍ	مَغْزُوٌّ	مُلْقًى	مُسْتَدْعًى
Masdar		رَمْيٌ	لاَقٍ	غَزْوٌ		تَسْمِيَةٌ	إِلْقَاءٌ	تَسَمٍّ	اِسْتِدْعَاءٌ			

Nota: Alguno de los modelos aquí usados, sobre todo en voz no-agentiva, tienen validez únicamente paradigmática, por no ser fácil concebir circunstancias en que tales verbos pudiesen usarse así, aunque lo hagan otros de la misma estructura silábica o forma.

Nota: Algunos de los supuestos aquí citados, sobre todo en voz no agentiva, tienen validez únicamente paradigmática, pues no es fácil concebir circunstancias en que tales verbos pudieran usarse así; tampoco lo tengan otros de la misma estructura silábica o forma.

Clave de los ejercicios

CLAVE DE LOS EJERCICIOS

Lección 2.ª

3. /bayt # /, /bi-sayf # /, /ḍurib # /, ḫift # /, /bi-h # /, /yas'al # /, /yawma: # /, /'abada: # /, /ğidda: # /, /fitnah # /, /ra:mi: # /.

4. /bi-l-kita:b# /, /mini mra'ah# /, /mina l-bayt# /, /humu l-mu'allimu:n# /, /katabtumu l-kita:b# /, /ḡazawu l-madi:nah# /, /balu ftutiḥ# /, /mudu nṣaraf# /, /('a)l-ism# /, /la-ymunu ḷḷa:h# /, /mani ftataḥa l-'Andalus|| /, /balu ktub # /, /hali ntaṣara l-'ima:m|| /, /wa-nsa-hu: # /.

Lección 3.ª

2. a) /kataba/, /ğabal/, /baḥaṯa/, /ḫalaqa/, /naẓama/, /ṯaman/, /safaka/, /talifa/, /ḥasan/, /šaḫaṣa/, /ṣalaḥa/, /ḍabaṭa/, /ṭalaba/, /ẓalama/, /fašala/, /qabaḍa/, /ğahila/, /maṯala/, /yaqiẓa/, /'aṭala/, /hiya/, /ḥiğağ/, /ṯabata/, /ğanaḥa/, /šayaḫ/, /labisa/, /na'aša/, /ḡaṣaba/, /ḫaḍa'a/ /ḥakama/, /balaḡa/, /šabah/, /ḍaḡina/.

b) /rizq/, /ward/, /ḏakara/, /zara'a/, /saruwa/, /badan/, /baḏala/, /ḫubz/, /duwal/, /ḥarb/, /ḥadaṯa/, /ḫarağa/, /ṭaraḥa/, /harasa/, /ḥaṣa/, /ʻaraḍa/, /ṭaraf/, /ḥaraqa/, /baraka/, /dam/, /ruwiya/, /yaduhu/.

c) /ǧama:l/, /ʻa:lam/, /ḥama:m/, /kita:b/, /qadi:m/, /saʻi:d/, /ǧami:ʻ/, /ʻi:d/, /mi:l/, /du:r/, /ʻu:d/, /ru:ḥ/, /kataba:/, /kita:bi/, /du:/.

d) /'anf/, /'iḏa:/, /'usta:ḏ/, /sa'ala/, /yas'alu/, /ra's/, /ǧi'tu/, /su'ila/, /ri'u:na/, /mi'a:t/, /la'i:m/, /lu'm/, /mar'u:s/, /mu'an/, /ya'u:bu/, /qara'a/, /quri'a/, /baṭu'a/, /šay'/, /liqa:'/.

e) /yawmun/, /sayfun/, /ǧamalun/, /Muḥammadun/, /bi-sayfin/, /qa:ḍin/, /ra:min/, /'abadan/, /ǧiddan/, /yawman/, /fatàn/, /riḍàn/.

f) /ḍidda/, /buddila/, /ṯumma/, /fattiš/, /layyinun/, /ḥamma:mun/, /ǧamma:lun/, /qa:rratun/, /ʻa:mmun/, /rabbi/, /rudda/, /ḥayya/, /ḥaǧǧa/, /'anna:/.

g) /bil-kita:bi/, /mini mra'atin/, /mina l-bayti/, /humu l-muslimu:na/, /katabtumu l-kita:ba/, /balu ftutiḥa/, /hali ntaṣara l-'ima:mu/, /madi:natunu ftutiḥat/.

h) /la:/, /'ala:/, /'afala:/, /'illa:/, /falla:ḥun/.

i) /'a:minun/, /'a:mi:na/, /qur'a:nun/, /mal'a:nu/, /qara'a:/.

j) /madi:natun/, /mamlakatun/, /ṭalabatun/, /sa:ʻatun/, /ḥa:ǧatun/, /duwaybbatun/, /ri'a:satun/, /mamlu:'atun/.

k) /bakà/, /'ilà/, /ʻalà/, /ʻallà/, /'ilà l-'a:na/.

l) /ḏa:lika l-kita:bu/, /ha:ḏa l-baytu/, /ha:ḏihi l-madi:natu/, /ya: raḥma:nu/, /ya: rabbi/, /bismi lla:hi/.

وَهْرَانُ ، مَرَّاكِشُ ، طَهْرَانُ ، تُونُسُ ، يَثْرِبُ ، صَنْعَاءُ ، فَلَسْطِينُ ، بَيْرُوتُ ، بَغْدَادُ
خُرَاسَانُ ، مَجْرِيطُ ، دِمَشْقُ ، أَنَاضُولُ ، حَلَبُ ، عَمَّانُ ، اَلْمَوصِلُ ، ظَفَارُ
زَنْجِبَارُ ، آذَرْبَيْجَانُ

Lección 4.ª

1. {kml}, {kbr}, {nẓr}, {ğnb}, {ṣḡr}, {ḥmr}, {slm}, {'rḫ}, {slm}, {hwd}, {nhy}, {ṣrf}, {'ml}, {'ḫw}, {trğm}, {slm}, {'ḫd}, {s'l} o {syl}, {r'y}, {r'y}, {wğd}, {kwn}, {byt}, {nhy}, {wly}, {snw} o {snh}, {mwh}, {šyh}, {bny}, {smw}.

2. قُلَيْمٌ ، مُكَيْتِبٌ ، كُوَيْتِبٌ ، سُوَيْدَاءُ ، صُغَيِّرٌ ، مُدَيْرِسَةٌ ، كُتَيِّبٌ .

Lección 5.ª

1. Una cabeza y una mano.- El rey y el príncipe.- El sultán, el ministro y el hombre.- El Enviado de Dios.- La puerta de la casa del gobernador.- La mezquita del país.- La madre del hijo del sultán.- La mano de una persona.- La noticia de la gente de la ciudad.- La noticia del día.- El camino de la aldea.- Un libro y una espada.- La riqueza del ministro.- El palacio de un príncipe.- El día del Juicio.- La espada del sultán y el libro del ministro.- La mano del hijo de 'Abd-Alla:h (el siervo de Dios).- El esclavo, el ministro y el gobernador.- La noticia del rey de la ciudad.- La gente de la aldea y de la ciudad.- La madre del rey y del príncipe.- La puerta de la casa de un hombre.

٢ . يَدُ إِنْسَانٍ - يَدُ ٱلْإِنْسَانِ - أَمِيرٌ وَوَزِيرٌ - اَلْأَمِيرُ وَٱلْوَزِيرُ - اَللّٰهُ وَٱلـدِّينُ وَٱلْكِتَابُ - أُمُّ سُلْطَانِ ٱلْبَلَدِ - أَهْلُ ٱلْكِتَابِ - مَلِكُ بَلَدٍ - طَرِيقُ قَرْيَةٍ - قَصْرُ حَاكِمٍ - خَبَرُ عَبْدِ ٱللّٰهِ - رَأْسُ رَجُلٍ - بَيْتُ ٱلْمَالِ - سَيْفُ رَسُولِ ٱللّٰهِ - يَوْمُ ٱلْخَبَرِ - خَبَرُ ٱلْحَاكِمِ وَٱلْوَزِيرِ - ٱلْبَلَدُ وَٱلْمَدِينَةُ وَٱلْقَرْيَةُ - بَابُ بَيْتِ عَبْدِ ٱلْمَلِكِ - خَبَرُ ٱلْيَوْمِ - أَهْلُ ٱلْبَلَدِ .

Lección 6.ª

1. El hermoso vestido de un hombre.- El vestido del hombre es hermoso.- El vestido de un hombre hermoso.- La noticia del hombre de distinguido nombre y buena religión.- La famosa mezquita del sultán.- La espada de Muḥammad es vieja.- La paz es buena.- El vestido nuevo es muy hermoso.- El sultán de la ciudad es árabe.- La mezquita de la ciudad es nueva.- El nuevo príncipe árabe es religioso.- Abrí la puerta de una casa pequeña.- El nombre del hijo del ministro es Muḥammad.- Comí un alimento excelente.- El generoso Aḥmad es alto.- Vi el gran palacio del sultán.- Un muchacho muy pequeño.- El muchacho pequeño.- La época antigua de Muḥammad.- Fui al palacio del príncipe árabe.- La ciencia es luz.- Comí pan árabe en casa del ministro de distinguido nombre.- Un buen amigo de un hombre generoso.- Fui con el libro nuevo de Muḥammad desde Bagdad a un lugar en el monte.- Conquisté la ciudad con la larga espada del generoso Enviado de Dios.

٢ . كِتَابٌ قَدِيمٌ وَثَوْبٌ جَدِيدٌ - ذَهَبْتُ إِلَى ٱلْبَيْتِ ٱلْجَدِيدِ - مِنَ ٱلْجَبَلِ إِلَى ٱلْمَدِينَةِ - يَوْمُ ٱلْعَبْدِ ٱلطَّوِيلُ - أُمُّ مُحَمَّدٍ ٱلْكَرِيمِ - رَأَيْتُ ثَوْبَ عَبْدٍ قَدِيماً - اِسْمُ ٱلْمَدِينَةِ ٱلْجَدِيدُ - مَكَانٌ كَبِيرٌ جَمِيلٌ - فَتَحْتُ بَابَ ٱلْبَيْتِ وَرَأَيْتُ نُوراً جَمِيلاً جِداً - أَكَلْتُ طَعَاماً جَيِّداً بِخُبْزٍ عَرَبِيٍّ فِي دَارِ ٱلْحَاكِمِ - اَلْعِلْمُ نُورُ ٱلْإِنْسَانِ - وَلَدُ مُحَمَّدٍ ٱلْكَرِيمُ ٱلِٱسْمِ - رَجُلٌ جَيِّدُ ٱلْعِلْمِ كَرِيمُ ٱلْيَدِ - أَحْمَدُ ٱلصَّغِيرُ ٱلرَّأْسِ ٱلطَّوِيلُ ٱلْيَدِ - زَمَانُ ٱلسَّلَامِ جَمِيلٌ - صَدِيقُ مُحَمَّدٍ وَزِيرٌ - وَلَدٌ صَغِيرُ ٱلْيَدِ .

Lección 7.ª

1. La hija del nuevo ministro es muy hermosa.- El palacio del sucesor del Enviado de Dios es rojo.- La pata del perro del criado es blanca.- La casa de la maestra musulmana está cerca del monte.- La hermana del príncipe es muy holgazana.- El color del agua en el mar es verde.- La mansión del sultán está lejos de la ciudad.- Vi a una mujer asesinada.- La vida del esclavo es dura.- La mujer árabe es creyente.- El padre es violento y el muchacho es apático.- El amigo de Muḥammad es de vasta ciencia y religioso.- El sol está muy lejano.- Vi a una muerta.- El color de la sangre es rojo.- La pluma del nuevo maestro es verde.- El mundo es vasto.- Vi amplio lugar en la vieja mansión del príncipe.- La pata del perro es larga, y la mano del criado es pequeña.- Fui a una pequeña aldea en el lejano monte.- El camino al palacio del gobernador en la ciudad es largo.- Comí pan excelente de la mano de un hombre generoso.- El príncipe asesinado es árabe.

٢ . بَابُ بَيْتِ ٱلْخَادِمِ ٱلْجَدِيدِ أَحْمَرُ - أُخْتُ ٱلْأَمِيرِ ٱلْكَبِيرَةُ مُسْلِمَةٌ - بِنْتُ مُحَمَّدٍ ٱلصَّغِيرَةُ مُعَلِّمَةٌ - خَلِيفَةٌ وَاسِعُ ٱلْعِلْمِ - اِمْرَأَةُ ٱلْأَبِ ٱلْكَسْلَى - اَلْكَلْبُ ٱلْأَبْيَضُ لِوَلَدِ ٱلْوَزِيرِ - اِمْرَأَةٌ مُؤْمِنَةٌ فِي قَرْيَةِ جَبَلٍ - مَاءُ ٱلْبَحْرِ ٱلْبَارِدُ - اَلْبَحْرُ ٱلْأَبْيَضُ صَغِيرٌ - اَلدَّارُ ٱلْبَعِيدَةُ لِحَاكِمِ ٱلْمَدِينَةِ - حَيَاةُ ٱلْعَبْدِ ٱلشَّدِيدَةُ - اَلدَّمُ ٱلْأَحْمَرُ لِلْقَتِيلَةِ - ثَوْبُ ٱلْخَادِمِ أَخْضَرُ - اَلْمُعَلِّمُ ٱلْجَدِيدُ رَجُلٌ طَوِيلٌ كَبِيرُ ٱلْيَدِ - اَلدُّنْيَا مَكَانٌ بَارِدٌ .

Lección 8.ª

1. Los creyentes en las ciudades son pocos.- Comí alimentos excelentes en los palacios de los sultanes.- Las espadas de los amigos de Muḥammad son nuevas.- Las mujeres de los hombres de religión son creyentes.- Las riquezas de los hijos del príncipe son pocas.- Las dos mezquitas de la ciudad son grandes.- Vi muchos árboles en los montes de las dos aldeas.- Las dos maestras de la hija del ministro son buenas.- Fui a la casa de las dos hermanas de los criados.- Vi un árbol viejo en el palacio de los dos príncipes.- Los musulmanes de Bagdad son muchos.- Los nombres de los príncipes árabes son distinguidos.- Comí el pan de los musulmanes de las aldeas.- La madre de las guapas hermanas es blanca.- Vi dos maestras de vasta ciencia.- Las lenguas de la gente en las aldeas pequeñas son violentas.- Las noticias de los califas, reyes y gobernantes antiguos son muchas.- Los libros de los estudiantes nuevos son rojos.- Las patas de los perros de los esclavos son blancas.- Las puertas de las mansiones de los ministros son verdes.- Vi casas pequeñas de piedra.

٢. خَدَمُ ٱلْخُلَفَاءِ كَسَالَى - رَأَيْتُ فِي ٱلْمَسَاجِدِ نَاساً كِرَاماً وَرُؤُوساً جَمِيلَةً - أَصْدِقَاءُ مُحَمَّدٍ طِوَالٌ أَقْوِيَاءُ - أَوْلَادُ ٱلْمُعَلِّمِينَ ٱلْعَرَبِ طَلَبَةٌ جِيَادٌ - أَيَّامُ رُسُلِ ٱللهِ بَعِيدَةٌ - رَأَيْتُ أَوْلَاداً صِغَاراً فِي ٱلطُّرُقِ بِمَفَاتِيحِ بُيُوتِ ٱلْمَرْضَى - أَقْلَامُ ٱلطُّلَّابِ ٱلْجُدُدِ كَثِيرَةُ ٱلْأَلْوَانِ - رَأَيْتُ رِجَالاً قَتْلَى فِي أَمَاكِنَ قَرِيبَةٍ مِنَ ٱلْمَسَاجِدِ - مِيَاهُ ٱلْبُحُورِ ٱلْبَارِدَةُ - أَوْلَادُ مُعَلِّمَتَيِ ٱلْقَرْيَةِ ٱلْكِبَارُ ضُعَفَاءُ.

Lección 9.ª

1. El padre de los niños es un anciano virtuoso.- Los significados de la ciencia son muchos.- Vi amplias calles y buenos caminos.- Un juez de alcurnia distinguida.- La lengua del joven es extraña.- Un capítulo primero acerca de la ciencia y un capítulo segundo acerca de la religión.- Comí otro alimento en casa del hermano de Aḥmad.- El segundo esposo de Fátima.- La paz es una cosa, y la guerra es otra.- Las cartas de la muchacha a los dos hijos del juez son largas.- Fátima es una mujer de alcurnia distinguida y hermoso rostro.- El monte es alto.- Vi un monte alto y muchas hogueras.- El asunto del padre de ‘Umar es extraño.- Las órdenes del sultán de los musulmanes son duras.- Vi al padre de Fátima en las tierras del príncipe.- El nombre del primero de los hijos de ‘Umar es Alí.- Los hijos (: descendientes) de los árabes en la aldea son muchos.- Los nombres de los hermanos del juez son Muḥammad, Alí y ‘Abd-Alla:h.- Comprendí nuevos significados del asunto.- Los rostros de los dos niños del segundo hijo del príncipe son hermosos.

٢ . رَأَيْتُ أَشْيَاءَ كَبِيرَةً فِي قَصْرِ ٱلسُّلْطَانِ ٱلْجَدِيدِ - أَرَاضِي ٱلْآبَاءِ وَٱلْأَوْلَادِ وَاسِعَةٌ - أَخُو أَحْمَدَ ٱلْكَبِيرُ قَاضٍ - لَيْلَةٌ بَارِدَةٌ فِي ٱلْجَبَلِ ٱلْعَالِي - فَهِمْتُ مَعَانِيَ قَلِيلَةً فِي رَسَائِلِ ٱلْفَتَى - زَوْجُ فَاطِمَةَ رَجُلٌ ذُو عِلْمٍ وَاسِعٍ - اَلْأَمْرُ ٱلثَّانِي قَدِيمٌ - أَكَلْتُ فِي بَيْتِ قَاضٍ ذِي مَالٍ وَفَضْلٍ - اَلْفَتَاةُ كَرِيمَةُ ٱلْأَصْلِ - طِفْلَا عُمَرَ حَسَنَانِ - رَأَيْتُ نِيرَاناً عَالِيَةً فِي شَوَارِعِ ٱلْقَرْيَتَيْنِ ٱلْغَرِيبَتَيْنِ - وَجْهُ أَبِي ٱلطِّفْلَةِ أَبْيَضُ - كِتَابُ ٱللُّغَةِ ٱلْأَوَّلُ أَبْيَضُ وَٱلْكِتَابُ ٱلْآخَرُ أَخْضَرُ .

Lección 10.ª

1. Tú eres el señor y príncipe de los árabes.-La casa inviolable de Dios (: el templo de La Caaba) está en La Meca; La casa sagrada de Dios en La Meca.- Dios es nuestro Señor.- Tienes razón.- Ellas tienen un violento dolor.- Las orejas de ella son pequeñas.- El amor de la belleza (está) en el corazón del hombre.- Tu esposo es paciente.- Ellos son los que tienen derecho/razón.- Alabanza a Dios, Señor de los cielos y la tierra.- Nuestras palabras (y no otras) son ciertas.- Vuestras lágrimas son para mí duras.- ¿Tienes alguna necesidad?- Vuestra idea es extraña.- Vosotros sois las espadas del Islam en sus guerras.- Mi carta a él es larga.- Mis maestros son mis amigos.- Tengo que tener contigo una larga conversación.- Mis manos están frías.- Vi al resto de mis maestros.- La razón está contra mí (: no tengo razón).- El dolor de mis manos es violento.- Las orejas de los perros son rojas, y sus patas, blancas.- Muḥammad y yo somos hermanos.- Las causas de las guerras (están) en los corazones y espíritus de la gente.- Mi conversación con tus dos profesores (es) en el escritorio de ambos.- Tus manos [fem.] (están) sobre tus oídos.- El color del cielo en la fría noche es hermoso.

٢ - حُبُّ ٱلْبَلَدِ فِي قُلُوبِ أَهْلِهِ - رَأَيْتُ شَيْئاً غَرِيباً فِي أُذُنَيْهِ - بِذِرَاعَيْهِ أَلَمٌ شَدِيدٌ - جَمَالُ ٱلسَّمَاءِ فِي لَوْنِهَا - إِلَى ٱلْمَدِينَةِ طَرِيقٌ جَدِيدٌ - حَاجَتُكَ حَرَامٌ - لَهُ ٱلْحَقُّ عَلَيْكُمْ - فِي عَيْنَيْ أُمِّي دُمُوعٌ كَثِيرَةٌ وَسَبَبُهَا ٱلْحَرْبُ - مُعَلِّمَتَايَ فِي قَرْيَتِهِمَا - لِي كَلَامٌ مَعْهُمَا وَمَعْكَ وَمَعْ سَائِرِ ٱلطُّلَّابِ - لَدَيْهَا رُوحٌ قَوِيَّةٌ - عَلَيَّ دِينَارٌ لِأَصْحَابِ بَيْتِي - أَحْمَدُ هُوَ حَاكِمُ ٱلْمَدِينَةِ ٱلْجَدِيدُ وَصَاحِبُ ٱلْبَلَدِ - اَلصَّبْرُ وَالدِّينُ طَعَامُ ٱلضُّعَفَاءِ.

Lección 11.ª

1. Estos musulmanes (son) de La Meca.- Cuando fui por la mañana a casa de Muḥammad, vi a estos dos alumnos también.- Aquella mujer está ahora allí, bajo aquellos dos árboles.- Esos son los verdaderos musulmanes.- Ese libro es de Fulano, el profesor.- Así son mis palabras, antes y después de hablar con vosotros.- Comí aquí ayer, entre la puerta de la mezquita y los árboles del palacio.- Vi aquellas altas hogueras sobre la cima del monte, cerca del cielo.- Este es un calor fuerte [para] por la tarde.- Abrí la puerta un poco solamente.- Esos dos jóvenes delante de la mezquita son estudiantes de ciencias.- El significado de las palabras violentas de este día en que estamos es la guerra mañana.- Vi a aquella muchacha, al lado de su madre, entre las mujeres de la aldea.- Los estudiantes están alrededor de su profesor, delante, y los criados, detrás.- Comí mucho.- El asunto de estas dos muchachas es muy difícil.- Las espadas de los reyes son de hierro, y las plumas de los ministros son también de hierro, como ellas.- La paciencia tiene límites.- Este es el límite en semejante asunto.

٢ - هٰذَا ٱلْأَلَمُ ٱلشَّدِيدُ - لَوْنُ هٰذِهِ ٱلْكِلَابِ أَبْيَضُ فَقَطْ - رَأَيْتُ فُلَانًا صَبَاحَ ٱلْيَوْمِ فِي بَيْتِ أُمِّ هٰذِهِ ٱلْفَتَاةِ ، وَبِٱلْأَمْسِ رَأَيْتُ أَبَاهُ كَذٰلِكَ هُنَاكَ - هٰؤُلَاءِ ٱلْأَطْفَالُ ٱلْآنَ أَمَامَ بَيْتِ أَخِيكَ تَحْتَ تِلْكَ ٱلْأَشْجَارِ ٱلْخَضْرَاءِ - حَرُّ ٱلشَّمْسِ عَلَى رُؤُوسِنَا شَدِيدٌ - اَلسَّلَامُ قَبْلَ ٱلْكَلَامِ - فَهِمْتُ مَعْنَى كَلَامِهِ هٰذَا حِينَ رَأَيْتُ ٱلدَّمَ ٱلْأَحْمَرَ عَلَى ٱلْأَرْضِ مِثْلَ مِيَاهِ ٱلْبَحْرِ - هٰذَانِ ٱلْبَيْتَانِ قَرِيبَانِ مِنْ بَيْتِ ٱلْقَاضِي جَنْبَ طَرِيقِ ٱلْقَرْيَةِ وَسْطَ ٱلشَّجَرِ - هٰذِهِ حُدُودُ صَبْرِي - أَخَوَا أَحْمَدَ هٰذَانِ شَيْخَانِ كَذٰلِكَ - بَعْدَ هٰذَا ٱلشَّأْنِ ٱلْكَلَامُ فِي ٱلْحَرْبِ شَيْءٌ غَرِيبٌ جِدًّا - مَاءُ ٱلْبَحْرِ بَارِدٌ قَلِيلاً فِي ٱلْمَسَاءِ .

Lección 12.ª

1. Vi la fotografía que cogió Muḥammad en su mano.- ¿Cómo estás después de tu larga enfermedad que me mencionó tu hermano en sus cartas?- El profesor reunió a la gente que conocía.- ¿Qué libro ha estudiado Aḥmad?- ¿Cuántos son los ministros que hay en el palacio del rey?- ¿Qué estudió el estudiante ayer?- Fui con las muchachas cuyo padre es mi amigo.- ¿En qué está tu atención?- Cierto muchacho me dio con una piedra en la boca, y luego salió de mi casa.- Dios creó los cielos y la tierra con cuanto hay en ellos.- Muḥammad fue una persona que conoció a la gente de su época.- Mencionó las tristezas de su corazón.- Vi las hermosas fotografías que hay en su casa.- Los padres de Fátima aquellos cuyas riquezas son muchas.- ¿Cuándo llegó el hombre a la luna?- ¿Dónde están los dotados de ciencia en nuestro estado?- Cualquier cosa que mencionó el profesor, la supo el alumno.- ¿Qué clase de gente vino?- ¿Quién tiene una mente perfecta?- ¿Qué mujeres hay en la aldea?- El esclavo conoció en casa de su dueño el dolor del hambre.- ¿Quién construyó el palacio de la Alhambra?- ¿Por qué salió el príncipe de una mansión que le había construido su padre, el rey?

٢- اَلْـمَلِكُ ٱلَّذِي بَنَى هٰذَا ٱلْقَصْرَ ٱسْمُهُ عُمَرُ - أَيْنَ أَمْوَالُ وَالِدَيْ عَلِيٍّ ٱللَّذَيْنِ رَأَيْتُ دَارَهُمَا بِبَغْدَادَ ؟ - مَاذَا خَرَجَ مِنْ فِي ٱلْكَلْبِ؟ - مَنْ ذَكَرَ ذٰلِكَ عَرَفَ لِمَاذَا ذَكَرَهُ - أَيْنَ بَالُكَ ؟ - مَتَى حَدِيثِي مَعَكَ؟- كَلَامُ أُولِي ٱلْعَقْلِ قَلِيلٌ - لِمَاذَا خَرَجَ إِلَى ٱلشَّارِعِ ، ثُمَّ ضَرَبَ صُورَةَ ٱلْكَلْبِ بِرِجْلِهِ ؟ - ٱلْمُعَلِّمَاتُ ٱللَّوَاتِي دَرَسَ ٱلطِّفْلُ عَلَيْهِنَّ

مِنْ قَرْيَتِنَا - مَا جَمَعَ ٱلسُّلْطَانُ مِنَ ٱلْأَمْوَالِ هُوَ سَبَبُ جُوعِ أَهْلِ بَلَدِهِ - مَنْ حَضَرَ ٱلْيَوْمَ مِنَ ٱلطُّلَّابِ قَلِيلُونَ بِسَبَبِ مَرَضِهِمْ . - حُزْنِي لِهٰذَا شَدِيدٌ - حَالُ ٱلدَّوْلَةِ إِلَى ٱلْآنَ حَسَنَةٌ .

Lección 13.

1. Vi cuatro esclavas en el palacio del sultán.- Aḥmad estudió otra lengua por un periodo de dos años.- ¿A cuánto está la carne hoy en el norte del país?- La carne entre ellos está a 45 dirhemes la libra.- El año tiene doce meses.- Las cinco primeras lecciones son difíciles.- Comprendí el significado de sus palabras por primera vez en mi vida.- En la escuela hay ocho alumnas y dieciocho alumnos.- Esta es la primera y la última vez.- La distancia de aquí a vuestra aldea, en el sur de nuestro país, es de unas 2822 millas.- El príncipe entró en el norte del país con cierto número de sus ministros, tras un largo viaje.- La muchacha tiene dieciocho años.- Vi un modo para (conseguir) mi necesidad.- Fulano mencionó la muerte de su amigo ‘Abd-Alla:h hace un mes, es decir, treinta días.- El sultán tiene cien esclavos.- La última lección es mañana.- Uno de ellos cogió los 20 libros por la noche.- La paciencia es hermosa en los momentos de tristeza.- Las tres cuartas partes de nuestras tierras están en el este del país, y la mitad de nuestras casas en las ciudades de su oeste.- Los siete días de la semana.- Reunió a los estudiantes de tres en tres.- La quinta parte de los países que he conquistado son para el Tesoro.- Me mencionó su asunto por duodécima vez.

٢-مَا فَتَحْتُ مِنَ ٱلْمُدُنِ فِي ٱلْحَرْبِ ٱلثَّانِيَةِ كَثِيرٌ ، وَخُمْسُ أَمْوَالِهَا لِبَيْتِ مَالِ ٱلْمُسْلِمِينَ- عَلَى ٱلْمَكْتَبِ أَرْبَعَةُ كُتُبٍ بَيْضَاءَ - بَنَاتُ فَاطِمَةَ ٱلْخَمْسُ جَمِيلَاتٌ - اَلشَّهْرَانِ فِيهِمَا سِتُّونَ يَوْماً ، أَيْ نَحْوُ ثَمَانِيَةِ أَسَابِيعَ - خَرَجَ مِنَ ٱلْمَدِينَةِ قَبْلَ أَرْبَعٍ وَعِشْرِينَ سَنَةً - اَلْكَلْبُ حَيٌّ بَعْدَ أَرْبَعَةَ عَشَرَ يَوْماً فِي هٰذِهِ ٱلْحَالِ مِنَ ٱلْجُوعِ وَٱلْمَرَضِ - كَمْ عُمْرُ ٱلْجَارِيَةِ ٱلْأُولَى ؟ - أَكَلْتُ شَيْئًا مَعْ أَحَدِ أَصْدِقَائِي فِي يَوْمِي ٱلثَّانِي هُنَاكَ - ذَكَرَ لِي هٰذَا ٱلشَّأْنَ مِرَاراً - اَلسَّفَرُ بَعْدَ اِثْنَيْ عَشَرَ يَوْماً - ذَهَبْتُ مِنَ ٱلشِّمَالِ إِلَى ٱلْجَنُوبِ إِلَى قَرْيَةِ وَالِدَيَّ - اَلْخُبْزُ بِثَلَاثَةِ أَرْبَاعِ دِرْهَمٍ ٱلرَّطْلُ - اَللَّحْمُ بِثَمَانِيَةٍ وَثَمَانِينَ فِلْساً - اَلدُّرُوسُ ٱلْمِائَةُ فِي ٱللُّغَةِ - اَلْمَسَافَةُ مِنْ شَرْقِ ٱلْبَلَدِ إِلَى غَرْبِهِ نَحْوُ ثَلَاثِمِائَةٍ وَثَمَانِيَةَ عَشَرَ مِيلاً - لِي وَقْتٌ طَوِيلٌ لِلْحَدِيثِ مَعْكَ .

Lección 14.ª

1. Todos los estudiantes tienen voto en los asuntos de la escuela.- Vi la fecha de todas sus cartas.- La asamblea de profesores dejó de hablar de algunas cosas por razones especiales.- El príncipe y el general pidieron ambos su porción de dinero.- Sentí algún dolor en el pecho.- La lección fue a las 3 de la tarde.- Cada uno de nosotros se sentó en su lugar, y luego empezó el profesor a hablar.- Cada trabajo tiene su momento particular.- Me llegó la noticia de su muerte hace diez y pico días.- Todos nosotros estamos en el colmo de la tristeza a causa de eso.- ¿Quién ha puesto la novela «La Mil y Una Noches» sobre mi escritorio?- Inventó palabras todas ellas alejadas de la realidad.- En cada una de las ciudades del monte hay una comunidad árabe.- Vi al perro dentro de la casa.- El rey gobernó todo su país, hasta el día de su muerte, sin ministros.- Nuestra conversación fue ayer.- Alguien entró en su casa y lo hirió con la espada.- Me puso un ejemplo del cual comprendí muchos significados.

٢ - كَانَ لِي حَدِيثٌ طَوِيلٌ مَعْ أُمِّ ٱلْفَتَاتَيْنِ بِمَنْزِلِهِنَّ - حَضَرَ جَمِيعُ رِجَالِ ٱلْجَمَاعَةِ - رَأَيْتُ كِلاَ ٱلْقَائِدِ وَالْوَزِيرِ قَبْلَ سَاعَاتٍ - لِكُلِّ رَجُلٍ صَوْتٌ - وَجَدْتُ بَعْضَ ٱلْقِصَصِ بِأَيْدِي ٱلطُّلاَّبِ ٱلْجُدُدِ فِي سَاعَاتِ ٱلْعَمَلِ - لِي دَرْسٌ خَاصٌّ فِي ٱللُّغَةِ - وَضَعَ تَأْرِيخَ ٱلْيَوْمِ عَلَى ٱلرِّسَالَةِ وَكَتَبَ بَعْضَ ٱلْحَقِيقَةِ لِوَالِدَيْهِ - كَانَ رَجُلٌ فِي تِلْكَ ٱلْقَرْيَةِ ، جَلَسَ يَوْماً لِلْحَدِيثِ مَعْ أَوْلاَدِهِ أَجْمَعِينَ - تَرَكَ ٱلْكَلْبَ بِلاَ طَعَامٍ دَاخِلَ ٱلْبَيْتِ وَوَضَعَ ٱلْمَفَاتِيحَ وَسْطَ ٱلشَّارِعِ - بَنَى ٱلسُّلْطَانُ أَحْمَدُ مَسْجِداً فِي غَايَةِ ٱلْجَمَالِ بِكُلِّ قَرْيَةٍ مِنْ قُرَى دَارِ ٱلْإِسْلاَمِ - دَخَلَ بِلاَ سَيْفٍ وَخَرَج بِلاَ فِلْسٍ .

Lección 15.ª

1. La maestra viajó desde nuestra ciudad a su aldea.- ¿Has bebido [fem.] el agua que había aquí?- Dios bendiga a la gente de esta casa.- Te alegraste cuando supiste la noticia.- Se reunieron a la puerta de la escuela a las 9 de la mañana.- Ellas se cayeron del árbol, sobre las piedras.- ¿Habéis entregado la carta a mi amigo, con el que me carteo?- Su rostro enrojeció a causa de lo que ellas dos hicieron ante él.- Los dos se pusieron vestidos blancos y llevaron la fotografía del rey en sus manos.- ¿Por qué os habéis reído vosotras?- En paz descanse nuestro criado, que nos sirvió todos los días de su vida, hasta su muerte.- ¿No os gustan los vestidos que os habéis puesto lo/as dos?- Traduje sus palabras a la lengua árabe, y luego las mandé al príncipe.- Me has enseñado (a tener) paciencia.- Utilizaron las llaves que levantaron del suelo.- Sucedió algo extraño.- Esperamos media hora.- Ella le cortó la cabeza al ministro con una espada que llevaba bajo el vestido.- Ella habitó en el monte por un período de años, y luego volvió a la ciudad.- El dinero que nos mandó nuestro padre ha desaparecido.- El profesor se ha marchado (ya).

٢ - رَحِمَهُ ٱللهُ - قَدْ رَفَعْتُ قِصَّتَكَ إِلَى ٱلْمَجْلِسِ - تَرَاسَلاَ مُدَّةَ عَشْرِ سِنِينَ - قَدْ تَعَلَّمَتْ مَا عَلَّمْتَهَا - تَرْجَمْنَا ٱلرِّسَالَةَ إِلَى ٱللُّغَةِ ٱلْعَرَبِيَّةِ ، ثُمَّ وَضَعْنَاهَا بِيَدِهِ - اِبْيَضَّ وَجْهُهُ - تَزَلْزَلَتِ ٱلْأَرْضُ فِي بَعْضِ ٱلْأَمَاكِنِ - فَرِحَتَا حِينَ سَافَرَتَا إِلَى قَرْيَتِهِمَا - ضَحِكْنَ بِسَبَبِ ٱلثَّوْبِ ٱلَّذِي لَبِسْتَهُ فِي ذٰلِكَ ٱلْيَوْمِ - أَنْتِ ٱلْفَتَاةُ ٱلَّتِي ٱنْتَظَرْتِنِي أَمْسِ عِنْدَ بَابِ ٱلْمَدْرَسَةِ - رَجَعَتَا إِلَى مَنْزِلِ وَالِدَيْهِمَا - اَلطَّلَبَةُ ٱلَّذِينَ سَلَّمُوا إِلَيَّ ٱلرِّسَالَةَ عَرَفُوا مَا حَدَثَ وَكَرِهُوا ٱلْحَدِيثَ مَعْ أُسْتَاذِهِمْ - اِنْصَرَفَ ٱلْكَلْبُ ، قَطَعَ ٱللهُ طَرِيقَهُ - اِجْتَمَعْنَا مِرَاراً وَفَعَلْنَا مَا ذَكَرْتَهُ - اِسْتَعْمَلْتُمُ ٱلسُّيُوفَ ٱلَّتِي حَمَلْتُمُوهَا - اَلْخَادِمُ ٱلَّذِي أَرْسَلْتَهُ إِلَيَّ قَبْلَ أُسْبُوعٍ رَجَعَ إِلَى قَرْيَتِهِ وَقَدْ خَدَمَنِي كَثِيراً .

Lección 16.ª

1. Por desgracia, no he oído las palabras de nuestro soberano. Pues, oirás las mías entonces.- Piensa [fem.] antes de que hagas eso.-

No creáis que su educación es poca.- ¡Sea muerto el perro!- Os embarcaréis para precedernos a la ciudad.- Ambos pagan mucho dinero al príncipe para poder parar detrás de su palacio.- Mi hija no sabrá por qué subimos a la cima del monte.- Juega con tus dos amigos.- Pedís trasladar vuestras casas a los montes para poder habitar con vuestros hijos y mujeres.- No me agradezcas lo que hago.- Ellas vencen a sus maridos.- Bajaré del monte para poner la mano en mi espada y acudir a la guerra con mi gente.- No sigáis [fem.] las palabras de ellos, o sucederá algo que aborrecéis.- ¿Cómo puedes pretender eso?- Estos asnos no han sido montados anteriormente.- Las cartas se escribieron ayer; luego, fueron enviadas al rey esta mañana.- Fuimos vencidos en la guerra.- No habéis sido enseñados de modo que pudierais aprender.- ¿Son éstas palabras que se usen delante de los niños?- Después de muchas historias, no acudió el príncipe que era esperado.- Parece que no se pagará el dinero.

٢ - أَسْمَعُ قِصَصاً غَرِيبَةً عَنْهُ - لاَ تَلْعَبْ مَعْ ذٰلِكَ ٱلْوَلَدِ ٱلْقَلِيلِ ٱلْأَدَبِ - تَعْلَمُ مَا يَحْدُثُ لِمَوْلاَنَا؟ ، إِذَنْ تَجْعَلَ ذٰلِكَ فِي بَالِكَ لَتَذْكُرَهُ لِلْوَزِيرِ - تَطْلُعُ ٱلشَّمْسُ كُلَّ يَوْمٍ - هُوَ رَجُلٌ كَبِيرُ ٱلْجِسْمِ يَقْدِرُ أَنْ يَرْفَعَ حِمَاراً بِذِرَاعَيْهِ - لَمْ تُرْسَلِي إِلَى هُنَا لِئَلاً تَصْنَعِي مِثْلَ صَاحِبَاتِكِ -لَمَّا يُقْتَلِ ٱلْكَلْبُ - مَاذَا تَصْنَعَانِ هُنَاكَ بِلاَ عَمَلٍ ؟ - حِينَ ظَهَرَتِ ٱلْحَقِيقَةُ شُكِرْنَا لِأَجْلِ مَا فَعَلْنَاهُ - لَمْ يُحْسَبْنَ مُسْلِمَاتٍ فِي قَرْيَتِهِنَّ - لَنْ تُدْفَعَ ٱلدَّرَاهِمُ حَتَّى يَظْهَرُ صَاحِبُ ٱلْبَيْتِ - لِلأَسَفِ ، لَمْ نُفَكِّرْ فِي هٰذَا - لاَ تَتْبَعُوا ذٰلِكَ ٱلسَّبِيلَ أَوْ يَسْبِقَكُمْ صَاحِبُكُمْ إِلَى ٱلْقَرْيَةِ -غُلِبْتُمَا ، ثُمَّ مَاذَا تَزْعُمَانِ ٱلْآنَ ؟- سَتَهْبُطَانِ عَنِ ٱلشَّجَرَةِ وَسَتَرْكَبَانِ عَلَى ٱلْحِمَارِ حَتَّى تَنْزِلاَ بِبَابِ ٱلْقَصْرِ .

Lección 17.ª

1. No se hizo patente ningún efecto de nuestras palabras sobre los oyentes.- El deseo de riquezas domina los corazones de la gente.- ¿Acaso aceptas el gobierno de este rey que prohíbe sus derechos a la gente del país?- ¿Cómo puedes decir estas palabras delante de tus padres [fem.]?- Dar la vida por el señor es una acción generosa.- No habéis querido presentarnos a vuestro amigo, por su debilidad en lengua árabe.- El comentador dijo algunos versos de nuestro profesor.- Su propósito es conseguir muchas riquezas.- Determinar fecha y lugar para nuestra próxima reunión es algo posible y deseable.- Se quedaron blancos los rostros de los que le miraban.- Cuando el testigo mencionó aquella historia, el juez le prohibió comentar la vida particular del muerto.- Hace un año se comenzó a buscar agua en nuestros montes.- No sentí tristeza al recordar mi juventud.- Le expuse mi idea y se rio de mí.- Acudir a las casas de los amigos en los momentos de las desgracias es una buena costumbre.- El príncipe está en contra de la idea de la guerra.- Ciencia, belleza y riqueza son cosas deseables.

٢ - لَنْ يَقْبَلَ ٱلْـمَلِكُ ٱلدُّخُولَ فِي ٱلْحَرْبِ - قَصْدُ ٱلْعَبْدِ ٱلْحَزِينِ ٱلْخُرُوجُ مِنْ دَارِ مَوْلَاهُ - إِمْكَانُ رُجُوعِ ٱلشَّيْخِ إِلَى ٱلشَّبَابِ بَعِيدٌ - اَلنَّاطِقُونَ بِٱللُّغَةِ ٱلْعَرَبِيَّةِ حَاضِرُونَ - بَاذِلُو حَيَاتِهِمْ فِي سَبِيلِ بَلَدِهِمْ هُمْ أَهْلُ ٱلْفَضْلِ - اَلطَّلَبَةُ ٱلْـمُبْتَدِئُونَ مُنِعُوا عَنِ ٱلتَّعْلِيقِ عَلَى عَادَةِ ٱلْأَسَاتِذَةِ هٰذِهِ - اَلشُّعُورُ ٱلْمُتَمَكِّنُ مِنَ ٱلطُّلَّابِ هُوَ ٱلْحُزْنُ لِحَالِ ٱلْـمَدْرَسَةِ - هٰذِهِ شُؤُونٌ مَرْغُوبٌ عَنْهَا - أَنَا عَادَةً ضِدَّ ٱلنَّظَرِ إِلَى ٱلْوَرَاءِ - سَنَبْحَثُ عَنْ مَكَانٍ لِعَرْضِ هٰذِهِ ٱلصُّوَرِ وَتَقْدِيمِ صَاحِبِ هٰذَا ٱلشِّعْرِ - تَحْدِيدُ ٱلْأَحْكَامِ أَمْرٌ تَابِعٌ لِلْمَجْلِسِ .

Lección 18.ª

1. Los musulmanes son los que creen en Dios y su Enviado.- El calor se intensifica en este mes ordinariamente.- No lo he creído generoso ni me he fiado de su fe, de la que hace un medio para las riquezas y el gobierno que procura.- Come tu comida, y no toques esta carne.- La reunión tuvo lugar y no hubo acuerdo entre los ministros sobre lo que se deba adoptar para salir de lo que ha caído sobre el estado.- No serás devuelta a casa de tu señor.- Indicadme un libro que lea.- Al príncipe lo parió una esclava-madre del sultán, ocho meses después de que éste se sentara en el trono.- No me despiertes mañana antes de las ocho de la mañana.- Describidme la imagen de los hombres que están ante vosotros dos.- Quisiéramos hacerle una pregunta.- Ellas arrastran sus ropas por el suelo cuando pasan junto a nosotros.- Pregúntale [fem.] a ella su nombre y alcurnia.- Prométeme [fem.] que me amarás en todo caso.- ¿Por qué cuentan su dinero ahora?- Conspiran contra el rey, y pretenden amarlo.- ¿Cuándo accedió al trono nuestro señor, el sultán Muhammad II?- Mándanos lo que quieras y lo haremos.

٢ - أَمَرُونَا بِإِيقَاظِهِمْ بَعْدَ سَاعَتَيْنِ - لَمْ أَثِقْ بِأَنْ يَرُدَّ ٱلْكِتَابَ - هَلْ تَظُنِّينَ أَنْ يُحِبَّكِ ؟ - يَجِبُ عَلَيْكَ أَنْ تَسْأَلَهُ أَنْ يَعُدَّ ٱلدَّرَاهِمَ أَمَامَكُمَا - تَمَّ ٱلِاجْتِمَاعُ وَحَدَثَ مَا كَرِهْنَاهُ - عِدُوهُمْ أَمْوَالَ ٱلدُّنْيَا كُلَّهَا - يَصِفُونَهُ لَنَا بِٱلْفَضْلِ وَٱلْعِلْمِ - يُرِدْنَ أَنْ نَدُلَّهُنَّ عَلَى مَكَانِ ٱجْتِمَاعِ ٱلْمُتَآمِرِينَ - وُلِدْنَ حِينَ تَوَلَّى ٱلْعَرْشَ ٱلسُّلْطَانُ أَبُوهُنَّ - لَا تَقِفْ أَمَامَ ٱلْكِتَابِ وَٱقْرَأْهُ بِصَوْتٍ عَالٍ - مُرُّوا بِبَابِ بَيْتِي قَبْلَ أَنْ يَشْتَدَّ ٱلْحَرُّ - لَا تَجُرَّ ثَوْبَكَ عَلَى ٱلْأَرْضِ.

Lección 19.ª

1. Le dije lo que me pareció.- No olvides venir mañana.- No ha sido vendida tu casa.- No podremos vivir aquí.- ¿Habéis residido en la ciudad y no habéis visitado a vuestros padres en todo este periodo?- Contéstame [fem.], ¿me necesitas?- Ha ocurrido lo que temíamos.- No temas y cuéntame tu historia.- Terminaron las lecciones y se marcharon a sus casas.- Ellas no morirán ni encontrarán hambre en su aldea.- Fija un momento para que yo venga a ti.- ¿Queréis ir [fem.] a vuestras casas?- Que se nos acerque y nosotros nos levantaremos (para ir) hacia él.- No tires al perro piedras.- Ve adonde quieras.- Dame mi derecho (: lo que me pertenece).- No estuvo con nosotros aquel día.- No vino el vendedor de pan ayer.- Cuando lo necesité, no pude encontrarle.- Se fue por su camino (: murió) y fue olvidada su historia.- Dadnos lo que necesitamos y nos marcharemos.- Sea lo que Dios quiera.- Dinos la verdad.- Viví en casa de su padre un periodo.- No temas que te suceda lo que no quieres.

٢ - بَدَتِ ٱلْقَرْيَةُ عَلَى رَأْسِ ٱلْجَبَلِ - إِبْقَ فِي بَيْتِكَ - لَمَّا يَمُتْ - إِمْشِ قَبْلَ أَنْ يَجِيءَ ٱلْأُسْتَاذُ فَيَلْقَاكَ - نَحْتَاجُ إِلَى رَامٍ يَمْشِي مَعَنَا - أَخْشَى أَنْ نَنْسَى ٱلْبَابَ مَفْتُوحاً - لاَ تَخَافُوا وَٱدْنُوا مِنِّي لِأَقُولَ لَكُمْ مَاذَا أَجَابَ ٱلْقَاضِي - لَنْ تَسْتَطِيعُوا أَنْ تَبِيعُوا ٱلْحِمَارَ فِي ٱلْقَرْيَةِ ٱلَّتِي تَمْشُونَ إِلَيْهَا - عَاشَ ٱلْمَلِكُ! - قُومِي فَزُورِي أُمَّكِ - هِيَ لاَ تُرِيدُ أَنْ تُسَمِّيَ وَقْتاً لِلْحَدِيثِ مَعِي - صِرْ مَا شِئْتَ وَلاَ تَصِرْ قَاضِياً - إِنْتَهَتِ ٱلْحَرْبُ - لاَ تَرْمُوا ٱلْخُبْزَ إِلَى ٱلْكِلاَبِ وَأَعْطُوهُ لِلْوَلَدِ - وَدِدْتُ أَنْ أَسْتَطِيعَ ٱلسَّكَنَ مَعَكُمْ.

Lección 20.ª

1. El rey vuelve mañana.- No durmió sino mi hija.- Párate y da la vuelta.- Creí al estudiante dotado de perfecta inteligencia desde que leí su primera carta.- No han venido los miembros del concejo.- Que toda persona sepa esta noticia.- Les hice ver que nuestra palabra es cierta.- Los ministros no estuvieron completamente satisfechos con el juez.- Sus palabras no estuvieron acordes con su posición en la ciencia (: su rango de sabio).- Mis hijas pasaron un mes en la aldea.- Los dos profesores pronunciaron excelentes lecciones.- Vi a los dos ministros rogar al rey que los hiciera volver a su posición.- ¿Qué dijeron las dos muchachas?- Las dos maestras relataron el cuento de hermoso modo.- Aún no me ha sido dado mi derecho.- Tú sola acertaste.- Señala con la mano cuál de ellos quieres tomar.- No escucharé la invocación de éstos que invocan.- Yo estaba débil, así como Muḥammad, por la violencia del hambre (: de tanta hambre).- Auméntame en saber.- Ellas rezaron como quien ve la muerte cercana.- Estudia cuanto puedas.- Deténte cerca de la puerta.- No duró la paz entre ellos.- Que las lenguas se conviertan en espadas.

٢ - صَارَ عَدَدُ ٱلْكُتُبِ نَحْوَ مِائَةٍ - قَدْ عَادَ ٱلْمُؤْمِنُونَ إِلَى ٱلْمَسْجِدِ - تَنَامُ ٱلْبَنَاتُ هُنَا - أَعْضَاءُ ٱلْمَجْلِسِ يَرْجُونَ ٱلْمَلِكَ وَالْوَزِيرَ أَنْ يَدْعُوَا إِلَى ٱجْتِمَاعٍ بَعْدَ غَدٍ - سَتَقْضِي بِنْتَايَ ٱلسَّنَةَ بِبَيْتِ أُخْتِي - قَدْ أَصْبَحَ طَلَبَةُ ٱلْأَمْسِ أَسَاتِذَةً - لَمْ يَأْتِ إِلاَّ ٱلْعَبِيدُ ٱلرَّاضُونَ عَنْ مَوْلاَهُمْ - زِدْنِي مَالاً فَأَزِيدَكَ قَوْلاً - لَمْ أُصِبْ - سَأُشِيرُ بِهِ إِلَيْكَ إِشَارَةً جَيِّدَةً - أُعْطِيتُ ٱلْكِتَابَ مُنْذُ شَهْرٍ - أَرِ ٱلْوَلَدَ ٱلْمَاءَ بَارِداً - يَنَامُ نَوْمَ ٱلطِّفْلِ - كَانَ

ٱلْعَمَلُ تامًّا - مَقَامُ ٱلْوَزِيرِ دُونَ مقامِ ٱلْحَاكِمِ - لاَ تُعِدْ ذٰلِكَ - دُورُوا - صَلُّوا قَدْرَ ٱلْإِمْكَانِ - أَعْلَمُ حَظِّي لَنْ يَدُومَ - أَنْتَ وَحْدَكَ تَرْوِي تِلْكَ ٱلْقِصَّةَ رِوَايَةً تُلْقِي ٱلْحُزْنَ فِي قُلُوبِ ٱلسَّامِعِينَ .

Lección 21.ª

1. ¿Hablan estos jóvenes árabe?- Debes terminar de leer este libro en tu casa, además de terminar tu trabajo como de costumbre.- Su nariz era fea, y su lengua tampoco era correcta.- Tú vales para mí lo que mis padres.- Podéis tomar una comida ligera ahora.- El jefe de los enemigos llegó al frente de 2.000 hombres.- La situación es mala.- ¿Qué es todo ese oro comparado con la belleza de esta esclava?- No casaré a mi hija con ese joven maleducado.- La anciana murió dejando dos hijos y una hija.- El frío se intensificó y el tiempo se puso muy malo.- Olvidaré su mentira a condición de que tome lo lícito como camino a partir de hoy.- No aceptaré que se haga injusticia al estudiante aplicado.- Mi alegría fue breve, con ser el camino fácil.- La comida era picante y caliente.- Mandó a su criado negro ponerse vestidos azules.- Esta puerta es estrecha.- ¿Cómo está tu salud?- Sus pies son pequeños.- Las caras de los perros muertos estaban amarillas.

٢-صِحَّةُ كَلاَمِي ظَاهِرَةٌ - يَدَاهُ قَبِيحَتَا ٱلصُّورَةِ فَضْلاً عَنْ وَجْهِهِ ٱلْأَسْوَدِ - أَنْهِ عَمَلَكَ - اَلذَّهَبُ أَصْفَرُ - صَارَ ٱلْبَابُ ضَيِّقاً - هَلِ ٱلْفَرَحُ بِٱلظُّلْمِ حَلاَلٌ ؟ - لَمْ يَكُنِ ٱلسَّفَرُ سَهْلاً بِسَبَبِ ٱلطَّقْسِ ٱلرَّدِيءِ وَٱلْبَرْدِ - لَمْ تَبْقَ لَنَا قَدَمٌ سَلِيمَةٌ فِي ذٰلِكَ ٱلطَّرِيقِ ٱلضَّيِّقِ

ٱلْكَثِيرِ ٱلْحَجَرِ - تَكَلَّمْنَا مَعْ شَابٍّ مُجْتَهِدٍ يَعْمَلُ عَمَلاً جَيِّداً جَنْبَ ٱلْـمَدْرَسَةِ - لاَ تَدْنُوا مِنَ ٱلْحِمَارِ ٱلْمَيِّتِ - كَانَ ٱلْيَوْمُ قَصِيراً حَارّاً - صَارَتْ أُنُوفُ ٱلشُّبَّانِ زَرْقَاءَ مِنَ ٱلْبَرْدِ - ظَهَرَ كِذْبُ ٱلْعَجُوزِ.

Lección 22.ª

1. El comerciante me dijo el precio de la vaca, y se la compré; luego, volví a la aldea, y he aquí que mi amigo me esperaba en ella.- Come tu pan, caliente o frío.- Esperé al médico hasta las dos de la tarde, mientras mi amigo Muḥammad estaba a mi lado hablando conmigo, pero no acudió.- Me es igual que aprendas tu lección o no.- Estudia hasta que aprendas tu lección.- Vendrá toda la gente, hasta que la casa se llene de ellos.- Compra o bien un camello, o bien un caballo.- Lo creo de escasa razón, es decir, necio.- Me gustaría que me visitara Aḥmad, pero vive lejos de nosotros, como sabes.- Este comerciante es pesado, a pesar de ser rico.- Pon el cuchillo en el suelo, antes de que te cortes la mano.- ¿Habéis oído que se ha hecho médico?- No entrará el ejército en nuestro reino, después de lo que le ha ocurrido tras el río.- Cuando el pobre se nos acercó, mirando a derecha e izquierda, pensamos que nos quería para alguna cosa.- Espera en el jardín mientras puedas, y luego vete, sin que te vea toda la gente.- Si su condición es grande (: importante), también lo es la nuestra.- Solíamos visitarlo y él siempre se alegraba con nosotros.- Hablad mientras nosotros comemos.- El príncipe llegó cuando ya habíamos vuelto del barco.- Sus ejércitos llenaron todo el mundo.

٢ـ اِشْتَرَيْنَا بَقَرَتَيْنِ وَثَلَاثَةَ جِمَالٍ ، ثُمَّ فَرَساً - جَرَتْ إِلَى ٱلْبَابِ فَدَخَلَتِ ٱلْبَيْتَ - سَوَاءٌ عَلَيَّ ٱلْمَرْكَبُ ثَقِيلٌ أَمْ خَفِيفٌ - سَيَقْضِي ٱلطَّالِبَانِ يَوْمَهُمَا بِٱلْمَدْرَسَةِ حَتَّى يَحْفِظَا ٱلدَّرْسَ كَمَا حَفِظَهُ سَائِرُهُمَا - اَلتِّلْمِيذُ ٱلنَّصْرَانِيُّ صَغِيرُ ٱلسِّنِّ غَيْرَ أَنَّهُ مُجْتَهِدٌ - اَلتُّجَّارُ دَائِماً أَغْنِيَاءُ ، مَعْ أَنَّهُمْ يَزْعُمُونَ أَنَّهُمْ فُقَرَاءُ - أَقَوْمُ مَمْلَكَتِكَ مُسْلِمُونَ أَمْ نَصَارَى ؟ - بَعْدَ مَا ذُكِرَ لِي ٱلثَّمَنُ نَظَرْتُ يَمِيناً وَيَسَاراً فَسَأَلْتُ ٱلطَّبِيبَ عَمَّا إِذَا ظَنَّنِي أَحْمَقَ - مَلَأْنَا ٱلْبُسْتَانَ مَاءً وَٱلْجَيْشُ يَدْنُو مِنَ ٱلنَّهْرِ - زُرِ ٱلْعَالَمَ كُلَّهُ مَا دُمْتَ غَنِياً - ذَكَرْنَا ٱسْمَهُ فِي ٱلْمَدِينَةِ، فَإِذَا بِهِ عَظِيمُ ٱلشَّأْنِ .

Lección 23.ª

1. Si obráis mal en la tierra, vuestra culpa estará escrita ante vuestro Señor.- Si temes, cállate.- Si quieres [fem.], lo olvidarás.- Aunque su ropa esté limpia, su piel está sucia.- Si no visita la costa, no lo conocerá su gente.- Si no se corta el dedo, se cortará el cuello.- Si hubiera fallecido el rey, hubiera quedado el príncipe en su lugar.- Si no fueras honrado, no serías mi vecino.- Aquel cuyo preguntar es mucho (: excesivo), oirá respuesta que no le guste.- Donde vayas, iré.- A quien ames, amaré.- Si es infiel, (no es de extrañar), pues su padre gustaba del vaso y lo prohibido mucho.- Sea libre o esclavo, es una persona en todo caso.- El desierto ha pasado a ser habitado.- El muro comienza a verse.- Comenzaron a visitar la isla durante sus viajes.- Ella comenzó a hablar deprisa.- Estuvimos a punto de caer en el pozo.- El trabajo es todavía fácil.- Tal vez el arco haya sido ya hecho.- La vasija sigue olvidada sobre la silla.- Casi se ve su vientre antes que su persona.- Yo me callaba durante todo eso.- Cuando los alumnos vinieron a visitarme, yo había salido al desierto.

٢-لَوْ كَانَ كَافِراً لَمَا أَصْبَحَ مَلِكَ ٱلْجَزِيرَةِ - لَوْ كُنْتَ جَارِي لَمَا ٱحْتَجْنَا إِلَى حَائِطٍ بَيْنَ ٱلْبُسْتَانِ وَٱلْبِئْرِ - لَوْ لَمْ نَكُنْ أَحْرَاراً لَسَكَتْنَا أَثْنَاءَ ذٰلِكَ كُلِّهِ -أَيْنَمَا يَذْهَبْ هٰذَا ٱلْإِنْسَانُ ، نَذْهَبْ نَحْنُ أَيْضاً - مَنْ يَكُنْ ذَا فَضْلٍ يَجِدْ أَصْدِقَاءَ سَرِيعاً - إِنْ كَانَ بَطْنُهُ كَبِيراً، فَإِنَّ أَبَاهُ كَانَ تَاجِراً مِنْ تُجَّارِ ٱلدَّقِيقِ - كَادَتَا أَنْ تُتَوَفَّيَا مِنْ ذٰلِكَ ٱلْمَرَضِ - لَمْ يَعُدِ ٱلْإِنَاءُ وَسِخاً - أَصْبَحَتِ ٱلْكَرَاسِيُّ تُنْقَلُ إِلَى ٱلْمَدْرَسَةِ-أَضْحَى ٱلسَّاحِلُ لاَ يُسْكَنُ -لَمَّا وَصَلَ ٱلطَّبِيبُ كَانَتْ قَدْ قَطَعَتْ عُنُقَهَا - غَداً أَكُونُ قَدْ أَشَرْتُ بِإِصْبَعِي إِلَى ٱلْمُفْسِدِ فِي جَمَاعَتِنَا - لَمْ نَكُنْ لِنُعْطِيَ ٱلْقَوْسَ لِلطِّفْلِ .

Lección 24.ª

1. No puede bastarme esta suma nunca.- El aceite no está caliente.- El vino no es lícito para los musulmanes.- Aún no ha sido degollado el cordero.- El secretario no es digno.- No se admiró de la fuerza de nuestra lengua (: expresión) sino Aḥmad.- No me alegra que viajes por tierra a aquel lugar.- No te canses, pues no hay ningún zapato ni vestido debajo de la silla.- Nuestra recompensa no será grande.- Todos los hombres en el ejército fueron heridos, menos su general.- Se rompieron los cuernos de las vacas salvo una.- Eso no son sino palabras vacías.- Todos perecieron, menos Alí.- Perdimos nuestras propiedades en la guerra, excepto un poco de dinero, que no nos basta.- Los árabes dicen refiriéndose a una cosa rara «escaso como leche de pájaro».- No he oído de él más que palabras groseras.- Apenas fueron robados los papeles ayer, fueron trasladados a otro sitio.- No será el castigo de los que obran mal en la tierra sino grande.- No sois nobles, ni vuestra condición es importante.- Ha robado nuestra propiedad: ¡ojalá no coma con ella pan, ni beba leche!- No son musulmanas, ni árabes.- No se alegró, ni se regocijó.- Nos habéis herido sin espada ni hierro.- Esto es comida de otra persona, no tuya.- Vosotras no mencionáis sino a él.- Apenas hube leído una cuarta parte de la novela, ya sabía quién era el asesino.

٢- لَنْ يَكُونَ أَجْرُكَ إِلاَّ عَظِيماً - لَيْسَ ٱلْمَوْضِعُ فَارِغاً - مَاءُ هٰذِهِ ٱلْبِئْرِ غَيْرُ مَشْرُوبٍ فَفِيهِ ٱلزَّيْتُ - لَا تَجْرَحُ ٱلْبَقَرَاتُ إِلاَّ بِقُرُونِهَا - لَا تَذْبَحْ غَيْرَ خَرُوفٍ - مَا فُقِدَ غَيْرُ نَعْلَيْكَ - يَشْرَبُ ٱلْحَاضِرُونَ كُلُّهُمْ خَمْراً إِلاَّ ٱلْكَاتِبَ - لَا يَكَادُ يَهْلِكُ شَرِيفٌ فِي هٰذَا ٱلْقَرْنِ إِلاَّ وَتُقَالُ أَقْوَالٌ غَيْرُ صَحِيحَةٍ عَنْ حَيَاتِهِ - لَا تَقُولُ سِوَى كَلَامٍ غَلِيظٍ - مَنْ سَرَقَ كَلَامَ غَيْرِهِ كَمَنْ لَبِسَ ثِيَابَ غَيْرِهِ - لَمْ نَتَعَجَّبْ مِنْ قُوَّةِ جَيْشِهِ - لَا تُسَافِرِي بَرّاً وَلَا بَحْراً - لَا يَسُرُّنَا أَنْ تَكْسِرَ رَأْسَكَ فِي شَأْنِ هٰذَا ٱلْمَبْلَغِ - لَمْ يَشْرَبْ لَبَناً وَلَا أَكَلَ خُبْزاً بِزَيْتٍ - مَا تَكُونُ ٱلطُّيُورُ إِلاَّ حُرَّةً - لَا يَتْعَبُونَ فِي غَيْرِ عَذَابِ سَائِرِهِمْ.

Lección 25.ª

1. ¿Acaso el mundo es mejor para ti que el Paraíso?- ¿Has visto las manzanas en el mercado menor?- ¿Es poeta o comerciante?- ¿No percibís vuestro interés?- Callaos lo/as dos.- Os he de pegar con el palo a lo/as dos.- Juro por Dios que cortaré el cuello de los prisioneros infieles.- No cortes [fem.] la cuerda.- La misericordia de vuestro Señor es más amplia que vuestras culpas.- No conviene que el movimiento de vuestras [fem.] lenguas sea más rápido que vuestras mentes.- Estos poetas son famosísimos.- El mercado mayor está en el corazón de la ciudad.- Mi mejor hija es Fátima.- El escritor merece la mejor recompensa.- Dormí en la más estrecha cama (que pueda haber).- Conviene a las mujeres óptimas que su amor por el oro y la plata no sea más fuerte que el que tienen a sus maridos.- Los animales más corpulentos y las plantas más hermosas por su forma y colores se encuentran en los países cálidos.- Los vientos más violentos se dan en los países del norte.- La peor de vuestras condiciones es el poco sueldo.- No creáis [fem.] ni una letra de sus palabras, de su principio a su final.- Las gentes menos merecedoras son las que consideran todo bien su derecho.- No he visto a nadie más rápido en el comer ni peor educado que el hijo del ministro.- Dormir de día es menos provechoso que de noche.

٢-أَكْثَرُ ٱلدُّرُوسِ فَائِدَةً مَا يُتَعَلَّمُ مِنْهَا فِي أَصْغَرِ ٱلسِّنِّ - هَلِ ٱلْفِضَّةُ أَكْثَرُ ثَمَناً مِنَ ٱلذَّهَبِ ؟ - لَنْ تَسْتَحِقَّ رَحْمَةَ خَيْرِ مَلِكٍ - شَجَرُ ٱلتُّفَّاحِ أَغْرَبُ ٱلنَّبَاتِ وَسْطَ ٱلصَّحْرَاءِ - تُقْسِمُ بِنْتِي ٱلْكُبْرَى لاَ تُصَدِّقَنَّ وَلاَ حَرْفاً مِنْ قِصَّتِكَ - اَلسُّوقُ ٱلسَّوْدَاءُ هِيَ أَكْثَرُ أَسْوَاقِ ٱلْمَدِينَةِ حَرَكَةً - أَيْسَرُ شَرْطِ ٱلْمَرَضِ عَلَى ٱلْكَسَالَى قَضَاءُ ٱلنَّهَارِ فِي سَرِيرِهِمْ - لاَ يَنْبَغِي تَرْكُ أَصْعَبِ ٱلْمَشَاكِلِ لِآخِرِ سَاعَةٍ - يَرَى بَعْضُ رِجَالِ ٱلدِّينِ ٱلْعَصَا أَقْصَرَ طَرِيقٍ إِلَى ٱلْجَنَّةِ - أَحْمَدُ هُوَ شَرُّ شَاعِرٍ رَأَيْتُهُ فِي أَصْغَرِ ٱلْقُرَى وَأَكْبَرِ ٱلْمُدُنِ .

Lección 26.ª

1. La sed es un peligro en el desierto para los mismos beduinos.- En cuando a las palabras de los politeístas, dudo de su exactitud, por la misma causa que he mencionado.- Preparaos para la próxima reunión en el mismo sitio y a la misma hora.- Degollad vuestros corderos el mismo día de la fiesta.- En cuanto al ciego, su única esperanza es que alguien lo sujete de la mano y le ayude a andar por las calles.- El león ciertamente es fuerte pero sus patas están atadas con una cuerda más fuerte que él.- ¡Ojalá sea tu castigo más ligero que tu culpa!- Parece que el pobre esclavo está herido en una de las piernas.- No te enojes, pues el enojo sin causa es de mala educación.- No digas a tu abuelo que te has negado a ayudarnos.- Invadamos su tierra, a ver si conocen el significado de la guerra.- Parece haber nieve sobre su cabeza, porque su cabello es blanco.- En mi jardín hay varias especies de árboles.- El pájaro tiene un ala rota.- Tiene una excelsa posición ante nosotros, pues su trabajo es excelente.- Hemos oído que, cuando uno entra en esta ciudad y su gente encuentra que es de otra religión, lo maldicen y golpean de los peores modos, hasta ser sacado de ella.- Los beduinos son tan sólo árabes.- Aḥmad es únicamente un gran poeta.- Yo soy tu amigo.- Somos de Dios, y a El tenemos que volver.

٢- كَأَنَّ ٱلْمُشْرِكِينَ أَنْفُسَهُمْ يَشْعُرُونَ بِخَطَرِ عِقَابِهِمْ - سَاعِدَا ٱلْبَدَوِيَّ بِنَفْسَيْكُمَا- لَعَنَهُ جَدُّهُ نَفْسُهُ لَـمَّا غَضِبَ عَلَيْهِ لأَنَّهُ أَبَى أَنْ يُعْطِيَ ٱلْأَعْمَى ٱلْمِسْكِينَ طَعَاماً - لاَ نَأْمُلُ أَنْ نُنْهِيَ عَمَلَنَا فِي نَفْسِ ٱلْيَوْمِ - إِنَّ ٱلْأَسَدَ ، إِذَا أَمْسَكَ بِخَرُوفٍ ، أَكَلَهُ - لَيْتَ شَأْنَهُ

جَلِيلٌ كَمَا يَزْعُمُ - إِنَّ لِكُلِّ ٱلطُّيُورِ أَجْنِحَةً وَلٰكِنَّ لِبَعْضِ أَجْنَاسِهَا شَعَراً دُونَ غَيْرِهَا - اِسْتَعِدَّ لِلْعِيدِ لَعَلَّ أَصْدِقَاءَكَ يَحْضُرُونَ - إِنَّ عَلَى ٱلأَرْضِ ثَلْجاً كَثِيراً فَأَخْشَى أَنْ أَكْسِرَ سَاقِي - أَمَّا ٱلْفَاكِهَةُ فِي هٰذِهِ ٱلسَّنَةِ، فَإِنَّنِي أَشُكُّ أَنْ تَكُونَ جَيِّدَةً - سَمِعْنَا بِأَنَّهُ يُوجَدُ خَطَرٌ - لَعَلَّ ٱلْكَلْبَ ٱلْوَحِيدَ ٱلْمِسْكِينَ يَعْطَشُ - نَخْشَى أَنَّ ٱلْعَدُوَّ سَيَغْزُونَا - إِنَّمَا عَمَلُهُ جَيِّدٌ - إِنِّي مُعَلِّمُكَ وَإِنَّكَ تِلْمِيذِي .

Lección 27.ª

1. ¡Ea, componed un libro sobre caballos!- ¡Qué buena está esta jarra de vino!- ¡Qué sinceridad tan prodigiosa fue la suya!- ¡Qué excelente autor es Muḥammad!- ¡Qué mala comida son los huevos para el cazador de aves!- ¡Qué cosa tan mala os ordena vuestra religión, preferir los hijos a las hijas!- ¡Qué excelente guía es ʿAlí, que no yerra los caminos de los montes!- ¡Qué coraje en tales momentos dolorosos!- ¡Cuántos que obraban mal en la tierra, se arrepintieron ante su Señor, postrándosele!- ¡Cuánto hueso hay bajo tierra, cuyo dueño era persona de excelsa condición que estaba a salvo del mal de sus enemigos!- Amado, ven, lávate las manos y dispónte a comer.- Estudiante de la ciencia, sabe que sus grados son diversos, y que el sabio, cuanto más sabe, más siente la ignorancia.- Viajero, ¿hasta cuándo continuarán tus viajes a las regiones del mundo?- Oh, tú que procuras reunir riquezas, no olvides, ¡ay de ti!, que has de dejar un día todo lo que reúnes.- ¡Por Dios, que son buenos los frutos del trabajo!- Por Dios que no seré forzado a ayudarle en semejantes objetivos.- Lejos de nosotros consi-

derarle necio: únicamente lo creemos maleducado.- ¡Llévate el perro, qué asco me da!- Dame el cuchillo.- Toma la pluma.- ¡Venid a la oración!- ¡Ay de ti, ojalá desaparezcas, ahora ya no hay más remedio sino la guerra entre tú y nosotros!

٢-أَلَا نَقْعُدُ نَدْرُسُ - مَا كَانَ أَبْرَدَ ٱلْهَوَاءَ - نِعْمَ ٱلصِّدْقُ دَلِيلاً عَلَى ٱلْأَدَبِ - بِئْسَ خَيْلُكُمْ فِي ٱلْحَرْبِ - رُبَّ قَاعِدٍ فِي بَيْتِهِ أَمِنَ شَرَّ ٱلسُّيُوفِ ، ثُمَّ أُصِيبَ عَلَى سَرِيرِهِ - أَيُّ بَأْسٍ عَجِيبٍ - كَمْ جَرَّةٍ - يَا غَاسِلَ يَدَيْكَ بِالْمَاءِ ٱلْوَسِخِ ، إِنَّكَ سَتُضْطَرُّ إِلَى غَسْلِهَا ثَانِياً - يَاحَبِيبَ ٱلْقَلْبِ ، لَا بُدَّ لِي مِنَ ٱلْاِنْصِرَافِ - أَيُّهَا ٱلسَّاجِدُ لِرَبِّكَ ، ٱسْتَمِرَّ فِي ٱلصَّلَاةِ ، فَإِنَّهُ سَيَتُوبُ عَلَيْكَ - أُفٌّ لِرَجُلٍ يُفَضِّلُ ٱلصَّيْدَ فِي ٱلْجَبَلِ عَلَى ٱلْحَدِيثِ مَعَ أَصْدِقَائِهِ - يَا طَالِباً ، لَا تَحْسِبْ دَرَجَةَ عِلْمِكَ فَوْقَ عِلْمِ مُعَلِّمِكَ - إِنَّ بَيْضَ ٱلطَّيْرِ مُخْتَلِفُ ٱلْأَلْوَانِ - وَٱللهِ ، لَا أُصَنِّفُ أَيَّ كِتَابٍ - وَٱللهِ ، مَا فَهِمْتُ أَغْرَاضَكَ.

Vocabulario

VOCABULARIO ARABE-ESPAÑOL

¿acaso?	أَ
padre.	أَبٌ ج آبَاءٌ
rehusar, negarse a.	يَأْبِي أَبَى إِبَاءٌ
nunca, jamás. siempre.	أَبَداً
viene, llega.	يَأْتِي أَتَى إِتْيَانٌ
huella; efecto.	أَثَرٌ ج آثَارٌ
recompensa; paga.	أَجْرٌ ج أُجُورٌ
a causa de.	أَجْل : لِ ـــِ
uno, alguno.	أَحَدٌ م إِحْدَى
toma, coge.	يَأْخُذُ أَخَذَ
[verbo modificador] empieza a.	—
adopta, toma como.	يَتَّخِذُ اِتَّخَذَ اِتِّخَاذٌ
otro.	آخَرُ ج ونَ م أُخْرَى ج أُخَرُ

último.	آخِرٌ ، أَخِيرٌ
hermano.	أَخٌ ج إِخْوَةٌ / إِخْوَانٌ
hermana.	أُخْتٌ ج أَخَوَاتٌ
educación. literatura.	أَدَبٌ ج آدَابٌ
cuando. he aquí que.	إِذْ
cuando. he aquí que.	إِذَا
en ese caso, entonces. con que.	إِذَنْ
oreja; oído.	أُذُنٌ ج آذَانٌ
fecha.	تَأْرِيخٌ
tierra, terreno. [fem.]	أَرْضٌ ج أَرَاضٍ
profesor.	أُسْتَاذٌ ج أَسَاتِذَةٌ
león.	أَسَدٌ ج أُسْدٌ
prisionero.	أَسِيرٌ ج أَسْرَى
tristeza.	أَسَفٌ
origen; alcurnia.	أَصْلٌ ج أُصُولٌ
¡qué asco siento de...!	أُفٍّ لِـ
horizonte. región.	أُفُقٌ ج آفَاقٌ
come.	يَأْكُلُ أَكَلَ أَكْلٌ
el, la, lo/as, lo.	اَلْـ
ea.	أَلاَ
sino, salvo, menos, excepto.	إِلاَّ

sólo que; a no ser que; pero.	- أنْ
la cual/que.	اَلَّتِي مث اَللَّتَانِ ج اَلَّوَاتِي
el cual/que.	اَلَّذِي مث اَللَّذَانِ ج اَلَّذِينَ
compone, escribe.	يُؤَلِّفُ أَلَّفَ تَأْلِيفٌ
mil.	أَلْفٌ ج آلاَفٌ / أُلُوفٌ
dolor.	أَلَمٌ ج آلاَمٌ
doloroso.	أَلِيمٌ
Dios.	اَللّٰهُ
a, hacia. hasta [excluido el término].	إِلَى .
dotados/poseedores de, los de.	أُولُو~أُولِي
éso/as; aquéllo/as.	أُولٰئِكَ
o.	أَمْ
madre.	أُمٌّ ج أُمَّهَاتٌ
delante de, ante. [Con /-u/] delante.	أَمَامَ
en cuanto a.	أَمَّا
o, ya sea. si.	إِمَّا
ordena, manda.	يَأْمُرُ أَمَرَ أَمْرٌ بِ
conspira.	يَتَآمَرُ تَآمَرَ مُؤَامَرَةٌ
cosa, asunto.	أَمْرٌ ج أُمُورٌ
orden, mandato.	ـــ ج أَوَامِرُ
príncipe; emir. jefe.	أَمِيرٌ ج أُمَرَاءُ

أَمسِ ، بِالْـ-	ayer.
يَأْمُلُ أَمَلَ أَمَلٌ	espera.
يَأْمَنُ أَمِنَ أَمْنٌ مِنْ	está seguro/a salvo de.
يُؤْمِنُ آمَنَ إِيمَانٌ بِـ	cree en.
إِيمَانٌ	fe, creencia.
مُؤْمِنٌ ج ونَ	creyente.
أَنْ	que.
أَنَّ	que.
أَنَّمَا	que.
إِنْ	si.
إِنَّ	[presentativo de sujeto].
إِنَّمَا	solamente.
أَنَا	yo.
أَنْتَ	tú [masc.].
أَنْتِ	tú [fem.].
أَنْتُمْ	vosotros.
أَنْتُمَا	vosotro/as dos.
أَنْتُنَّ	vosotras.
إِنْسَانٌ ج نَاسٌ	persona, hombre; [pl.] gente.
أَنْفٌ ج أُنُوفٌ / آنُفٌ	nariz.
إِنَاءٌ ج آنِيَةٌ	vasija.

familia; gente.	أَهْلٌ ج أَهَالٍ / ونَ
o.	أَوْ
primero.	أَوَّلُ ج ونَ م أُولَى ج أُوَلُ
tan pronto como.	ـَ مَا
ahora.	آن : اَلْـَ
es decir, o sea.	أَيْ
cuál. cualquiera que. [negativo] ningún(o/a(s)).	أَيٌّ
a [marca de pronombre objeto].	إِيَّا
también.	أَيْضاً
dónde. donde (quiera que).	أَيْنَ
oh [marca de vocativo].	أَيُّهَا
con; por. en.	بِـ
sin.	بِلاَ
pozo. [fem.]	بِئْرٌ ج آبَارٌ
valor, coraje; fuerza. desgracia.	بَأْسٌ
¡qué malo es...!	بِئْسَ
busca.	يَبْحَثُ بَحْثٌ
mar.	بَحْرٌ ج بُحُورٌ
no hay más remedio que.	بُدٌّ : لاَ ـَ مِنْ
empieza; comienza a.	يَبْدَأُ بَدَأَ بَدْءٌ
(se) empieza, se pone a.	يَبْتَدِئُ اِبْتَدَأَ اِبْتِدَاءٌ

parece. aparece.	يَبْدُو بَدَا بَدْوَتَ بُدُوٌّ
beduíno.	بَدَوِيٌّ ج بَدْوٌ
da (gratis, generosamente).	يَبْذِلُ بَذْلٌ
tierra (firme).	بَرٌّ
aún; sigue.	بَرِحَ : مَا -
ayer.	بَارِحة : اَلْـ -َ
frío [sust.].	بَرْدٌ
frío [adj.].	بَارِدٌ
bendice.	يُبَارِكُ مُبَارَكَةٌ فِي/ عَلَى / لِ
bendición.	بَرَكَةٌ ج اتٌ
jardín, huerto.	بُسْتَانٌ ج بَسَاتِينُ
sencillo, simple.	بَسِيطٌ ج بُسَطَاءُ
ve, percibe.	يُبْصِرُ إِبْصَارٌ
pico [de 3 a 10].	بِضْعٌ بِضْعَةٌ
vientre.	بَطْنٌ ج بُطُونٌ
envía, manda.	يَبْعَثُ بَعْثٌ
después de. [Con /-u/] después.	بَعْدَ
¡ojalá desaparezca...!	بُعْداً لِ
lejano; remoto. lejos.	بَعِيدٌ ج بُعَدَاءُ
alguno/a(s), alguien. parte.	بَعْضٌ
conviene.	يَنْبَغِي اِنْبَغَى

بَقَرٌ ح ة ج اتٌ	vaca(s) [col.].
يَبْقَى بَقِيَ بَقِيتَ بَقَاءٌ	queda, permanece. sigue.
بَلْ	pero; sin embargo. más bien.
بَلَدٌ ج بِلاَدٌ / بُلْدَانٌ	país.
يَبْلُغُ بُلُوغٌ	alcanza, llega.
مَبْلَغٌ ج مَبَالِغُ	cantidad, suma. punto.
يَبْنِي بَنَى بَنَيْتَ بِنَاءٌ	construye.
اِبْنٌ ج بَنُونَ / أَبْنَاءٌ	hijo. niño.
بِنْتٌ ج بَنَاتٌ .	hija. niña; muchacha.
بَابٌ ج أَبْوَابٌ	puerta.
بَالٌ	atención, cuidado.
بَيْتٌ ج بُيُوتٌ	casa.
يَبْيَضُّ اِبْيَضَّ اِبْيِضَاضٌ	se vuelve blanco.
بَيْضٌ ح ة	huevo(s) [col.].
أَبْيَضُ م بَيْضَاءُ ج بِيضٌ	blanco.
يَبِيعُ بَاعَ بِعْتَ بَيْعٌ	vende.
بَيْنَ	entre.
بَيْنَمَا	mientras.
يَتْبَعُ i تَبَعٌ	sigue.
تَاجِرٌ ج تُجَّارٌ	comerciante, mercader.
تَحْتَ	bajo, debajo de. [con /-u/] debajo.

traduce.	يُتَرْجِمُ تَرْجَمَةٌ
deja.	يَتْرُكُ تَرَكَ
nueve.	تِسْعَةٌ م تِسْعٌ
noventa.	تِسْعُونَ
novena parte.	تُسْعٌ ج أَتْسَاعٌ
noveno.	تَاسِعٌ
se cansa/fatiga.	يَتْعَبُ i تَعِبَ
manzana(s) [col.].	تُفَّاحٌ ح ة
aquélla; ésa. éso/as; aquéllo/as [cosas].	تِلْكَ
alumno.	تِلْمِيذٌ ج تَلَامِيذُ / تَلَامِذَةٌ م ة ج اتٌ
termina. tiene lugar.	يَتِمُّ تَمَامٌ
completo, acabado; perfecto.	تَامٌّ
se arrepiente [ante Dios].	يَتُوبُ تَابَ تُبْتَ تَوْبَةٌ إِلَى
acoge el arrepentimiento de.	– عَلَى
pesado.	ثَقِيلٌ ج ثُقَلَاءُ / ثِقَالٌ
tres.	ثَلَاثَةٌ م ثَلَاثٌ
treinta.	ثَلَاثُونَ
tercio.	ثُلُثٌ ج أَثْلَاثٌ
tercero.	ثَالِثٌ
nieve.	ثَلْجٌ ج ثُلُوجٌ
luego, entonces.	ثُمَّ

fruto.	ثَمَرَةٌ ج اتٌ / ثِمَارٌ
precio.	ثَمَنٌ ج أَثْمَانٌ
ocho.	ثَمَانِيَةٌ م ثَمَانٍ
ochenta.	ثَمَانُونَ
octava parte.	ثُمُنٌ ج أَثْمَانٌ
octavo.	ثَامِنٌ
dos.	اِثْنَانِ م اِثْنَتَانِ
segundo.	ثَانٍ م ثَانِيَةٌ
durante.	أَثْنَاءَ
vestido, traje, ropa.	ثَوْبٌ ج ثِيَابٌ
monte.	جَبَلٌ ج جِبَالٌ
abuelo. antepasado.	جَدٌّ ج أَجْدَادٌ
muy, mucho.	جِدًّا
nuevo.	جَدِيدٌ ج جُدُدٌ
arrastra.	يَجُرُّ جَرَّ
jarra.	جَرَّةٌ ج جِرَارٌ
hiere.	يَجْرَحُ جَرَحَ
corre. acontece.	يَجْرِي جَرَى جَرَيْتَ جَرْيٌ
esclava. muchacha.	جَارِيَةٌ ج جَوَارٍ
isla.	جَزِيرَةٌ ج جُزُرٌ
cuerpo.	جِسْمٌ ج أَجْسَامٌ

pone. [verbo de conversión] hace, vuelve. [incoativo] comienza a.	يَجْعَلُ جَعْلٌ
grandioso, magnífico.	جَلِيلٌ ج أَجِلاَّءُ
piel; pellejo. cuero.	جِلْدٌ ج جُلُودٌ
se sienta.	يَجْلِسُ جُلُوسٌ
concejo; consejo; junta.	مَجْلِسٌ ج مَجَالِسُ
reúne, junta; colecciona.	يَجْمَعُ جَمْعٌ
se reúne.	يَجْتَمِعُ اِجْتِمَاعٌ
comunidad.	جَمَاعَةٌ ج اتٌ
todos.	جَمِيعٌ ، أَجْمَعُ ج ونَ
camello.	جَمَلٌ ج جِمَالٌ
belleza, hermosura.	جَمَالٌ
hermoso, guapo, bello.	جَمِيلٌ ج ونَ
jardín. paraíso.	جَنَّةٌ ج جِنَانٌ
lado; costado.	جَنْبٌ ج جُنُوبٌ
sur.	جَنُوبٌ
ala.	جَنَاحٌ ج أَجْنِحَةٌ
clase, género. sexo.	جِنْسٌ ج أَجْنَاسٌ
esforzado; aplicado.	مُجْتَهِدٌ ج ونَ
responde.	يُجِيبُ أَجَابَ أَجَبْتَ إِجَابَةٌ
respuesta.	جَوَابٌ ج أَجْوِبَةٌ

excelente, bueno.	جَيِّدٌ ج جِيَادٌ
vecino.	جَارٌ ج جِيرَانٌ
hambre.	جُوعٌ
viene, llega.	يَجِيءُ جَاءَ جِئْتَ مَجِيءٌ
ejército.	جَيْشٌ ج جُيُوشٌ
ama.	يُحِبُّ أَحَبَّ أَحْبَبْتَ حُبٌّ
amor.	حُبٌّ
amado. amigo.	حَبِيبٌ ج أَحِبَّاءُ / أَحْبَابٌ
¡qué bueno es...!	حَبَّذَا
cuerda.	حَبْلٌ ج حِبَالٌ
hasta (que). para que. incluso.	حَتَّى
piedra(s) [col.].	حَجَرٌ ح ة ج اتٌ / حِجَارَةٌ
fija, delimita.	يُحَدِّدُ حَدَّدَ تَحْدِيدٌ
límite. [pl.] frontera(s).	حَدٌّ ج حُدُودٌ
hierro.	حَدِيدٌ
sucede, acontece.	يَحْدُثُ حُدُوثٌ
moderno; reciente.	حَدِيثٌ
conversación.	—
undécimo.	حَادِيَ عَشَرَ
calor.	حَرٌّ
libre.	حُرٌّ ج أَحْرَارٌ

cálido, caliente. picante.	حَارٌّ
guerra.	حَرْبٌ ج حُرُوبٌ
letra.	حَرْفٌ ج حُرُوفٌ
movimiento.	حَرَكَةٌ ج اتٌ
(lo) prohibido; tabú; sagrado.	حَرَامٌ
tristeza, pesar.	حُزْنٌ ج أَحْزَانٌ
triste.	حَزِينٌ ج حُزَنَاءُ
considera, juzga, cree.	يَحْسِبُ حِسْبَانٌ
bueno; hermoso.	حَسَنٌ حِسَانٌ
excepto, salvo.	حَاشَا : (مَا)
logra, consigue.	يَحْصُلُ حُصُولٌ عَلَى
asiste, está presente; acude.	يَحْضُرُ حُضُورٌ
presente, asistente.	حَاضِرٌ ج ونَ
suerte; porción, parte.	حَظٌّ ج حُظُوظٌ
guarda. aprende [de memoria].	يَحْفَظُ حِفْظٌ
merece.	يَسْتَحِقُّ اِسْتَحَقَّ اِسْتَحْقَقْتَ اِسْتِحْقَاقٌ
derecho; razón.	حَقٌّ ج حُقُوقٌ
verdad; realidad.	حَقِيقَةٌ ج حَقَائِقُ
gobierna, rige.	يَحْكُمُ حُكْمٌ
norma. sentencia. gobierno.	حُكْمٌ ج أَحْكَامٌ
gobernante. gobernador.	حَاكِمٌ ج حُكَّامٌ

relata, cuenta.	يَحْكِي حَكَى حَكَيْتَ حِكَايَةٌ
cae sobre, acontece a.	يَحُلُّ حَلَّ حَلَلْتَ حُلُولٌ بِـ
(lo) lícito, permitido.	حَلَالٌ
loor, alabanza.	حَمْدٌ
enrojece.	يَحْمَرُّ اِحْمَرَّ اِحْمَرَرْتَ اِحْمِرَارٌ
burro, asno.	حِمَارٌ ج حَمِيرٌ
rojo.	أَحْمَرُ م حَمْرَاءُ ج حُمْرٌ
necio, tonto; loco.	أَحْمَقُ م حَمْقَاءُ ج حُمْقٌ
lleva, carga con.	يَحْمِلُ حَمَلَ
necesita.	يَحْتَاجُ اِحْتَاجَ اِحْتَجْتَ اِحْتِيَاجٌ إِلَى
cosa; necesidad.	حَاجَةٌ ج اتٌ
pared.	حَائِطٌ ج حِيطَانٌ
estado, condición. [fem.]	حَالٌ ، حَالَةٌ ج أَحْوَالٌ
en torno a; acerca de.	حَوْلَ
donde (quiera que).	حَيْثُ
momento. [con /-a/] cuando.	حِينٌ
ven(id).	حَيَّ
vivo.	حَيٌّ ج أَحْيَاءٌ
vida.	حَيَاةٌ
animal.	حَيَوَانٌ ج اتٌ
noticia.	خَبَرٌ ج أَخْبَارٌ

pan.	خُبْزٌ
sirve.	يَخْدِمُ خِدْمَةٌ
servidor, criado.	خَادِمٌ ج خَدَمٌ
sale.	يَخْرُجُ خُرُوجٌ
cordero.	خَرُوفٌ ج خِرْفَانٌ
teme.	يَخْشَى خَشِيَ خَشِيتَ خَشْيَةٌ
especial; particular. propio.	خَاصٌّ
verde.	أَخْضَرُ م خَضْرَاءُ ج خُضْرٌ
yerra; falla; se equivoca.	يُخْطِئُ أَخْطَأَ إِخْطَاءٌ
peligro.	خَطَرٌ ج أَخْطَارٌ
ligero.	خَفِيفٌ ج أَخِفَّاءُ
varía; difiere.	يَخْتَلِفُ اِخْتِلاَفٌ
califa.	خَلِيفَةٌ ج خُلَفَاءُ
crea.	يَخْلُقُ خَلْقٌ
excepto, salvo.	خَلاَ : (مَا) -
vacío, desierto, deshabitado.	خَالٍ
vino [fem.].	خَمْرٌ
cinco.	خَمْسَةٌ م خَمْسٌ
cincuenta.	خَمْسُونَ
quinta parte.	خُمْسٌ ج أَخْمَاسٌ
quinto.	خَامِسٌ

teme.	يَخَافُ خَافَ خِفْتَ خَوْفٌ
bien. mejor.	خَيْرٌ
caballos; caballería [col.].	خَيْلٌ
entra.	يَدْخُلُ دُخُولٌ
dentro de.	دَاخِلَ
grado.	دَرَجَةٌ ج ا تٌ
estudia.	يَدْرُسُ دِرَاسَةٌ
lección.	دَرْسٌ ج دُرُوسٌ
escuela.	مَدْرَسَةٌ ج مَدَارِسُ
dirhem [moneda].	دِرْهَمٌ ج دَرَاهِمُ
sabe.	يَدْرِي دَرَى دَرَيْتَ دِرَايَةٌ
llama; convoca a.	يَدْعُو دَعَا دَعَوْتَ دُعَاءٌ إِلى
llamada; invocación; convocatoria.	دَعْوَةٌ
paga; entrega. empuja.	يَدْفَعُ دَفْعٌ
[sust.] harina. [adj.] menudo.	دَقِيقٌ
guía; indica, señala.	يَدُلُّ دَلَّ دَلَلْتَ دَلَالَةٌ عَلَى
guía. indicio.	دَلِيلٌ ج أَدِلَّةٌ
lágrima.	دَمْعَةٌ ج دُمُوعٌ
sangre.	دَمٌ ج دِمَاءٌ
se acerca a.	يَدْنُو دَنَا دَنَوْتَ دُنُوٌّ مِن
mundo; vida terrena.	دُنْيَا

gira, da la vuelta. يَدُورُ دَارَ دُرْتَ دَوَرَانٌ

casa, mansión. [fem.] دَارٌ ج دُورٌ

estado; dinastía. دَوْلَةٌ ج دُوَلٌ

dura, permanece. يَدُومُ دَامَ دُمْتَ دَوَامٌ

siempre. دَائِماً

sin. cerca de. menos que. دُونَ

religión. دِينٌ

ése; aquél. eso; aquello. ذَاكَ

degüella, sacrifica. يَذْبَحُ ذَبْحٌ

brazo. [fem.] ذِرَاعٌ ج أَذْرُعٌ

menciona, cita; dice. يَذْكُرُ ذِكْرٌ

ése; aquél. eso; aquello. ذٰلِكَ

culpa, falta; pecado. ذَنْبٌ ج ذُنُوبٌ

va. يَذْهَبُ ذَهَابٌ

oro. ذَهَبٌ

dotado/poseedor de, el de. ذُو م ذَاتُ

cabeza. cima. رَأْسٌ ج رُؤُوسٌ

ve; opina, cree. يَرَى رَأَى رَأَيْتَ رُؤْيَةٌ / رَأْيٌ

muestra, enseña, hace ver. يُرِي أَرَى أَرَيْتَ

señor. poseedor de. رَبٌّ ج أَرْبَابٌ

¡cuánto/a(s)!. ¡qué...! رُبَّ

quizás. ¡cuántas veces...!	رُبَّمَا
ata, amarra.	يَرْبُطُ رَبْطٌ
cuatro.	أَرْبَعَةٌ م أَرْبَعٌ
cuarenta.	أَرْبَعُونَ
cuarta parte.	رُبْعٌ ج أَرْبَاعٌ
cuarto.	رَابِعٌ
vuelve, retorna.	يَرْجِعُ رُجُوعٌ
pie; pata. [fem.]	رِجْلٌ ج أَرْجَالٌ
hombre.	رَجُلٌ ج رِجَالٌ
espera. ruega.	يَرْجُو رَجَا رَجَوْتَ رَجَاءٌ
compadece, se apiada de.	يَرْحَمُ رَحْمَةٌ
misericordia, compasión, piedad.	رَحْمَةٌ
devuelve.	يَرُدُّ رَدَّ رَدَدْتَ رَدٌّ إِلَى
malo, inclemente [tiempo].	رَدِيءٌ
envía.	يُرْسِلُ إِرْسَالٌ
corresponde, se cartea con.	يَتَرَاسَلُ تَرَاسُلٌ
carta, misiva.	رِسَالَةٌ ج رَسَائِلُ
enviado, mensajero; profeta.	رَسُولٌ ج رُسُلٌ
está satisfecho de.	يَرْضَى رَضِيَ رَضِيتَ رِضًى
libra.	رَطْلٌ ج أَرْطَالٌ
desea, procura.	يَرْغَبُ رَغْبَةٌ فِي

levanta, alza; recoge.	يَرْفَعُ رَفْعٌ
monta; cabalga.	يَرْكَبُ رُكُوبٌ
barco.	مَرْكَبٌ ج مَرَاكِبُ
tira, arroja.	يَرْمِي رَمَى رَمَيْتَ رَمْيٌ
espíritu.	رُوحٌ ج أَرْوَاحٌ
viento. [fem.]	رِيحٌ ج رِيَاحٌ
quiere, desea.	يُرِيدُ أَرَادَ أَرَدْتَ إِرَادَةٌ
cuenta, relata.	يَرْوِي رَوَى رَوَيْتَ رِوَايَةٌ
azul.	أَزْرَقُ م زَرْقَاءُ ج زُرْقٌ
pretende.	يَزْعُمُ زَعْمٌ
tiembla, se agita [el suelo].	يَتَزَلْزَلُ تَزَلْزُلٌ
tiempo, época.	زَمَنٌ ، زَمَانٌ ج أَزْمِنَةٌ
casa, da en matrimonio.	يُزَوِّجُ تَزْوِيجٌ
esposo.	زَوْجٌ ج أَزْوَاجٌ م ة اتٌ
visita.	يَزُورُ زَارَ زُرْتَ زِيَارَةٌ
aceite. petróleo.	زَيْتٌ ج زُيُوتٌ
aumenta, incrementa.	يَزِيدُ زَادَ زِدْتَ زِيَادَةٌ
se aumenta/incrementa.	يَزْدَادُ اِزْدَادَ اِزْدَدْتَ اِزْدِيَادٌ
aún, todavía.	زَالَ : مَا - ؛ لاَ يَزَالُ
[marca de futuro].	سَـ(ـوْفَ)
el resto de, los demás.	سَائِرُ

يَسْأَلُ سَأَلَ سُؤَالٌ	pregunta. pide.
سُؤَالٌ ج أَسْئِلَةٌ	pregunta.
سَبَبٌ ج أَسْبَابٌ	causa, motivo.
سَبْعَةٌ م سَبْعٌ	siete.
سَبْعُونَ	setenta.
سُبُعٌ ج أَسْبَاعٌ	séptima parte.
سَابِعٌ	séptimo.
أُسْبُوعٌ ج أَسَابِيعُ	semana.
يَسْبِقُ سَبْقٌ إِلَى	precede a, llega antes que a.
سَبِيلٌ ج سُبُلٌ	sendero, camino.
سِتَّةٌ م سِتٌّ	seis.
سِتُّونَ	sesenta.
يَسْجُدُ سُجُودٌ	se prosterna.
مَسْجِدٌ ج مَسَاجِدُ	mezquita.
سَاحِلٌ ج سَوَاحِلُ	costa.
سُخْنٌ	caliente.
سُدُسٌ ج أَسْدَاسٌ	sexta parte.
سَادِسٌ	sexto.
يَسُرُّ سَرَرْتَ سُرُورٌ	alegra, regocija.
سَرِيعٌ ج سِرَاعٌ	rápido.
يَسْرِقُ سَرِقَةٌ	roba.

ayuda.	يُسَاعِدُ مُسَاعَدَةٌ
viaja.	يُسَافِرُ مُسَافَرَةٌ
viaje.	سَفَرٌ ج أَسْفَارٌ
cae.	يَسْقُطُ سُقُوطٌ
se calla.	يَسْكُتُ سَكْتٌ
vive, habita.	يَسْكُنُ سَكَنٌ
cuchillo.	سِكِّينٌ ج سَكَاكِينُ
pobre, desgraciado.	مِسْكِينٌ ج مَسَاكِينُ
sultán.	سُلْطَانٌ ج سَلَاطِينُ
entrega.	يُسَلِّمُ تَسْلِيمٌ
paz.	سَلَامٌ
sano. correcto.	سَلِيمٌ ج سُلَمَاءُ
islam.	إِسْلَامٌ
musulmán.	مُسْلِمٌ ج ونَ
oye.	يَسْمَعُ سَمَاعٌ
determina. llama.	يُسَمِّي سَمَّى سَمَّيْتَ تَسْمِيَةٌ
cielo. [fem.]	سَمَاءٌ ج سَمَوَاتٌ
nombre.	اِسْمٌ ج أَسْمَاءٌ
diente. edad [fem.].	سِنٌّ ج أَسْنَانٌ
año.	سَنَةٌ ج سِنُونَ
fácil.	سَهْلٌ

mal(dad).	سُوءٌ
malo, malvado.	سَيِّئٌ ج ونَ
señor.	سَيِّدٌ ج سَادَةٌ م ة ج اتٌ
negro.	أَسْوَدُ م سَوْدَاءُ ج سُودٌ
hora.	سَاعَةٌ ج اتٌ
distancia.	مَسَافَةٌ
pierna; pata [fem.].	سَاقٌ ج سِيقَانٌ
mercado [fem.].	سُوقٌ ج أَسْوَاقٌ
excepto, salvo, menos.	سِوَى
igual, equivalente.	سَوَاءٌ
va, marcha, anda.	يَسِيرُ سَارَ سِرْتَ سَيْرٌ
espada.	سَيْفٌ ج سُيُوفٌ
asunto, cosa.	شَأْنٌ ج شُؤُونٌ
joven.	شَابٌّ ج شُبَّانٌ م ة ج اتٌ
juventud.	شَبَابٌ
árbol(es) [col.].	شَجَرٌ ح ة ج أَشْجَارٌ
persona.	شَخْصٌ ج أَشْخَاصٌ
se intensifica.	يَشْتَدُّ اِشْتَدَّ اِشْتَدَدْتَ اِشْتِدَادٌ
intensidad, violencia.	شِدَّةٌ
violento, intenso, fuerte.	شَدِيدٌ ج أَشِدَّاءُ
mal. peor.	شَرٌّ

bebe.	يَشْرَبُ شَرْبٌ
calle.	شَارِعٌ ج شَوَارِعُ
condición.	شَرْطٌ ج شُرُوطٌ
noble, distinguido.	شَرِيفٌ ج شُرَفَاءُ / أَشْرَافٌ
oriente, levante.	شَرْقٌ
politeísta, pagano.	مُشْرِكٌ ج ونَ
compra.	يَشْتَرِي اِشْتَرَى اِشْتَرَيْتَ اَشْتِرَاءٌ
siente, percibe.	يَشْعُرُ شُعُورٌ بِ
poesía.	شِعْرٌ ج أَشْعَارٌ
pelo, cabello(s) [col.].	شَعَرٌ ح ة ج اتٌ
poeta.	شَاعِرٌ ج شُعَرَاءُ
trabajo, ocupación, quehacer.	شُغْلٌ ج أَشْغَالٌ
duda de.	يَشُكُّ شَكٌّ فِي
agradece.	يَشْكُرُ شُكْرٌ
problema.	مُشْكِلَةٌ ج مَشَاكِلُ
sol. [fem.]	شَمْسٌ ج شُمُوسٌ
norte.	شِمَالٌ
es testigo, testimonia.	يَشْهَدُ i شَهَادَةٌ
mes.	شَهْرٌ ج أَشْهُرٌ / شُهُورٌ
famoso.	مَشْهُورٌ ج ونَ / مَشَاهِيرُ
señala.	يُشِيرُ أَشَارَ أَشَرْتَ إِشَارَةٌ

quiere, desea.	يَشَاءُ شَاءَ شِئْتَ مَشِيئَةٌ
cosa. algo. nada [en negativa].	شَيْءٌ ج أَشْيَاءُ
viejo, anciano. jeque.	شَيْخٌ ج شُيُوخٌ
se hace; está (de mañana); amanece.	يُصْبِحُ إِصْبَاحٌ
mañana; alba.	صَبَاحٌ
paciencia.	صَبْرٌ
dedo.	إِصْبَعٌ ج أَصَابِعُ
salud. corrección, exactitud.	صِحَّةٌ
cierto; correcto. sano.	صَحِيحٌ ج صِحَاحٌ / أَصِحَّاءُ
amigo. dueño. hombre en cuestión.	صَاحِبٌ ج أَصْحَابٌ
desierto.	صَحْرَاءُ ج صَحْرَاوَاتٌ
pecho. parte delantera.	صَدْرٌ ج صُدُورٌ
cree, da fe.	يُصَدِّقُ تَصْدِيقٌ
sinceridad, veracidad.	صِدْقٌ
amigo.	صَدِيقٌ ج أَصْدِقَاءُ
se va/marcha, parte.	يَنْصَرِفُ اِنْصِرَافٌ
difícil.	صَعْبٌ
pequeño.	صَغِيرٌ ج صِغَارٌ
amarillo.	أَصْفَرُ م صَفْرَاءُ ج صُفْرٌ
bueno, honrado.	صَالِحٌ ج ونَ
reza, ora.	يُصَلِّي صَلَّى صَلَّيْتَ صَلَاةٌ

يَصْنَعُ صَنَعَ	hace; fabrica.
يُصِيبُ أَصَابَ أَصَبْتَ إِصَابَةٌ	acierta; alcanza.
صَوْتٌ ج أَصْوَاتٌ	voz. voto.
صُورَةٌ ج صُوَرٌ	imagen. fotografía. forma.
يَصِيدُ صَادَ صِدْتَ صَيْدٌ	caza. pesca.
يَصِيرُ صَارَ صِرْتَ صَيْرُورَةٌ	se hace/vuelve/torna.
يَضْحَكُ i ضَحْكٌ	se ríe.
يُضْحِي أَضْحَى إِضْحَاءٌ	se hace; está (a mediodía).
ضِدٌّ ج أَضْدَادٌ	adversario. [con /-a/] contra.
يُضْطَرُّ اُضْطُرَّ اُضْطُرِرْتَ اِضْطِرَارٌ إِلَى	se ve forzado a.
يَضْرِبُ ضَرَبَ	pega, golpea.
ضُعْفٌ	debilidad.
ضَعِيفٌ ج ضُعَفَاءُ	débil.
ضَيِّقٌ	estrecho.
طَبِيبٌ ج أَطِبَّاءُ	médico.
طَرِيقٌ ج طُرُقٌ	camino; carretera.
طَعَامٌ ج أَطْعِمَةٌ	alimento, comida.
طِفْلٌ ج أَطْفَالٌ م ة ج اتٌ	niño.
طَقْسٌ	tiempo (atmosférico).
يَطْلُبُ طَلَبَ	pide. procura.
طَالِبٌ ج طَلَبَةٌ / طُلَّابٌ	estudiante.

sube. sale [un astro].	يَطْلُعُ طُلُوعٌ
bueno.	طَيِّبٌ ج ونَ
pájaro(s), ave(s) [col.].	طَيْرٌ ح طَائِرٌ ج طُيُورٌ.
puede.	يَسْتَطِيعُ اِسْتَطَاعَ اِسْتَطَعْتَ اِسْتِطَاعَةٌ
largo. alto (de estatura).	طَوِيلٌ ج طِوَالٌ
injusticia.	ظُلْمٌ
cree, opina, piensa.	يَظُنُّ ظَنَّ ظَنَنْتَ ظَنٌّ
aparece, resulta patente, visible.	يَظْهَرُ ظُهُورٌ
espalda; lomo.	ظَهْرٌ ظُهُورٌ
mediodía.	ظُهْرٌ
esclavo, siervo.	عَبْدٌ ج عَبِيدٌ
considera.	يَعْتَبِرُ اِعْتِبَارٌ
se admira/asombra.	يَتَعَجَّبُ تَعَجُّبٌ مِن
maravilloso, admirable, prodigioso.	عَجِيبٌ
vieja, anciana.	عَجُوزٌ ج عَجَائِزُ
cuenta, enumera.	يَعُدُّ عَدٌّ
se prepara.	يَسْتَعِدُّ اِسْتَعَدَّ اِسْتَعْدَدْتَ اِسْتِعْدَادٌ
número.	عَدَدٌ ج أَعْدَادٌ
excepto, salvo.	عَدَا : (مَا) -
enemigo.	عَدُوٌّ ج أَعْدَاءٌ
castigo. tormento.	عَذَابٌ

árabe.	عَرَبِيٌّ ج عَرَبٌ
muestra, expone a.	يَعْرِضُ عَرْضٌ عَلَى
conoce, sabe.	يَعْرِفُ مَعْرِفَةٌ
trono.	عَرْشٌ ج عُرُوشٌ
quizás.	عَسَى (أَنْ)
diez.	عَشَرَةٌ م عَشْرٌ
veinte.	عِشْرُونَ
décima parte, diezmo.	عُشْرٌ ج أَعْشَارٌ
décimo.	عَاشِرٌ
palo; bastón.	عَصاً ج عِصِيٌّ
miembro.	عُضْوٌ ج أَعْضَاءٌ
tiene sed.	يَعْطَشُ i عَطَشٌ
da.	يُعْطِي أَعْطَى أَعْطَيْتَ إِعْطَاءٌ
hueso.	عَظْمٌ ج عِظَامٌ
magnífico, grande, grandioso.	عَظِيمٌ ج عُظَمَاءُ
castigo, pena.	عِقَابٌ
mente, razón, inteligencia.	عَقْلٌ ج عُقُولٌ
comenta.	يُعَلِّقُ تَعْلِيقٌ عَلَى
sabe.	يَعْلَمُ i عِلْمٌ
enseña, instruye.	يُعَلِّمُ تَعْلِيمٌ
aprende.	يَتَعَلَّمُ تَعَلُّمٌ

ciencia, saber.	عِلْمٌ ج عُلُومٌ
mundo.	عَالَمٌ ج ونَ
sabio.	عَالِمٌ ج عُلَمَاءُ
maestro.	مُعَلِّمٌ ج ونَ
sobre, encima de; en. contra.	عَلَى
alto, elevado.	عَالٍ م عَالِيَةٌ
edad. vida.	عُمْرٌ ج أَعْمَارٌ
hacc; trabaja.	يَعْمَلُ i عَمِلَ
usa, utiliza, emplea.	يَسْتَعْمِلُ اِسْتِعْمَالٌ
acción. trabajo.	عَمَلٌ ج أَعْمَالٌ
ciego.	أَعْمَى م عَمْيَاءُ ج عُمْيٌ
de; desde.	عَنْ
en; junto a; en casa de. a.	عِنْدَ
cuello.	عُنُقٌ ج أَعْنَاقٌ
significado, sentido.	مَعْنًى ج مَعَانٍ
vuelve, retorna.	يَعُودُ عَادَ عُدْتَ عَوْدَةٌ
ya no.	لَمْ يَعُدْ / مَا عَادَ
hace volver. repite.	يُعِيدُ أَعَادَ أَعَدْتَ إِعَادَةٌ
costumbre.	عَادَةٌ ج عَادَاتٌ
fiesta; pascua.	عِيدٌ ج أَعْيَادٌ
vive.	يَعِيشُ عَاشَ عِشْتَ عَيْشٌ

ojo [fem.].	عَيْنٌ ج أَعْيُنٌ / عُيُونٌ
mañana [adv.].	غَداً
occidente, poniente.	غَرْبٌ
extraño, raro. forastero.	غَرِيبٌ ج غُرَبَاءُ
objetivo; finalidad.	غَرَضٌ ج أَغْرَاضٌ
invade; saquea.	يَغْزُو غَزَا غَزَوْتَ غَزْوٌ
lava.	يَغْسِلُ غَسْلٌ
se enoja/enfada contra.	يَغْضَبُ i غَضَبٌ عَلَى
vence, gana.	يَغْلِبُ غَلْبٌ
grueso, gordo. grosero.	غَلِيظٌ ج غِلَاظٌ
rico.	غَنِيٌّ ج أَغْنِيَاءُ
otro que, uno distinto de. [Con /-a/] salvo.	غَيْرٌ
sin embargo; sólo que.	-أَنَّ
colmo; límite.	غَايَةٌ ج اتٌ
y (a continuación). pues. para que.	فَ
pues.	فَإِنَّ
abre. conquista.	يَفْتَحُ فَتْحٌ
llave.	مِفْتَاحٌ ج مَفَاتِيحُ
mozo, joven.	فَتًى ج فِتْيَانٌ
muchacha, chica.	فَتَاةٌ ج فَتَيَاتٌ
se alegra.	يَفْرَحُ i فَرَحٌ

alegría; ocasión festiva.	فَرَحٌ ج أَفْرَاحٌ
caballo. [fem.] yegua.	فَرَسٌ ج أَفْرَاسٌ
vacío.	فَارِغٌ
obra mal; corrompe.	يُفْسِدُ إِفْسَادٌ
plata.	فِضَّةٌ
prefiere a.	يُفَضِّلُ تَفْضِيلٌ عَلَى
virtud, mérito.	فَضْلٌ
además de, no hablemos ya de.	فَضْلاً عَنْ
virtuoso, bueno, excelente.	فَاضِلٌ ج فُضَلاَءُ
hace, obra.	يَفْعَلُ فِعْلٌ
pierde.	يَفْقِدُ فَقْدٌ
pobre, indigente.	فَقِيرٌ ج فُقَرَاءُ
piensa.	يُفَكِّرُ تَفْكِيرٌ
idea, pensamiento.	فِكْرَةٌ ج اتٌ
fruta.	فَاكِهَةٌ ج فَوَاكِهُ
cuarto [moneda pequeña].	فِلْسٌ ج فُلُوسٌ
fulano.	فُلاَنٌ
boca.	فَمٌ ، فُو فَا فِي
comprende, entiende.	يَفْهَمُ i فَهْمٌ
encima de. [Con /-u/] encima.	فَوْقَ
en; dentro de. por. al frente de.	فِي

فِيمَا	mientras, en tanto que.
فَائِدَةٌ ج فَوَائِدُ	provecho.
قَبِيحٌ ج قِبَاحٌ	feo; horrendo; malo.
يَقْبَلُ i قَبُولٌ	acepta.
يُقْبِلُ إِقْبَالٌ	viene; está próximo.
قَبْلَ	antes de. [Con /-u/] antes.
يَقْتُلُ قَتْلٌ	mata.
قَتِيلٌ ج قَتْلَى	muerto (violentamente).
قَدْ	[refuerzo de aspecto]. ya. tal vez.
يَقْدِرُ قُدْرَةٌ عَلَى	puede.
قَدْرَ	cosa de, unos; en la medida de.
يَقْدَمُ i قُدُومٌ	llega, viene.
يُقَدِّمُ تَقْدِيمٌ	presenta.
قَدَمٌ ج أَقْدَامٌ	pie. [fem.].
قَدِيمٌ ج قُدَمَاءُ	viejo.
قُدَّامَ	delante de. [Con /-u/] delante.
يَقْرَأُ قَرَأَ قِرَاءَةٌ	lee.
قُرْبَ	cerca de.
قَرِيبٌ ج أَقْرِبَاءُ	cercano, próximo.
قَرْنٌ ج قُرُونٌ	cuerno. siglo.
قَرْيَةٌ ج قُرًى	aldea.

jura.	يُقْسِمُ إِقْسَامٌ
cuento, historia; novela.	قِصَّةٌ ج قِصَصٌ
se propone; intenta.	يَقْصِدُ قَصْدٌ
palacio.	قَصْرٌ ج قُصُورٌ
corto. bajo [de estatura].	قَصِيرٌ ج قِصَارٌ
pasa; termina. dirime.	يَقْضِي قَضَى قَضَيْتَ قَضَاءٌ
juez.	قَاضٍ ج قُضَاةٌ
nunca, jamás.	قَطُّ
sólo, solamente, y nada más.	فَقَطْ
corta.	يَقْطَعُ قَطْعٌ
se sienta. permanece.	يَقْعُدُ قُعُودٌ
poco, escaso.	قَلِيلٌ ج ونَ
corazón.	قَلْبٌ ج قُلُوبٌ
pluma.	قَلَمٌ ج أَقْلَامٌ
luna.	قَمَرٌ ج أَقْمَارٌ
jefe; general.	قَائِدٌ ج قَادَةٌ
arco. [fem.]	قَوْسٌ ج قِسِيٌّ
dice.	يَقُولُ قَالَ قُلْتَ قَوْلٌ
dicho, palabra.	قَوْلٌ ج أَقْوَالٌ
se levanta/yergue.	يَقُومُ قَامَ قُمْتَ قِيَامٌ
reside. levanta.	يُقِيمُ أَقَامَ أَقَمْتَ إِقَامَةٌ

قَوْمٌ أَقْوَامٌ	gente. nación.
مَقَامٌ	posición, puesto.
قُوَّةٌ ج اتٌ / قُوًى	fuerza.
قَوِيٌّ ج أَقْوِيَاءُ	fuerte.
كَـ -	como, a manera de.
كَأَنَّ	como si (fuera); parece que.
- كَ م - كِ -	te; ti. tuyo/a(s).
كَأْسٌ ج أَكْؤُسٌ	vaso, copa.
كَبِيرٌ ج كِبَارٌ	grande. viejo.
يَكْتُبُ كِتَابَةٌ	escribe.
كِتَابٌ ج كُتُبٌ	libro.
كَاتِبٌ ج كُتَّابٌ	escritor; autor. secretario.
مَكْتَبٌ ج مَكَاتِبُ	escritorio; oficina.
كَثِيرٌ ج ونَ	mucho; numeroso.
كَذَا	así; tal; tanto.
كِذْبٌ ج أَكَاذِيبُ	mentira.
كَذٰلِكَ	así; del mismo modo; también.
كُرْسِيٌّ ج كَرَاسِيُّ	silla.
كَرِيمٌ ج كِرَامٌ	generoso. distinguido.
يَكْرَهُ i كُرْهٌ	no quiere; aborrece, detesta.
يَكْسِرُ كَسْرٌ	rompe, quiebra.

holgazán, vago.	كَسْلَانُ ج كَسَالَى م كَسْلَى
infiel.	كَافِرٌ ج كَفَرَةٌ / كُفَّارٌ / ونَ
basta.	يَكْفِي كَفَى كَفَيْتَ كِفَايَةٌ
todo/a(s). cada.	كُلٌّ
cada vez que.	كُلَّمَا
ambo/as.	كِلاَ م كِلْتَا
de ningún modo.	كَلاَّ
perro.	كَلْبٌ ج كِلاَبٌ
habla.	يَتَكَلَّمُ تَكَلَّمُ
palabra(s) [col.].	كَلاَمٌ ح كَلِمَةٌ ج اتٌ
cuánto/a(s).	كَمْ
os. vuestro/a(s).	كُمْ -
a//de vosotro/as dos.	كُمَا -
perfecto.	كَامِلٌ
a//de vosotras.	كُنَّ -
será; estará; habrá.	يَكُونُ كَانَ كُنْتَ كَوْنٌ
para que, a fin de que.	كَيْ ، كَيْمَا ، لِكَيْمَا
para que no.	لِكَيْلاَ
casi, está a punto de.	يَكَادُ كَادَ كِدْتَ (أَنْ)
cómo. como quiera que.	كَيْفَ
ciertamente. [marca de apódosis].	لَ -

لِـ	para, a. de. por. para que. que.
لِأَنْ	para que, a fin de que.
لِئَلاَّ	para que no.
لِأَنَّ	porque, puesto que.
لاَ	no.
يَلْبَسُ i لُبْسٌ	se pone, lleva, viste.
لَحْمٌ ح ة ج لُحُومٌ	carne.
لَدُنْ ، لَدَى	en, junto a; al; ante.
لِسَانٌ ج أَلْسِنَةٌ	lengua.
يَلْعَبُ i لَعْبٌ	juega.
لَعَلَّ	quizás, tal vez. por si.
يَلْعَنُ لَعْنٌ	maldice.
لُغَةٌ ج اتٌ	lengua, idioma.
يَلْقَى لَقِيَ لَقِيتَ لِقَاءٌ	(se) encuentra (con).
يُلْقِي أَلْقَى أَلْقَيْتَ إِلْقَاءٌ	echa; pone, mete.
لٰكِنْ ~ لٰكِنَّ	pero.
لَمْ	no.
لَمَّا	cuando. aún no.
لَنْ	no.
لَوْ	si.
لَوْلاَ	si no fuera por; si no hubiera sido por.

color. clase [de comida].	لَوْنٌ ج أَلْوَانٌ
ojalá.	لَيْتَ
no es.	لَيْسَ لَسْتَ
noche [col.].	لَيْلٌ ح ة ج لَيَالٍ
de noche.	لَيْلاً
esta noche.	اَللَّيْلَةَ
qué. lo que. no. mientras que.	مَا
qué (es lo que).	مَاذَا
cien, centenar.	مِائَةٌ ج مِئَاتٌ / مِئُونَ
cuándo. cuando.	مَتَى
como, del mismo modo que.	مِثْلَ
ejemplo; parábola, refrán.	مَثَلٌ ج أَمْثَالٌ
período de tiempo.	مُدَّةٌ ج مُدَدٌ
ciudad.	مَدِينَةٌ ج مُدُنٌ
desde (que).	مُذْ ، مُنْذُ
pasa por.	يَـمُرُّ مَرَّ مَرَرْتَ مُرُورٌ بِـ
prosigue, continúa.	يَسْتَمِرُّ اِسْتَمَرَّ اِسْتَمَرَرْتَ اِسْتِمْرَاراً
vez.	مَرَّةٌ ج اتٌ / مِرَارٌ
mujer.	اِمْرَأَةٌ مَرْأَةٌ ج نِسَاءٌ
enfermedad.	مَرَضٌ ج أَمْرَاضٌ
enfermo.	مَرِيضٌ ج مَرْضَى

يَمَسُّ مَسَّ مَسِسْتَ مَسٌّ	toca.
يُمْسِكُ إِمْسَاكٌ بِـ	coge, agarra, sujeta.
مَسَاءٌ	tarde [sust.].
يَمْشِي مَشَى مَشَيْتَ مَشْيٌ	anda, va, camina.
يَمْضِي مَضَى مَضَيْتَ مُضِيٌّ	se va/marcha; pasa.
مَعْ	con, en compañía de. a pesar de.
- أَنَّ	a pesar de que, no obstante.
يُمْكِنُ إِمْكَانٌ	es posible.
يَتَمَكَّنُ تَمَكُّنٌ مِنْ	se apodera de, domina en.
مَكَانٌ ج أَمَاكِنُ	lugar, sitio.
يَمْلَأُ مَلَأَ مَلْءٌ بِـ / مِنْ	llena de.
مَلِكٌ ج مُلُوكٌ	rey.
مَمْلَكَةٌ ج مَمَالِكُ	reino.
مَلْيُونٌ ج مَلَايِينُ	millón.
مَنْ	quién. quien, el que. quienquiera.
مِنْ	de; desde.
مُنْذُ	v. مُذْ
مَنْذَا	quién es el que.
يَمْنَعُ مَنْعٌ هُ عَنْ	prohíbe/impide a uno algo.
مَهْمَا	cualquier cosa que, lo que.
يَمُوتُ مَاتَ مُتَّ مَوْتٌ	muere.

muerte.	مَوْتٌ
muerto.	مَيِّتٌ ج مَوْتَى
riqueza; propiedad.	مَالٌ ج أَمْوَالٌ
agua.	مَاءٌ ج مِيَاهٌ
milla.	مِيلٌ ج أَمْيَالٌ
nos. nuestro/a(s).	- نَا
v. إِنْسَانٌ	نَاسٌ
planta, vegetal.	نَبَاتٌ ج اتٌ
nosotro/as.	نَحْنُ
unos, cosa de [en ac. si no es sujeto].	نَحْوٌ
baja, desciende. se hospeda; para.	يَنْزِلُ نُزُولٌ
hogar, casa.	مَنْزِلٌ ج مَنَازِلُ
olvida.	يَنْسَى نَسِيَ نَسِيتَ نِسْيَانٌ
v. اِمْرَأَة	نِسَاءٌ
cristiano.	نَصْرَانِيٌّ ج نَصَارَى
mitad, medio.	نِصْفٌ ج أَنْصَافٌ
habla, dice, pronuncia.	يَنْطِقُ نُطْقٌ بِ
mira a.	يَنْظُرُ نَظَرٌ إِلَى
espera.	يَنْتَظِرُ اِنْتِظَارٌ
limpio.	نَظِيفٌ ج نُظَفَاءُ
zapato; calzado.	نَعْلٌ ج نِعَالٌ

alma. mismo. [fem.]	نَفْسٌ ج أَنْفُسٌ / نُفُوسٌ
transporta, acarrea; traslada.	يَنْقُلُ نَقْلٌ
río.	نَهْرٌ ج أَنْهُرٌ
día, claridad diurna.	نَهَارٌ
de día.	نَهَاراً
termina, da fin a.	يُنْهِي أَنْهَى أَنْهَيْتَ إِنْهَاءٌ
(se) termina/acaba.	يَنْتَهِي اِنْتَهَى اِنْتَهَيْتُ
fuego; hoguera [fem.].	نَارٌ ج نِيرَانٌ
luz.	نُورٌ ج أَنْوَارٌ
clase, género, especie.	نَوْعٌ ج أَنْوَاعٌ
duerme.	يَنَامُ نَامَ نِمْتَ نَوْمٌ
me, a mí.	- نِي
daca.	هَاتِ
toma.	هَاكَ
le, lo. suyo/a(s).	- هُ
le; la. suyo/a(s).	- هَا
ésto/as.	هٰؤُلَاءِ
baja, desciende.	يَهْبِطُ هُبُوطٌ
éstas dos.	هٰتَانِ
éste.	هٰذَا مث هٰذَانِ م هٰذِهِ
así.	هٰكَذَا

هَلْ	¿acaso?
يَهْلِكُ هَلاَكٌ	perece.
هُمْ	ellos.
- هُمْ	les, los. suyo/a(s).
هُمَا	ello/as dos.
- هُمَا	a//de ello/as dos.
هُنَّ	ellas.
- هُنَّ	las; les. suyo/a(s).
هُنَا	aquí.
هُنَاكَ / هُنَالِكَ	ahí, allí.
هُوَ	él.
هَوَاءٌ	aire, atmósfera.
هِيَ	ella.
هَيْهَاتَ (أَنْ)	¡lejos...!, ¡nunca ocurrirá que...!
وَ	y. al tiempo que. juntamente con. qué.
يَثِقُ وَثِقَ ثِقَةٌ بِـ	se fía de, confía en.
يَجِبُ وَجَبَ وُجُوبٌ	se debe.
يَجِدُ وَجَدَ وُجُودٌ	halla, encuentra. [no-ag.] existe, hay.
وَجْهٌ ج وُجُوهٌ	cara, rostro. aspecto, faceta.
وَحْدَ	[ante sufijo pronominal] solo.
وَحِيدٌ	solitario. único.

uno.	وَاحِدٌ
quiere, quisiera.	يَوَدُّ وَدَّ وَدِدْتَ لَوْ / أَنْ
hoja; cuartilla.	وَرَقٌ ح ة ج أَوْرَاقٌ
detrás de. [Con /-u/] detrás.	وَرَاءَ
ministro, visir.	وَزِيرٌ ج وُزَرَاءُ
sucio.	وَسِخٌ ج ونَ
enmedio de.	وَسْطَ
extenso, vasto.	وَاسِعٌ
está a punto de.	يُوشِكُ أَوْشَكَ عَلَى
describe, califica de.	يَصِفُ وَصَفَ وَصْفٌ بِـ
llega.	يَصِلُ وَصَلَ وُصُولٌ
pone, coloca. crea; elabora.	يَضَعُ وَضَعَ وَضْعٌ
lugar, sitio.	مَوْضِعٌ ج مَوَاضِعُ
promete algo.	يَعِدُ وَعَدَ وَعْدٌ بِـ
sucede, acontece.	يَتَّفِقُ اِتَّفَقَ اِتِّفَاقٌ
acuerda, conviene en.	- على
fallece.	يُتَوَفَّى تُوُفِّيَ وَفَاةٌ
momento; tiempo.	وَقْتٌ ج أَوْقَاتٌ
cae. sucede, acontece.	يَقَعُ وَقَعَ وُقُوعٌ
se para. está de pie.	يَقِفُ وَقَفَ وُقُوفٌ
pare, da a luz.	تَلِدُ وَلَدَتْ وِلَادَةٌ

hijo. muchacho, niño.	وَلَدٌ ج أَوْلَادٌ
padres, progenitores.	وَالِدَانِ
accede, asume.	يَتَوَلَّى تَوَلَّى تَوَلَّيْتَ تَوَلٍّ
señor, soberano. cliente, deudo.	مَوْلًى ج مَوَالٍ
[ante sufijo pronominal] ¡ay de...!	وَيْحَ وَيْلَ
mi. me.	ـِي
oh [marca de vocativo].	يَا
mano.	يَدٌ ج أَيْدٍ
izquierda.	يَسَارٌ
poco. fácil.	يَسِيرٌ
despierta.	يُوقِظُ أَيْقَظَ إِيقَاظٌ
derecha.	يَمِينٌ
día.	يَوْمٌ ج أَيَّامٌ
un (cierto) día.	يَوْماً
hoy.	اَلْيَوْمَ

VOCABULARIO ESPAÑOL-ARABE

a. إِلَى . لِ . إِيَّا . عِنْدَ .

abajo [adv.] تَحْتَ .

aborrecer. يَكْرَهُ .

abrir. يَفْتَحُ .

abuelo. جَدٌّ ج أَجْدَادٌ .

acabar. يُنْهِي .

acabarse. يَنْتَهِي ، يَتِمُّ .

acaso. أَ ، هَلْ .

acceder. يَتَوَلَّى .

acción. عَمَلٌ .

aceite. زَيْتٌ .

aceptar. يَقْبَلُ .

acerca de. حَوْلَ ، عَنْ ، فِي .

acercarse. يَدْنُو .

acertar. يُصِيبُ .

acoger (al arrepentido). يَتُوبُ عَلَى .

acontecer. يَحْدُثُ ، يَجْرِي ، يَقَعُ .

acordar. يَتَّفِقُ عَلَى .

acudir. يَحْضُرُ

adelantarse. يَسْبِقُ .

además de. فَضْلاً عَنْ .

admirarse. يَتَعَجَّبُ مِنْ .

adoptar. يَتَّخِذُ .

agarrar. يُمْسِكُ بِ .

agradecer. يَشْكُرُ .

agua. مَاءٌ .

ahí. هُنَاكَ ، هُنَالِكَ .

ahora. اَلآنَ .

aire. هَوَاءٌ .

ala. جَنَاحٌ .

alabanza. حَمْدٌ .

alcanzar. يَبْلُغ . يَحُلُّ بِ . يُصِيبُ .

alcurnia. أَصْلٌ .

aldea. قَرْيَةٌ .

alegrarse. يَفْرَحُ ، يُسَرُّ .

alegría. فَرَحٌ .

algo. شَيْءٌ ، بَعْضُ ٱلشَّيْءِ .

algún, alguno/a(s). أَحَدٌ ، بَعْضُ (ٱلنَّاس) .

alimento. طَعَامٌ .

alma. نَفسٌ .

alrededor de. حَوْلَ ، حَوَالَى .

alto. عَالٍ . طَوِيلٌ .

alumno. تِلْمِيذٌ .

alzar. يَرْفَعُ .

allí. هُنَاكَ ، هُنَالِكَ .

amado. حَبِيبٌ .

amar. يُحِبُّ ، يَوَدُّ .

amarillo. أَصْفَرُ .

amarrar. يَرْبُطُ

ambos. كِلاَ م كِلْتَا .

amigo. صَدِيقٌ ، حَبِيبٌ ، صَاحِبٌ .

amor. حُبٌّ .

amplio v. ancho.

anciana. عَجُوزٌ .

anciano. شَيْخٌ .

ancho. وَاسِعٌ .

andar. يَمْشِي ، يَسِيرُ .

animal. حَيَوَانٌ .

ante. أَمَامَ ، قُدَّامَ ، لَدُنْ ، لَدَى .

(ante)brazo. ذِرَاعٌ .

antepasado. v. abuelo.

antes. قَبْلُ .

antiguo. قَدِيمٌ .

año. سَنَةٌ .

aparecer. يَظْهَرُ .

apático. بَارِدٌ .

apiadarse de. يَرْحَمُ .

aplicado. مُجْتَهِدٌ .

apoderarse. يَتَمَكَّنُ مِنْ .
aprender. يَتَعَلَّمُ .
aprender de memoria. يَحْفَظُ .
aquél. ذَاكَ ، ذٰلِكَ .
aquélla. تِلْكَ .
aquello. ذَاكَ ، ذٰلِكَ .
aquéllo/as. أُولٰئِكَ .
aquí. هُنَا .
árabe. عَرَبِيٌّ .
árbol. شَجَرَةٌ .
arco. قَوْسٌ .
arrastrar. يَجُرُّ .
arrepentirse ante (Dios). يَتُوبُ إِلَى
arrojar. يَرْمِي ، يُلْقِي .
asamblea. مَجْلِسٌ .
asco: ¡qué — de...! أُفٌّ لِ .
asesinado. قَتِيلٌ .
así. كَذَا ، هٰكَذَا ، كَذٰلِكَ .
asimismo. كَذٰلِكَ .
asistir. يَحْضُرُ .
asno. حِمَارٌ .

asombrarse. يَتَعَجَّبُ .
asumir (un cargo). يَتَوَلَّى .
asunto. أَمْرٌ ، شَأْنٌ .
atar. يَرْبُطُ .
atención. بَالٌ .
aumentar. يَزِيدُ . يَزْدَادُ .
aún. مَا زَالَ، لاَ يَزَالُ ، مَا بَرِحَ .
aún no. لَمَّا .
ave. طَائِرٌ .
¡ay de...! وَيْحَ ، وَيْلَ .
ayer. أَمْسِ ، الْبَارِحَةَ .
ayudar. يُسَاعِدُ .
azul. أَزْرَقُ .
bajar. يَنْزِلُ ، يَهْبُطُ .
bajo [adj.]. قَصِيرٌ
barco. مَرْكَبٌ .
bastar. يَكْفِي .
bastón. عَصاً .
beber. يَشْرَبُ .
beduino. بَدَوِيٌّ .
belleza. جَمَالٌ .

bello. جَمِيلٌ .

bendecir. يُبَارِكُ .

bendición. بَرَكَةٌ .

bien [sust.]. خَيْرٌ .

blanco. أَبْيَض .

ponerse —. يَبْيَضُّ .

boca. فَمٌ ، فُو .

brazo. v. antebrazo.

bueno. طَيِّبٌ ، جَيِّدٌ ، حَسَنٌ ، صَالِحٌ .

¡qué — es...! حَبَّذَا .

burro. v. asno.

buscar. يَبْحَثُ .

cabalgar. يَرْكَبُ .

caballería. خَيْلٌ .

caballo. فَرَسٌ .

cabello. v. pelo

cabeza. رَأْسٌ .

cada. كُلٌّ .

cada vez que. كُلَّمَا .

caer. يَسْقُطُ ، يَقَعُ .

caer sobre. يَحُلُّ بِ .

cálido. حَارٌّ .

caliente. سُخْنٌ .

califa. خَلِيفَةٌ .

calificar. يَصِفُ بِ .

calor. حَرٌّ .

callar. يَسْكُتُ .

calle. شَارِعٌ .

camello. جَمَلٌ .

caminar. v. andar.

camino. طَرِيقٌ . سَبِيلٌ .

cansarse. يَتْعَبُ .

cantidad. مَبْلَغٌ .

capítulo. بَابٌ .

cara. وَجْهٌ .

cargar. يَحْمِلُ .

carne. لَحْمٌ .

carretera. طَرِيقٌ .

carta. رِسَالَةٌ .

cartearse يَتَرَاسَلُ .

casa. بَيْتٌ ، دَارٌ ، مَنْزِلٌ .

casi. كَادَ ، يَكَادُ .

castigo. عِقَابٌ .
causa. سَبَبٌ .
a causa de. لِأَجْلِ ، بِسَبَبِ .
cazar. يَصِيدُ .
cerca de. قُرْبَ . دُونَ .
cercano. قَرِيبٌ .
ciego. أَعْمَى .
cielo. سَمَاءٌ .
cien. مِائَةٌ .
ciencia. عِلْمٌ .
ciento. v. cien.
ciertamente. لَ . إِنَّ .
cierto. صَحِيحٌ .
cima. رَأْسٌ .
cinco. خَمْسَةٌ .
cincuenta. خَمْسُونَ .
citar. يَذْكُرُ .
ciudad. مَدِينَةٌ .
clase. نَوْعٌ ، جِنْسٌ .
cliente. وَلِيٌّ .
coger. يَأْخُذُ ، يُمْسِكُ .
colmo. غَايَةٌ .
color. لَوْنٌ .
comentar. يُعَلِّقُ عَلَى .
comer. يَأْكُلُ .
comerciante. تَاجِرٌ .
comida. طَعَامٌ .
como. مِثْلَ ، كَ .
como si. كَأَنَّ .
cómo. كَيْفَ .
compadecerse. يَرْحَمُ .
compasión. رَحْمَةٌ .
completo. تَامٌّ .
componer. يُؤَلِّفُ .
comprar. يَشْتَرِي .
comprender. يَفْهَمُ .
comunidad. جَمَاعَةٌ .
con. مَعَ . بِ .
con que. إِذَنْ .
concejo. v. consejo.
condición. شَرْطٌ . حَالٌ ، حَالَةٌ .
conocer. يَعْرِفُ .

conquistar. يَفْتَحُ .
conseguir. يَحْصُلُ عَلَى .
consejo. مَجْلِسٌ .
considerar. يَعْتَبِرُ ،يَحْسِبُ ،يَرَى ، يَعُدُّ
conspirar. يَتَآمَرُ .
construir. يَبْنِي .
contar. يَعُدُّ . يَحْكِي ، يَرْوِي .
contestación. جَوَابٌ .
contestar. يُـجِيبُ .
continuar. يَسْتَمِرُّ ، يَـمْضِي فِي .
contra. ضِدٌّ ؛ عَلَى .
contrario. ضِدٌّ .
convenir. يَنْبَغِي .
conversación. حَدِيثٌ .
convertirse en. يَصِيرُ ، يُصْبِحُ ، يُضْحِي ، يُـمْسِي .
convocar. يَدْعُو إِلَى .
copa. كَأْسٌ .
coraje. بَأْسٌ .
corazón. قَلْبٌ .
cordero. خَرُوفٌ .
corrección. صِحَّةٌ .
correcto. صَحِيحٌ ، سَلِيمٌ .
correr. يَجْرِي .
corromper. يُفْسِدُ .
cortar. يَقْطَعُ .
corto. قَصِيرٌ .
cosa. شَيْءٌ ، حَاجَةٌ ، أَمْرٌ ، شَأْنٌ .
cosa de. نَحْوٌ ، قَدْرٌ .
costa. سَاحِلٌ .
costado. جَنْبٌ .
costumbre. عَادَةٌ .
crear [Dios]. يَخْلُقُ .
crear [el hombre]. يَضَعُ .
creencia. إِيـمَانٌ .
creer. يُصَدِّقُ . يُؤْمِنُ . يَظُنُّ ، يَحْسِبُ
creyente. مُؤْمِنٌ .
criado. خَادِمٌ .
cristiano. نَصْرَانِيٌّ .
cuál. أَيٌّ .
cual: el — اَلَّذِي م اَلَّتِي .
cualquiera. أَيٌّ .

cuando. لَمَّا ، حِينَ ، مَتَى ، وَ ، إِذْ ، إِذَا .

cuánto. كَمْ . رُبَّ .

cuanto: en — a. أَمَّا .

cuarenta. أَرْبَعُونَ .

cuarta parte. رُبْعٌ .

cuarto. رَابِعٌ . فِلْسٌ .

cuatro. أَرْبَعَةٌ .

cuchillo. سِكِّينٌ .

cuello. عُنُقٌ .

cuento. قِصَّةٌ .

cuerda. حَبْلٌ .

cuerno. قَرْنٌ .

cuero. جِلْدٌ .

cuerpo. جِسْمٌ .

culpa. ذَنْبٌ .

daca. هَاتِ .

dar. يُعْطِي . يَبْذِلُ .

de. مِنْ . عَنْ . لِ .

debajo. تَحْتُ .

deber(se). يَجِبُ عَلَى .

débil. ضَعِيفٌ .

debilidad. ضُعْفٌ .

décima parte. عُشْرٌ .

décimo. عَاشِرٌ .

decir. يَقُولُ . يَذْكُرُ . يَنْطِقُ .

es — أَيْ .

dedo. إِصْبَعٌ .

degollar. يَذْبَحُ .

dejar. يَتْرُكُ .

delante. أَمَامُ ، قُدَّامُ .

demás: los — . سَائِرٌ .

dentro de. فِي ، دَاخِلَ . بَعْدَ .

derecha. يَمِينٌ .

derecho. حَقٌّ .

descender. يَهْبُطُ ، يَنْزِلُ .

describir. يَصِفُ بِ .

desde. مِنْ . عَنْ . مُذْ ، مُنْذُ .

desear. يُرِيدُ ، يَشَاءُ ، يَرْغَبُ فِي .

desgracia: por — . أَسَفٌ : لِلْـــِ . .

desgraciado. مِسْكِينٌ .

desierto [sust.]. صَحْرَاءُ .

desierto [adj.]. خَالٍ .
despertar. يُوقِظُ .
después. بَعْدُ .
detenerse. يَقِفُ .
determinar. يُحَدِّدُ .
detrás. وَرَاءُ .
devolver. يَرُدُّ .
día. يَوْمٌ . نَهَارٌ .
dicho. قَوْلٌ.
diente. سِنٌّ .
diez. عَشَرَةٌ .
diferente: ser — . يَخْتَلِفُ .
difícil. صَعْبٌ .
dinastía. دَوْلَةٌ .
Dios. اَللهُ .
dirhem. دِرْهَمٌ .
dirigirse. يَقْصِدُ .
distancia. مَسَافَةٌ .
distinguido. كَرِيمٌ .
dolor. أَلَمٌ .
doloroso. أَلِيمٌ

dominar. يَتَمَكَّنُ مِنْ .
dónde. أَيْنَ .
donde. حَيْثُ . أَيْنَ . أَيْنَمَا .
dormir. يَنَامُ .
dos. اِثْنَانِ .
dotado de. ذُو م ذَاتُ ج أُولُو .
dudar. يَشُكُّ فِي .
dueño. صَاحِبٌ ، رَبٌّ .
durante. أَثْنَاءَ .
durar. يَدُومُ .
duro. شَدِيدٌ .
ea. أَلاَ ، أَمَا .
echar. يُلْقِي .
edad. عُمْرٌ ، سِنٌّ .
educación. أَدَبٌ .
efecto. أَثَرٌ .
ejemplo. مَثَلٌ .
ejército. جَيْشٌ .
el. اَلْـ .
él. هُوَ .
elevado. عَالٍ .

elevar. يَرْفَعُ .

ella. هِيَ .

ellas. هُنَّ .

ellos. هُمْ .

embarcarse. يَرْكَبُ .

emir. أَمِيرٌ .

empezar. يَبْدَأُ . يَأْخُذُ ، يَجْعَلُ . يَبْتَدِئُ

emplear. يَسْتَعْمِلُ .

empujar. يَدْفَعُ .

en. فِي . بِ .

encima de. فَوْقَ ، عَلَى .

encontrar. يَجِدُ .

encontrarse con. يَلْقَى .

enemigo. عَدُوٌّ .

enfadarse. v. enojarse.

enfermedad. مَرَضٌ .

enfermo. مَرِيضٌ .

enojarse. يَغْضَبُ عَلَى .

enrojecer. يَحْمَرُّ .

enseñar. يُعَلِّمُ . يُرِي .

entender. يَفْهَمُ .

entonces. ثُمَّ . إِذَنْ .

entrar. يَدْخُلُ .

entre. بَيْنَ .

entregar. يُسَلِّمُ ، يَدْفَعُ .

enviado. رَسُولٌ .

enviar. يُرْسِلُ ، يَبْعَثُ .

época. زَمَانٌ .

equivocarse. يُخْطِئُ .

errar. v. equivocarse.

esclava. جَارِيَةٌ .

esclavo. عَبْدٌ .

escribir. يَكْتُبُ . يُؤَلِّفُ .

escribirse. يَتَرَاسَلُ .

escritor. كَاتِبٌ .

escritorio. مَكْتَبٌ .

ésa. تِلْكَ .

escuela. مَدْرَسَةٌ .

ése. ذٰلِكَ ، ذَاكَ .

eso. ذٰلِكَ ، ذَاكَ .

éso/as. أُولٰئِكَ .

esforzado. مُجْتَهِدٌ .

espada. سَيْفٌ .

espalda. ظَهْرٌ .

especial. خَاصٌّ .

especie. نَوْعٌ .

esperar. يَنْتَظِرُ . يَأْمُلُ ، يَرْجُو .

espíritu. رُوحٌ .

esposo. زَوْجٌ .

estado. حَالٌ ، حَالَةٌ . دَوْلَةٌ .

estar. يَكُونُ

éstas dos. هٰتَانِ .

éste. هٰذَا م هٰذِهِ .

este. v. oriente.

esto. هٰذَا (ٱلْأَمْرُ) .

ésto/as. هٰؤُلَاءِ .

estrecho. ضَيِّقٌ .

estudiante. طَالِبٌ .

estudiar. يَدْرُسُ .

excelente. جَيِّدٌ . فَاضِلٌ .

excelso. جَلِيلٌ .

excepto. إِلَّا ، سِوَى ، غَيْرُ ، (مَا) عَدَا / خَلَا / حَاشَا .

exponer. يَعْرِضُ عَلَى .

extenso. وَاسِعٌ .

extraño. غَرِيبٌ .

extremo. غَايَةٌ .

fácil. سَهْلٌ ، يَسِيرٌ .

fallar. يُخْطِئُ . يَقْضِي .

fallecer. يُتَوَفَّى .

familia. أَهْلٌ .

famoso. مَشْهُورٌ .

fatigarse. يَتْعَبُ .

fe. إِيمَانٌ .

fecha. تَأْرِيخٌ .

feo. قَبِيحٌ .

fiarse de. يَثِقُ بِ .

fiesta. عِيدٌ .

fijar. يُسَمِّي ، يُحَدِّدُ .

forastero. غَرِيبٌ .

forma. صُورَةٌ .

forzado:

verse — a. يُضْطَرُّ إِلَى .

fotografía. صُورَةٌ .

frío [sust.]. بَرْدٌ .

frío [adj.]. بَارِدٌ .

frontera. حُدُودٌ .

fruta. فَاكِهَةٌ .

fruto. ثَمَرَةٌ .

fuego. نَارٌ .

fuerte. قَوِيٌّ ، شَدِيدٌ .

fuerza. قُوَّةٌ . بَأْسٌ .

fulano. فُلَانٌ .

general. قَائِدٌ

género. جِنْسٌ .

generoso. كَرِيمٌ .

gente. نَاسٌ ، قَوْمٌ . أَهْلٌ .

girar. يَدُورُ .

gobernador; gobernante.. حَاكِمٌ

gobernar. يَحْكُمُ .

gobierno. حُكْمٌ .

golpear. يَضْرِبُ .

grado. دَرَجَةٌ .

grande. كَبِيرٌ . عَظِيمٌ .

grosero; grueso. غَلِيظٌ .

guapo. جَمِيلٌ .

guardar. يَحْفَظُ .

guerra. حَرْبٌ .

guía. دَلِيلٌ .

guiar. يَدُلُّ عَلَى .

haber. يُوجَدُ ، يَكُونُ .

habitar. يَسْكُنُ .

hablar. يَتَكَلَّمُ ، يَنْطِقُ .

hace. قَبْلَ.مُذْ .

hacer. يَفْعَلُ ، يَصْنَعُ ، يَعْمَلُ ، يَجْعَلُ .

hacerse. يَصِيرُ ، يُصْبِحُ ، يُضْحِي ، يُمْسِي.

hacia. إِلَى .

hambre. جُوعٌ .

harina. دَقِيقٌ .

hasta. حَتَّى .

he aquí (que). إِذْ ، إِذَا بِ .

herir. يَجْرَحُ .

hermana. أُخْتٌ .

hermano. أَخٌ .

hermoso. جَمِيلٌ ، حَسَنٌ .

hermosura. جَمَالٌ .

hierro. حَدِيدٌ .

hija. بِنْتٌ .

hijo. اِبْنٌ ، وَلَدٌ .

historia. قِصَّةٌ .

hogar. مَنْزِلٌ .

hoguera. نَارٌ .

hoja. وَرَقَةٌ .

holgazán. كَسْلَانُ .

hombre. رَجُلٌ . إِنْسَانٌ

honrado. صَالِحٌ .

hora. سَاعَةٌ .

horizonte. أُفُقٌ .

horrendo. قَبِيحٌ .

hospedarse. يَنْزِلُ .

hoy. اَلْيَوْمَ .

huella. أَثَرٌ .

huerto. بُسْتَانٌ .

hueso. عَظْمٌ .

huevo. بَيْضَةٌ .

idea. فِكْرَةٌ .

idioma. لُغَةٌ .

igual. سَوَاءٌ .

imagen. صُورَةٌ .

impedir. يَمْنَعُ عَنْ .

inclemente. رَدِيءٌ .

incrementar. يَزِيدُ . يَزْدَادُ .

indicar. يَدُلُّ عَلَى . يُشِيرُ إِلَى .

infiel. كَافِرٌ .

injusticia. ظُلْمٌ .

intensidad. شِدَّةٌ .

intensificarse. يَشْتَدُّ .

intenso. شَدِيدٌ .

invadir. يَغْزُو .

inventar. يَضَعُ .

inviolable. حَرَامٌ .

invocación. دَعْوَةٌ .

ir. يَذْهَبُ ، يَسِيرُ .

irse. يَنْصَرِفُ ، يَمْضِي .

isla. جَزِيرَةٌ .

islam. إِسْلَامٌ .

izquierda. يَسَارٌ .

jamás. أَبَداً . قَطُّ .

jardín. جَنَّةٌ ، بُسْتَانٌ .

jarra. جَرَّةٌ .

jefe. قَائِدٌ .

joven [masc.]. فَتًى ، شَابٌّ .

joven [fem.]. فَتَاةٌ ، شَابَّةٌ .

juez. قَاضٍ .

jugar. يَلْعَبُ .

juntamente con. وَ - - .

junto a. عِنْدَ ، لَدَى ، لَدُنْ .

jurar. يُقْسِمُ .

juventud. شَبَابٌ .

la(s) [artículo]. اَلْـ .

la [pron.]. هَا .

lado. جَنْبٌ .

lágrima. دَمْعَةٌ .

largo. طَوِيلٌ .

las [pron.]. ـهُنَّ .

lavar. يَغْسِلُ .

lección. دَرْسٌ .

leche. لَبَنٌ .

leer. يَقْرَأُ .

lejano; lejos. بَعِيدٌ .

¡lejos de mí...! هَيْهَاتَ أَنْ .

lengua. لِسَانٌ . لُغَةٌ .

le. ـهُ ، لَهُ ، لَهَا .

león. أَسَدٌ .

les. ـهُمْ ، ـهُمَا ، ـهُنَّ ، لَـهُمْ ، لَـهُمَا ، لَـهُنَّ .

letra. حَرْفٌ .

levantar. يَرْفَعُ .

levantarse. يَقُومُ .

libra. رَطْلٌ .

libre. حُرٌّ .

libro. كِتَابٌ .

lícito. حَلَالٌ .

ligero, خَفِيفٌ .

limitar. يُحَدِّدُ .

límite. حَدٌّ .

limpio. نَظِيفٌ .

literatura. أَدَبٌ .

lo [artículo]. اَلـ .

lo [pron.]. ـهُ .

loco. أَحْمَقُ .

lograr. يَحْصُلُ عَلَى .

loor. حَمْدٌ .

luego. ثُمَّ .

lugar. مَكَانٌ ، مَوْضِعٌ .

tener — . يَتِمُّ .

luna. قَمَرٌ .

luz. نُورٌ .

llamada. دَعْوَةٌ .

llamar. يَدْعُو ، يُسَمِّي .

llano. بَسِيطٌ ، سَهْلٌ .

llave. مِفْتَاحٌ .

llegar. يَصِلُ ، يَجِيءُ ، يَأْتِي . يَبْلُغُ .

llenar. يَمْلَأُ .

llevar. يَحْمِلُ ، يَذْهَبُ بِ . يَلْبَسُ .

madre. أُمٌّ .

maestro. مُعَلِّمٌ .

magnífico. عَظِيمٌ .

mal [sust.]. شَرٌّ .

maldecir. يَلْعَنُ .

malo. سَيِّءٌ . رَدِيءٌ . قَبِيحٌ .

¡qué malo es...! بِئْسَ .

mandar. يَأْمُرُ بِ . يُرْسِلُ ، يَبْعَثُ .

mandato. أَمْرٌ .

mano. يَدٌ .

mansión. دَارٌ .

manzana. تُفَّاحَةٌ .

mañana [sust.]. صَبَاحٌ .

mañana [adv.]. غَداً .

mar. بَحْرٌ .

maravilloso. عَجِيبٌ .

marchar. يَسِيرُ .

marcharse. يَنْصَرِفُ ، يَمْشِي .

marido. زَوْجٌ .

más bien. بَلْ .

matar. يَقْتُلُ .

me. ـنِي . لِي .

médico. طَبِيبٌ .

medio. نِصْفٌ .

en — de. وَسْطَ .

mediodía. ظُهْرٌ .

mejor. خَيْرٌ .

mencionar. يَذْكُرُ .

menos. v. excepto.

menos de. دُونَ . أَقَلُّ مِنْ .

mensajero. رَسُولٌ .

mente. عَقْلٌ .

mentira. كِذْبٌ .

menudo. دَقِيقٌ .

mercado. سُوقٌ .

merecer. يَسْتَحِقُّ .

mérito. فَضْلٌ .

mes. شَهْرٌ .

meter. يُلْقِي .

mezquita. مَسْجِدٌ .

mi. ـِي .

miembro. عُضْوٌ .

mientras. فِيمَـا ، مَا ، وَ .

mientras (que). بَيْنَمَـا ، بَيْنَا .

mil. أَلْفٌ .

milla. مِيلٌ .

millar. v. mil.

millón. مَلْيُونٌ .

ministro. وَزِيرٌ .

mirar. يَنْظُرُ إِلَى .

misericordia. رَحْمَةٌ .

mismo. نَفْسٌ ، عَيْنٌ .

lo — . سَوَاءٌ .

mitad. v. medio.

moderno. حَدِيثٌ .

modo. سَبِيلٌ .

momento. وَقْتٌ . حِينٌ

montaña. جَبَلٌ .

montar. يَرْكَبُ .

monte. v. montaña.

morir. يَمُوتُ .

mostrar. يُرِي ، يَعْرِضُ عَلَى .

motivo. سَبَبٌ .

movimiento. حَرَكَةٌ .

mozo. v. joven.

muchacha. فَتَاةٌ ، بِنْتٌ ، جَارِيَةٌ .

mucho [adj.]. كَثِيرٌ .

muchacho. فَتًى ، وَلَدٌ .

mucho [adv.]. v. muy.

muerte. مَوْتٌ ، وَفَاةٌ .

muerto. مَيِّتٌ ، قَتِيلٌ .

mujer. اِمْرَأَةٌ .

mundo. عَالَمٌ ، دُنْيَا .

muro. حَائِطٌ .

musulmán. مُسْلِمٌ .

muy. جِدًّا .

nacer. يُولَدُ .

nada. شَيْءٌ .

nadie. أَحَدٌ .

nariz. أَنْفٌ .

necesidad. حَاجَةٌ .

necesitar. يَحْتَاجُ إِلَى .

necio. أَحْمَقُ .

negarse. يَأْبِي .

negro. أَسْوَدُ .

nieve. ثَلْجٌ .

ningún, ninguno/a. أَيٌّ .

niña. طِفْلَةٌ ، بِنْتٌ .

niño. طِفْلٌ ، وَلَدٌ .

no. لاَ ، كَلاَّ ، لَمْ ، لَنْ .

no ser. لَيْسَ .

noble. شَرِيفٌ .

noche. لَيْلٌ .

nombre. اِسْمٌ .

norma. حُكْمٌ .

norte. شِمَالٌ .

nos. - نَا .

nosotros. نَحْنُ .

noticia. خَبَرٌ .

novela. قِصَّةٌ .

novena parte. تُسْعٌ .

noveno. تَاسِعٌ .

noventa. تِسْعُونَ .

nuestro. - نَا .

nueve. تِسْعَةٌ .

nuevo. جَدِيدٌ .

número. عَدَدٌ .

nunca. أَبَداً ، قَطُّ .

o. أَوْ ، أَمْ ، إِمَّا .

objetivo. غَرَضٌ .

obra. عَمَلٌ .
obrar mal. يُفْسِدُ .
occidente. غَرْبٌ .
ocupación. شُغْلٌ .
octava parte. ثُمْنٌ .
octavo. ثَامِنٌ .
ochenta. ثَمَانُونَ .
ocho. ثَمَانِيَةٌ .
odiar. يَكْرَهُ .
oeste. v. occidente.
oficina. مَكْتَبٌ .
oh. يَا ، أَيُّهَا .
oído. أُذُنٌ .
oír. يَسْمَعُ .
ojalá. لَيْتَ .
¡ — desaparezca...! بُعْداً لِ .
olvidar. يَنْسَى .
opinar. يَظُنُّ ، يَرَى .
orar. يُصَلِّي .
orden. أَمْرٌ .
ordenar. يَأْمُرُ بِ .
oreja. أُذْنٌ .
oriente. شَرْقٌ .
origen. أَصْلٌ .
oro. ذَهَبٌ .
os. ـكُمْ ، ـكُمَا ، ـكُنَّ .
otro. آخَرُ م أُخْرَى .
otro que غَيْرُ .
paciencia صَبْرٌ .
padre. أَبٌ ، وَالِدٌ .
padres. وَالِدَانِ .
pagar. يَدْفَعُ .
país. بَلَدٌ .
pájaro. طَائِرٌ .
palabra(s). كَلاَمٌ ، قَوْلٌ .
palacio. قَصْرٌ .
palo. عَصاً .
pan. خُبْزٌ .
papel. وَرَقٌ .
para. لِ . لأَجْلِ .
para que. لِ ، لِكَيْ ، لِكَيْمَا ، لأَنْ ، حَتَّى .

para que no. لِكَيلاَ ، كَيْلاَ ، لِئَلاَّ .
paraíso. جَنَّةٌ .
parar. يَنْزِلُ .
pararse. يَقِفُ .
parecer. يَبْدُو. يَظْهَرُ .
pared. حَائِطٌ .
parir. تَلِدُ .
parte. بَعْضٌ .
particular. خَاصٌّ .
pasar. يَمْضِي . يَقْضِي . يَمُرُّ بِ .
pata. رِجْلٌ .
patente: ser — . يَظْهَرُ .
paz. سَلاَمٌ .
pecado. ذَنْبٌ .
pecho. صَدْرٌ .
pedir. يَطْلُبُ .
pegar. يَضْرِبُ .
peligro. خَطَرٌ .
pelo. شَعَرَةٌ .
pensar. يُفَكِّرُ .
peor. شَرٌّ .

pequeño. صَغِيرٌ .
percibir. يُبْصِرُ .
perder. يَفْقِدُ .
perecer. يَهْلِكُ .
perfecto. كَامِلٌ .
periodo. مُدَّةٌ .
permanecer.. يَدُومُ ، يَبْقَى ، يَظَلُّ .
permitido. حَلاَلٌ .
pero. (وَ) لٰكِنَّ ، بَلْ .
perro. كَلْبٌ .
persona. إِنْسَانٌ ، شَخْصٌ .
pesado. ثَقِيلٌ .
pesar. حُزْنٌ . أَسَفٌ .
a — de. مَعْ (أَنَّ) .
pescar. يَصِيدُ .
petróleo. زَيْتٌ .
picante. حَارٌّ .
pico [de un número]. بِضْعٌ .
pie. قَدَمٌ ، رِجْلٌ .
estar en — يَقِفُ .
piedra. حَجَرَةٌ .

piel. جِلْدٌ .
pierna. سَاقٌ ، رِجْلٌ .
planta. نَبَاتٌ .
plata. فِضَّةٌ .
pluma. قَلَمٌ .
pobre. فَقِيرٌ ، مِسْكِينٌ .
poco. قَلِيلٌ ، يَسِيرٌ .
poder. يَقْدِرُ عَلَى ، يَسْتَطِيعُ أَنْ .
poesía. شِعْرٌ .
poeta. شَاعِرٌ .
politeísta. مُشْرِكٌ .
poner. يَضَعُ ، يَجْعَلُ .
ponerse. يَلْبَسُ .
por. بِ . لِ . لِأَجْلِ ،
فِي سَبِيلِ . وَ .
porción. حَظٌّ .
poseedor. ذُو ج أُولُو م ذَاتٌ .
posible: ser يُمْكِنُ .
posición. مَقَامٌ .
pozo. بِئْرٌ .
preceder. يَسْبِقُ .
precio. ثَمَنٌ .
preferir. يُفَضِّلُ عَلَى .
pregunta. سُؤَالٌ .
preguntar. يَسْأَلُ .
prepararse. يَسْتَعِدُّ .
presentar. يُقَدِّمُ .
presente. حَاضِرٌ .
pretender. يَزْعُمُ ، يَقْصِدُ .
primero. أَوَّلُ م أُولَى .
príncipe. أَمِيرٌ .
prisionero. أَسِيرٌ .
problema. مُشْكِلَةٌ .
procurar. يَرْغَبُ فِي ، يَقْصِدُ .
prodigioso. v. maravilloso.
profesor. أُسْتَاذٌ .
profeta. رَسُولٌ ، نَبِيٌّ .
prohibido. حَرَامٌ .
prohibir. يَمْنَعُ عَنْ .
prometer. يَعِدُ .
pronto: tan — como. أَوَّلَ مَا .
pronunciar. يَنْطِقُ بِ . يُلْقِي .

propiedad. مَالٌ .

propio. خَاصٌّ .

proponerse. يَقْصِدُ .

proseguir. يَسْتَمِرُّ .

prosternarse. يَسْجُدُ .

provecho. فَائِدَةٌ .

proverbio. مَثَلٌ .

próximo. قَرِيبٌ .

estar — . يُقْبِلُ .

puerta. بَابٌ .

pues. فَ ، فَإِنَّ ، لأَنَّ . إِذَنْ .

puesto. مَقَامٌ .

punto: estar a— de. . يُوشِكُ عَلَى .

que. أَنْ ، أَنَّ . أَنَّمَا .

el, la, los, las que. v. cual.

lo — quiera — . مَهْمَا .

qué. مَا ، مَاذَا ، أَيٌّ ، رُبَّ .

quedarse. يَبْقَى ، يَقْعُدُ . يَصِيرُ ،

يُصْبِحُ ، يُضْحِي ، يُمْسِي .

querer. يُرِيدُ ، يَشَاءُ ، يَوَدُّ .

quinto. خَامِسٌ . خُمُسٌ .

quizás. رُبَّمَا

rápido. سَرِيعٌ

raro. عَجِيبٌ

razón. عَقْلٌ . حَقٌّ .

llevar — . يُصِيبُ .

realidad. حَقِيقَةٌ .

reciente. حَدِيثٌ .

recoger. يَرْفَعُ .

recompensa. أَجْرٌ .

región. أُفُقٌ .

regir. يَحْكُمُ .

regresar. يَعُودُ ، يَرْجِعُ .

rehusar. v. negarse a.

reino. مَمْلَكَةٌ .

reír(se). يَضْحَكُ .

relatar. يَحْكِي ، يَرْوِي .

religión. دِينٌ .

remedio:

no hay más – que. . لاَ بُدَّ مِنْ

repetir. يُعِيدُ .

residir. يُقِيمُ .

responder. يُجِيبُ، يَرُدُّ عَلَى .
respuesta. جَوَابٌ .
restantes:
los — , el resto. سَائِرٌ .
reunir. يَجْمَعُ .
reunirse. يَجْتَمِعُ .
rey. مَلِكٌ .
rezar. v. orar.
rico. غَنِيٌّ .
río. نَهْرٌ .
robar. يَسْرِقُ .
rogar. يَرْجُو .
rojo. أَحْمَرُ .
romper. يَكْسِرُ .
ropa. v. traje.
rostro. v. cara.
saber. يَعْلَمُ ، يَعْرِفُ ، يَدْرِي .
sacrificar. يَذْبَحُ .
salir. يَخْرُجُ ، يَطْلُعُ .
salud. صِحَّةٌ .
salvo. v. excepto.

estar a — de. يَأْمَنُ مِنْ .
sangre. دَمٌ .
sano. سَلِيمٌ .
satisfecho: estar — de. يَرْضَى .
secretario. كَاتِبٌ .
sediento: estar — . يَعْطَشُ .
seguir. يَتْبَعُ ، يَسْتَمِرُّ .
segundo. ثَانٍ .
seis. سِتَّةٌ .
semana. أُسْبُوعٌ .
sencillo. بَسِيطٌ .
sentarse. يَجْلِسُ ، يَقْعُدُ .
sentencia. حُكْمٌ .
sentido. مَعْنًى .
sentir. يَشْعُرُ بِ ، يَجِدُ .
señalar. يُشِيرُ ، يَدُلُّ عَلَى .
señor.. سَيِّدٌ ، رَبٌّ ، مَوْلًى . صَاحِبٌ .
séptima parte. سُبْعٌ .
séptimo. سَابِعٌ .
ser. يَكُونُ .
servidor. خَادِمٌ .

servir. يَخْدِمُ .

sesenta. سِتُّونَ .

setenta. سَبْعُونَ .

sexo. جِنْسٌ .

sexto. سَادِسٌ . سُدْسٌ .

si. إِنْ . لَوْ . إِذَا .

si no (fuera por). لَوْلاَ .

sí. نَعَمْ .

siempre. دَائِمـاً . أَبَداً .

siervo. عَبْدٌ .

siete. سَبْعَةٌ .

siglo. قَرْنٌ .

significado. مَعْنىً .

silla. كُرْسِيٌّ .

simple. v. sencillo.

sin. بِلاَ ، بِغَيْرِ ، بِدُونِ ، دُونَ .

sin embargo. غَيْرَ / إِلاَّ أَنَّ ؛ مَعْ ذٰلِكَ .

sinceridad. صِدْقٌ .

sino. إِلاَّ . بَلْ .

sitio. مَكَانٌ ، مَوْضِعٌ .

soberano. مَوْلىً .

sobre. عَلَى ، فَوْقَ .

sol. شَمْسٌ .

solitario. وَحِيدٌ .

solo. وَحْدَ .

sólo. فَقَطْ . إِنَّمَا .

su. ـهُ ، ـهَا ، ـهُمَا ، ـهُمْ ، ـهُنَّ .

suave. خَفِيفٌ .

subir. يَطْلُعُ .

suceder. يَحْدُثُ ، يَتَّفِقُ ، يَجْرِي .

sucio. وَسِخٌ .

suerte. حَظٌّ .

sultán. سُلْطَانٌ .

suma. مَبْلَغٌ .

sur. جَنُوبٌ .

tabú. حَرَامٌ .

también. أَيْضاً ، كَذٰلِكَ .

tarde. مَسَاءٌ .

te. ـكَ م - كِ .

temblar. يَتَزَلْزَلُ .

temer. يَخَافُ ، يَخْشَى .

ten. هَاكَ .
tener. (يَكُونُ) لَهُ / عِنْدَهُ / لَدَيْهِ / مَعَهُ / بِهِ .
tener que. يُضْطَرُّ إِلَى ، (يَـجِبُ) عَلَيْهِ أَنْ .
tercero. ثَالِثٌ .
tercio. ثُلُثٌ .
terminar. يُنْهِي .
terminarse. يَنْتَهِي . يَتِمُّ .
terreno. أَرْضٌ .
tesoro público. بَيْتُ ٱلْـمَـالِ .
testimoniar. يَشْهَدُ .
tiempo. وَقْتٌ . زَمَانٌ .
tiempo [atmosférico]. طَقْسٌ .
tierra. أَرْضٌ . بَرٌّ .
tirador. رامٍ ج رُمَاةٌ .
tirar. يَرْمِي . يُلْقِي .
tocar. يَـمَسُّ .
todavía. v. aún.
todo/a(s). كُلٌّ ، جَـمِيعٌ ، أَجْـمَعُ .
tomar. يَأْخُذُ يُـمْسِكُ . يَتَّخِذُ .
tormento. عَذَابٌ .
trabajar. يَعْمَلُ .
trabajo. عَمَلٌ ، شُغْلٌ .
traducir. يُتَرْجِمُ .
traer. يَأْتِي / يَـجِيءُ بِ .
traje. ثَوْبٌ .
trasladar, transportar. يَنْقُلُ .
treinta. ثَلاَثُونَ .
tres. ثَلاَثَةٌ .
triste. حَزِينٌ .
tristeza. أَسَفٌ ، حُزْنٌ .
trono. عَرْشٌ .
tu. - كَ م - كِ .
tú. أَنْتَ م أَنْتِ .
último. أَخِيرٌ ، آخِرٌ .
undécimo. حَادِيَ عَشَرَ .
uno. وَاحِدٌ . أَحَدٌ .
unos. v. cosa de.
usar, utilizar. يَسْتَعْمِلُ .
vaca. بَقَرَةٌ .
vacío. فَارِغٌ . خَالٍ .

valor. بَأْسٌ .

variar. يَخْتَلِفُ .

vasija. إِنَاءٌ .

vaso. كَأْسٌ .

vasto. وَاسِعٌ .

vecino. جَارٌ .

veinte. عِشْرُونَ .

vencer. يَغْلِبُ .

vender. يَبِيعُ .

venir. يَجِيءُ ، يَأْتِي ، يَقْدَمُ ، يُقْبِلُ .

ver. يَرَى ، يُبْصِرُ .

verdad. صِحَّةٌ ، حَقِيقَةٌ .

verdadero. صَحِيحٌ .

verde. أَخْضَرُ .

vestirse. يَلْبَسُ .

vez. مَرَّةٌ .

viajar. يُسَافِرُ .

viaje. سَفَرٌ .

vida. حَيَاة ، عُمُرٌ .

vieja. عَجُوزٌ .

viejo. قَدِيمٌ . شَيْخٌ .

viento. رِيحٌ .

vientre. بَطْنٌ .

vino. خَمْرٌ .

violencia. شِدَّةٌ .

violento. شَدِيدٌ .

virtud. فَضْلٌ .

virtuoso. فَاضِلٌ .

visir. وَزِيرٌ .

visitar. يَزُورُ .

vivir. يَعِيشُ ، يَحْيَا . يَسْكُنُ .

vivo. حَيٌّ .

volver. يَعُودُ ، يَرْجِعُ .

hacer — . يُعِيدُ .

volverse. يَصِيرُ ، يُصْبِحُ ، يُضْحِي ، يُمْسِي .

vosotras. أَنْتُنَّ .

vosotros. أَنْتُمْ .

voto; voz. صَوْتٌ .

vuelta: dar la — . يَدُورُ .

vuestro /a (s). - كُمْ ، - كُمَا ، - كُنَّ .

y.	وَ . فَ .
ya.	قَدْ .
ya no.	لَمْ يَعُدْ .
yo.	أَنَا .
zapato.	نَعْلٌ .

Indice analítico